일래스틱 스택을
이용한
머신러닝 2/e

머신러닝 피처로 데이터에서
귀중한 인사이트를 얻자

리치 콜리어 · 카밀라 몬토넨 · 바할딘 아자미 지음

최중연 옮김

에이콘

지은이 소개

리치 콜리어 Rich Collier

일래스틱의 솔루션 아키텍트다. 프리러트Prelert 인수로 일래스틱 팀에 합류해 소프트웨어, 하드웨어, 서비스 기반 솔루션을 위한 솔루션 설계자 및 사전 판매 시스템 엔지니어로서 20년 이상의 경험을 가지고 있다. 빅데이터 분석, 머신러닝, 이상 탐지, 위협 탐지, 보안 운영, 애플리케이션 성능 관리, 웹 애플리케이션, 컨택 센터 기술을 포함한다. 미국 매사추세츠주 보스턴에 거주하고 있다.

카밀라 몬토넨 Camilla Montonen

일래스틱의 수석 머신러닝 엔지니어다.

바할딘 아자미 Bahaaldine Azarmi 줄여서 **바하**Baha

일래스틱의 솔루션 아키텍트다. 사용자 행동 및 소셜 분석에 중점을 둔 마케팅 데이터 플랫폼인 리치 파이브ReachFive를 공동 설립했다. 또한 탈렌드Talend와 오라클Oracle 같은 다양한 소프트웨어 공급업체에 근무하면서 솔루션 아키텍트와 아키텍트 직책을 맡았다. 『키바나 5.0 배우기』(에이콘, 2017), 『Scalable Big Data Architecture, Talend for Big Data』(Apress, 2015)를 포함한 책을 썼다. 프랑스 파리에 기반을 두고 있으며 폴리텍 파리에서 컴퓨터 과학 석사 학위를 받았다.

기술 감수자 소개

아프르바 조쉬 Apoorva Joshi

현재 일래스틱(이전의 일래스틱서치)의 보안 데이터 과학자로, 엔드포인트에서 멀웨어 탐지를 위해 머신러닝을 사용하는 작업을 하고 있다. 일래스틱에 합류하기 전에는 파이어아이FireEye의 연구원으로 근무하면서 이메일 보안 문제에 머신러닝을 적용했다. 전기 공학 학사와 컴퓨터 공학 석사(머신러닝 중심)와 함께 다양한 엔지니어링 경험이 있다.

리주안 종 Lijuan Zhong

경험 있는 일래스틱과 클라우드 엔지니어다. 정보 기술 석사 학위와 IT 및 통신 분야에서 20년 간 종사했으며 현재 스웨덴에서 일래스틱의 주요 파트너인 넷노르딕Netnordic과 함께 일하고 있다. 2019년 일래스틱에서 여정을 시작해 일래스틱 인증 엔지니어가 됐다. 아울러 스탠퍼드대학교에서 머신러닝 과정을 이수했다. 많은 일래스틱 및 머신러닝의 POC와 프로젝트를 이끌며 고객을 만족시켰다. 2020년부터 일래스틱 스톡홀름 모임의 공동 주최자였다. 일래스틱 커뮤니티 콘퍼런스 2021에 참여해 일래스틱 스택을 사용한 머신러닝에 대해 이야기했다. 2021년 일래스틱 청동 기여자상을 수상했다.

옮긴이 소개

최중연(newpcraft@gmail.com)

로그, 메트릭, 트레이스를 통합 제공하는 사내 모니터링 시스템을 개발하고 있으며, 다양한 유형의 모니터링 데이터를 저장하고 검색하는 기술과 다양한 데이터 소스로부터 서비스의 이상을 감지하고 제공하는 시스템에 관심이 많다. 번역서로는 에이콘출판사에서 펴낸 『일래스틱 스택을 이용한 머신러닝』(2020), 『Kafka Streams in Action』(2019), 『일래스틱서치 쿡북 3/e』(2019), 『키바나 5.0 배우기』(2017), 『Elasticsearch in Action』(2016) 등이 있다.

옮긴이의 말

인간의 능력만으로는 검색이 불가능할 수준으로 누적돼 가는 데이터 세상에서 IT 회사들은 어떻게 하면 비용 효율적으로 시스템의 문제를 빠르게 식별할 수 있는가를 고민한다. 이를 해결하고 로그, 메트릭 같은 다양한 데이터 소스로부터 시스템을 관찰하기 위해 다양한 전문 도구들을 사용하고 있다. 또한 경험에 의지해 인간이 예측 가능한 범위 내에서 다양한 대시보드와 얼러팅으로 모니터링 활동을 한다.

하지만 애플리케이션 아키텍처는 전통적인 모놀로식Monolithic에서 마이크로서비스Microservice화돼 가고, 애플리케이션을 운영할 인프라는 쿠버네티스와 같은 컨테이너 환경으로 빠르게 옮겨 가고 있다. 이렇듯 시스템 환경은 점점 더 복잡해지고 관찰해야 할 데이터의 양과 종류도 점점 더 늘고 있다. 그로 인해 수집한 수많은 데이터 중 대부분이 관찰하지 못한 채 버려진다. 인간의 힘만으로 그 모든 데이터를 처리하기에는 우리의 삶은 너무 짧고 세상은 너무 빠르게 변화하고 있다.

이미 머신러닝이라는 단어는 유행하다 못해 주변에서도 쉽게 들을 수 있는 흔한 용어가 됐고 데브옵스DevOps라는 합성어를 따서 AIOps라는 단어도 유행하고 있다. AI와 무관한 내가 소속된 조직에서도 몇 년째 AIOps라는 용어를 사용하는 작은 조직이 있을 정도로 이제 이 AIOps도 흔한 용어가 돼 가고 있다. 시스템을 운영하기 위해 인간이 아닌 기계에 의존해 데이터를 분석하고 시스템에 잠재된 문제를 발굴하거나 서비스의 이상을 감지해야만 하는 상황에 이르게 된 것이다.

『일래스틱 스택을 이용한 머신러닝』(에이콘, 2020)의 개정판인 이 책은 일래스틱 스택이 제공하는 안정적인 ML 피처를 활용해 로그, 메트릭과 같은 데이터 소스로부터 이상을 감지하는 방법인 일래스틱 스택을 처음 사용하는 사용자도 쉽게 이해하고 따라할 수 있도록 자세하게 설명한다. 또한 그간 새로 추가된 다양한 피처도 예제와 함께 상세하게 소개하고 있다. 특히 새로 추가된 데이터 프레임 피처는 도큐먼트를 엔티티 중심의 인덱스로 변환해 아웃라이어, 분류, 회귀 분석 영역까지 확장 가능해졌으며 일래스틱서치의 새로운 네이티브 클라이언트인 일런드[Eland]가 일래스틱서치에 저장된 데이터를 파이썬의 강력한 데이터 분석 생태계와 쉽게 연결되도록 해줬다. 이러한 새로운 피처를 실질적인 예제와 함께 하나씩 배워 현업에 적용해볼 수 있도록 풀어 설명한 이 책이 데이터의 늪에 빠진 개발자와 운영자에게 구원의 손길이 될 수 있기를 바란다.

차례

에이콘출판의 기틀을 마련하신 故 정완재 선생님 (1935-2004)

들어가며

ELK 스택으로 알려졌던 일래스틱 스택은 사용자가 검색 데이터를 효과적으로 수집, 처리, 분석하도록 도와주는 로그 분석 솔루션이다. 주요 상용 기능인 머신러닝이 추가된 일래스틱 스택은 이 분석 프로세스를 훨씬 더 효율적으로 만든다. 이 책은 시계열 데이터 분석은 물론 분류, 회귀, 아웃라이어 탐지를 위한 일래스틱 스택의 머신러닝 기능에 관해 포괄적인 개요를 제공한다.

이 책은 머신러닝 개념을 직관적인 방식으로 설명하며 시작한다. 그런 다음 로그 파일, 네트워크 흐름, 애플리케이션 메트릭, 재무 데이터와 같은 다양한 데이터 유형에 대해 시계열 분석을 수행한다. 여러 장을 진행하면서 로깅, 보안 및 메트릭을 위해 일래스틱 스택 내에서 머신러닝을 배포하게 된다. 마지막에는 머신러닝이 도움될 수 있는 새로운 사용 사례의 문을 어떻게 여는지 데이터 프레임 분석으로 알게 될 것이다.

이 책이 끝날 즈음에는 분산 검색과 데이터 분석 플랫폼에 머신러닝을 통합하기 위해 필요한 지식과 함께 머신러닝과 일래스틱 스택에 관한 실질적인 경험을 얻게 될 것이다.

이 책의 대상 독자

머신러닝 전문가나 맞춤형 개발에 의존하지 않고 일래스틱서치 데이터에 대한 통찰력을 얻으려는 데이터 전문가를 대상으로 한다. 머신러닝을 관측 가능성Observability, 보안Security 및 분석Analytics 애플리케이션과 통합하려는 경우에도 유용하다. 이 책을 최대한 활용하려면 일래스틱 스택에 대한 실무 지식이 필요하다.

이 책의 내용

1장, IT를 위한 머신러닝 IT와 보안 운영에서 수동적인 데이터 분석의 역사적 과제에 대한 도입과 배경 입문서 역할을 한다. 내부에서 일어나는 일을 본질적으로 이해하기 위해 일래스틱 머신러닝의 작동 이론에 대한 개요를 포괄적으로 제공한다.

2장, 활성화와 운영화 일래스틱 스택에서 머신러닝을 활성화하는 방법을 설명하고 일래스틱 머신러닝 알고리듬의 작동 이론도 자세히 살펴본다. 또한 일래스틱 머신러닝의 물류 운영도 자세히 다룬다.

3장, 이상 탐지 시계열 분석의 핵심인 자동화된 비지도unsupervised 이상 탐지 기술을 자세히 설명한다.

4장, 예측 일래스틱 머신러닝의 정교한 시계열 모델을 단순한 이상 탐지 이상의 용도로 사용하는 방법을 설명한다. 예측 기능을 통해 사용자는 미래의 추세와 행동을 추정해 용량 계획과 같은 사용 사례를 지원할 수 있다.

5장, 결과 해석 이상 탐지 및 예측 결과를 완전히 이해하고 시각화, 대시보드 및 인포그래픽에서 장점을 활용하는 방법을 소개한다.

6장, ML 분석에 기반한 얼러팅 이상 탐지를 더욱 실행 가능하게 만들기 위해 일래스틱 얼러팅의 사전 알림 기능을 머신러닝으로 파악한 통찰력과 통합하는 다양한 기술을 설명한다.

7장, AIOps와 근본 원인 분석 일래스틱 머신러닝을 활용해 이질적인 데이터 소스 데이터를 전체적으로 검사하고 분석해서 분석가에게 상관관계 뷰를 제공하는 레거시 접근 방식 측면에서 한 발 더 나아간 방법을 살펴본다.

8장, 다른 일래스틱 스택 앱에서 이상 탐지 데이터 분석에 가치를 부여하기 위해 일래스틱 스택 내의 다른 앱에서 이상 탐지를 활용하는 방법을 알아본다.

9장, 데이터 프레임 분석 소개 데이터 프레임 분석의 개념을 설명하고, 시계열 이상 탐지와는 어떻게 다른지, 일래스틱 머신러닝으로 데이터를 로드, 준비, 변환 및 분석하기 위해 사용자가 사용할 수 있는 도구를 다룬다.

10장, 아웃라이어 탐지 일래스틱 머신러닝과 함께 데이터 프레임 분석의 아웃라이어 탐지 분석 기능을 살펴본다.

11장, 분류 분석 일래스틱 머신러닝과 함께 데이터 프레임 분석의 분류 분석 기능을 다룬다.

12장, 회귀 일래스틱 머신러닝과 함께 데이터 프레임 분석의 회귀 분석 기능을 소개한다.

13장, 추론 추론을 위해 (실제로 조작 가능한 방식으로 출력 값을 예측하기 위해) 훈련된 머신러닝 모델에 대한 사용법을 살펴본다.

14장, 부록: 이상 탐지 팁 다른 장에서는 잘 맞지 않는 다양한 실용적인 조언을 담았다. 이러한 유용한 정보는 일래스틱 ML을 최대한 활용하는 데 도움이 될 것이다.

이 책을 최대한 활용하기 위한 준비

인터넷 연결이 양호하고 일래스틱 계정이 있는 시스템이 필요하다.

예제 코드 파일 다운로드

이 책의 예제 코드 파일은 깃허브의 저장소(https://github.com/PacktPublishing/Machine-Learning-with-Elastic-Stack-Second-Edition)에서 다운로드 받을 수 있다. 코드 업데이트가 있는 경우 기존 깃허브 저장소에 업데이트될 것이다.

에이콘출판사 도서정보 페이지인 http://www.acornpub.co.kr/book/ml-elasticstack2 에서도 동일한 예제 코드를 다운로드할 수 있다.

컬러 이미지 다운로드

이 책에 사용된 스크린샷과 다이어그램의 컬러 이미지가 포함된 PDF 파일도 제공한다. https://static.packt-cdn.com/downloads/9781801070034_ColorImages.pdf에서 다운로드할 수 있다. 에이콘출판사의 도서정보 페이지 http://www.acornpub.co.kr/book/ml-elasticstack2에서도 다운로드할 수 있다.

편집 규약

이 책 전체에서 사용된 몇 가지 텍스트 규칙이 있다.

텍스트 안의 코드: 텍스트 내에 코드가 포함된 유형으로, 데이터베이스 테이블 이름, 폴더 이름, 파일 이름, 파일 확장자, 경로 이름, 더미 URL, 사용자 입력이 있다. 예를 들어 다음과 같다.

"`partition_field_name`을 설정해 범주형 필드를 따라 분석을 분할할 수도 있다."

코드 블록은 다음과 같이 표시한다.

```
18/05/2020 15:16:00 DB Not Updated [Master] Table
```

특정 코드 블록 부분에 주의를 기울이고자 할 때 관련 라인이나 항목은 굵게 표시한다.

```
export DATABRICKS_AAD_TOKEN=<azure-ad-token>
```

고딕체: 새로운 용어, 중요한 단어 또는 화면에 표시되는 단어는 고딕체로 표시한다. 예를 들어 메뉴나 대화 상자의 단어는 다음과 같은 텍스트로 표시한다. 다음은 그 예다.

"이제 **결과 보기** 버튼을 클릭해 데이터에서 이상 탐지 작업이 찾은 내용을 자세히 조사해 보자."

팁이나 중요한 참고 사항
이와 같이 출력한다.

독자 의견

독자의 의견은 언제나 환영한다.

정오표: 내용에 문제가 없도록 최선을 다했지만 실수가 있을 수도 있다. 오류를 발견했다면 자세한 오류 내용을 알려주길 바란다. http://www.packt.com/submit-errata를 방문해 책을 선택하고 오류 정정을 위한 제출 양식 링크를 클릭해 세부 정보를 입력해주길 바란다. 한국어판의 정오표는 에이콘출판사의 도서정보 페이지 http://www.acornpub.co.kr/book/ml-elasticstack2에서 볼 수 있다.

문의: 이 책에 대해 궁금한 점이 있으면 메시지 제목에 책 제목을 언급하고 customercare@packtpub.com으로 이메일을 보내주길 바란다. 한국어판에 관한 질문은 에이콘출판사 편집 팀(editor@acornpub.co.kr)이나 옮긴이의 이메일로 문의하길 바란다.

1부

일래스틱 스택으로 머신러닝 시작하기

1부에서는 알고리듬이 수행하는 작업뿐만 아니라 일래스틱 스택 내 소프트웨어 운영의 물류logistic 관점에서 일래스틱 ML이 작동하는 방식을 직관적으로 이해하도록 돕는다.

1부에서는 다음과 같은 주제를 다룬다.

- **1장**, IT를 위한 머신러닝
- **2장**, 활성화와 운영화

01

IT를 위한 머신러닝

10년 전만 해도 IT 운영 또는 IT 보안에 있어 **머신러닝**ML 기반 기술을 사용한다는 발상은 마치 공상과학 소설처럼 보였다. 그러나 오늘날의 머신러닝은 소프트웨어 판매업체가 사용하는 가장 일반적인 유행어 중 하나다. 분명히 기술의 필요성에 대한 인식과 최첨단 기술의 구현 능력 모두 큰 변화가 있었다. 이러한 기술의 진화는 일래스틱 ML이 어떻게 탄생했고 어떤 문제를 해결하려고 설계됐는지 완전하게 이해하는 데 중요하다.

1장은 일래스틱 ML 작동 방식 이면에 있는 역사와 개념을 회고하는 것만 집중할 것이다. 또한 수행 가능한 다양한 분석 방법과 해결할 수 있는 사용 사례에 대해서도 살펴볼 것이다. 특히 다음 주제를 다루고자 한다.

- IT의 역사적 도전 과제 극복
- 엄청나게 많은 데이터 처리

- 자동화된 이상 탐지의 출현
- 비지도Unsupervised ML 대 지도Supervised ML
- 이상 탐지에 비지도 ML 사용하기
- 데이터프레임 분석에 지도 ML 적용하기

IT의 역사적 도전 과제 극복

IT 애플리케이션 지원 전문가와 설계자는 기대치가 높은 어려운 업무를 수행한다. 그들은 새롭고 혁신적인 프로젝트를 비즈니스 현장으로 옮기는 업무를 맡을 뿐만 아니라 현재 배포된 애플리케이션을 가능한 한 원활하게 운영하고 유지한다. 오늘날 애플리케이션은 그 어느 때보다 특히 더 복잡한데, 이들은 컴포넌트화, 분산화, 가상화 또는 컨테이너화돼 있을 것이다. 애자일Agile을 사용해 개발했거나 아웃소싱 팀이 개발했을 수 있으며 끊임없이 변경될 수도 있다. 어떤 데브옵스DevOps 팀은 통상 매일 100건 이상 프로덕션 시스템을 변경할 수 있다고 주장하기도 한다. 최신 애플리케이션의 상태와 동작을 이해하려는 것은 자동차가 움직이는 동안 그 자동차를 검사하려는 정비공과도 같다.

IT 보안 운영 분석가는 그날의 운영 업무를 따라가기 위해 비슷한 어려움을 겪고 있긴 해도, 기업을 안전하게 유지하고 새로운 위협을 완화하는 데 초점을 두고 있다. 해커, 멀웨어, 악성 내부자는 매우 흔하면서도 점점 더 정교해져서 이제는 그 조직에 손상될지에 대한 질문이 아니라 언제 그 사실을 알아낼 수 있느냐에 대한 질문이 더 현명하다. 큰 피해가 발생하기 전에 가능한 빨리 알아내는 것이 법 집행기관이나 저녁 뉴스로부터 배우는 것보다 낫다.

그러면 어떻게 도움을 받을 수 있을까? 애플리케이션 전문가와 보안 분석가가 업무를 효과적으로 수행하도록 도울 데이터가 부족한 문제의 핵심은 뭘까? 실제로 대부분의 경우 정반대다. 지금 많은 IT 조직은 데이터의 수렁에 빠져 있다.

엄청나게 많은 데이터 처리

IT 부서가 모니터링 도구에 투자하고 많은 도구를 사용해 페타바이트 단위로 측정 가능한 데이터를 적극적으로 수집하고 보관하는 것은 드문 일이 아니다. 이 데이터의 범위는 기초적인 인프라 및 네트워크 수준부터 심층 진단 데이터와 시스템 및 애플리케이션 로그 파일에까지 이른다.

비즈니스 수준 **핵심 성과 지표**KPI는 때때로 최종 사용자 경험 관련 데이터를 포함해 추적도 할 수 있다. 어떤 면에서 가용한 데이터의 깊이와 폭은 그 어느 때보다 더 포괄적이다. 데이터에서 새로운 문제나 숨겨진 위협을 감지하기 위해 전통적으로 데이터에서 통찰을 뽑아내는 다음과 같은 몇 가지 주요 접근 방식이 있다.

- **필터/검색**: 몇몇 도구는 사용자가 검색을 정의해서 데이터를 좀 더 관리하기 쉬운 수준으로 줄여줄 수 있다. 이 방식은 매우 유용해서 의심되는 문제가 있을 때 애드혹ad hoc 방식으로 자주 사용된다. 그럼에도 불구하고 대개 찾으려는 것이 무엇인지 아는 능력과 경험 수준에 이 접근 방식의 성공 여부가 달려 있다. 즉, 유사한 과거 상황을 통해 겪었던 사전 지식과 전문적인 검색 기술을 필요로 한다.
- **시각화**: 대시보드, 차트, 위젯은 데이터의 행위와 추세를 이해하는데 매우 유용하다. 그러나 시각화는 수동적이기 때문에 유의미한 편차를 찾기 위해서는 눈으로 지켜봐야 한다. 수집하고 화면에 그린 메트릭이 두 눈이 볼 수 있는 범위(또는 표시할 화면 공간)를 넘어서는 시점부터 시각적 전용 분석의 유용성은 점점 떨어진다.
- **임곗값/규칙**: 데이터를 물리적으로 능동적인 감시를 해야 하는 요구 사항을 해결하기 위해 많은 도구가 알려진 조건 또는 조건 간의 의존성에 대해 트리거되는 조건이나 규칙을 정의하는 기능을 제공한다. 그러나 오늘날 복잡하고 분산된 애플리케이션에 있어서 현실적으로 적절한 작동 범위를 모두 정의하거나 의존성을 모두 모델링할 수 없다. 게다가 애플리케이션이나 환경의 변화량과 변화 속도 때문에 빠르게 정적인 규칙 집합이 쓸모없게 될 수 있다. 분석가는 수많은 거짓 얼럿alert을 찾아내 처리하지만 도구가 만들어내는 얼럿으로 인한 분노와 얼럿이 제공

하는 가치에 대한 회의론으로 이어지고 결국 양치기 소년 패러다임이 된다.

궁극적으로 과거 기술을 완전히 부인할 필요는 없지만, 유의미한 방식으로 데이터에 대한 평가를 자동화하고 경험적으로 보강하는 다른 접근 방법이 필요했다. 이제 현실을 직시하자. 인간은 불완전하다. 인간은 감춰진 편견과 한계가 있는 정보를 기억하는 능력 때문에 쉽게 산만해지고 피곤해진다. 알고리듬을 올바르게 사용한다면 이러한 단점을 쉽게 극복할 수 있다.

자동화된 이상 탐지의 출현

자율주행 자동차부터 경기를 승리로 이끄는 컴퓨터 프로그램까지 모든 것을 포괄하는 매우 광범위한 주제인 ML은 이러한 해결 방법을 찾기 위한 당연한 곳이었다. 효과적인 애플리케이션 모니터링이나 보안 위협 사냥의 대부분의 요구 사항이 "평소와는 다른 무언가를 찾는다"라는 주제의 변형일 뿐이라는 사실을 알고 있다면, 이상 탐지anomaly detection 분야는 IT 전문가의 이러한 문제를 해결하기 위해 ML 기술을 사용하는 당연한 장소처럼 등장한다.

그러나 학문으로서 이상 탐지는 확실히 새로운 것은 아니다. 수많은 똑똑한 사람들이 수년 동안 다양한 알고리듬과 기술을 연구하고 사용했다. 그러나 IT 데이터의 이상 탐지를 실제로 적용하는 것은 학문적으로 가치 있는 알고리듬이라고 하더라도 다음과 같은 몇 가지 흥미로운 제약 때문에 업무에 부적합할 수 있다.

- **적시성**: 장애 알림, 침해breach 또는 기타 중대한 이례적인 상황은 이를 완화하기 위해 가능한 한 빨리 알아내야 한다. 신속하게 해결하거나 억제하면 다운 타임 비용이나 지속적인 보안 손상 위험을 최소화할 수 있다. 오늘날 IT 데이터의 실시간 특성을 따르지 못하는 알고리듬은 그 가치가 제한될 수밖에 없다.
- **확장성**: 앞에서 언급했듯이 IT 데이터의 양volume, 속도velocity, 변화variation가 현대

IT 환경에서 폭발적으로 증가하고 있다. 이러한 방대한 데이터를 검사하는 알고리듬은 실용적으로 사용할 수 있도록 데이터와 함께 수평 확장이 가능해야 한다.

- **효율성**: IT 예산의 경우 종종 낭비되는 지출을 매우 면밀하게 조사하는데, 어떤 조직은 계속해서 더 적은 비용으로 더 많은 일을 하도록 요청을 받는다. 알고리듬을 실행하기 위해 추가적인 슈퍼컴퓨터를 사용하는 것은 실용적이지 않다. 오히려 일반적인 사양의 범용 하드웨어commodity hardware를 솔루션의 일부로 사용할 수 있어야 한다.
- **일반화 가능성**: 고도로 전문화된 데이터 과학이 특정 정보 문제를 해결하는 가장 좋은 방법인 경우가 흔하지만 IT 환경에 있어서 데이터 다양성은 대부분의 사용 사례에 광범위하게 적용할 수 있는 무언가를 필요로 하게 만든다. 동일한 기술의 재사용 가능성은 장기적으로 훨씬 더 비용 효율적이다.
- **적응성**: 끊임없이 변하는 IT 환경에서 깨지기 쉬운 알고리듬은 금방 쓸모없게 되며, ML 모델의 훈련과 재훈련은 감당할 수 없는 또 다른 시간 소모적인 모험만 될 것이다.
- **정확성**: 레거시 임곗값과 규칙 기반 시스템으로 인한 얼럿 피로가 현실 문제라는 사실을 이미 알고 있다. 하나의 거짓 알람 생성기를 다른 것으로 바꾼다 한들 누구에게도 감동은 줄 수 없을 것이다.
- **사용 용이성**: 앞서 언급한 모든 제약 조건을 만족시킬 수 있다 하더라도 데이터 과학자가 구현해야 하는 솔루션은 많은 비용이 들기 때문에 즉시 자격을 잃을 수 있다.

우리는 이제 완벽하게 작동하기 때문에 모든 사람이 사용할 수 있는 확장 가능하며 저렴한 이상 탐지 솔루션을 만드는 문제의 핵심에 도달했다. 문제는 없다!

주눅이 들 만한 소리로 들리겠지만, 프리럿Prelert 설립자이자 CTO인 스티브 도슨Steve Dodson은 2010년에 그 도전을 시작했다. 도슨은 분명 학문적 성과를 가져왔지만, 결국 일래스틱 ML이 될 기술은 실제 IT 애플리케이션 문제를 해결하려는 진통에서 탄생했다. 첫 번째는 런던 주요 금융회사의 거래 플랫폼에서 발생했던 간헐적인 중단이었다. 도슨과 벤처에 합류한 소수의 엔지니어는 이상 탐지 기술을 사용해 건초 더미에서 바늘만 자동으로 표시하도록 해 분석가가 작은 세트의 잘못된 관련 메트릭과 로그 메시지에 집중할 수 있도록 하는 것으로 은행 팀을 도왔다. 근본 원인(복구로 인해 연속적인 네트워크 문제가 발생한 서비스 실패)을 식별하면 궁극적으로 애플리케이션의 안정성을 확보하고 은행이 미리 계획하지 못한 비용이 드는 네트워크 업그레이드와 같은 기존 해결 방식으로 인한 많은 비용을 지출할 필요가 없었다.

그러나 시간이 지날수록 초기의 성공도 시작에 불과하다는 것이 분명해졌다. 몇 년 동안 수천 개의 실제 사용 사례가 있은 후 프리렛과 일래스틱의 결합은 빅데이터에 쉽게 접근할 수 있는 플랫폼과 인간 분석의 한계를 극복하는 데 도움이 되는 기술의 자연스러운 결합이었다.

힘을 합친지 만 5년이 되는 2021년으로 넘어가보자. 일래스틱 ML은 ML 플랫폼 기능의 성숙과 확장에 있어 먼 길을 걸어왔다. 이 책의 두 번째 판에는 관측 가능성observability 및 보안과 관련해 여러 일래스틱 솔루션 사이의 통합을 포함하는 수년간 일래스틱 ML에 대한 업데이트를 정리했다. 이 두 번째 판에는 3부에서 광범위하게 논의되는 "데이터 프레임 분석"에 대한 소개도 포함돼 있다. 일래스틱 ML이 작동하는 방식을 기초적이고 본질적으로 이해하려면 먼저 몇 가지 용어와 개념을 파악해야 한다.

❚ 비지도 ML 대 지도 ML

ML에는 많은 하위 유형이 있지만 두 가지 매우 두드러진 하위 유형(그리고 일래스틱 ML과 관련된 두 가지이기도 한)은 비지도unsupervised ML과 지도supervised ML이다.

비지도 ML에는 인간에 의한 외부 지침이나 지시가 없다. 다시 말해 알고리듬은 데이터 패턴을 순수하게 자체적으로 학습(및 모델링)해야 한다. 일반적으로 여기에서 가장 큰 도전은 알고리듬이 사용자에게 의미 있는 통찰력을 제공하기 위해 입력 데이터의 정상 패턴에서 감지된 편차를 정확하게 표시하도록 하는 것이다. 알고리듬이 이를 수행할 수 없다면 유용하지 않으며 사용에도 적합하지 않다. 따라서 알고리듬은 매우 견고해야 하며 복잡한 입력 데이터도 처리할 수 있어야 한다.

지도 ML에서 입력 데이터(종종 다변수 데이터)는 원하는 결과를 모델링하는 데 사용된다. 입력으로 사용할 변수를 선험적으로 인간이 결정하고 기대하는 대상 변수의 "그라운드 트루스ground-truth" 표본도 제공한다는 것이 비지도 ML과의 주요 차이점이다. 그런 다음 알고리듬은 입력 변수가 알려진 출력 대상과 상호작용하며 영향을 미치는 방식을 평가한다. 원하는 출력(예를 들어 예측값)을 정확하게 얻으려면 알고리듬은 상황을 실제로 표현하는 "올바른 종류의 데이터"를 가져야 할 뿐만 아니라 입력 데이터와 출력 대상 간의 관계를 효과적으로 학습하기 위해 입력 데이터의 다양성이 충분해야 한다.

따라서 두 경우 모두 우수한 입력 데이터, 우수한 알고리듬 접근 방식 및 ML이 데이터의 행위를 학습하고 그 학습을 적용해 해당 데이터의 후속 관찰을 평가할 수 있도록 하는 우수한 메커니즘이 필요하다. 일래스틱 ML이 비지도 학습과 지도 학습을 활용하는 방법을 좀 더 자세히 살펴보자.

이상 탐지를 위한 비지도 ML 사용하기

비지도 ML을 사용해 일래스틱 ML의 이상 탐지가 작동하는 방식을 더 직관적으로 이해하기 위해 다음을 논의할 것이다.

- 기술technology과 관련한 특이unusual의 엄격한 정의
- 비지도 방식으로 학습하는 직관적인 예제
- 기술이 데이터를 모델링하고 추세를 제거하며 점수를 매기는 방법에 관한 설명

특이에 관해 정의하기

거의 모든 사람들이 이상 탐지에 관한 기본적인 직관을 가지고 있다. 인간은 패턴 인식에 매우 능숙하므로 거리에 있는 100명에게 다음 그래프에서 어떤 것이 특이한지 물으면 (비기술자를 포함해) 대다수 사람들은 급격하게 솟은 스파이크를 지적할 것이다.

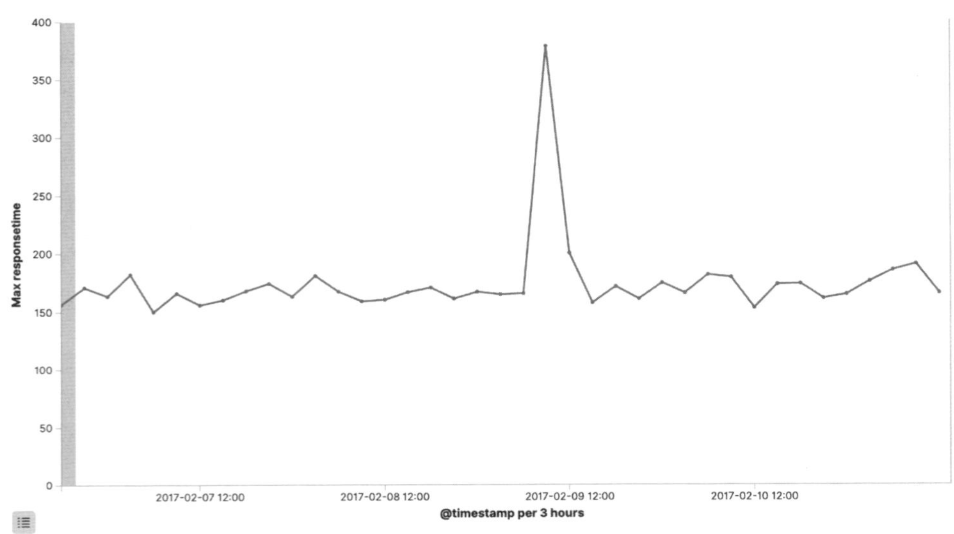

그림 1.1 이상 현상을 보여주는 꺾은선 그래프

마찬가지로 다음 사진에서 특이한 것이 무엇인지 묻는다고 가정해보자.

그림 1-2 펭귄 사이에 물개를 보여주는 사진

대부분 바다표범이 특이한 것이라는 올바른 주장을 들을 것이다. 그러나 사람들은 그러한 결론에 도달하는 데 사용한 실제 경험적인 방법을 정확한 용어로 표현하는 데 어려울 수 있다.

이와 같은 이미지에서 보는 서로 다른 종류의 이상 현상을 정의하는 데 사용 가능한 두 가지 경험적 방법이 있다.

- 행동이 과거 이력을 기반으로 확립된 패턴이나 범위에서 상당히 벗어난 경우 무엇인가 특이하다.
- 해당 개체의 어떤 특성이 집합이나 모집단의 다른 구성원의 동일한 특성과 상당히 다른 경우 무엇인가 특이하다.

이러한 주요 정의는 이상 탐지 알고리듬의 두 가지 주요 기본 작업 모드(3장, '이상 탐지'에서 살펴보게 될 시간 분석과 모집단 분석의 비교)를 형성하기 때문에 일래스틱 ML의 이상 탐지와 관련이 있다. 이처럼 사용자는 특정 사용 사례에 사용되는 작업 모드를 제어할 수 있다.

정상 상태 학습하기

앞에서 언급한 것처럼 일래스틱 ML의 이상 탐지는 학습이 지도하는 과정 없이 발생한다는 점에서 비지도 학습을 사용한다. 인간의 도움 없이 학습에 대한 판단을 내리며 제공된 데이터를 검사함으로써 자체적으로 수행한다. 어휘 책과 문법 규칙만으로 판단하는 것과는 달리 몰입 과정만으로 언어를 배우는 것과 다소 유사하다.

상황에 대해 아무것도 알려지지 않은 완전히 순수한 상태에서 확실하게 예측할 수 있는 상태로 가려면 상황에 대한 모델을 구축해야 한다. 이 모델을 기반으로 수행되는 모든 후속 조치의 효율성은 모델의 정확도에 크게 의존하기 때문에 모델의 생성 방법은 매우 중요하다. 비지도 패러다임으로 수행해야 하므로 모델은 새로운 정보를 기반으로 유연하고 지속적으로 업데이트돼야 한다.

확률 모델

확률 분포가 이러한 목적에 적합할 수 있다. 수많은 기본 유형의 분포(일래스틱 ML은 푸아송 분포, 가우시안 분포, 로그 정규 분포 또는 혼합 모델 같은 다양한 분포 유형을 사용한다)가 있으나, 시간에 따라 불연속적인 사건이 발생("카운트")하는 상황에 적합하기 때문에 푸아송 분포를 먼저 논의하는 것이 좋다.

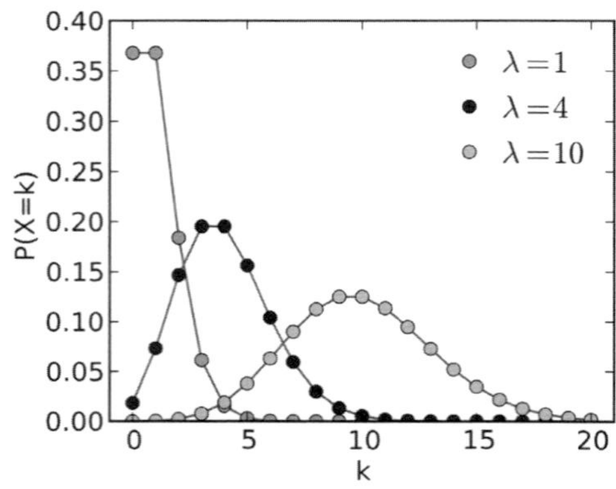

그림 1.3 푸아송 분포를 보여주는 그래프
(출처: https://en.wikipedia.org/wiki/Poisson_distribution#/media/File:Poisson_pmf.svg)

그림에 표시된 세 가지 변형된 분포에서 서로 다른 평균(λ)과 가장 높은 기댓값 k를 볼 수 있다. 이 분포가 x축에 k로 표시되는 매일 집으로 배달되는 예상 우편 수량을 모델링한다고 유추해볼 수 있다.

- $\lambda = 1$의 경우, 매일 우편물이 0개 또는 1개가 배달될 확률은 약 37%다. 우편물을 많이 받지 않는 대학생에게 적합할 것이다.
- $\lambda = 4$의 경우, 우편물 3개 또는 4개를 받을 확률은 약 20%다. 젊은 전문가에게 적합한 모델이 될 것이다.
- $\lambda = 10$의 경우, 하루에 우편물 10개를 받을 확률은 약 13%다. 아마도 대가족이거나 많은 메일링 리스트에 가입한 가족일 것이다!

각 곡선의 이산점discrete point은 또한 k의 다른 값에 대한 가능성(확률)도 제공한다. 따라서 모델은 정보를 제공하며 "메일 15개를 받을 가능성이 있을까?"와 같은 질문에 답할 수 있다. 이 질문은 학생($\lambda = 1$)이나 젊은 전문가($\lambda = 4$)에게는 발생하지 않을 가능성이 있지만, 대가족($\lambda = 10$)에게는 어느 정도 가능성이 있음을 알 수 있다. 분명히 이 모델은 기술된 특정 사람들에게 적합하다는 단순한 선언이 있었다. 그러나 단순히 주장하는 것이 아니라 각 개별 상황에 대해 이 모델을 학습하는 메커니즘이 필요하다는 것은 분명해 보인다. 이를 학습하는 과정은 다음 절에서 설명하는 것처럼 직관적이다.

모델 학습하기

우편물의 경우 특정 가정에 가장 적합한 모델을 결정하는 본능적인 방법은 매일 우편함 옆에 서서 우편 배달부가 우편함에 무엇을 떨어뜨렸는지 기록하는 것만으로도 간단하게 확인할 수 있는 방법이다. 또한 관찰이 많으면 많을수록 모델이 정확하다는 신뢰가 높아질 것이다. 다시 말해, 우편함 옆에서 3일만 보내는 것은 30일이나 300일을 보내는 것보다 덜 완전한 정보와 확신을 제공할 것이다.

알고리듬적으로도 이와 유사한 절차를 설계해 관찰을 바탕으로 적절한 모델을 스스로 선택할 수 있다. 모델 유형 자체(즉, 푸아송 분포, 가우스 분포, 로그 정규 분포 등)에 대한 알고리듬의 선택과 해당 모델 유형의 특정 계수(이전의 λ 예제처럼)에 대한 주의 깊은 조사도 과정의 일부가 돼야 한다. 이를 위해 모델의 적합성에 대한 지속적인 평가가 이루어진다. 베이지안 기법은 전체 데이터세트가 주어졌을 때 모델의 적절한 매개변숫값을 평가하는 데에도 사용되지만, 특정 시점 이전에 얼마나 많은 정보를 봤는지에 따라 이러한 매개변수의 결정을 조정할 수도 있다. ML 알고리듬은 이를 자동으로 수행한다.

노트

무대 뒤에서 진행되는 대표적인 수학에 대해 더 깊이 들어가고 싶다면 다음 학술 논문(http://www.ijmlc.org/papers/398-LC018.pdf)을 참고하자.

수행되는 모델링이 연속적이기 때문에 새로운 정보가 최신 정보에 지수 가중치를 주면서 기존 정보를 함께 고려한다는 것이 가장 중요하다. 이와 같은 모델에서 60회 관찰 후 모델은 다음과 같다.

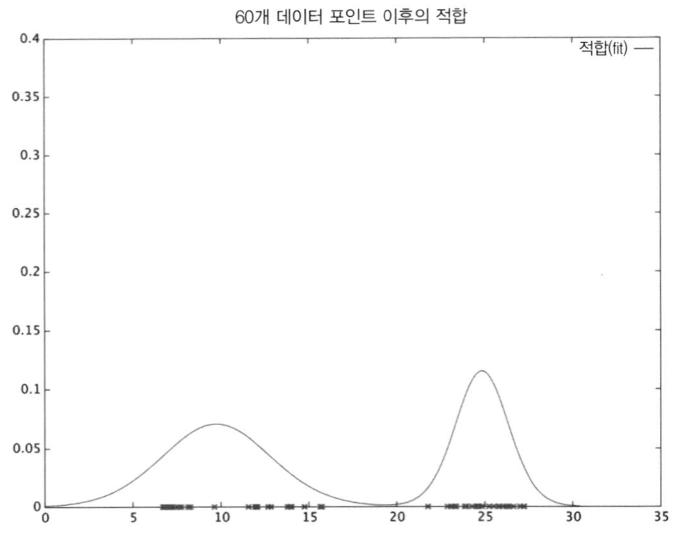

그림 1.4 60회 관찰 후 샘플 모델

데이터가 5에서 10 사이의 값을 가진 수많은 새로운 관찰을 통해 나타나므로 400회 관찰 후에는 매우 다르게 보일 것이다.

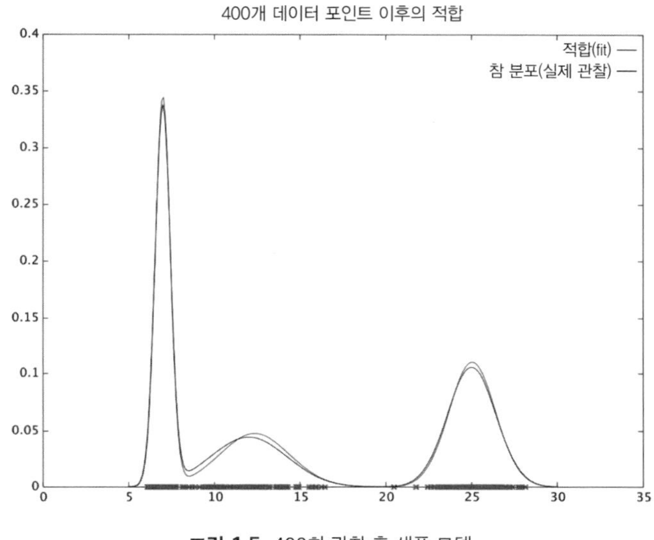

그림 1.5 400회 관찰 후 샘플 모델

모델이 더 높은 확률의 다중 모드 또는 영역/클러스터를 가질 가능성도 있다. 학습된 모델(파란색 곡선으로 표시)과 이론상 이상적인 모델(검정색 곡선) 사이의 핏fit에 대한 복잡도complexity와 진실도trueness가 크게 중요하다. 모델이 정확할수록 해당 데이터 세트의 정상 상태를 더 잘 표현하므로 궁극적으로 미래의 값이 이 모델과 어떻게 부합하는지에 대한 예측도 더 정확해진다.

모델링의 연속적인 특성은 이 모델이 장기 저장소에 직렬화할 수 있어야 한다는 요구 사항도 유발하므로 모델 생성/분석이 일시 중지된 경우 나중에 복원 및 재개할 수 있다. 앞으로 보게 되겠지만 모델 생성, 저장 및 활용 과정의 운영은 복잡한 오케스트레이션인데, 다행히 일래스틱 ML이 자동으로 처리한다.

디트랜드

실세계의 데이터를 충실하게 모델링하는 또 다른 중요한 측면은 자연적으로 발생하는 경향과 패턴처럼 두드러진 배음overtone을 설명하는 것이다. 영업 시간 또는 영업일에 더 많은 활동으로 인해 데이터가 특정 시간이나 요일에 증가하거나 감소하는가? 그렇다면 이를 고려해야 한다. 일래스틱 ML은 데이터에서 두드러진 추세(선형 증가, 주기적 파형cyclical harmonics 등)를 자동으로 찾아 이를 제거한다. 다음 그래프를 보자.

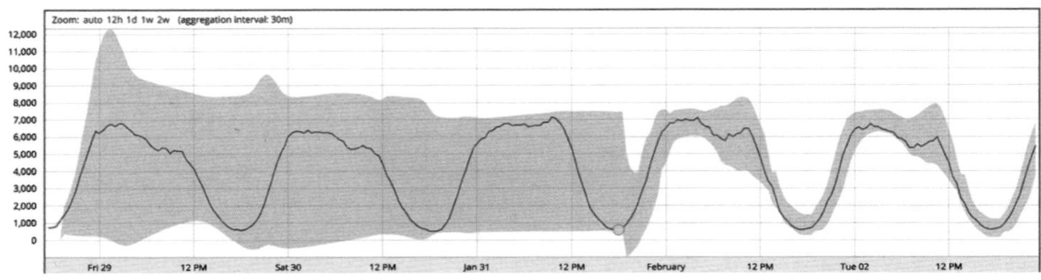

그림 1.6 작동 중인 주기성 감지

여기에서 일일 주기를 학습한 다음 데이터에서 이를 제거한다. 모델의 예측 경계(짙은 파란색 신호 주변의 밝은 파란색 영역으로 표시)는 해당 주기를 연속으로 3회 반복하며 자동으로 감지한 후 극적으로 조정된다.

따라서 더 많은 데이터가 관찰될수록 모델은 확률 분포 함수가 성숙해지는 관점과 며칠 또는 몇 주 동안 나타나지 않을 수 있는 (영업일, 주말 등과 같은) 다른 일상적인 패턴의 자동 인식 및 추세 제거를 통해 정확도를 얻는다. 다음 예시에서는 일별, 주별 및 전체 선형 기울기를 포함해 시간이 지남에 따라 다양한 추세가 발견된다.

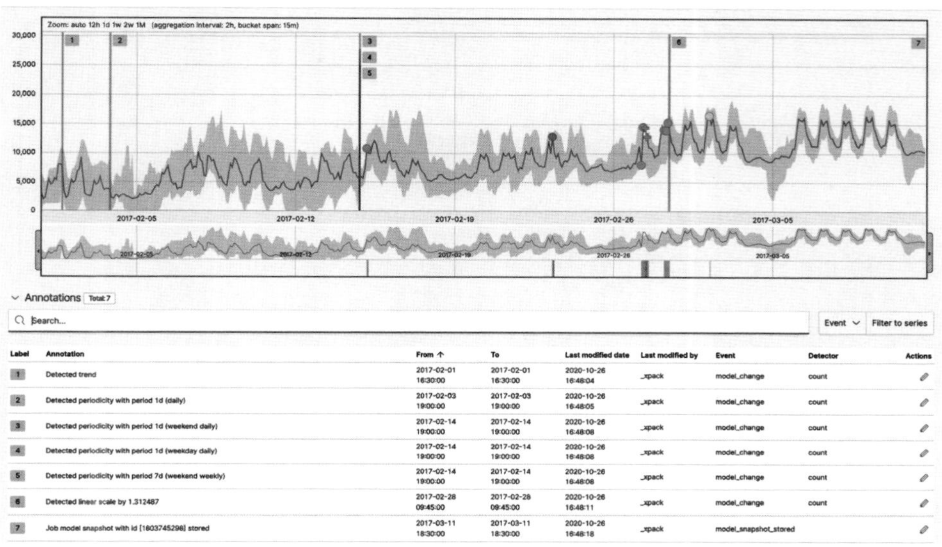

Label	Annotation	From ↑	To	Last modified date	Last modified by	Event	Detector	Actions
1	Detected trend	2017-02-01 16:30:00	2017-02-01 16:30:00	2020-10-26 16:48:04	_xpack	model_change	count	
2	Detected periodicity with period 1d (daily)	2017-02-03 19:00:00	2017-02-03 19:00:00	2020-10-26 16:48:05	_xpack	model_change	count	
3	Detected periodicity with period 1d (weekend daily)	2017-02-14 19:00:00	2017-02-14 19:00:00	2020-10-26 16:48:08	_xpack	model_change	count	
4	Detected periodicity with period 1d (weekday daily)	2017-02-14 19:00:00	2017-02-14 19:00:00	2020-10-26 16:48:08	_xpack	model_change	count	
5	Detected periodicity with period 7d (weekend weekly)	2017-02-14 19:00:00	2017-02-14 19:00:00	2020-10-26 16:48:08	_xpack	model_change	count	
6	Detected linear scale by 1.312487	2017-02-28 09:45:00	2017-02-28 09:45:00	2020-10-26 16:48:11	_xpack	model_change	count	
7	Job model snapshot with id [1603745298] stored	2017-03-11 18:30:00	2017-03-11 18:30:00	2020-10-26 16:48:18	_xpack	model_snapshot_stored		

그림 1.7 감지된 여러 경향

이러한 모델 변경은 시스템 주석annotation으로 기록된다. 보편적인 개념인 이 주석에 관해서는 이후 장에서 다룰 것이다.

특이성에 대한 점수화

일단 모델을 구축하면 확률 분포 내에서 미래에 관측될 값의 가능성을 알 수 있다. 앞서 "15개의 우편물을 받을 가능성이 있을까?"라는 질문을 했다. 이 질문은 이제 0(가능성 없음)과 1(절대 확실) 사이의 숫자를 사용해 모델에 따라 경험적으로 대답할 수 있다. 일래스틱 ML은 모델을 사용해 이 분수 값을 약 300개의 유효 숫자(매우 낮은 확률을 처리할 때 유용할 수 있다)로 계산한다. 다음 그래프를 보자.

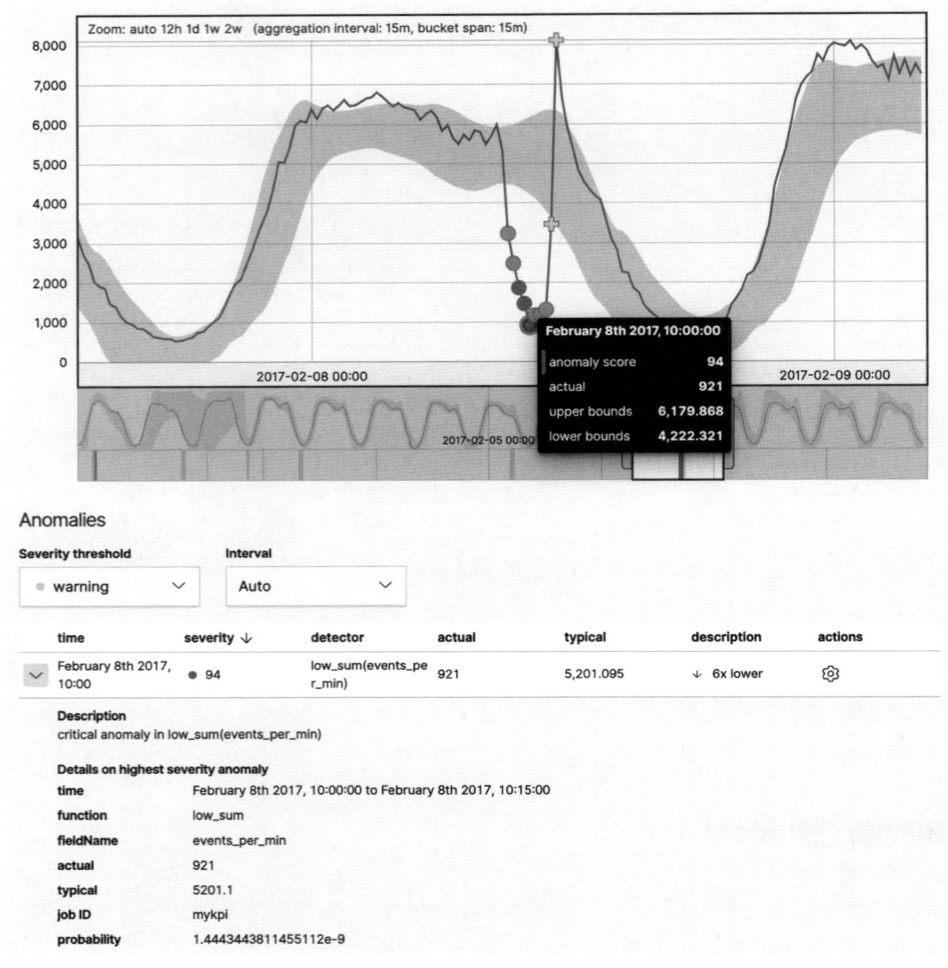

그림 1.8 비정상 상태의 점수화

여기서 921의 실제 값에 대한 관찰 확률은 이제 1.444e−9(또는 더 일반적으로 0.0000001444% 확률)로 계산된다. 이런 매우 작은 값은 아마도 대부분의 사람들에게 직관적이지는 않을 것이다. 따라서 ML은 이 확률 계산을 수행하고 분위수 정규화 과정을 통해 해당 관찰을 0에서 100 사이의 심각도 척도로 다시 변환한다. 여기서 100은 해당 특정 데이터세트에 대해 가능한 가장 높은 수준의 특이성unusualness이다. 앞의 경우 1.444e−9의 확률 계산은 94점으로 정규화된다. 정규화된 점수는 나중에 얼러팅alerting이나 분류를 위해 이상 징후의 심각도를 평가하는 수단으로 유용하다.

시간 요소

이 책의 나머지 부분에서 논의할 이상 탐지에는 데이터 및 분석과 관련된 본질적인 시간 요소가 있다. 즉, 이상 탐지의 경우 일래스틱 ML은 데이터가 시계열 데이터일 것으로 예상하며 해당 데이터는 시간 증분으로 분석된다. 이는 비지도/지도 패러다임 외에도 이상 탐지와 데이터 프레임 분석을 구별하는 데 도움이 되는 핵심 사항이다.

(3장, '이상 탐지'에서 다룰) 모집단 분석과 (10장, '아웃라이어 탐지'에서 다룰) 아웃라이어 탐지에는 차이가 약간 있음을 알 수 있다. 이상치 탐지는 시간의 제약을 받는 반면 아웃라이어 탐지 분석은 그렇지 않다. 이 주제는 이후 장에서 자세히 다루게 되면 더 명확해질 것이다.

데이터 프레임 분석에 지도 ML 적용하기

실질적으로 비지도 접근인(10장, '아웃라이어 탐지'에서 다룰) 아웃라이어 탐지를 제외하고 나머지 데이터 프레임 분석은 지도 접근 방식을 사용한다. 특히 일래스틱 ML 데이터 프레임 분석을 통해 해결할 수 있는 주된 두 가지 유형의 문제가 있다.

- **회귀**: 연속적인 수치(가격, 기간, 온도 등)를 예측하기 위해 사용한다.
- **분류**: 어떤 것이 특정 클래스 레이블에 속하는지 여부를 예측하는 데 사용한다(부정 거래fraudulent transaction 대 정상적인 거래 등등).

두 경우 모두 훈련 데이터를 사용해 모델을 구축하고 변수(숫자 또는 범주형이 될 수 있다)를 입력으로 매핑해 훈련된 의사결정 트리를 통해 예측을 출력한다. 일래스틱 ML이 사용하는 구현은 최근 데이터 과학자들 사이에서 캐글Kaggle 대회에서 우승할 수 있는 능력으로 소문난 오픈 소스 그래디언트 부스트 의사결정 트리 프레임워크인 XGBoost의 커스텀 변형이다.

지도 학습 과정

지도 ML의 전반적인 과정은 비지도 접근과는 매우 다르다. 지도 접근에서는 훈련 단계를 예측 단계와 명확하게 구분한다. 과정을 매우 단순하게 도식화한다면 다음과 같다.

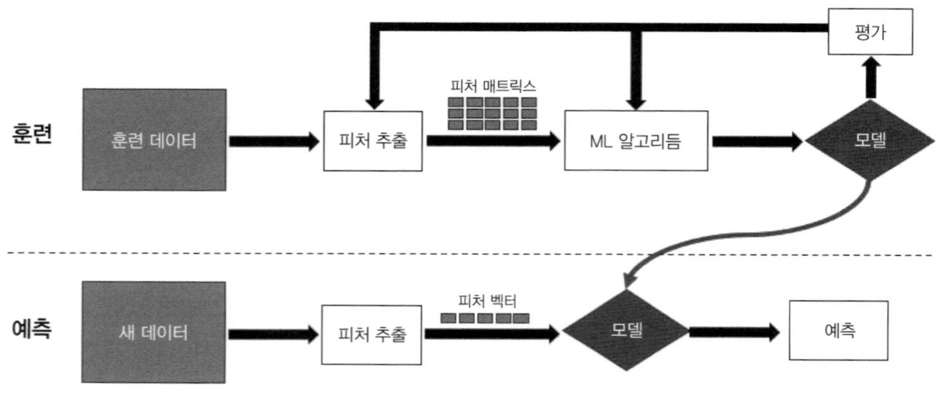

그림 1.9 지도 ML 과정

여기 훈련 단계에서 원시 훈련 데이터로부터 피처feature를 추출해 ML 알고리듬에 공급하고 모델을 생성할 피처 매트릭스matrix(데이터프레임이라고도 부른다)를 생성하는 것을 볼 수 있다. 모델은 데이터의 일부에 대해 유효성을 검사해 얼마나 잘 수행됐는지 확인할 수 있으며, 이후 정제 단계는 추출한 피처를 조정하거나 모델 예측 정확도를 개선하는 데 사용하는 ML 알고리듬 매개변수를 개선할 수 있다.

사용자가 모델이 효과적이라고 결정하면 해당 모델이 예측 워크플로로 "이동"돼 새 데이터에 사용된다. 한 번에 하나씩, 새로운 단일 피처 벡터가 예측을 만들기 위해 모델에 대해 추론한다.

직관적인 이해를 위해 집을 팔고 싶지만 어떤 가격에 등록해야 할지 모른다는 시나리오를 떠올려보자. 현 거주 지역에서 과거 거래를 조사하고 다양한 요인(침실 수, 욕실 수, 평방 피트, 학교/쇼핑 거리, 주택 나이 등)을 기반으로 주택의 차등 가격을 알아낸다. 이러한 요소는 이전의 모든 거래에 대해 개별적이 아닌 전체적으로 고려하는 "피처"다.

이러한 과거 판매 코퍼스corpus는 훈련 데이터다. 이는 각 부동산이 얼마에 팔렸는지 (이는 또한 궁극적으로 예측하고 싶은 당신의 주택의 판매 예상 가격이기도 하다) 확실히 알 수 있기 때문에 도움된다. 이를 충분히 연구하면 일부 피처(침실 수와 같은)에 의해 주택 가격이 크게 좌우되고 다른 피처(아마도 주택의 나이)가 가격에 큰 영향을 미치지 않을 수 있다는 직관을 얻을 수 있다. 이러한 "피처 중요도feature importance"라는 개념은 2장에서 다시 설명할 것이다.

충분한 훈련 데이터로 무장한다면, 침실 3개, 욕실 2개, 1,700제곱피트, 30년된 집이라는 점을 감안할 때 집의 가치를 얼마로 책정해야 하는지 잘 알 수 있다. 즉, 지난 1년 사이에 팔린 비교 가능한 주택을 조사해 마음속으로 모델을 구축했다. 과거 거래가 "훈련 데이터"라면, 주택의 사양(침실, 욕실 등)은 학습한 "모델"이 주어지면 예상 가격을 규정할 피처 벡터다.

단순 멘탈 모델은 수십 개의 관련된 입력 피처를 사용해 회귀 분석으로 구축한 ML 모델만큼 그리 엄격하지는 않다. 하지만 이 간단한 비유가 이전에 알려진 상황을 학습하고 그 지식을 새롭게 적용하는 과정에서 이 아이디어를 확고히 하길 바란다.

요약

1장에서 논의할 내용을 요약하기 위해 IT에서 ML의 기원에 관한 이야기를 다뤘다. 이는 엔터프라이즈 환경에서 수집한 방대한 데이터의 성장에 대한 분석을 자동화해야 할 필요성에서 시작했다. 또한 비지도 이상 탐지와 지도 데이터 프레임 분석을 모두 포함하는 다양한 유형의 일래스틱 ML에 대해 더 직관적으로 이해할 수 있었다.

나머지 장을 진행하면서 종종 일래스틱 ML의 다양한 작업 모드와 해결하려는 문제의 사용 사례를 매핑하게 될 것이다.

데이터가 시간이 지남에 따라 일상적으로 존재하게 되는 시계열(메트릭/성능 데이터, 로그 파일, 트랜잭션 등)인 경우 일래스틱 ML의 이상 탐지 기능만 있으면 된다. 보다시피 매우 유연하고 사용하기 쉬우며 다양한 데이터에 대한 많은 사용 사례를 수행한다. 스위스 군용 나이프와 다름없다. 이 책의 많은 부분(3장부터 8장까지)은 일래스틱 스택에 있는 시계열 데이터를 최대한 활용하기 위해 이상 탐지(및 예측의 보조 기능)를 활용하는 방법에 대해 할애할 것이다.

모집단/코호트(사용자/엔티티 행동) 내에서 특이한unusual 엔티티를 찾는 데 더 관심이 있는 경우 이상 탐지에서 모집단 분석을 사용하는 것과 데이터 프레임 분석에서 이상 탐지를 사용하는 것 사이에서 까다로운 결정을 내릴 수 있다. 결정에 있어 주요 요인은 이 작업을 준실시간으로 수행해야 하는지 여부일 수 있다. 이 경우 모집단 분석을 선택할 수 있다. 준실시간이 필요하지 않거나 여러 기능을 동시에 고려해야 하는 경우 아웃라이어 탐지를 선택한다. 각 접근 방식의 비교와 이점에 대한 자세한 내용은 10장을 참조한다.

이는 모델링에 대한 다변수 접근 방식이 필요한 다른 많은 사용 사례를 남긴다. 이는 부동산 가격 책정 예와 일치할 뿐만 아니라 언어 감지, 고객 이탈 분석, 멀웨어 탐지 등의 사용 사례를 포함한다. 데이터 프레임 분석의 지도 ML 영역에 정확히 속하며 11장부터 13장까지 이를 다룬다.

2장에서는 일래스틱 ML을 활성화하는 방법과 운영 관점에서 작동하는 방법에 대한 이해와 함께 진흙탕에 뒹굴어볼 것이다. 버클을 채우고 라이딩을 즐겨보자!

02

활성화와 운영화

자동화된 비지도unsupervised 이상 탐지와 지도supervised 데이터 프레임 분석을 모두 수행하기 위해 일래스틱 ML이 무엇을 하는지 기본적인 사항을 배웠다. 이제 일래스틱 스택(일래스틱 서치 및 키바나) 내에서 일래스틱 ML이 작동하는 방식을 자세히 알아볼 차례다.

2장에서는 일래스틱 ML 기능의 설치(실제로는 활성화)와 특히 이상 탐지와 관련해 작업의 물류에 대한 자세한 논의에 중점을 둘 것이다. 구체적으로 다음 주제를 다룬다.

- 일래스틱 ML 기능 활성화
- 운영화에 관한 이해

기술 요구 사항

2장은 일래스틱 스택 7.10 버전과 2020년 11월 일래스틱 클라우드의 일래스틱서치 서비스 워크플로를 그대로 사용한다.

일래스틱 ML 기능 활성화

자체 관리형 클러스터와 일래스틱 클라우드의 **일래스틱서치 서비스**[ESS]는 일래스틱 스택 내부에 일래스틱 ML 기능을 활성화하는 과정이 다소 다르다. 간단히 말해 자체 관리형 클러스터에서 ML 기능은 라이선스 키(상업용 키 또는 평가판 키)로 활성화한다. ESS에서 일래스틱 ML을 활용하려면 클러스터 내에 전용 ML 노드를 프로비저닝해야 한다. 다음 절에서는 활성화 수행 방법에 대해 두 시나리오 모두 자세히 설명한다.

자체 관리형 클러스터에서 ML 활성화

일래스틱서치와 키바나 기본 배포(elastic.co/downloads/에서 사용 가능)를 다운로드해 생성한 자체 관리 클러스터가 있다면, 라이선스 키로 간단하게 일래스틱 ML 기능을 활성화할 수 있다. X-팩 코드 베이스가 포함되지 않은 아파치 2.0 라이선스 오픈 소스 배포판을 사용하면 안 된다.

일래스틱 스택 대부분의 기능과는 다르게 일래스틱 ML은 무료가 아니다. 상용(특히 **플래티넘** 수준) 라이선스가 필요하다. 소스 코드가 깃허브(github.com/elastic/ml-cpp)에 공개돼 있고 사용자가 코드를 보고, 문제를 제기하며, 주석을 달거나, 풀 요청[pull request]을 실행할 수 있다는 점에서는 오픈 소스이다. 그러나 일래스틱 ML 사용은 회사인 일래스틱과의 상업적 계약을 따른다.

일래스틱 ML이 처음 출시됐을 때는(v5.x 시절로 돌아가서) 별도의 설치 단계가 필요한 **X-팩**으로 알려진 폐쇄형 소스 기능의 일부였다. 그러나 6.3 버전부터 X-팩 코드가 "오픈

(elastic.co/what-is/open-x-pack)"됐고, 일래스틱서치 및 키바나의 기본 배포에 포함됐다. 따라서 별도의 X-팩 설치 단계는 더 이상 필요하지 않으며, 상용 라이선스(또는 평가판 라이선스)로 기능을 "활성화"하기만 하면 된다.

일래스틱서치와 키바나 자체의 설치 과정은 이 책의 범위를 벗어나지만, 일래스틱 웹사이트(elastic.co/guide/에서 사용 가능)의 온라인 설명서를 따르면 쉽게 수행할 수 있다.

일래스틱서치와 키바나를 실행하면 왼쪽 탐색 메뉴에서 **스택**Stack 옵션으로 이동해 **라이선스 관리**License Management를 선택한다. 다음과 같은 화면이 표시될 것이다.

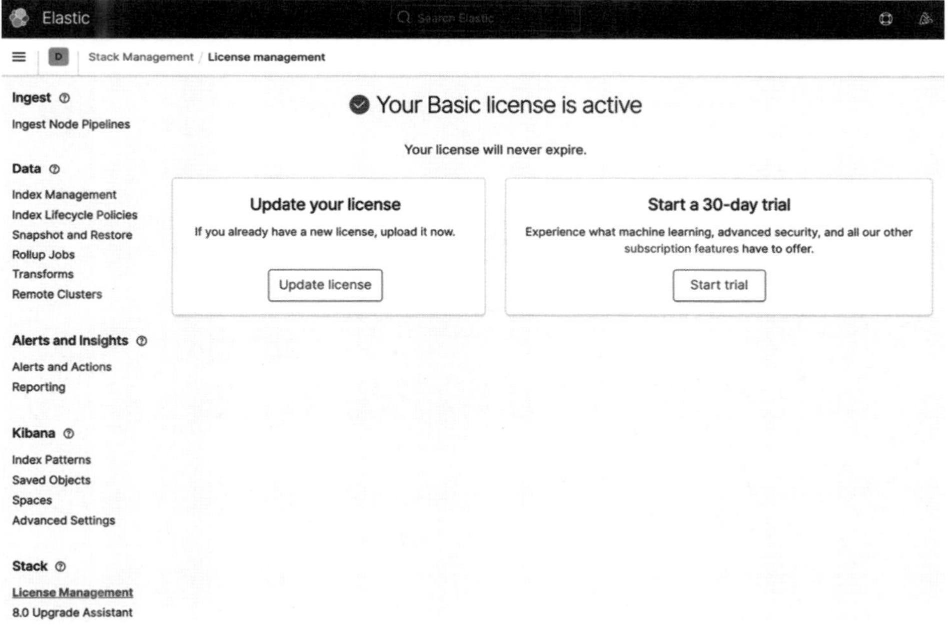

그림 2.1 키바나 라이선스 관리 화면

자동적으로 적용되는 라이선스 수준은 무료 **베이직** 등급이다. 이를 통해 아파치 2.0 라이선스 오픈 소스 배포 또는 서드파티 서비스(아마존 일래스틱 서비스 등)에서 찾을 수 없는 일부 고급 기능을 사용할 수 있다. 서로 다른 라이선스 수준이 제공하는 기능을 비교하기 위한 편리한 가이드는 일래스틱 웹사이트(elastic.co/subscriptions)에서 찾을 수 있다.

앞서 언급했듯이, 일래스틱 ML은 플래티넘 등급 라이선스가 필요하다. 일래스틱에서 플래티넘 라이선스를 구입했다면 그림 2.1의 화면처럼 **라이선스 업데이트**Update license 버튼을 클릭해 해당 라이선스를 적용할 수 있다. 플래티넘 라이선스가 없는 경우 **내 평가판 시작**Start my trial 버튼을 클릭해 일래스틱 ML 및 기타 플래티넘 기능을 활성화하면 30일 무료 평가판을 시작할 수 있다(라이선스 약관에 동의한다고 가정한다).

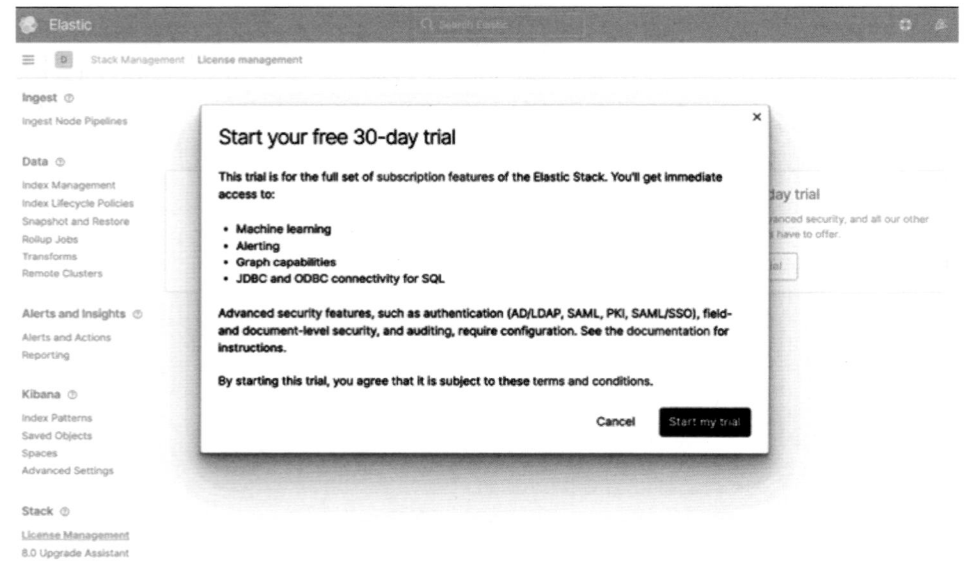

그림 2.2 30일 무료 평가판 시작하기

이 작업이 완료되면 라이선스 화면에 현재 일래스틱 스택의 플래티넘 기능이 활성화된 평가판이 있음이 표시된다.

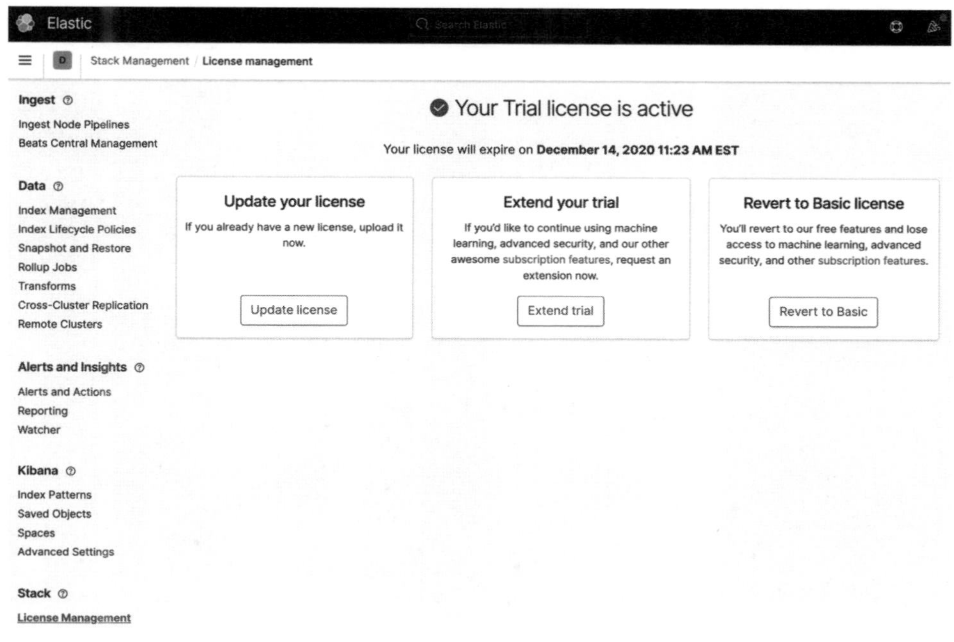

그림 2.3 평가판 라이선스 활성화

일단 이 과정이 완료되면 바로 일래스틱 ML 사용을 시작해볼 수 있다. 다른 플래티넘 기능을 활용하려면 추가적인 구성 단계가 필요하지만 이 책의 범위를 벗어난다. 기능 구성에 대한 추가 지원은 일래스틱 설명서를 참조한다.

클라우드에서 ML 활성화 – 일래스틱서치 서비스

다운로드하고 설치하며 직접 관리해야 하는 일래스틱 스택이라면 일래스틱 스택 플랫폼을 서비스로 제공받는 것보다 그리 흥미롭지 않을 수 있다. 일래스틱 클라우드(cloud.elastic.co)로 이동하고 이메일만으로 무료 평가판에 등록하자.

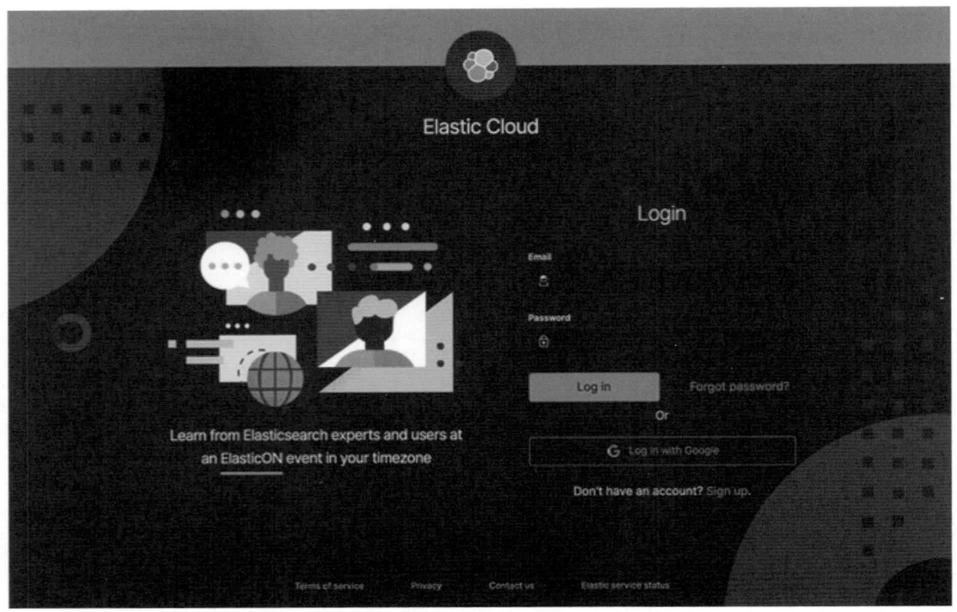

그림 2.4 일래스틱 클라우드 시작 화면

다음 단계로 수행할 수 있다.

1. 로그인 후 일래스틱 클라우드 인터페이스에 들어가면 **무료 평가판 시작**Start your free trial 버튼을 클릭하면 무료 평가판을 시작할 수 있다 .

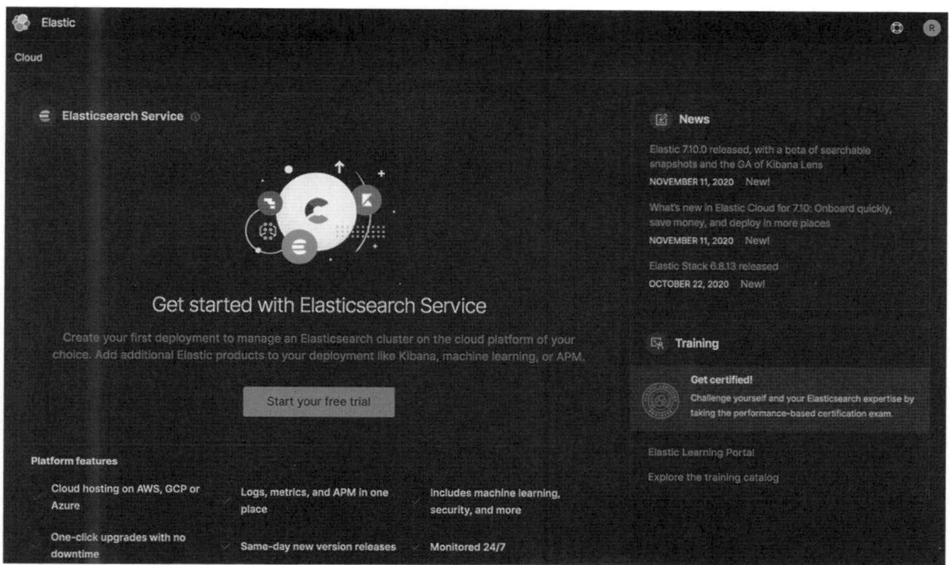

그림 2.5 일래스틱 클라우드 홈 화면

버튼을 클릭하면 14일간 ESS 무료 평가판이 시작되는 것을 볼 수 있을 것이다.

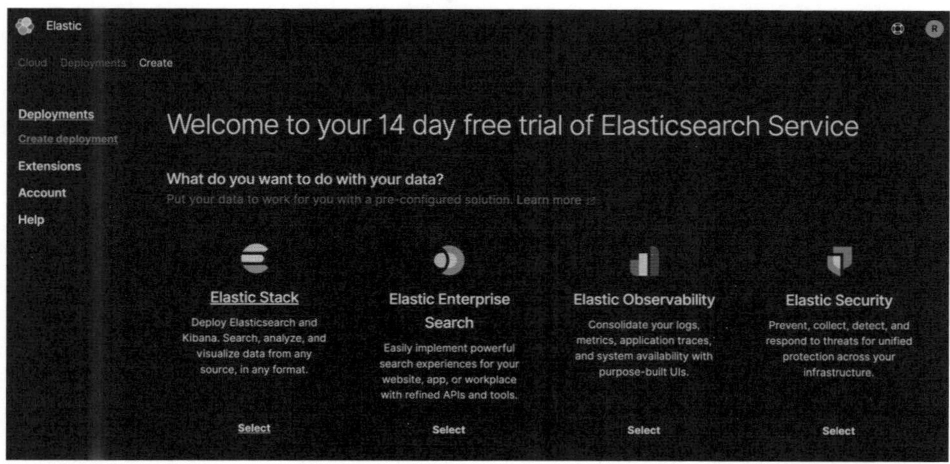

그림 2.6 일래스틱서치 서비스 평가판 활성화

2. 물론 일래스틱 ML을 사용해 보려면 먼저 일래스틱 스택 클러스터가 프로비저닝돼야 한다. 여기에 특정 사용 사례에 맞게 조정된 **디플로이먼트**deployment를 참조해 생성하기 위한 몇 가지 옵션이 있다. 이 예제에서는 그림 2.6 왼쪽에 있는 **일래스틱 스택** 템플릿을 사용하고 **I/O 최적화된**I/O Optimized 하드웨어 프로파일을 선택하겠지만, 평가판 기간 동안에는 다른 옵션도 자유롭게 실험해보자.

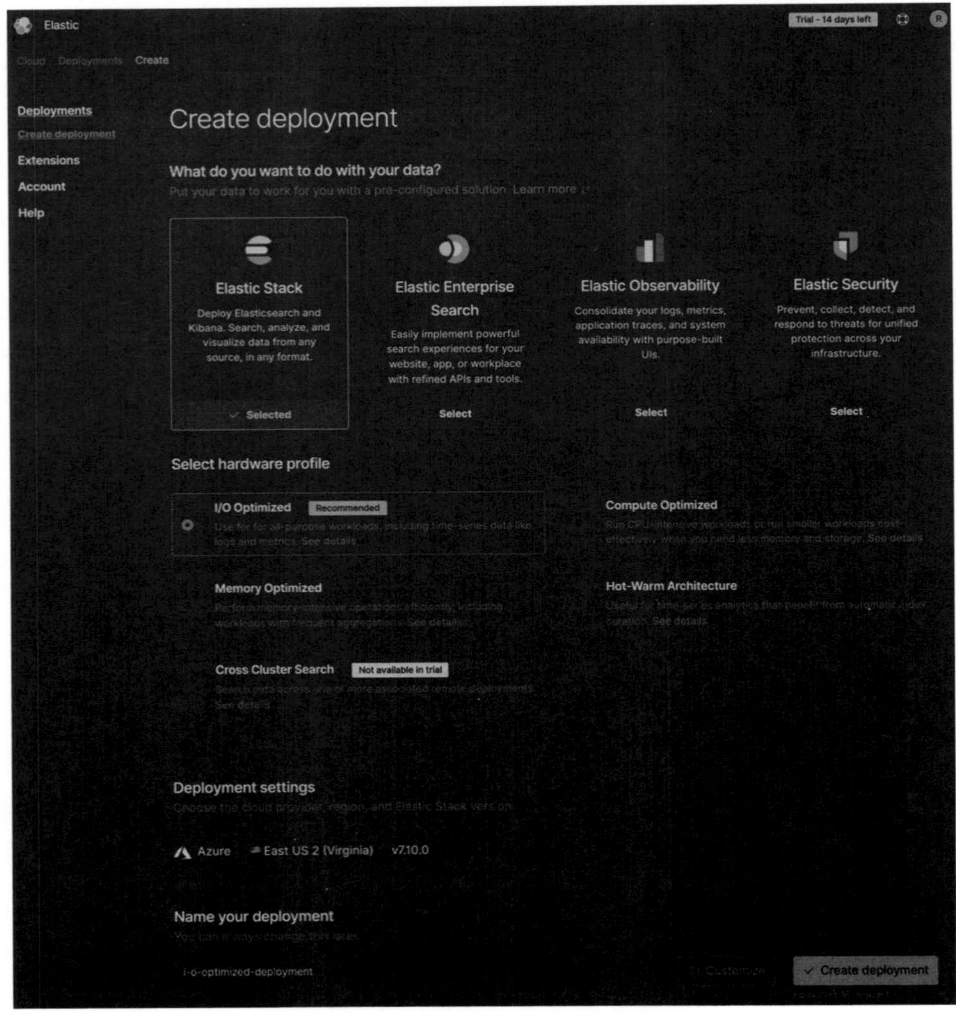

그림 2.7 ESS 디플로이먼트 생성

3. 클라우드 제공업체와 클러스터를 시작할 지역region을 선택할 수 있는데, ML 기능을 사용하려면 먼저 오른쪽 하단 모서리 근처에 있는 **사용자 지정**Customize 버튼을 클릭해 ML 노드를 활성화해야 한다.

4. 사용자 지정 버튼을 클릭하면 ML 노드를 추가할 수 있는 새 화면이 표시된다.

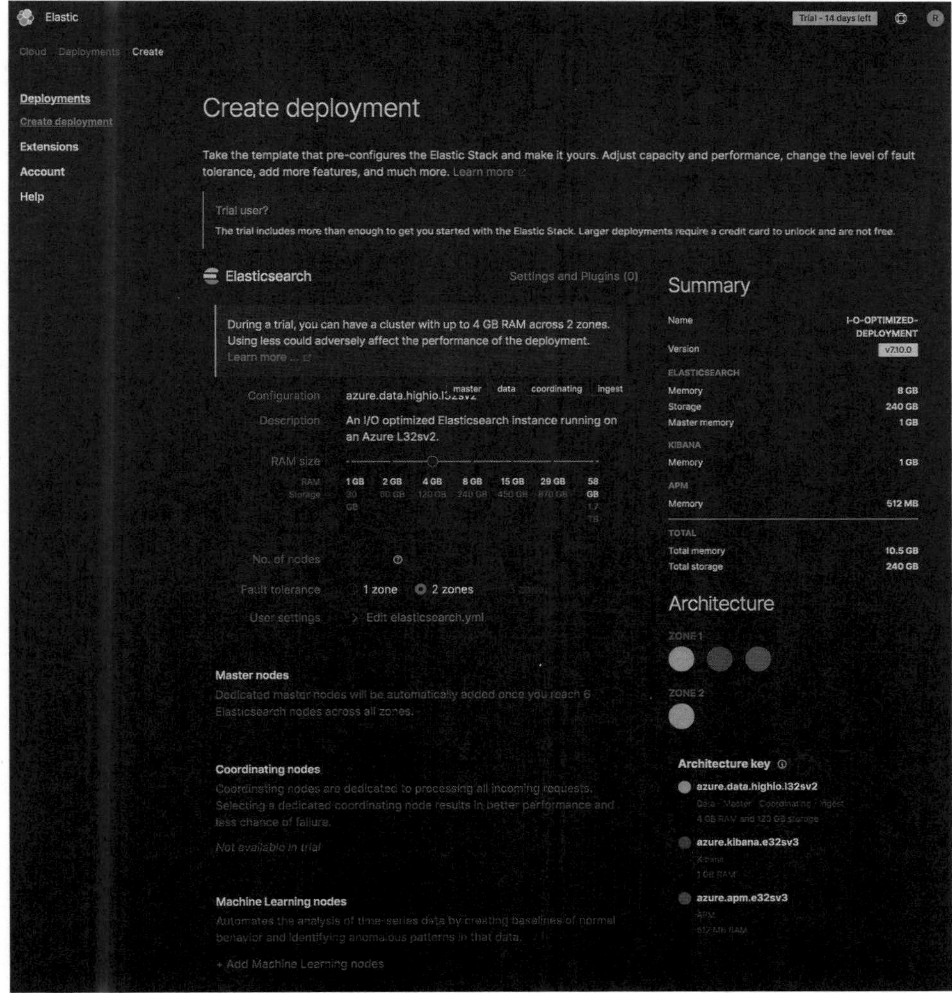

그림 2.8 ML 노드 추가를 위한 디플로이먼트의 사용자 정의

5. 그림 2.8의 맨 아래에는 클러스터에 **머신러닝 노드 추가**Add Machine Learning nodes 링크가 있다. 이를 클릭하면 ML 노드 구성이 표시된다.

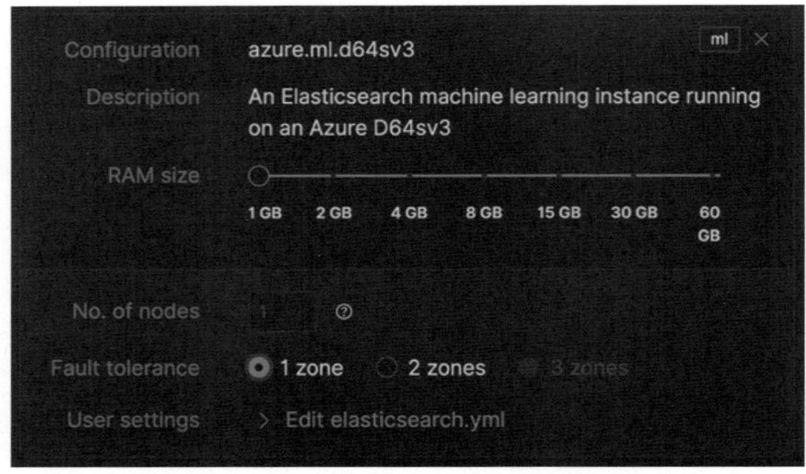

그림 2.9 ML 노드 추가

> **노트**
>
> ESS 14일 평가 기간 동안 1GB ML 노드(하나 또는 두 개의 가용한 지역(zone))에 1개만 추가할 수 있다.

6. 구성에 ML 노드를 추가하면 **디플로이먼트 만들기**Create Deployment 버튼을 클릭해 ESS에서 클러스터를 생성하는 과정을 시작한다. 이 과정은 몇 분 정도 소요될 것이다. 그동안 클러스터에 접근하는 데 사용할 기본 자격 증명이 표시된다.

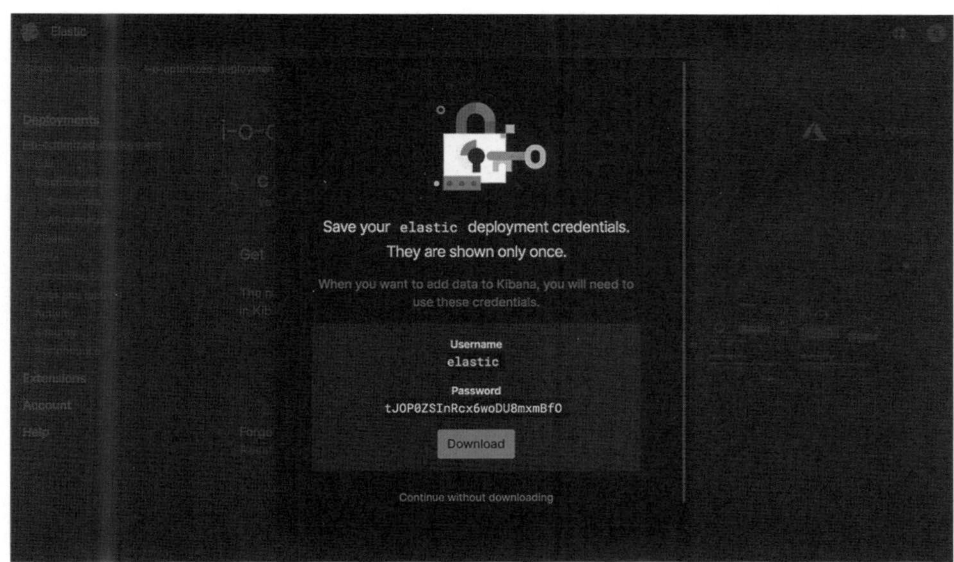

그림 2.10 기본으로 할당된 자격 증명

이러한 자격 증명은 다운로드할 수 있다. 하지만 필요하다면 나중에 비밀번호를 언제나 재설정할 수 있으니 다운로드하는 것을 잊었다고 걱정하지 않아도 된다.

7. 그림 2.11처럼 클러스터가 시작돼 실행되면 (보통 단 몇 분 후에) 디플로이먼트를 실행할 수 있는 **키바나 열기**Open Kibana 버튼과 함께 다음과 같은 디플로이먼트 뷰가 표시된다.

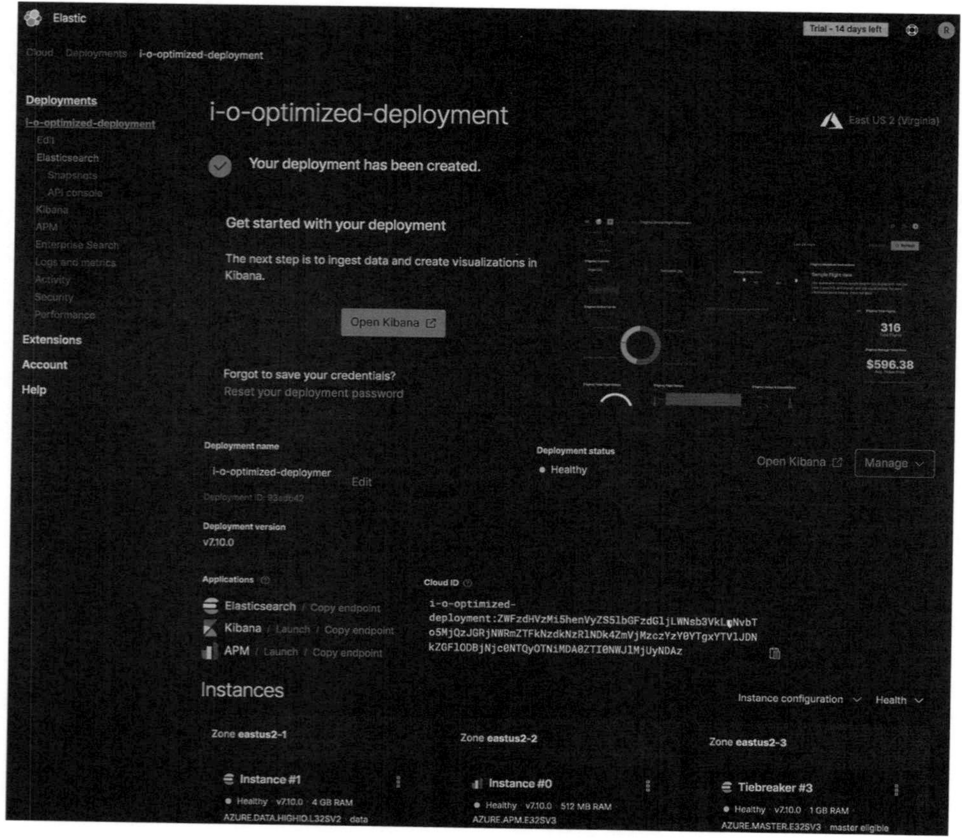

그림 2.11 성공적으로 생성된 디플로이먼트

일단 **키바나 열기**Open Kibana 버튼을 클릭하면 추가적인 구성 단계 없이 ML을 바로 사용할 수 있는 키바나에 자동적으로 인증된다.

이때 일래스틱 ML을 사용하려는 사용자 입장에서 앞에서 살펴본 자체 관리self-managed 구성과 ESS가 생성한 설정 사이에는 차이가 거의 없다. 다만 한 가지 주요 차이점이라면 ESS의 구성이 일래스틱 ML을 항상 **전용 ML 노드**에 격리시킨다는 것이다. 자체 관리 구성에서 ML 노드는 전용 또는 공유 역할 노드(`data`, `ingest`, `ml` 역할이 모두 같은 노드에 있는)에 있을 수 있다. 2장의 뒷부분에서 이러한 개념에 대해 살펴볼 것이다.

이제 ML이 활성화된 일래스틱 스택 기능을 가지고 3장, '이상 탐지'부터 데이터 분석을 시작할 수 있게 됐다. 그 전에 일래스틱 ML의 운영화operationalization를 먼저 이해해보자.

운영화의 이해

여러 핵심 개념을 이해한다면, 일래스틱 ML을 사용하는 여정의 어느 시점에서는 도움될 것이다. 여기에는 일래스틱 스택 내에서 일래스틱 ML이 어떻게 클러스터 노드에서 분석이 실행되며 어떻게 분석할 데이터를 검색하고 처리하는지가 포함된다.

> **노트**
>
> 이 절의 일부 개념은 일부 실제 예제에서 일래스틱 ML을 사용하기 시작할 때까지 직관적이지 않을 수 있다. 지금 이 절을 훑어보고 (또는 건너뛰고) 일래스틱 ML을 실제로 사용해본 후 나중에 다시 돌아와도 된다.

ML 노드

일래스틱서치는 본질적으로 분산형 다중 노드 솔루션이므로 일래스틱 스택의 ML 기능이 같은 운영 개념을 따르는 수많은 기본 플러그인처럼 작동하는 것은 어쩌면 당연하다. 문서(elastic.co/guide/en/elasticsearch/reference/current/ml-settings.html)에 설명된 것처럼 ML은 어떠한 노드 혹은 모든 노드에서 활성화할 수 있지만, 프로덕션 시스템에서의 모범 사례는 전용 노드에 활성화하는 것이다. 일래스틱 클라우드 ESS는 사용자에게 이러한 모범 사례를 강제하는 것을 보았다. ML을 사용하려면 사용자가 전용 ML 노드를 생성해야 한다.

전용 ML 노드를 갖는 것은 ML에 특별히 필요한 리소스 유형을 최적화하는 데에도 유용하다. 인덱싱과 검색으로 인해 상당한 양의 디스크 I/O 로드와 관련된 데이터 노드와는 달리 ML 노드는 연산과 메모리 집약적이다. 이러한 지식으로 전용 ML 노드에 맞게 하드웨어 규모를 적절하게 조정할 수 있다.

주목해야 할 한 가지 핵심 사항은 ML 알고리듬이 **자바 가상머신**JVM, Java Virtual Machine에서 실행되지 않는다는 것이다. JVM 힙에 할당되고 남은 RAM을 사용하는 C++ 기반의 실행파일이기 때문이다. ML 작업Job을 실행할 때 프로세스 목록(예를 들어 리눅스에서 ps 명령을 실행했다면)에서 분석을 호출하는 프로세스(이상 탐지를 위한 autodetect와 데이터 프레임 분석을 위한 data_frame_analyzer 프로세스)를 볼 수 있다. 실행 중인 모든 ML 작업은 각각 단일 프로세스일 것이다. 다중 노드 설정에서 ML은 작업 부하의 균형을 맞추기 위해 ML이 활성화된 각 노드에 작업을 배포한다.

일래스틱 ML은 ML 작업에서 사용할 수 있는 시스템 메모리 양이 얼마인지를 통제하는 xpack.ml.max_machine_memory_percent 설정을 따른다. 이 설정의 기본값은 30%다. 이 제한은 현재 사용 가능한 메모리가 아니라 시스템의 총 메모리를 기반으로 한다. 일래스틱서치 JVM에 머신의 사용 가능한 메모리를 최대 50%까지 차지할 수 있다면, 30%는 ML에 나머지 20%는 운영 체제와 기타 보조 프로세스에 할당하는 것이 비록 보수적일지라도 신중한 것이란 점을 잊지 말자. ML 작업의 예상 메모리 사용량이 이 설정에서 정의한 제한을 초과한다면 작업은 그 노드에 할당되지 않는다.

전용 ML 노드의 크기와 개수를 결정하는 경험적 공식은 없지만 몇 가지 좋은 경험적 법칙이 있다. 다음과 같다.

- 데이터 노드가 10개인 클러스터는 전용 ML 노드 1개(단일 노드가 사용할 수 없을 때를 대비한다면 고가용성/내결함성을 위해 2개)를 가진다.
- 데이터 노드가 20개인 클러스터는 적어도 2개 이상의 ML 노드를 가진다.
- 데이터 노드 10개가 추가될 때마다 추가적인 ML 노드를 추가한다.

클러스터 용량의 약 10~20%를 전용 ML 노드에 예약하는 이러한 일반적인 접근 방식은 확실히 합리적인 제안이지만, 자신만의 규모로 조정하거나 특성을 테스트해보거나 리소스 모니터링을 수행할 필요가 없다는 것은 아니다. 이후 여러 장에서 살펴보겠지만, ML 작업에 대한 리소스 요구는 호출하는 분석의 종류와 분석 중인 데이터의 밀도와 규모에 따라 크게 달라질 것이다.

작업

일래스틱 ML에서 작업은 일work의 단위다. 여기에는 **이상 탐지 작업**과 **데이터 프레임 분석** 작업이 있다. 둘 다 어떤 종류의 데이터를 입력으로 받아 출력으로 새로운 정보를 산출한다. 작업은 키바나의 ML UI를 사용하거나 API를 통해 프로그래밍 방식으로 생성할 수 있다. 물론 활성화된 ML 노드가 필요하다.

일반적으로 이상 탐지 작업은 단일 숏single-shot 배치 분석(이력 데이터historical data에 의해)으로 실행하거나 시계열 데이터(일래스틱 스택으로 끊임없이 인덱싱한 데이터)를 실시간으로 실행한다(또는 둘 모두 실행한다).

데이터 프레임 분석 작업은 연속적이지 않은데 출력 결과 또는 후속 추론에 사용하는 출력 모델을 생성하는 단일 숏 실행이며 9장~13장에서 더 자세히 살펴볼 것이다.

따라서 운영 측면에서 이상 탐지 작업은 좀 더 복잡하다. 여러 작업을 동시에 실행하고 독립적인 작업을 수행하며 다른 인덱스에 있는 데이터를 분석할 수 있기 때문이다. 즉, 일반적인 클러스터에서 이상 탐지 작업은 끊임없이 바쁘게 돌아갈 수도 있다.

나중에 더 자세히 살펴보겠지만 이상 탐지 작업의 주요 구성 요소는 다음과 같다.

- 작업 이름/ID
- 분석 버킷화 윈도(버킷 스팬bucket span)
- 분석할 원시 데이터(데이터피드datafeed)를 얻기 위한 쿼리 정의와 설정
- 이상 탐지 구성 레시피(탐지기detector)

작업의 개념을 이해했다면 다음으로 시계열 데이터의 버킷팅bucketing이 실시간 데이터 분

석에서 얼마나 중요한 개념인지 초점을 맞출 것이다.

시계열 분석에서 데이터 버킷팅

일래스틱 ML의 이상 탐지를 이해하기 위해 버킷팅 입력 데이터는 중요한 개념이다. 작업 수준에서 `bucket_span`이라는 핵심 매개변수로 설정하고, 입력 데이터피드(다음에 설명)의 데이터는 처리processing를 위해 미니 배치로 수집된다. 버킷 범위를 분석을 위해 데이터의 일부가 집계되는 시간의 윈도window인 사전 분석pre-analysis 집계 간격interval으로 생각하자. `bucket_span` 기간duration이 짧을수록 분석은 더 세분화되지만 데이터에서 잡음이 있는 아티팩트artifact 가능성도 높아진다.

설명을 위해 다음 그래프는 서로 다른 세 가지 간격으로 집계된 동일한 데이터세트를 보여준다.

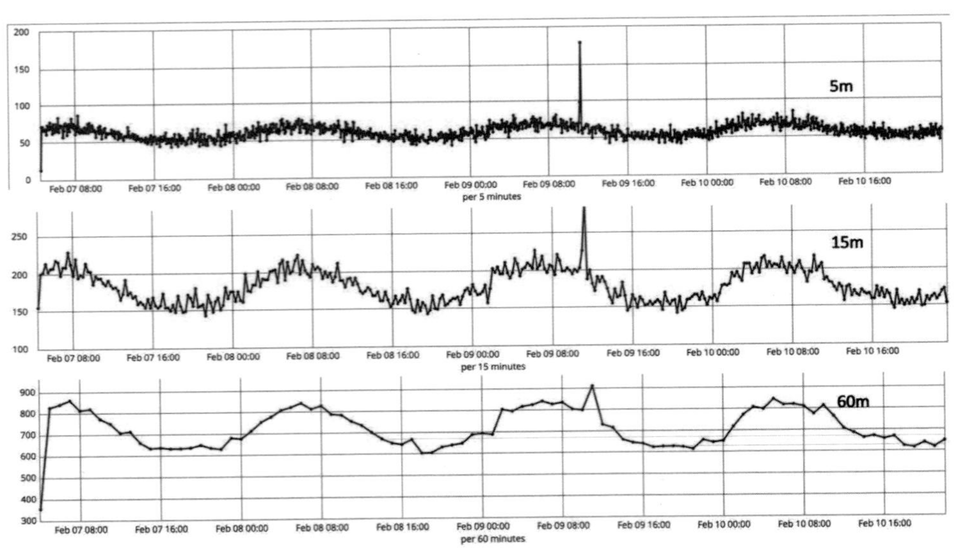

그림 2.12 다른 시간 간격의 동일한 데이터 집계

5분 간격으로 집계된 버전에서 볼 수 있는 눈에 띄는 이례적인 스파이크는 스파이크의 짧

은 (2분 미만) 기간으로 인해 60분 간격으로 집계되는 경우 거의 손실된다. 사실 60분 간격으로 보면 이 스파이크는 더 이상 이례적으로 보이지도 않는다.

이는 bucket_span 선택에 대한 실질적인 고려 사항이다. 반면에 집계 기간이 짧을수록 분석 빈도가 증가하므로(그러므로 이례적인 것이 있다면 알림 간격이 단축되므로) 도움되지만, 너무 짧게 만들면 별로 신경 쓰지도 않을 데이터를 강조하게 될 수 있다. 데이터에 표시된 짧은 스파이크가 의미 있는 이상 징후라면 5분 간격은 충분하다. 하지만 매우 짧은 데이터의 작은 변화에도 불필요하게 주의를 산만하게 만드는 것처럼 보인다면 낮은 bucket_span 값은 피하자.

> **노트**
>
> 일래스틱 블로그(elastic.co/blog/explaining-the-bucket-span-in-machine-learning-for-elasticsearch)에는 몇 가지 실용적인 고려 사항을 추가로 찾을 수 있다.

일래스틱 ML에 데이터 공급

이상 탐지 작업에는 분명히 분석할(그리고 통계 모델을 구축하고 완성하는 데 사용하기 위한) 데이터가 필요하다. 이 데이터는 일래스틱서치의 시계열 인덱스에서 가져온다. 데이터피드는 이 데이터가 정기적으로 검색해 ML 알고리듬에 제공하는 메커니즘이다. UI에서 고급 작업을 생성하는 경우(또는 이상 탐지 API를 사용하는 경우)를 제외하고 대부분 이 구성은 사용자에게 숨겨진다. 하지만 데이터피드가 배후에서 수행하는 작업을 이해하는 것은 중요하다.

와처Watcher에서 **와치**Watch 입력의 개념과 유사하게 데이터피드는 분석할 데이터가 포함된 인덱스 패턴(또는 **저장된 검색**)에 대해 정기적으로 데이터를 쿼리한다. 데이터피드가 데이터를 쿼리하는 빈도(및 한 번에 가져올 데이터 양)는 다음과 같은 여러 요인에 따라 다르다.

- query: 분석을 위해 소스 인덱스에서 데이터를 검색하는 데 사용되는 (일래스틱서치 DSL로 표현되는) 실제 쿼리다. 사용자는 소스 인덱스의 모든 도큐먼트를 쿼리하

거나 데이터를 선택적으로 필터링하거나 집계하도록 선택할 수 있다.

- bucket_span: bucket_span이 진행 중인 분석 윈도의 너비를 제어한다는 것은 이미 설명했다. 그러므로 데이터피드 작업은 버킷이 시간순으로 정렬된 데이터로 채우도록 만든다. 그래서 데이터피드가 일래스틱서치에 날짜 범위 쿼리를 수행하는 것을 볼 수 있다.
- frequency: 물리적으로 원시 데이터를 쿼리하는 빈도를 제어하는 매개변수다. 2분에서 20분 사이의 경우 frequency는 bucket_span과 같을 것이다(예를 들어 최근 5분 분량의 데이터에 대해 매 5분마다 쿼리[1]). bucket_span이 길다면 전체의 긴 간격을 한 번에 쿼리를 한다고 기대하지 않기 때문에 frequency는 기본적으로 작은 값(더 자주 실행한다)이 될 것이다. 이는 데이터세트가 다소 방대할 때 유용하다. 즉, 긴 간격의 bucket_span은 단순히 쿼리하기 위해 더 작은 간격으로 쪼개진다.
- query_delay: 데이터피드가 버킷 스팬 데이터를 쿼리해야 하는 "현재" 시간을 제어한다. API를 통해 작업이 구성할 때 기본값은 60초이며, UI를 통해 구성한 작업이라면 60~120초 사이의 무작위 값이다. 따라서 오후 12:01에 bucket_span 값이 5분이고 query_delay값이 60초인 경우 데이터피드는 오전 11:55에서 정오 사이의 데이터를 요청한다. 이 추가적인 지연은 인제스트 파이프라인의 지연을 허용해 어떤 이유로든 수집이 지연되더라도 데이터가 분석에서 제외되지 않도록 한다. 이상 탐지 작업이 수집 지연 가능성 때문에 데이터가 누락된다는 사실을 시스템이 감지하면 사용자에게 지연이 발생하고 있으며 이를 해결하려면 query_delay를 늘려야 할 수 있음을 경고하기 위해 시스템이 **주석**annotation을 생성할 것이다.
- scroll_size: 대부분의 경우 데이터피드가 일래스틱서치에 대해 실행하는 검색 유형은 스크롤 API(elastic.co/guide/en/elasticsearch/reference/current/scroll-api.html)를 사용하는 것이다. 스크롤 크기는 데이터피드가 일래스틱서치에 한 번에 쿼리하는 양을 정의한다. 예를 들어 데이터피드가 5분마다 로그 데이터를 쿼리

1 bucket_span이 5분이므로 기본 frequency도 5분이라는 의미다. - 옮긴이

하도록 설정돼 있지만, 일반적으로 5분 윈도에 100만 개의 이벤트가 있다면 해당 데이터를 스크롤한다는 개념은 거대한 쿼리 하나로 100만 개의 이벤트 모두를 가져올 것으로 기대하지 않음을 의미한다. 오히려 scroll_size만큼 증분으로 수많은 쿼리를 수행한다. 기본적으로, 이 스크롤 크기는 보수적으로 1,000이 설정된다. 따라서 100만 개의 레코드가 ML에 반환되도록 하기 위해 데이터피드는 일래스틱서치에 1,000개의 행을 1,000번 요청한다. scroll_size를 10,000으로 증가시키면 스크롤 수가 100으로 줄어든다. 일반적으로 더 큰 클러스터는 더 큰 scroll_size를 처리할 수 있어 전체 과정에서 더 효율적이다.

그러나 단일 메트릭 작업의 경우에는 예외가 있다. 단일 메트릭 작업(3장, '이상 탐지'에서 자세히 설명한다)은 일회성 시리즈 메트릭만 분석할 수 있는 간단한 ML 작업이다. 이 경우, 원시 데이터를 얻는 데 스크롤 API는 사용하지 않는다. 대신 데이터피드가 자동으로 쿼리 집계를 생성한다(date_histogram 집계 사용). 이 집계 기술은 모든 이상 탐지 작업에 사용할 수도 있지만, 현재 작업의 JSON 구성을 직접 편집해야 하므로 전문가 사용자를 위한 것이다.

데이터 프레임 분석 작업을 위해 일래스틱 ML에 데이터를 제공한다는 점에서, 데이터가 끊임없이 실시간으로 분석에 제공되지 않기 때문에 패러다임은 이상 탐지와는 다르다. 데이터 프레임 분석 작업에 데이터를 공급하는 자세한 방법은 9장~13장에서 다룬다.

이제 데이터가 분석을 위해 일래스틱 ML로 흐르는 방식에 대해 더 깊이 이해했으므로 이제 일래스틱 ML 작업을 지원하는 데 사용하는 몇 가지 인덱스를 살펴보겠다.

제공하는 인덱스

다음처럼 일래스틱 ML 기능을 위해 제공돼 특수한 목적을 수행하는 몇 가지 인덱스가 있다.

- `.ml-config`
- `.ml-state-*`

- `.ml-notifications-*`
- `.ml-annotations-*`
- `.ml-stats-*`
- `.ml-anomalies-*`

이 인덱스는 **시스템 인덱스**(그리고 대부분 **숨겨진 인덱스**)인데, 최종 사용자가 작성하거나 조작하도록 의도된 게 아니다. 그러나 기능이나 역할을 이해하는 것이 종종 도움되므로 하나씩 차례로 살펴본다.

.ml-config

`.ml-config` 인덱스는 현재 시스템에 정의된 모든 ML 작업에 관한 구성 정보를 담는다. 이 인덱스에 포함된 정보는 일반 사용자도 읽고 해석할 수 있다.

.ml-state-*

`.ml-state` 인덱스는 일래스틱 ML이 있는 곳이다. 특정 데이터 세트에 대해 학습된 데이터 프레임 분석 작업과 이상 탐지 통계 모델의 진행 상황에 대한 내부 정보와 추가적인 물류logistical 정보를 유지한다. 사용자가 이해할 수 있는 인덱스는 아니다. 이 인덱스의 항목을 읽고 쓰는 것은 ML의 백앤드 알고리듬뿐이다.

.ml-notification-*

이 인덱스는 이상 탐지 UI의 **작업 관리**Job Management 페이지에 있는 **작업 메시지**Job Messages 섹션에 출력되는 일래스틱 ML의 감사audit 메시지를 저장하는 장소다. 이러한 메시지는 작업 생성과 활동에 대한 기본 정보를 전달한다. 또한 기본적인 작동 오류도 여기에서 찾을 수 있다. 이러한 메시지는 이상 탐지 UI의 **작업 관리**Job Management 페이지의 **작업 메시지** 섹션에서도 볼 수 있다. 그러나 ML 작업 실행에 대한 자세한 정보는 elasticsearch.log 파일에서도 확인할 수 있다.

.ml-annoataions-*

이상 탐지 작업과 관련된 주석annotation 기록이 이 인덱스에 저장된다. 이상 탐지 UI로 정의할 수 있는 사용자 생성 주석뿐만 아니라 수집 지연 경고와 모델 스냅숏 알림과 같은 시스템 주석도 포함한다.

.ml-stats-*

이 인덱스는 데이터 프레임 분석 작업의 진행과 성능에 관한 정보를 유지한다.

.ml-anomalies-*

`.ml-anomalies-*` 인덱스는 상세한 ML 작업 결과를 포함한다. 이 인덱스는 ML 알고리듬의 출력을 활용할 때 중요하다. ML UI에 표시되는 모든 정보는 이 결과 데이터를 기반할 것이다. 이러한 인덱스에 대해 쿼리를 구성해 이상 징후에 대한 사전 경고도 수행한다. 이에 대한 자세한 내용은 6장, 'ML 분석에 기반한 얼러팅'에서 설명한다.

이제 일래스틱 ML이 소유하고 관리하는 시스템 인덱스의 이름과 역할을 알았으니 다음에는 `.ml-state` 및 `.ml-anomalies` 인덱스를 살펴보고 이상 탐지 작업의 런타임 오케스트레이션에 어떻게 기여하는지 살펴보자.

이상 탐지 오케스트레이션

이상 탐지 작업이 라이브로 끊임없이 시계열 데이터를 실행하기 때문에 다소 복잡한 오케스트레이션이 발생한다. 이 프로세스를 단순화한 다이어그램으로 표현하면 그림 2.13과 같다.

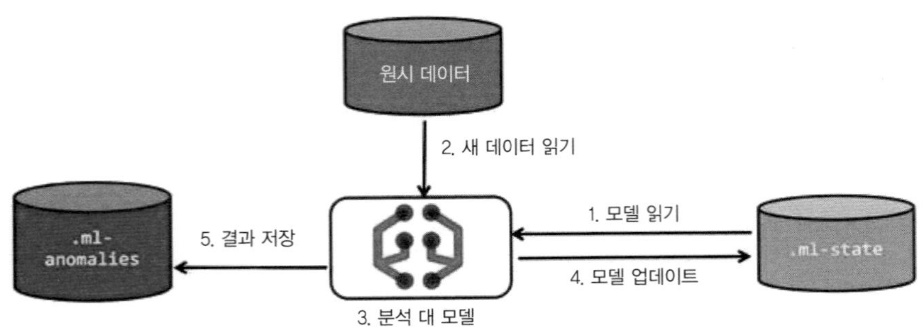

그림 2.13 이상 탐지 작업의 단순화한 순서

이상 탐지 작업의 물리적 표현은 그림 2.13에서 "분석 대 모델" 단계로 표현된 autodetect다. 가끔 autodetect 프로세스가 .ml-state 인덱스를 읽고 쓴다(다음 절에 기술). autodetect 프로세스(분석 결과)의 출력은 .ml-anomalies-* 인덱스에 저장된다.

일반적으로 앞에 설명한 절차는 bucket_span(.ml-state에 실제 읽기/쓰기를 제외하고)당 한 번 실행된다. 오케스트레이션을 통해 이상 탐지 작업이 온라인(즉, 오프라인/배치가 아님)이 되고 새로 수집된 데이터에 대해 지속적으로 학습할 수 있다는 것이다. 이 프로세스도 일래스틱 ML에서 자동으로 처리되므로 사용자는 이 모든 작업을 수행하는 데 필요한 복잡한 물류에 대해 걱정할 필요가 없다.

이상 탐지 모델 스냅숏

이전 절에서 언급했던 것처럼 이상 탐지 모델의 "상태"는 .ml-state 인덱스에 저장된다. 그러나 모든 버킷 범위에서 실제로 읽거나 쓰는 것은 아니다. 대신 모델 상태는 대부분 autodetect 프로세스의 메모리에 유지되며 주기적으로 .ml-state에 직렬화된다. 이상 탐지 작업이 방대한 양의 과거 데이터에 대해 실행되도록 요청받거나 실시간으로 실행되는 경우 다음과 같은 방식으로 모델을 직렬화한다.

- 주기적으로 약 3~4시간 간격(또는 명시적으로 설정한 경우 background_persist_

`interval`에 의해 정의된 간격)

- 이상 탐지 작업이 **닫힌**close 상태일 때

주기적인 모델 직렬화로 인한 오래된 스냅숏은 야간 시스템 유지 관리 작업 시 자동으로 삭제된다. 기본적으로 `.ml-state` 인덱스에 최신 스냅숏보다 1일보다 더 오래된 스냅숏이 있다면 매일 첫 번째 스냅숏을 제외하고 삭제한다. 또한 가장 최신 스냅숏보다 10일을 초과한 오래된 모든 스냅숏도 삭제한다. 정리 작업에서 특정 스냅숏을 제외하고 무기한 유지하려면 키바나 UI 또는 모델 스냅숏 업데이트 API를 사용해 `retain` 설정값을 `true`로 설정하자.

또한 스냅숏을 저장하면 운영상 문제가 발생하거나 예상치 못한 상황이 발생할 때 사용자가 이전에 만든 모델 스냅숏 중 하나를 사용하도록 작업을 되돌릴 수 있다. 부록에 있는 팁과 트릭 절에서 기간을 무시하는 방법과 모델 스냅숏을 사용해 작업을 되돌리는 방법을 설명하는 예제가 있다.

요약

2장에서는 자체 관리형 온프레미스 일래스틱 스택과 일래스틱 클라우드의 일래스틱서치 서비스 내에서 일래스틱 ML의 기능을 활성화하는 절차를 다뤘다. 또한 나머지 일래스틱 스택과 긴밀한 통합 지점과 일래스틱 ML이 운영 관점에서 어떻게 작동하는지 알아보기 위해 내부를 살펴봤다.

이제 앞으로의 장에서 초점은 개념과 배경 정보에서 실제 사용 영역으로 이동한다. 다음 장부터 일래스틱 ML의 이상 탐지의 포괄적인 기능으로 바로 이동하고 로그 분석, 메트릭 분석과 사용자 행동 분석의 몇 가지 실용적인 사용 사례를 해결하기 위해 작업을 구성하는 방법을 배울 것이다.

2부

시계열 분석 - 이상 탐지와 예측

프리럿Prelert으로부터 인수한 레거시 시계열 분석 기술과 이를 일래스틱 스택에 통합하기 위해 수행된 작업을 이해하는 것이 2부의 목표다.

여기서는 다음 내용을 다룬다.

- **3장**, 이상 탐지
- **4장**, 예측
- **5장**, 결과 해석
- **6장**, ML 분석에 기반한 얼러팅
- **7장**, AIOps와 근본 원인 분석
- **8장**, 다른 일래스틱 스택 앱에서 이상 탐지

03

이상 탐지

이상 탐지anomaly detection는 일래스틱 ML의 가장 성숙한 본연의 기능이며, 그 기원은 프리럿 시대(2016년 일래스틱에 인수되기 전)로 거슬러 올라간다. 이 기술은 견고하며 사용하기 쉽고 강력해서 모든 종류의 시계열 데이터 사용 사례에 광범위하게 적용할 수 있다.

3장에서는 일래스틱 ML을 사용해 도큐먼트와 이벤트 발생률, 드물게 발생하는 상황, 예상하는 정상 작동을 벗어난 수치 값의 비정상을 탐지하는 데 중점을 둘 것이다. 일래스틱 ML의 효율성과 사용 용이성을 알 수 있을 간단하지만 효과적인 몇 가지 예를 살펴볼 것이다.

여기서는 구체적으로 다음을 다룰 것이다.

- 일래스틱 ML 작업 유형
- 탐지기detector 해부

- 이벤트 비율event rate의 변화 탐지
- 메트릭 값의 변화 탐지
- 고급 탐지기 기능의 이해
- 범주형 피처로 분석 분할
- 시간 분석 대 모집단 분석 이해
- 비정형 메시지 범주화 분석
- API를 통한 일래스틱 ML 관리

기술 요구 사항

3장의 내용은 7.10 버전에 있는 일래스틱 스택을 기반으로 한다. 모든 장과 마찬가지로 예제 코드는 깃허브(https://github.com/PacktPublishing/Machine-Learning-with-Elastic-Stack-Second-Edition)에서 찾을 수 있다.

일래스틱 ML 작업 유형

이상 탐지 작업을 구성하기 위해 일래스틱 ML UI로 시작하면서 5가지의 다양한 작업 마법사를 볼 것이다.

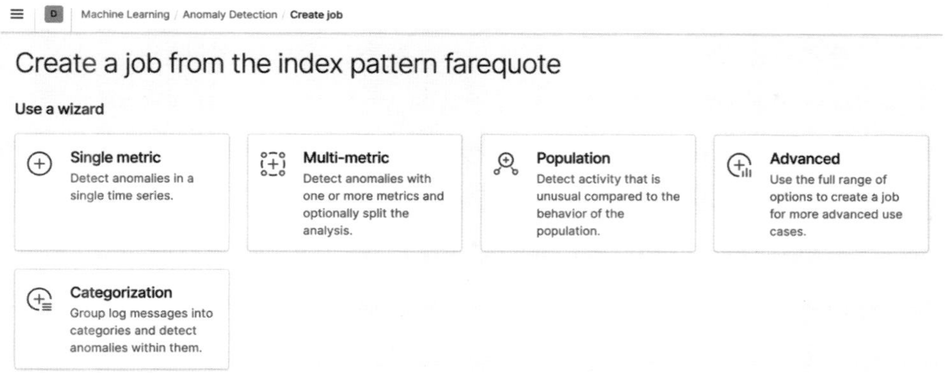

그림 3.1 다양한 구성 마법사를 보여주는 작업 생성 UI

이러한 다양한 구성 마법사의 존재는 다양한 작업 "유형"이 있음을 의미한다. 사실 작업 유형은 이상 탐지 작업 하나뿐인데, 이상 탐지 작업에는 많은 옵션이 있으며, 특정 측면의 구성을 더 쉽게 만들어준다. 물론 **고급**Advanced 마법사(또는 API)를 통해 원하는 모든 것을 구성할 수도 있다. 사실 일래스틱 ML 5.4 베타 버전이 처음 출시됐을 때만 해도 고급 마법사 기능이 전부였다. 그 이후 특정 사용 사례에서 단순성과 유용성을 위해 다른 마법사가 추가됐다.

이상 탐지 작업에는 많은 구성 설정이 있지만 가장 중요한 두 가지는 **분석 구성**analysis configuration과 **데이터피드**datafeed다.

분석 구성은 작업이 탐지할 레시피다. 이는 (**탐지기**라 불리는) 탐지 구성 뿐만 아니라 버킷 스팬bucket span 같은 몇 가지 다른 설정을 포함한다. 데이터피드는 탐지기가 분석할 데이터를 검색하기 위해 일래스틱서치에서 실행할 쿼리의 구성이다.

다른 작업 마법사와 관련한 다음 내용은 사실이다.

- 단일 메트릭single metric 마법사가 생성한 작업에는 단 하나의 탐지기만 있다. 데이터피드는 쿼리와 집계를 포함하므로 요약된 데이터만 ML 알고리듬에 보내며, 마법사의 구성 매개변수를 기반으로 집계를 자동으로 생성한다. 이 작업 또한 `summary_` count_field_name(doc_count값으로 설정)이라는 플래그를 이용하는데, 이는 집계한 (그리고 소스 인덱스의 원시 데이터가 아닌) 데이터라는 것을 암시한다.

- 다중 메트릭Multi-metric 마법사로 생성한 작업에는 하나 이상의 탐지기가 있을 수 있다. partition_field_name(이후 장에서 설명)을 설정해서 범주형 필드categorical field로 분할도 가능하다. ML 코드는 가능한 모든 필드 값을 조회하고 자체적으로 집계해야 하므로 데이터피드에는 집계가 포함돼 있지 않다. 그러므로 전체 일래스틱서치 도큐먼트가 ML 알고리듬에 전달된다.
- 모집단Population 마법사에는 하나 이상의 탐지기가 있을 수 있다. 마법사는 모집단 분석이 사용됨을 암시하는 over_field_name(3장 뒷부분에 설명)도 설정한다. 분석은 by_field_name을 설정해서 범주형 필드로 분할도 가능하다(3장 뒷부분에 설명). 이러한 데이터피드에 집계를 포함하지 않기 때문에 집계 없이 일래스틱서치 도큐먼트 전체를 ML 알고리듬에 전달한다.
- 범주화Categorization 마법사로 생성한 작업은 탐지기가 하나만 있다. 또한 이 마법사에서는 범주화 분석이 사용됨을 나타내는 categorization_field_name(3장 뒷부분에 설명)을 설정한다. 또한 범주화 분석은 by_field_name(3장 뒷부분에 설명)을 mlcategory값으로 설정한다. partition_field_name을 설정해 분석을 범주형 필드로 분할할 수도 있다(3장 뒷부분에 설명). 해당 데이터피드에 집계가 포함돼 있지 않으므로 전체 일래스틱서치 도큐먼트가 ML 알고리듬으로 전달된다.
- 고급Advanced 마법사로 생성한 작업은 사용 가능한 모든 옵션을 활용할 수 있다. 사용자는 자신이 무엇을 하고 있는지 알고 작업을 올바르게 구성해야 한다. 다만 UI는 사용자가 하는 대부분의 실수를 방지해준다. 숙련된 사용자는 고급 마법사만 사용해 이상 탐지 작업을 생성할 수 있다.

작업 생성 관련 옵션이 방금 설명한 내용만으로는 어려울 수 있다. 하지만 초조해할 필요 없다. 이제 용어에 익숙해졌고 몇 가지 예제를 살펴봤으니 작업 구성이 매우 합리적이라는 것을 알게 될 것이며, 더 많은 경험이 쌓일수록 이 작업은 더 쉬워질 것이다. 다음 단계로 이동해 탐지기의 구성 요소를 상세하게 살펴보자.

탐지기 해부

이상 탐지 작업의 핵심은 분석 구성과 탐지기다. 이 탐지기에는 몇 가지 주요 구성 요소가 있다.

- 함수^function^
- 필드^field^
- partition 필드
- by 필드
- over 필드

이러한 요소를 완전히 이해하기 위해 차례대로 살펴볼 것이다. 그러나 다음 몇 개의 절에서는 고급 작업 편집기나 API를 사용할 때처럼 작업 구성 내 설정의 실제 이름을 참조하는 경우가 많다. 명명법을 완전히 이해하는 게 좋겠지만, 3장을 진행하면서 작업 구성의 많은 세부 사항이 사용자로부터 추상화되거나 "UI 친화적인" 레이블이 실제 설정 이름보다도 더 많이 노출된다는 사실도 알게 될 것이다.

함수

탐지기 함수^detector function^는 분석 간격 (버킷 스팬) 내에서 데이터를 집계하거나 측정하는 방법을 기술한다. 많은 함수가 있지만, 다음과 같은 범주로 분류할 수 있다.

표 3.2 탐지기 함수 일람표

카운트 함수	메트릭 함수	고급 함수
count*	min	info_content*
non_zero_count*	max	rare
distinct_count*	metric	freq_rare
	mean*	lat_long
	median*	time_of_day

	sum*	time_of_week
	non_null_sum*	
	varp*	

별표(*)로 표시한 항목에는 단일 방향에서만 이상 징후를 탐지할 수 있는 고/저 단측(high/low one-sided) 함수의 변형(low_distinct_count 같은)도 있다.

필드

탐지기에서 일부 함수는 처리할 데이터의 필드 이름이 필요한데, 다음 예제를 보자.

- max (bytes)
- mean (products.price)
- high_distinct_count (destination.port)

그러므로 함수가 직접 처리하는 필드 이름을 단순히 field_name이라 부른다.

partition 필드

해당 필드의 모든 유일 값에 대해 각각 분석하기 위해 탐지 분석을 범주형 필드로 분할해야 하는 경우가 종종 있다. 이 경우, 필드를 분할하기 위해 partition 필드(partition_field_name 설정)를 정의한다. 예를 들어 전자 상거래에서 범주(남성 의류, 여성 액세서리 등)별 평균 수익을 보고 싶을 수 있다. 이러한 경우 partition 필드에 category 필드를 설정하게 될 것이다. 3장의 뒷부분에서 분할을 살펴볼 것이다.

by 필드

partition 필드와 마찬가지로 by 필드(by_field_name 설정)가 분석을 분리하는 또 다른 메커니즘이지만, 결과를 모델링하고 점수화하는 방법이 다르다. 추가적으로 rare나 freq_rare를 사용한다면 by 필드는 필수다. 분할에 by 필드를 사용하는 것과 partition 필드를 사용하는 것 사이의 차이점에 관한 자세한 내용은 3장 뒷부분에서 설명한다.

over 필드

over 필드(over_field_name 설정)는 개체를 피어peer와 비교(개체 자신의 과거와 비교하는 대신)하는 **모집단 분석**이 필요한 이상 탐지 알고리듬을 암시한다. 모집단 분석은 3장의 뒷부분에서 자세히 설명한다.

공식(formula)

탐지기의 모든 가능한 구성 옵션을 문서화한다면 다음 순서도 같은 지도가 될 것이다.

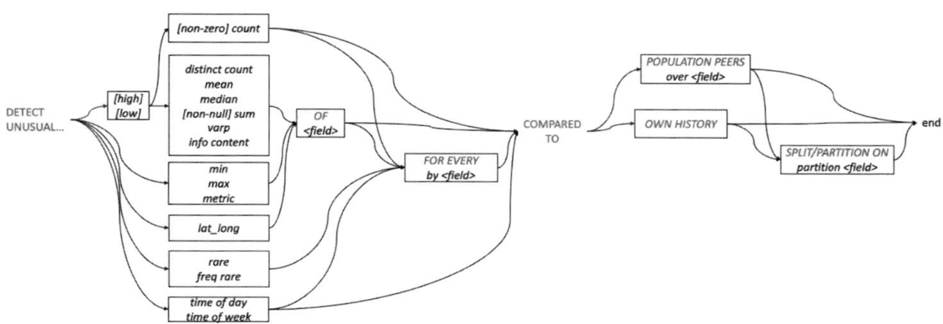

그림 3.3 맨 처음부터 탐지기를 구축하기 위한 "공식"

- 대문자 텍스트는 설명이고, 이탤릭 텍스트는 탐지기 구성 설정이다(by_field_name, partition_field_name, over_field_name은 by, partition, over로 단순하게 축약했다).
- 대괄호 안의 항목은 선택 사항이다(high, low, non-zero, non-null).
- 하나의 출구 분기exit branch만 선택한다(rare/freq_rare는 by가 필수이므로 출구 분기는 단 하나라는 것을 주목하자).

자신의 과거OWN HISTORY와 무언가를 비교하려면 단순히 over 필드를 선택하지 않으면 된다.

탐지기 구성에 대한 포괄적인 이해와 함께 이제 다양한 사용 사례에 대해 탐지기를 사용하는 실제 예제로 넘어갈 것이다. 먼저, 시간 경과에 따른 이벤트 비율event rate의 변화를 탐지할 수 있는 카운트count 함수를 살펴볼 것이다.

이벤트 비율의 변화 탐지

다음과 같이 이벤트 변화 탐지 아이디어를 중심으로 하는 중요한 사용 사례가 많이 있다.

- 로그 파일에서 갑자기 발생하는 수많은 오류 메시지 발견
- 온라인 시스템에서 처리하는 급격한 주문 수 감소 탐지
- 특정 사용자 ID에 대한 급격한 로그인 시도 횟수의 증가처럼 갑자기 과도한 접근 시도 횟수를 식별

비정상을 찾기 위해서 먼저 정상 발생률을 이해하는 메커니즘이 필요하다. 다만 오류가 있는 인간의 관찰과 직관에 의존하는 것이 항상 가장 쉬운 (또는 가장 신뢰할 수 있는) 접근 방식은 아니다.

카운트 함수 탐색

2장, '활성화와 운영화'에서 언급한 것처럼 일래스틱 ML 작업에는 탐지기인 이상 탐지 "레시피"가 있다. 탐지기는 사용자가 탐지하려는 이상 징후를 정의하는 핵심이다. 탐지기 내부에는 탐지할 대상의 "피처feature"를 선택하는 **함수**가 있다. 카운트 함수의 경우 피처는 시간 경과에 따른 무언가의 발생률이다. 다음처럼 세 가지 주요 카운트 함수가 있다.

- `count`: 원시 데이터 인덱스 쿼리 결과로부터 얻은 버킷에 있는 도큐먼트 개수를 카운트
- `high_count`: `count`와 동일하지만 카운트가 예상보다 높은 경우에만 이상 징후를 표시
- `low_count`: `count`와 동일하지만 카운트가 예상보다 낮은 경우에만 이상 징후를 표시

일래스틱 ML에는 다양한 단측함수one-sided function(특정 방향으로만 이상 징후를 탐지하는)가 있음을 알 수 있다. 또한 `count` 함수가 필드 또는 도큐먼트 내 필드의 존재를 카운트하지 않는다는 것을 알고 있어야 한다. 이는 시간 경과에 따른 인덱스에 있는 도큐먼트를 카운트할 뿐이기 때문이다.

`count` 함수가 어떤 일을 하는지 더 직관적으로 알아보기 위해 키바나에서 샘플 데이터를 사용하는 간단한 예제를 살펴보자.

1. 샘플 데이터를 활성화하려면, 그림 3.4에서 보는 것처럼 키바나 홈 화면에서 (위와 아래 두 곳에 위치한) **데이터 추가**Add data 버튼을 클릭한다.

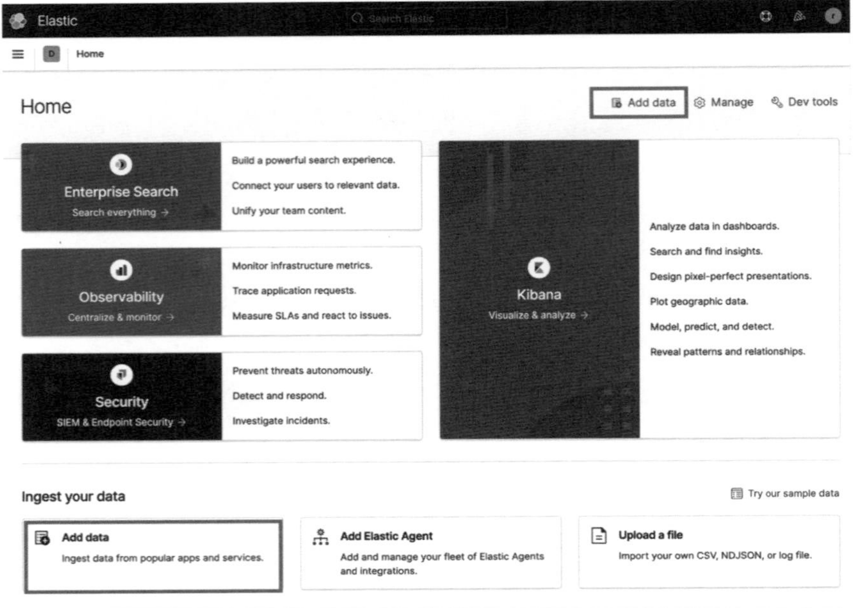

그림 3.4 데이터 추가(Add data) 옵션이 있는 키바나 홈 화면

2. **데이터 추가**를 클릭한 후 **샘플 데이터**Sample data를 선택해 세 가지 데이터 세트를 표시한다.

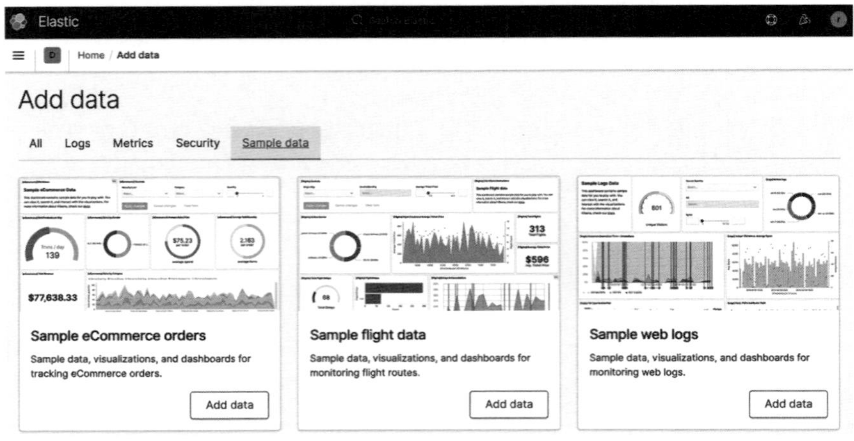

그림 3.5 샘플 데이터 추가

3. 각 섹션에 있는 3개의 **데이터 추가**Add data 버튼을 하나씩 눌러 샘플 데이터 세트를 일래스틱 스택에 각각 로드한다. 로드를 완료하면 키바나 왼쪽 상단에 있는 3개의 가로줄 메뉴 아이콘(≡)을 선택하고 바로 ML로 이동해 앱app 목록을 표시한 다음 **머신러닝**Machine Learning을 선택한다.

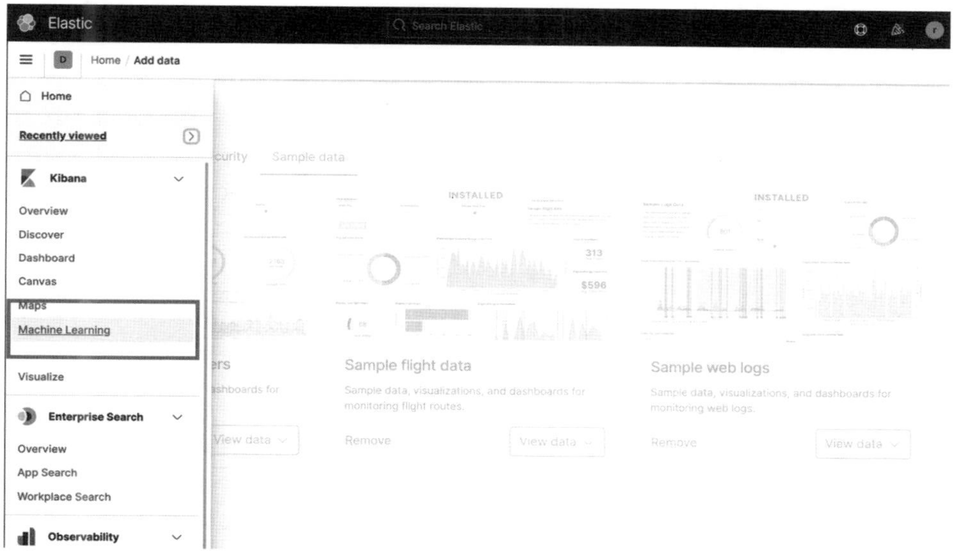

그림 3.6 키바나 앱 메뉴에서 머신러닝(Machine Learning) 선택

4. 머신러닝 메뉴를 클릭하면 ML 개요 페이지로 이동한다. 여기에서 첫 이상 탐지 작업 생성할 수 있는 곳[1]을 즉시 볼 수 있다. 그림 3.7에서 보는 것처럼 **작업 생성** Create job 버튼을 클릭하자.

1 Create your first anomaly detection job 섹션 – 옮긴이

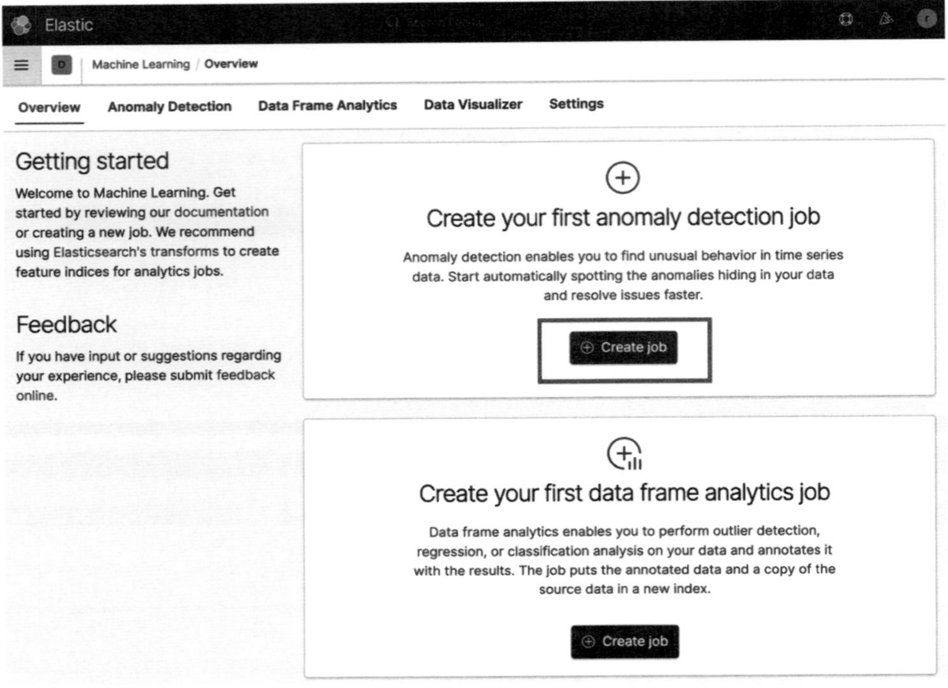

그림 3.7 일래스틱 클라우드 시작 화면

5. 다음 할 일은 분석하려는 데이터가 포함된 인덱스 패턴(샤드 아이콘이 인덱스 이름과 함께 표시된)이나 (돋보기 아이콘이 표시된) 저장된 검색을 선택한다. 저장된 검색을 선택하면 키바나의 **디스커버**Discover 앱 내에서 이전에 생성하고 저장했던 필터링된 쿼리가 ML 작업의 바탕이 된다. 그러나 이 예제에서는 일래스틱 ML을 통해 해당 인덱스의 모든 도큐먼트를 전달하기를 원하기 때문에 `kibana_sample_data_logs` 인덱스를 선택할 것이다.

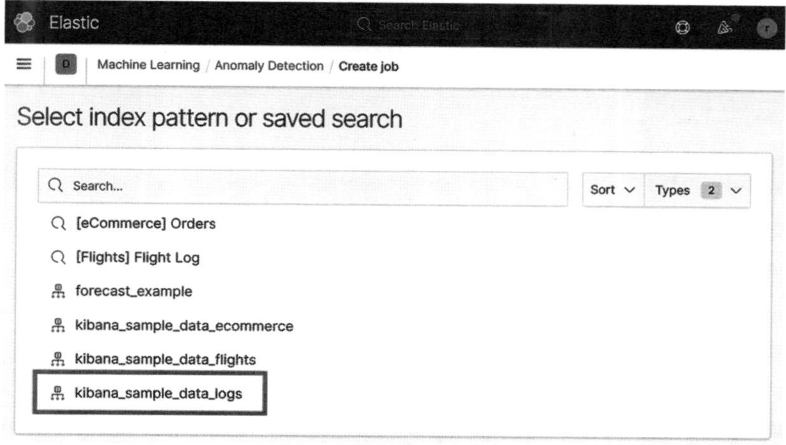

그림 3.8 분석을 위한 kibana_sample_data_logs 인덱스 선택

6. 다음 화면에서는 **단일 메트릭**Single metric 작업 마법사를 선택한다. 이 시점에서 데이터의 한 측면인 시간 경과에 따른 카운트만 분석하는 데 관심이 있기 때문이다.

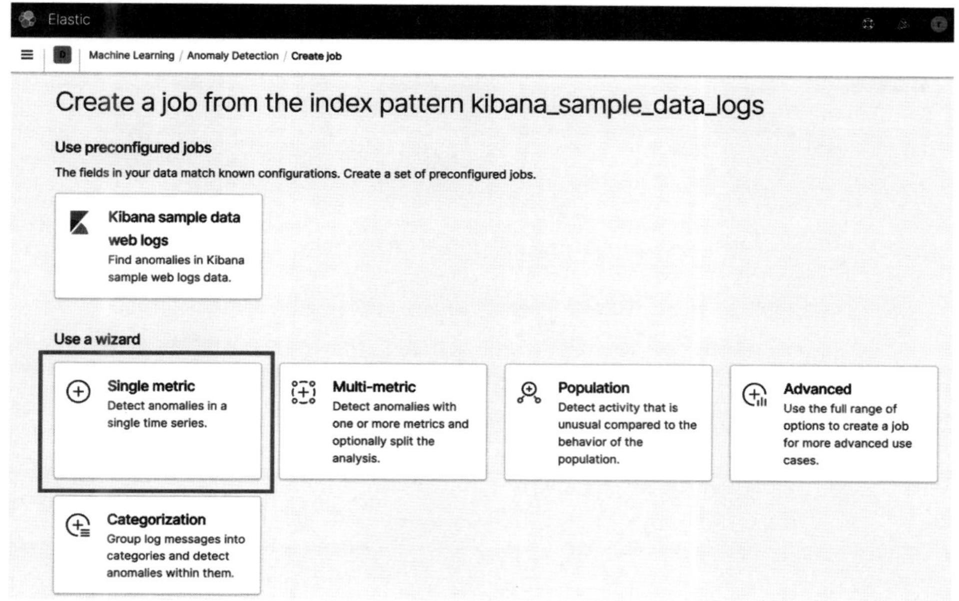

그림 3.9 단일 메트릭 작업 선택

7. 이 예제를 따라하려면 이 데이터세트에 샘플 이상 징후를 포함하기 위해 다음 화면에서 **kibanan_sample_logs_data 전체 사용**Use full kibanan_sample_logs_data 버튼을 클릭해야 한다.

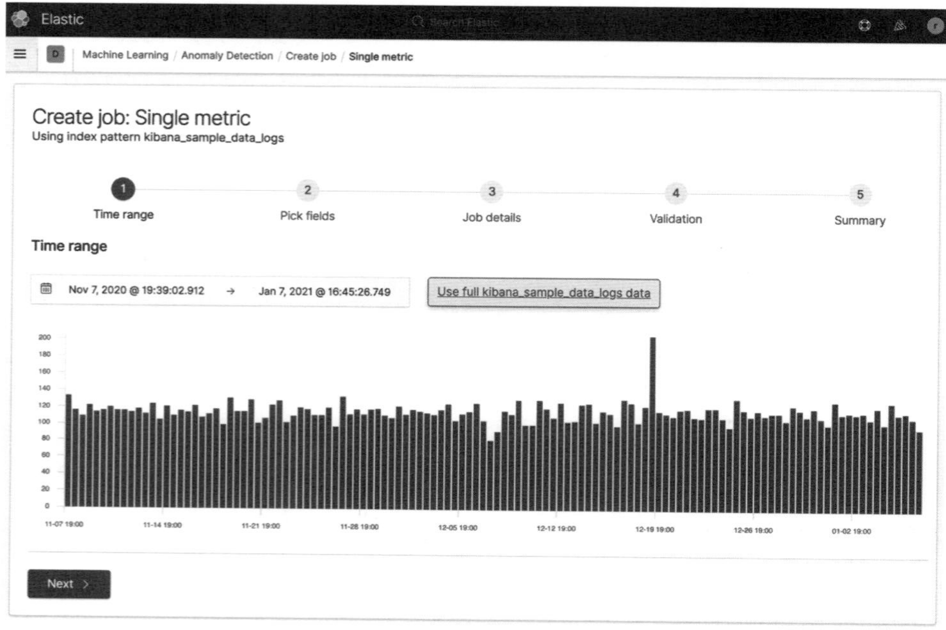

그림 3.10 인덱스 내의 모든 데이터를 사용하도록 선택

> **노트**
>
> 이 데모 데이터는 실제로 데이터의 약 절반은 과거에, 나머지 절반은 미래에 저장한다(처리 시 타임스탬프를 동적으로 수정해서). 이는 예를 들어 "최근 1시간" 데이터에서 대시보드를 볼 때 정적 데이터가 "실시간"으로 보이도록 하는 메커니즘을 제공하기 위해 수행된다. 그 결과 일반적으로 미래 시점의 데이터가 없음에도 과거와 미래 시점의 데이터를 일래스틱 ML에 분석하도록 요청할 것이다. 시연하려는 이상 징후가 데이터 세트의 두 번째 부분에 있으므로 예제를 신뢰하지는 말자.

8. **다음**Next 버튼을 클릭한 후 **필드 선택**Pick fields 드롭다운 상자에서 분석할 항목을 선택해야 한다. 여기서는 시간 경과에 따른 인덱스의 이벤트 비율 변화를 탐지하는 원래의 목표에 초점을 맞추기 위해 Count(Event rate)를 선택한다.

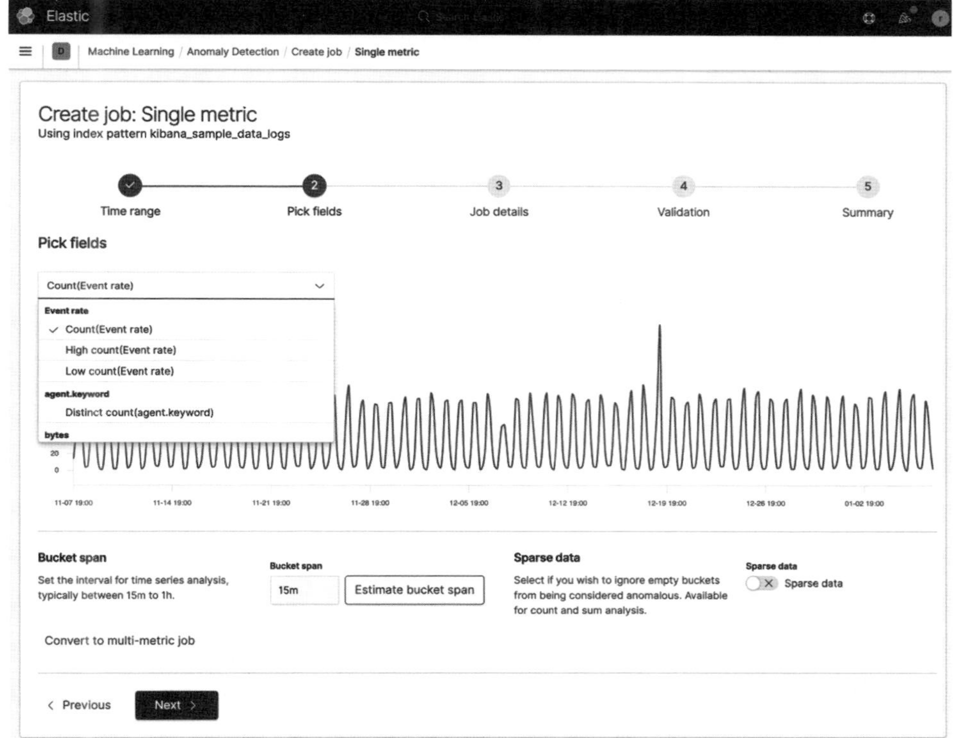

그림 3.11 시간 경과에 따른 이벤트 카운트를 탐지 대상으로 선택

계속 진행하기 위해 다른 옵션은 기본값으로 두고 **다음**Next 버튼을 클릭한다.

9. 이제, 이상 탐지 작업 이름을 지정해야 한다. **작업 ID**Job ID 상자에서 논리적 이름을 입력한다. 여기에서는 `web_logs_rate`라는 이름을 사용했다.

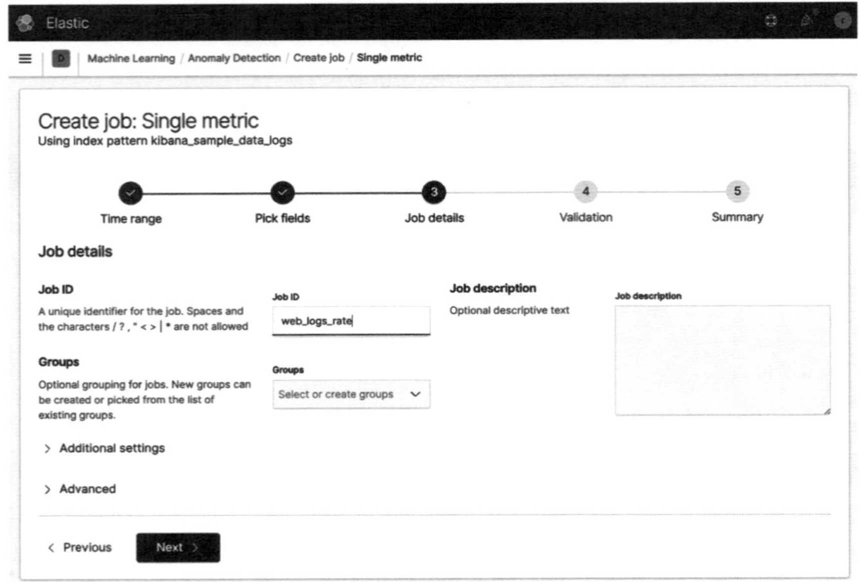

그림 3.12 이상 탐지 작업 이름 지정

다시 다른 옵션은 기본값으로 두고 **다음**Next 버튼을 클릭한다.

10. 검증Validation 단계에서는 분석이 작동하기 위해 모든 구성이 합리적인지 확인한다.

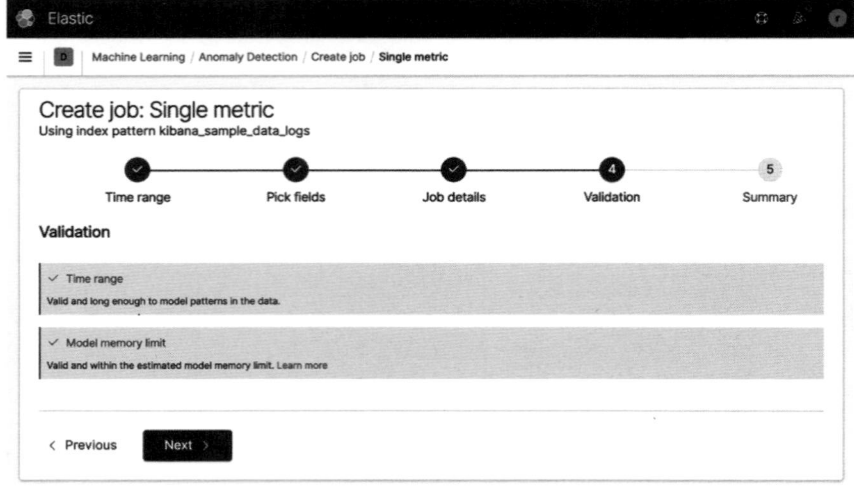

그림 3.13 작업 검증 단계

진행하기 위해 **다음**Next 버튼을 클릭한다.

11. 이 시점에서 작업 생성할 준비가 됐다(그림 3.14에서 사용자를 위해 선택된 Model memory limit와 Enable model plot 같은 몇 가지 합리적인 기본 옵션이 있음을 알 수 있다).

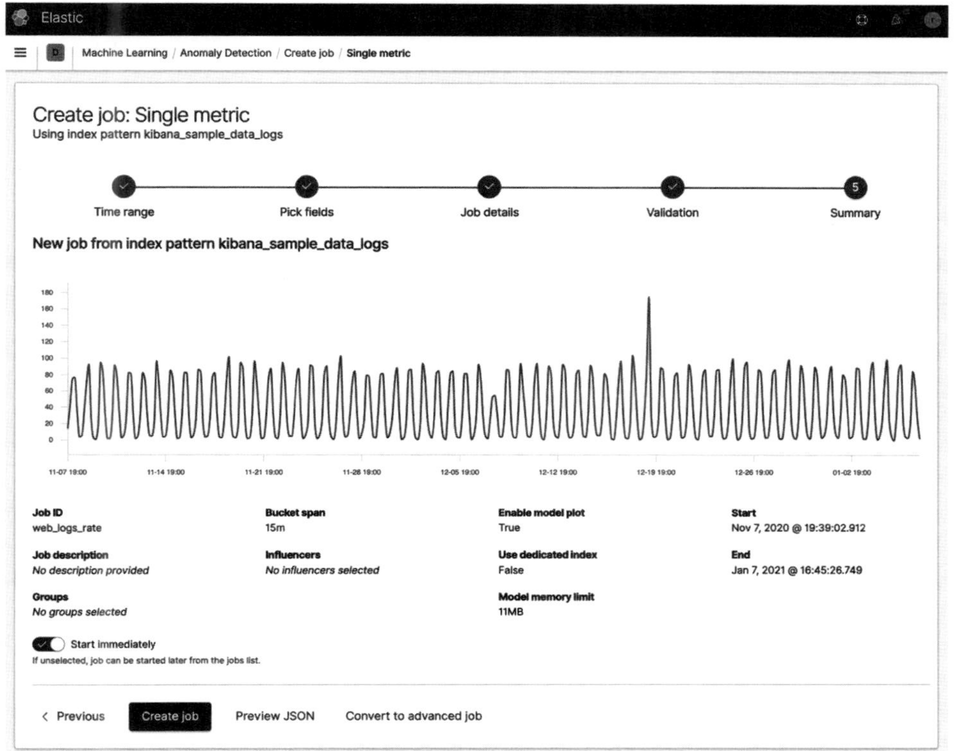

그림 3.14 생성 준비가 끝난 이상 탐지 작업

12. **작업 생성**Create job 버튼을 클릭한 후, 다음처럼 데이터 위에 겹쳐 출력되는 미리보기 애니메이션을 볼 수 있을 것이다.

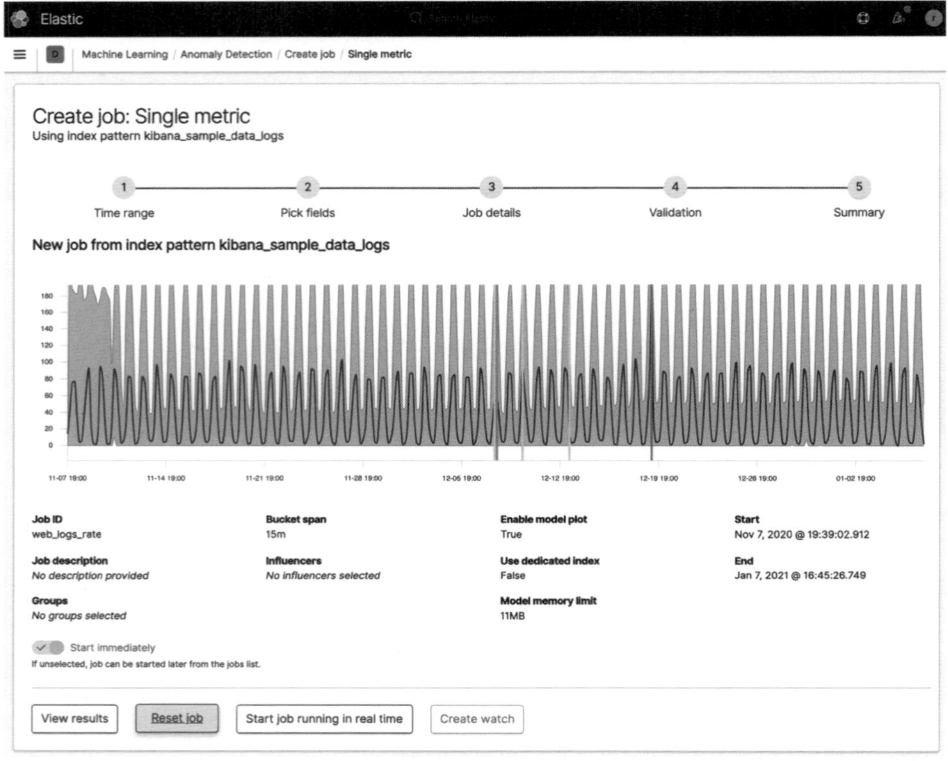

그림 3.15 출력된 작업 실행 결과 미리보기

이제 **결과 보기**View results 버튼을 클릭해서 이상 탐지 작업이 데이터로부터 무엇을 발견했는지 자세하게 조사해보자.

13. 메인 그래프 아래의 스크러버scrubber를 사용해 큰 스파이크를 확대해 보기 영역의 위치와 너비를 조정한다.

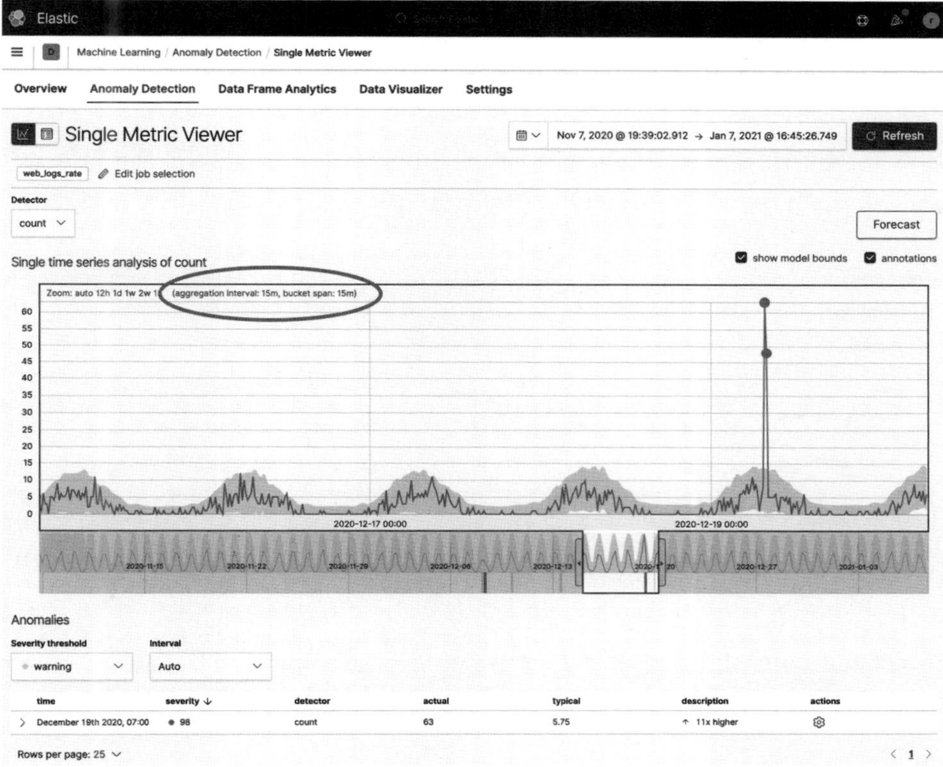

그림 3.16 심각한 이상 징후에 대해 표시한 결과

노트

확대, 축소, 둘러보기로 작업 버킷 스팬과 비교해 차트 집계 간격(그림 3.16에 타원으로 표시한)을 인지하자. 더 넓은 뷰(view)로 축소하면 차트 집계 간격이 작업의 버킷 범위보다 커질 수 있으므로 차트에 그려진 이상 징후의 위치가 덜 정확해진다.

여기 그림 3.16에서 로그에 표시된 실제 웹 요청 횟수가 예상(그 시점까지 학습된 데이터 모델이 주어졌을 때)보다 약 11배 높았기 때문에 매우 높은 이벤트 스파이크 두 개가 각각 이상 징후로 플래그 지정됐음을 알 수 있다. 이벤트 스파이크가 15분 버킷 스팬 이상에 걸쳐 있었음이 분명하므로 차트에서 이상 징후 두 개가 나란히 표시되는 것을 알 수 있다. 차트 아래에 있는 표에는 기본적으로 이상 징후 하나만 표시된다. **간격**Interval 기본값이 **자동**Auto이고 인접한 시간의 이상 징후가 함께 요약돼 가장 높은 점수만 표시되기 때문이다. **간격**Interval을 **전체 표시**Show all로 변경하면 이상 징후 두 개가 모두 출력된다.

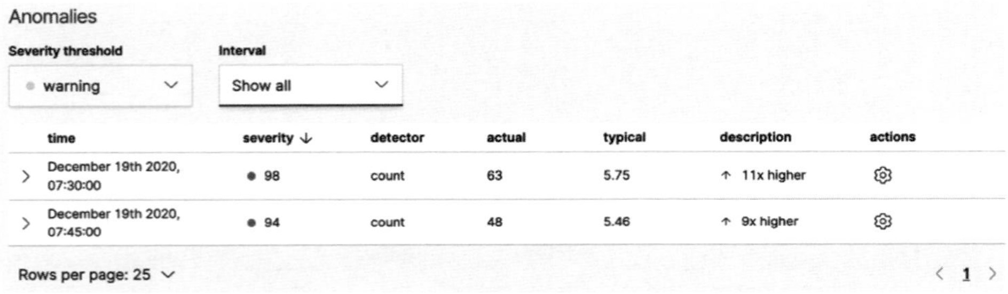

Anomalies

Severity threshold: warning

Interval: Show all

time	severity ↓	detector	actual	typical	description	actions
December 19th 2020, 07:30:00	98	count	63	5.75	↑ 11x higher	
December 19th 2020, 07:45:00	94	count	48	5.46	↑ 9x higher	

Rows per page: 25 〈 1 〉

그림 3.17 모든 이상 징후를 보기 위해 간격 설정

마지막으로, 이 예제에서 데이터세트 앞부분에 있는 낮은 점수의 이상 징후도 주목해야 한다.

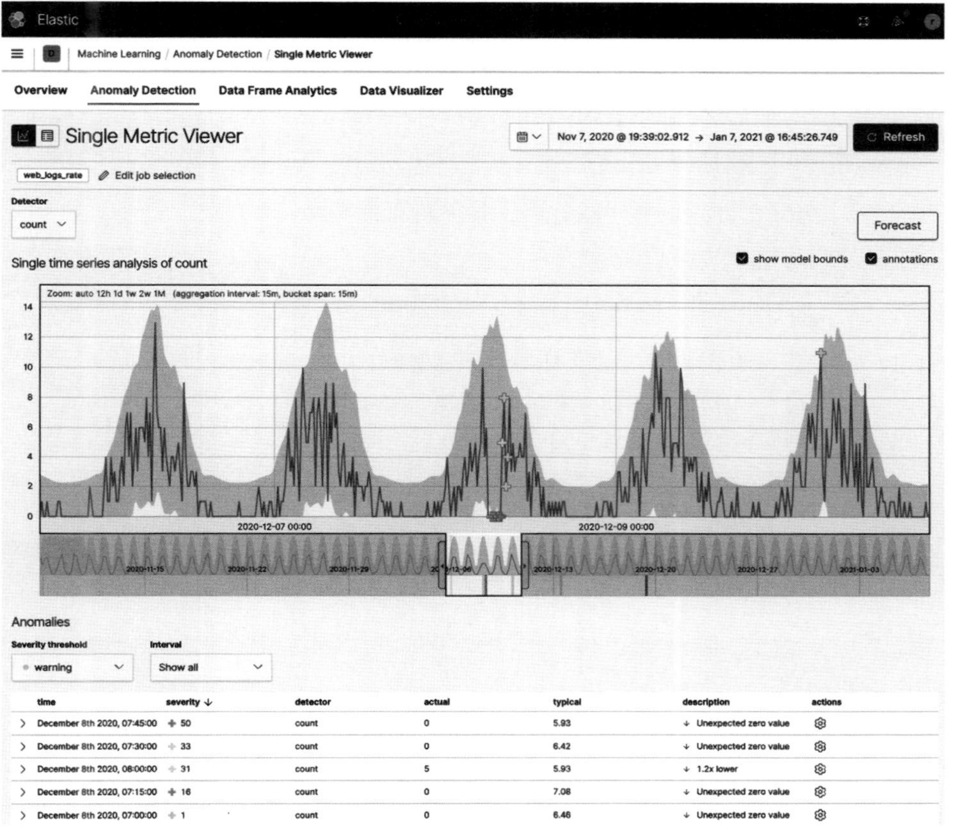

그림 3.18 다중 버킷 이상 징후

다음처럼 점수가 낮거나 명확하지 않은 이상 징후를 인지하기 위한 몇 가지 핵심 사항이 있다.

- 상대적으로 말하면 이상 징후는 아니지만 흥미롭게도 중요하기 때문에 방금 조사했던 대규모 스파이크보다 점수가 낮다.
- 여기서 이상 징후는 기대했던 값의 "부족lack"이다. 즉, `count` 함수는 데이터 없음no data을 0으로 해석하지 않으며 일반적으로 이벤트가 발생해야 할 것으로 예상되는 경우 이상 징후 가능성이 있다.

- 이러한 이상 징후는 단일 버킷 이상 징후single-bucket anomaly가 아니라 **다중 버킷 이상 징후**multi-bucket anomaly다. 다중 버킷 이상 징후는 UI에서 다른 기호로 지정된다(점 대신 십자가). 실제 특이값이 반드시 이상 징후인 것은 아니지만, 여기서는 12개의 연속 버킷의 슬라이딩 윈도에서 발생하는 경향이 나타났다. 여기에서 인접한 여러 버킷에 걸쳐 눈에 띄는 급락이 있음을 알 수 있다.

> **노트**
>
> 다중 버킷 이상 징후에 관한 자세한 내용은 블로그 포스트(elastic.co/blog/interpreting-multibucket-impact-anomalies-using-elastic-machine-learning-features)를 참조하라.

이 예제를 통해 `count` 함수를 사용해서 시간 경과에 따른 인덱스에서 이벤트(도큐먼트)의 전체 발생 비율과 관련된 명백한 (그리고 그렇게 분명하지는 않은) 이상 징후 집합을 쉽게 탐지할 수 있는 방법을 보여준다. 다른 카운트와 발생 기반occurrence-based 함수를 살펴보고 여정을 계속해보자.

다른 카운트 함수

지금까지 설명한 함수 외에도 더 광범위한 사용 사례를 가능하게 하는 몇 가지 다른 카운트 기능이 있다.

논제로 카운트

논제로non-zero 카운트 함수(`non_zero_count`, `low_non_zero_count`, `high_non_zero_count`)를 사용하면 카운트 기반 분석을 처리할 뿐만 아니라 데이터 밀도가 희소sparse하고 데이터가 존재하지 않는 것을 명시적으로 0 대신 null 처리를 해야 할 때 정확한 모델링이 가능하다. 다시 말하면, 다음과 같이 시간상의 데이터세트다.

```
4,3,0,0,2,0,5,3,2,0,2,0,0,1,0,4
```

non_zero_count 함수가 있는 데이터는 다음처럼 해석될 것이다.

```
4,3,2,5,3,2,2,1,4
```

일정한 간격으로 측정값이 존재하지 않을 것으로 예상되는 경우 0을 null로 처리하는 행위가 유용할 수 있다. 이에 대한 몇 가지 실용적인 예제는 다음과 같다.

- 개인이 월간 구매한 항공권의 수
- 하루에 서버가 재부팅되는 횟수
- 시스템에서 시간당 로그인 시도 횟수

작업 마법사에서 논제로 카운트 함수를 선택하려면, 설정할 때 **희소 데이터**Sparse data 옵션을 전환하면 된다.

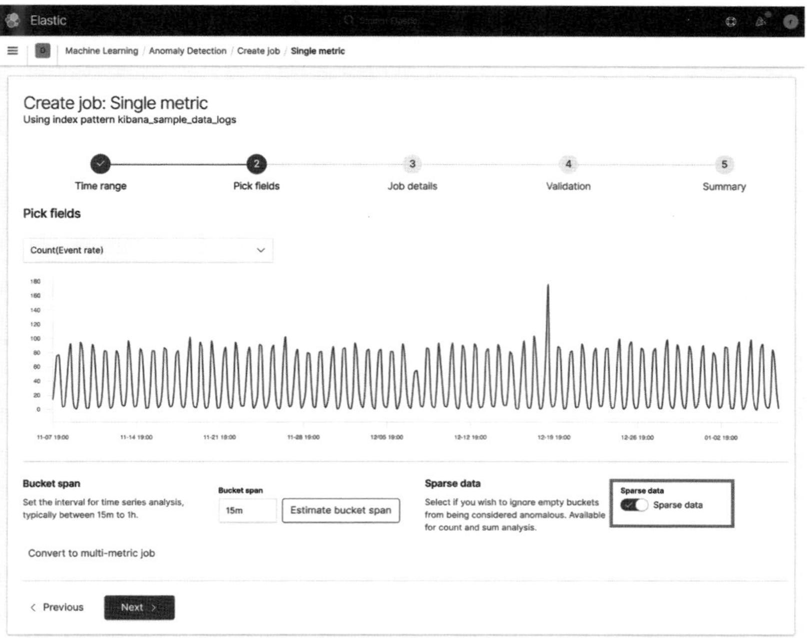

그림 3.19 논제로 카운트를 선택하기 위한 희소 데이터 옵션 추가

3장 뒷부분에서 고급 작업 마법사 또는 API를 통해 작업을 구성할 때는 개념적인 토글 옵션 이름 대신 (high_non_zero_count 같은) 명시적인 함수 이름을 사용하게 됨을 알 수 있다.

디스팅트 카운트

디스팅트distinct 카운트 함수(distinct_count, low_distinct_count, high_distinct_count)는 특정 필드에 대한 값의 **고유성**cardinality을 측정한다. 이 함수는 특히 모집단 분석(3장 뒷부분 참조)과 관련해 지나치게 다양한 필드 값 집합을 기록하는 개체를 발견할 때 사용할 수 있다. 전형적인 좋은 예는 일종의 스캐닝에 관여하는 IP 주소를 찾거나, 원격 시스템에서 비정상적으로 많은 수의 고유한 대상 포트 번호에 접근하거나, 웹 서버에서 다수의 고유한 URL을 다운로드하는 행위다. 이러한 경우 자동화된 봇이며 일반적인 인간 사용자와는 다르다. 예를 들어 최근 예제의 `kibana_sample_data_logs` 인덱스에서 탐지기 구성할 때 `distinct_count (url.keyword)`를 선택하면, 동일한 이상 징후 타임프레임을 찾아냈지만, 다른 이유로 인해 그림 3.16에서 보듯 전체 요청 볼륨이 높았을 뿐만 아니라 그림 3.20에서 매우 다양한 URL 요청을 볼 것이다.

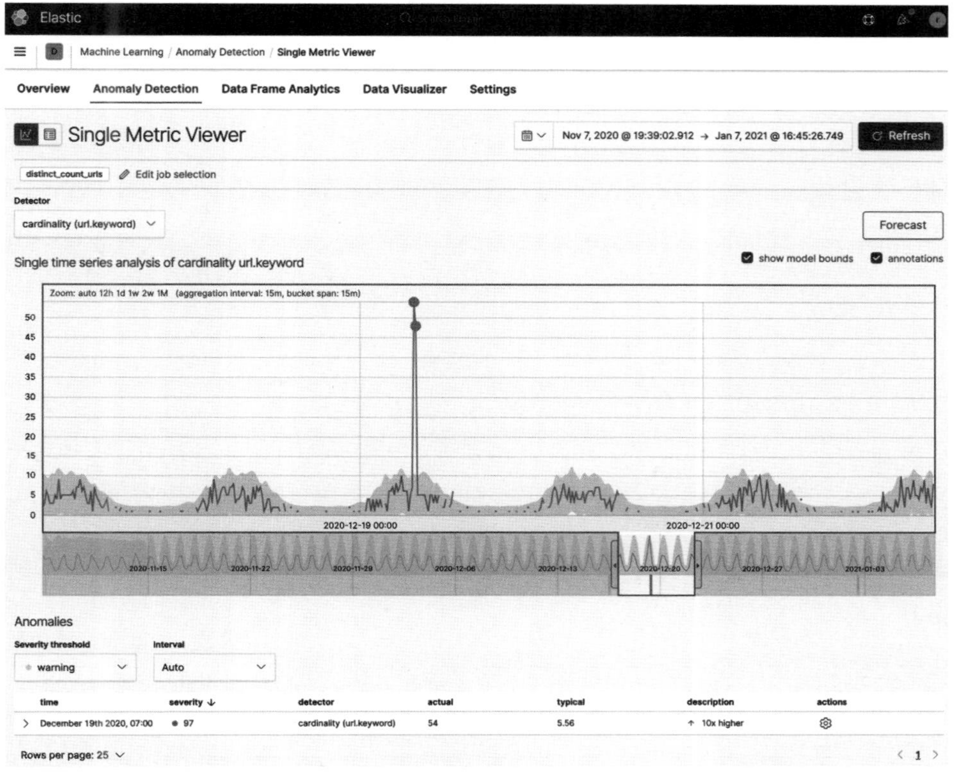

그림 3.20 디스팅트 카운트 탐지기 예제

카운트 기반 함수의 이해를 바탕으로 이제 데이터의 숫자 필드를 분석하는 메트릭 기반 함수를 살펴보자.

메트릭 값에서 변화 탐지

시스템이 내보내는 모든 데이터가 본질적으로 텍스트나 범주형은 아니며 상당 부분은 숫자다. 시간 경과에 따른 메트릭 값의 변화를 탐지하는 것은 이상 탐지에 완벽하게 맞아떨어지는 작업이다. 1장, 'IT를 위한 머신러닝'에서 언급했듯이 정적 임곗값을 통해 예외적인 숫자를 경고하는 역사적인 패러다임은 수십 년 동안 골칫거리였다. 데이터에 있는 숫자 필드에서의 변화를 탐지하는 데 도움되는 일래스틱 ML이 제공하는 모든 사항을 살펴보자.

메트릭 함수

메트릭 함수는 숫자 필드에서 작동하고 숫자 값을 반환하는 데 가장 이해하기 쉬운 탐지 기능일 것이다.

min, max, mean, median과 metric

이들 함수는 기대하는 것과 같이 버킷 스팬에서 관심 있는 필드에서 관찰한 모든 숫자에 대한 최솟값, 최댓값, 평균, 중앙값을 반환한다.

메트릭(metric) 함수는 다소 독특해서 min, max, mean을 함께 사용하도록 명시된 축약된 방식이다.

데이터 빈도(예를 들어 메트릭비트와 같이 샘플링 소스에서 가져온 데이터)가 버킷 스팬과 정확하게 일치하는 경우 버킷 범위당 하나의 샘플만 있다는 점을 유의해야 한다. 즉, 최솟값, 평균, 중앙값이 모두 동일한 값(단일 관측값 자체)이라는 의미다. 그러므로 이러한 함수들이 의미가 있으려면 가능한 한 버킷 스팬당 여러 개의 숫자 샘플을 갖는 것이 좋다.

메트릭 함수가 데이터 부족을 null로 처리한다는 것도 주목해야 할 또 다른 사실이다. 즉, 데이터가 희소하고 관찰하지 못한 버킷 스팬이 있다 하더라도, 데이터의 부족이 관심 필드의 통계를 떨어뜨리지는 않는다. 그러므로 이러한 메트릭 기반 함수에는 논제로non-zero나 논널non-null이 없다.

varp

varp 함수는 시간 경과에 따른 메트릭의 전체 분산(변동성)을 측정한다. 이 함수를 사용하면 필드의 숫자값이 정상적으로 다소 일관성이 있는 경우, 변화가 있었는지 여부를 탐지할 수 있을 것이다.

sum, not-null sum

sum 함수는 관심 필드에 대해 버킷 스팬 안에 있는 모든 숫자의 합계를 반환한다. 희소 데이터가 있을 때 sum 값을 필연적으로 끌어내리는 데이터 부족을 0으로 처리하기 않기 위해 "논널non-null" 버전을 사용하자.

마지막 예제에 있는 탐지기 구성에서 kibana_sample_data_logs 인덱스에 대해 sum(bytes)을 선택했다면, 동일한 이상 징후 타임프레임을 포착하면서 요청이 웹 서버에서 전송 중에 더 많은 양의 바이트를 발생시켰음도 알 수 있다.

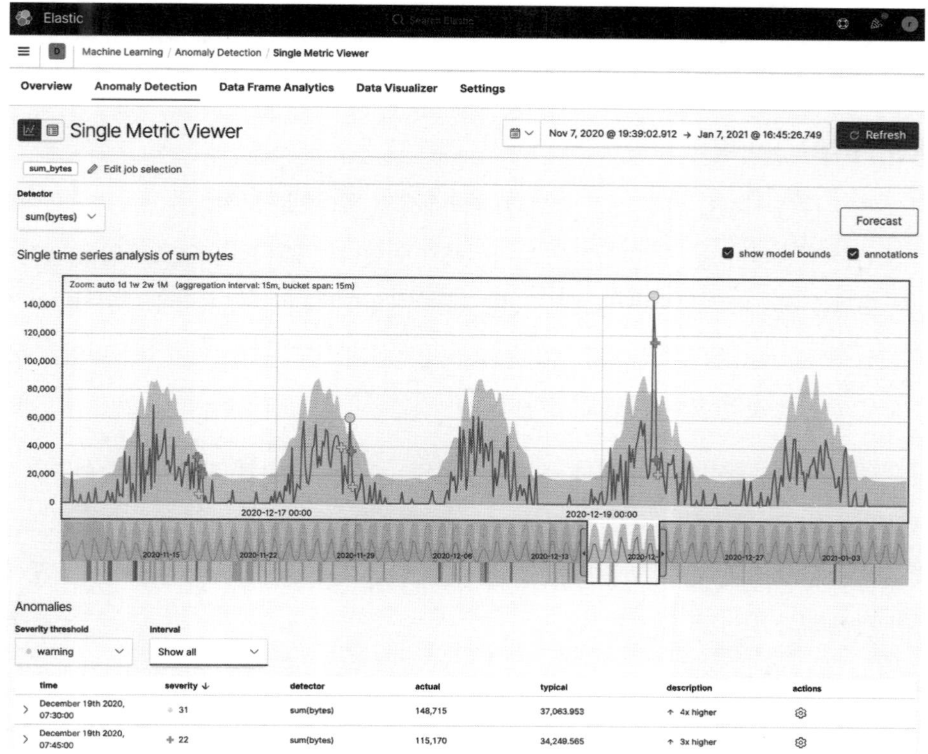

그림 3.21 sum 탐지기 예제

이는 웹 서버에 대한 요청 수의 증가는 전송되는 바이트 수의 증가와 관련이 있을 것이라 생각한다면 합리적이다.

지금까지 간단한 탐지기 함수에 대한 고마운 마음과 함께 더 복잡한 고급 함수로 옮겨 가 보자.

고급 탐지기 함수의 이해

지금까지 언급한 탐지기 함수에 더해 매우 고유한 기능을 가진 몇 가지 다른 고급 기능도 있다. 이러한 기능 중 일부는 고급 작업 마법사나 API를 통해서만 구성할 수 있는 ML 작업이다.

레어(rare)

로그 파일 같은 시간을 가진 정보 스트림 맥락에서 통계적으로 드문(낮은 빈도로 발생)이라는 개념은 직관적이면서도 역설적으로 이해하기 어렵다. 예를 들어 로그 파일을 샅샅이 훑고 희귀한 메시지를 찾으라는 요청을 받는다면 처음 본 새로운 메시지에 희귀하다는 레이블을 지정하고 싶은 유혹을 받을 수 있다. 하지만 실제로 모든 메시지가 새롭다면? 그들은 모두 희귀한 것일까? 아니면 희귀하지 않은 것일까?

희귀함을 시간적 사건의 맥락에서 유용하게 정의하려면 무언가를 희귀하다고 선언할 때 그것이 존재하는 맥락을 고려해야 한다는 데 동의할 필요가 있다. 다른 일상적인 것이 많고 독특한 것이 적다면 이러한 독특한 것을 희귀하다고 볼 수 있다. 독특한 것이 많으면 희귀한 것이 없다고 여길 것이다.

ML 작업에서 `rare` 함수를 적용할 때 `rare` 함수가 어떤 필드에 초점을 두는지 선언해야 하는데, 이 필드는 `by_field_name`으로 정의한다. `rare` 함수의 구성은 일래스틱 ML UI에 자체 마법사가 없기 때문에 고급 작업 마법사를 사용해 정의해야 한다. 예를 들어 희귀한 국가 이름을 참조하는 로그 항목을 찾으려면 탐지기를 다음과 같이 구성한다.

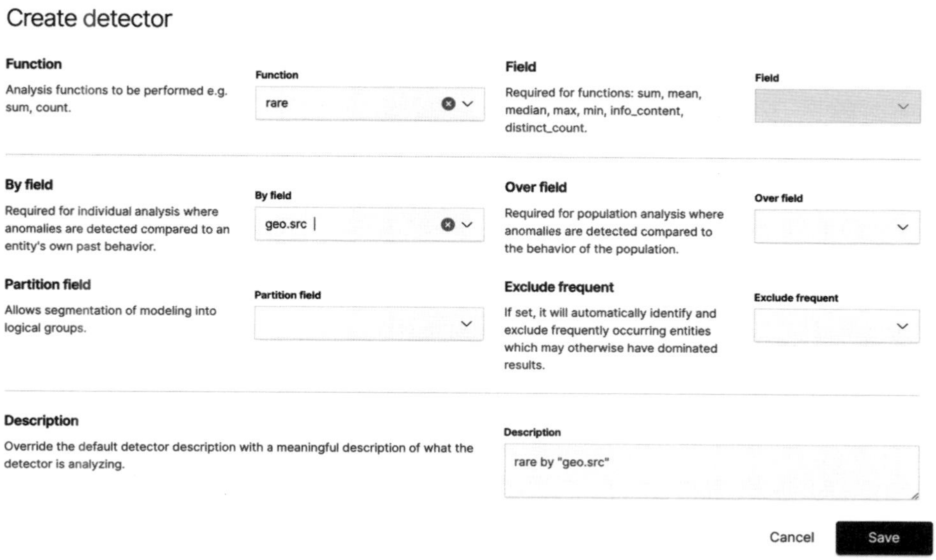

Create detector

Function
Analysis functions to be performed e.g. sum, count.

Function: rare

Field
Required for functions: sum, mean, median, max, min, info_content, distinct_count.

Field:

By field
Required for individual analysis where anomalies are detected compared to an entity's own past behavior.

By field: geo.src

Over field
Required for population analysis where anomalies are detected compared to the behavior of the population.

Over field:

Partition field
Allows segmentation of modeling into logical groups.

Partition field:

Exclude frequent
If set, it will automatically identify and exclude frequently occurring entities which may otherwise have dominated results.

Exclude frequent:

Description
Override the default detector description with a meaningful description of what the detector is analyzing.

Description: rare by "geo.src"

Cancel Save

그림 3.22 rare 탐지기 예제

이는 예상치 못한 지리적 위치에서의 접근을 찾는 데 편리할 수 있다("관리자가 보통 뉴욕이나 런던 오피스에서 거의 매일 로그인하지, 모스크바에서는 결코 아니다!"와 같은).

프리퀀시 레어(frequency rare)

`freq_rare` 함수는 `rare`의 특화된 버전으로 `by_field_name`의 희귀한 값이 자주 발생하도록 만드는 모집단 구성원을 찾는다. 예를 들어 모든 클라이언트 IP 주소의 전체 모집단에서 일반적으로 볼 수 없는 많은 희귀한 URL에 접근하려 시도하는 특정 IP 주소를 찾을 수 있다. 이 IP 주소는 웹사이트의 숨겨진 섹션에 악의적인 방식으로 접근을 시도하거나 SQL 주입 같은 공격을 시도할 수 있다.

정보 내용(information content)

`info_content` 함수는 일래스틱 ML의 무기 중에서 가장 특화된 탐지기 함수다. 텍스트 문자열에서 **엔트로피**의 양(문자가 얼마나 많고 다양한지)을 측정하는 수단으로 사용한다. 이는 **명령 및 제어**C2, command and control나 데이터 유출 활동을 위한 전송을 시도하는 악성 소프트웨어malware가 페이로드 데이터를 암호화하는 잘 알려진 기술이 있기 때문이다. 이 활동을 탐지하는 것은 다른 기능(전송된 바이트 수나 개별 엔티티의 유일성 카운트 같은)을 확인하는 것보다 더 믿을 수 있다.

사용된 알고리즘은 기본적으로 다음 단계를 수행한다.

1. 고유한 문자열을 알파벳 순서로 정렬한다.
2. 이러한 고유 문자열을 하나의 긴 문자열로 연결한다.
3. 긴 문자열을 `gzip` 알고리즘으로 압축한다. 정보의 내용information content은 압축된 데이터의 길이이다.

일래스틱 SIEM[2]에서 일부 ML 작업은 `info_content` 함수를 활용한다. 자세한 내용은 8장, '다른 일래스틱 스택 앱에서 이상 탐지'를 참고한다.

지오그래픽

지구에서 위치 영역location area을 학습한 다음 특이한 지리적 위치를 찾을 경우 `lat_long` 함수가 도움될 것이다. `field_name` 인수는 −180에서 180 사이의 범위에서 쉼표로 구분된 숫자 쌍이다(예를 들어 뉴욕시 타임스퀘어 좌표인 40.75,−73.99 처럼). `lat_long` 함수도 `geo_point` 필드, `geo_point` 값을 포함하는 `geo_shape` 필드, `geo_centrioid` 집계에서도 작동할 수 있다. 특정 사용자, 트랜잭션 등에 대해 정상이 아닌 (및 잠재적으로 사기성 또는 악의적인) 위치에 플래그를 지정하는 것이 사용 사례의 예다.

2 Security Information and Event Management, 보안 정보 및 이벤트 관리 – 옮긴이

시간

모든 사건이 시간상 무작위로 발생하는 것이 아니며, 특히 인간의 행동과 관련된 경우 그러하다. 우리는 하루 중 또는 일주일 중 예측 가능한 시간에 식사를 하거나 통근하거나 특정 시스템에 로그인할 수 있다. `time_of_day` 및 `time_of_week` 함수를 사용해 학습된 시간 루틴에서 행동의 변화를 감지할 수 있다. 행동이 24시간 동안 예측 가능한 경우 `time_of_day`가 더 적절하다. 루틴이 요일에 의존적이라면 `time_of_week`가 더 논리적인 선택이 돼야 한다.

> **노트**
>
> 이러한 시간 함수의 사용을 이상 탐지 작업에서 모든 탐지기의 정상적인 시간 학습(temporal learning)과 혼동하지 말자. 1장, 'IT를 위한 머신러닝'에서 설명한 것처럼 모델링의 추세 제거 기능은 사건이 발생한 시간을 고려한다. 이러한 함수는 단순히 일 또는 주 내의 이벤트 타임스탬프를 모델링한다. 예를 들어 매일 오전 2시에 어떤 일이 일상적으로 발생하는 경우 함수는 이러한 일이 발생하는 정상적인 시간이 하루 중 7,200번째 초라는 것을 학습한다.

탐지기 함수의 전체 카탈로그를 살펴봤으니, 범주형 필드로 표시되는 엔티티 간에 모델링을 분할해 분석의 폭을 확장하는 방법을 미리 살펴보자.

범주형 피처로 분석 분할

단일 시계열 데이터 세트에서 흥미로운 이상 징후를 발견하는 이상 탐지 작업의 파워를 봤다. 그런데 범주형 필드로 분석을 분할해 수십, 수백, 심지어 수천 개의 고유 엔티티에 대한 병렬 분석을 호출할 수 있는 몇 가지 메커니즘이 있다.

분할 필드 설정

(다중 메트릭과 모집단 마법사 같은) 일부 작업 마법사를 사용할 때 분석을 분할하는 옵션을 볼 것이다.

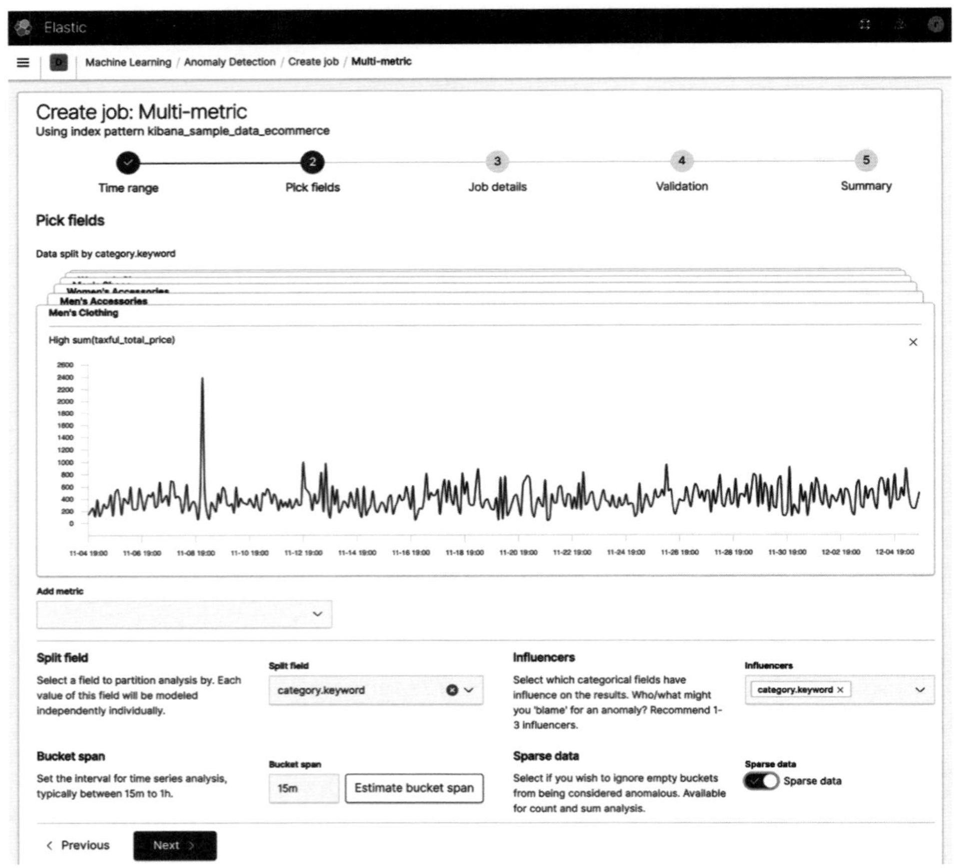

그림 3.23 범주형 필드에서 분할

그림 3.23에서 다중 메트릭 마법사를 사용해 `kibana_sample_data_commerce` 인덱스에 대한 작업을 빌드하면, `taxful_total_price` 필드의 `high sum` 함수가 `category.keyword` 필드별로 분할되는 것을 볼 수 있다(Sparse data 옵션과 함께). 즉, 전자 상거래 상점의 모든 아

이템의 범주(남성 의류, 여성 액세서리 등)에 대해 분석이 수행된다. 분석을 실행하고 이상 징후 탐색기 UIAnomaly Explorer UI를 사용해 결과를 검사하면 결과는 다음과 같을 것이다.

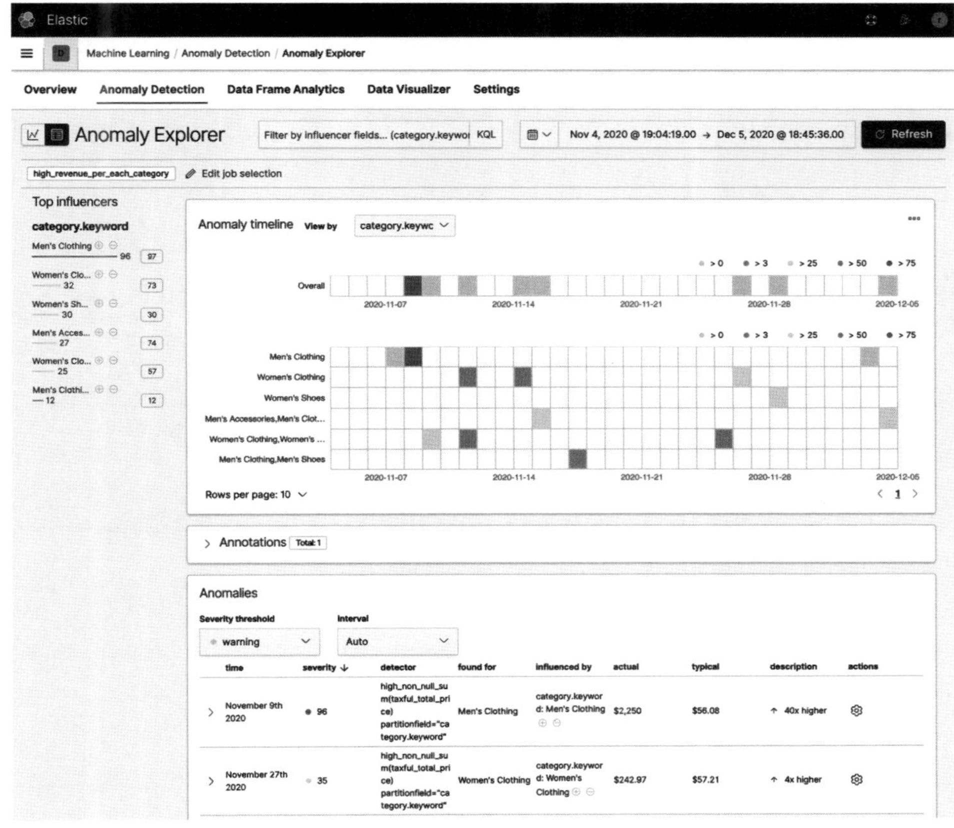

그림 3.24 분할 분석 결과

그림 3.23에서 알 수 있듯이 다중 메트릭 마법사를 사용하고 분할이 호출되면 `partition_field_name` 설정은 UI에서 선택한 필드 값으로 설정된다. 이상 징후 탐색기는 시간이 지남에 따라 상위 10개의 가장 비정상적인 범주(분할한 필드)를 보여준다. 모든 범주가 표시되는 것은 아니고 이상 징후가 있는 범주만 표시된다. 그런데 **남성 의류** 범주는 11월 9일에 $2,250의 수익을 낸 가장 비정상적인 범주였다(이 데이터 세트 버전에서). 5장, '결과 해석'에

서 다중 메트릭 작업의 결과를 이해하는 방법에 대해 더 자세히 배우고 이상 징후 탐색기를 광범위하게 사용할 것이다.

partition과 by_field를 사용한 분할의 차이점

다중 메트릭 마법사를 사용하고 분할split을 선택하면 partition_field_name 설정은 UI에서 선택한 필드 값으로 설정된다.

그러나 모집단 마법사에서 분할을 선택하면 분석을 분할하기 위해 by_field_name 설정이 선택된다. 고급 마법사를 사용하는 경우 partition_field_name이나 by_field_name을 정의할 수 있다(둘 모두를 정의하면 사실상 이중 분할이다). 따라서 분석을 효과적으로 분할하는 이 두 설정이 어떻게 서로 다른지 알아야 한다.

"하드 분할hard split"을 원한다면 partition_field_name을 사용한다.

- 선택한 필드는 분할에 더 많은 메모리가 필요하므로 일반적으로 작업당 10,000개 미만의 고윳값을 가져야 한다.
- 필드의 각 인스턴스는 독립변수와 같다.

한 파티션의 이상 징후 점수는 다른 파티션에 비해 더 독립적이다.

"소프트 분할soft split"을 원한다면 by_field_name을 사용한다.

- 선택한 필드는 일반적으로 작업당 100,000개 미만의 고유한 값을 가져야 한다.
- 엔티티의 속성(의존변수)에 더 적합하다.
- 점수는 다른 by 필드의 이력을 고려한다.

다른 by 필드의 "이력history"과 관련해 마지막으로 나열된 아이템에 대해 자세히 살펴보자. 정확히 무엇을 의미할까?

일반적으로 엔티티가 처음 발생하는 시점과 관련된 이상 탐지 작업 분석에는 **시간의 여명**

dawn of time이라 부르는 개념이 있다. 어떤 사건이 발생하는 시간의 여명이 되면 (즉, 작업이 host:X 또는 error_code:Y에 대한 데이터를 처음 볼 때) 두 가지 상황 중 하나가 있을 수 있다.

- 새 엔티티는 "참신한" 것으로 간주되며 그 자체로 주목할 만하며 잠재적으로 이상 징후로 분류될 가치가 있다. 그렇게 하려면 작업이 시작될 때 "시간의 여명"이 돼야 한다.
- 새 엔티티는 데이터의 일반적인 "확장"의 일부일 뿐이다. 새 서버가 추가됐거나 새 product_id가 카탈로그에 추가됐을 수 있다. 이 경우 새 엔티티 모델링을 시작하고 새 엔티티가 표시되는 것에 대해 호들갑 떨 필요는 없다. 그렇게 하려면 그 엔티티가 처음 나타날 때를 "시간의 여명"으로 설정해야 한다.

by_field_name을 사용해 분할을 분석할 때 시간의 여명은 ML 작업이 시작된 시점이고 partition_field_name을 사용해 분할할 때의 시간의 여명은 데이터에서 그 파티션이 처음 나타난 시점이다. 그래서 "새로운" 무언가가 발생하는 상황에 단일 방법에 비해 다른 방법으로 분할하면 다른 결과를 얻을 수 있다.

이중 분할에 한계가 있을까?

앞에서 언급했던 것처럼 고급 작업 마법사에서 partition_field_name과 by_field_name 둘을 사용해서 효과적으로 이중 분할을 얻을 수 있다. 그러나 더 많이 분할해야 하는 경우 다른 방법에 의존해야 한다. 즉, 필드 두 개(또는 그 이상)를 연결한 **스크립트 필드**scripted field를 만들어야 할 것이다. 스크립트 필드를 사용하는 방식은 부록 예제 중 하나에서 다룬다.

분할 분석의 개념에 대해 배웠으므로 이제 이상 탐지에서 시간 분석temporal analysis과 모집단 분석population analysis의 차이점에 집중하자.

시간 분석과 모집단 분석의 이해

1장, 'IT를 위한 머신러닝'에서 배웠던 것처럼 무언가를 이상 징후라 간주하는 효과적인 방법이 두 가지 있다.

- 시간이 흐름에 따라 행동이 얼마나 크게 변하는지 여부
- 동질의 모집단 내에서 피어와 비교할 때 무언가 크게 다른지 여부

기본적으로 (단순히 시간적 분석이라 부르는) 전자는 탐지기 구성에서 `over_field_name` 설정 없이 사용하는 모드다.

모집단 분석은 다양하고 중요한 사용 사례에서 이상 징후를 찾는 데 매우 유용할 수 있다. 예를 들어 다음 시나리오에서 유사하게 구성된 시스템보다 더 많이 (또는 더 적게) 로깅하는 시스템을 찾고 싶을 수 있다.

- 시스템 또는 애플리케이션 로그 파일에서 갑자기 더 많은 오류가 발생하도록 하는 잘못된 구성 변경이 있다.
- 악성 코드에 의해 손상 가능한 시스템은 실제로 특정 상황에서 로깅을 억제하도록 지시를 받아 로그 볼륨을 크게 감소시킬 수 있다.
- 시스템 연결이 끊어졌거나 실패해 로그 볼륨이 감소한다.
- 로깅 수준 설정에 대한 무해한 변경(info 대신 debug로 변경)으로 로그가 더 많은 디스크 공간을 차지하게 만든다.

또 다른 방법으로 **사용자/엔티티 행동 분석**EUBA, User/Entity Behavioral Analysis과 관련해 모집단 분석이 자주 사용되는데, 엔티티나 인간 행동을 피어와 비교하면 다음이 드러날 수 있다.

- **자동화된 사용자**: 일반적인 인간의 행동이나 사용 패턴 대신 자동화된 스크립트는 이벤트가 생성되는 속도, 지속 시간, 다양성 측면에서 상당히 다른 행동 패턴을 보일 수 있다. 온라인 카탈로그의 제품과 가격을 수집하려는 크롤러를 찾거나 소셜 미디어에 잘못된 정보를 퍼뜨리는 데 관여하는 봇을 탐지하려는 경우 자동화

된 사용자에 대한 자동 식별이 도움될 수 있다.

- **스누핑 사용자**: 탈취하기 위해 경계를 테스트하려는 실제 인간이거나 정찰을 수행하는 악성 코드 조각이든 간에 스누퍼snooper는 무언가 일치하기를 기대하거나 진입로를 찾기 위해 (포트 스캐닝 같은) 광범위하고 다양한 일을 실행할 수 있다. 종종 `distinct_count` 함수가 스누퍼를 찾는 데 도움이 될 수 있다.
- **악성/악용 사용자**: 정찰 단계 후 악성 사용자 또는 악성 코드는 적극적으로 혼란을 일으키고 서비스 거부, 무차별 대입, 가치 있는 정보의 도용과 같은 적극적인 조치에 참여할 것이다. 다시 말하자면 일반 사용자와 비교해 악성 또는 악용 사용자는 단위 시간당 활동의 양, 다양성, 강도와 관련해서 행동이 극명하게 대조가 된다.

실제적인 예는 피어보다 훨씬 더 많이 지출하는 고객을 찾는 것일 수 있다. 잠재적인 사기를 사전에 조사하거나 가장 부유한 고객에 대한 마케팅을 늘리는 데 관심이 있는지 여부와 관계 없이 이러한 아웃라이어를 찾아야 한다. 3장에서 추가했던 `kibana_sample_data_ecommerce` 인덱스를 사용하면 모집단 마법사를 선택하고 모집단 필드에 대해 `customer_full_name.keyword` 필드를 선택하면 모집단 작업을 만들 수 있다. 탐지기에서는 개인이 주문한 개별 주문에 대한 전체 수익인 `taxful_total_price` 필드의 `high sum`을 선택한다.

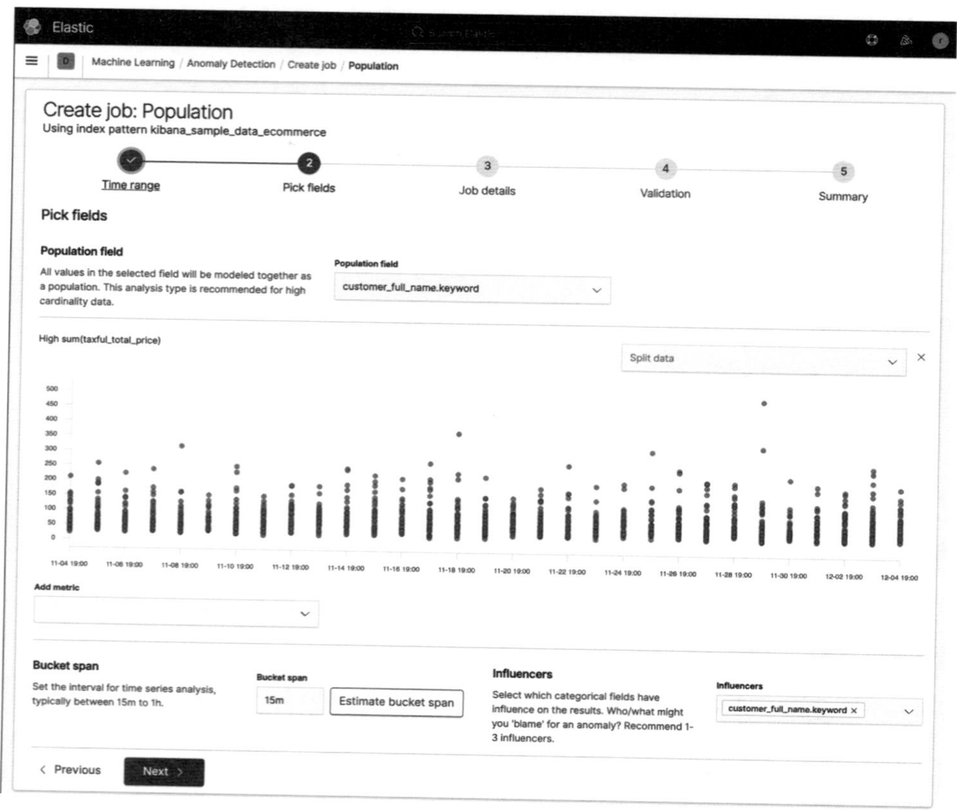

그림 3.25 사용자에 대한 수익의 모집단 분석

이 작업을 실행하면 다음과 같은 결과를 볼 수 있다.

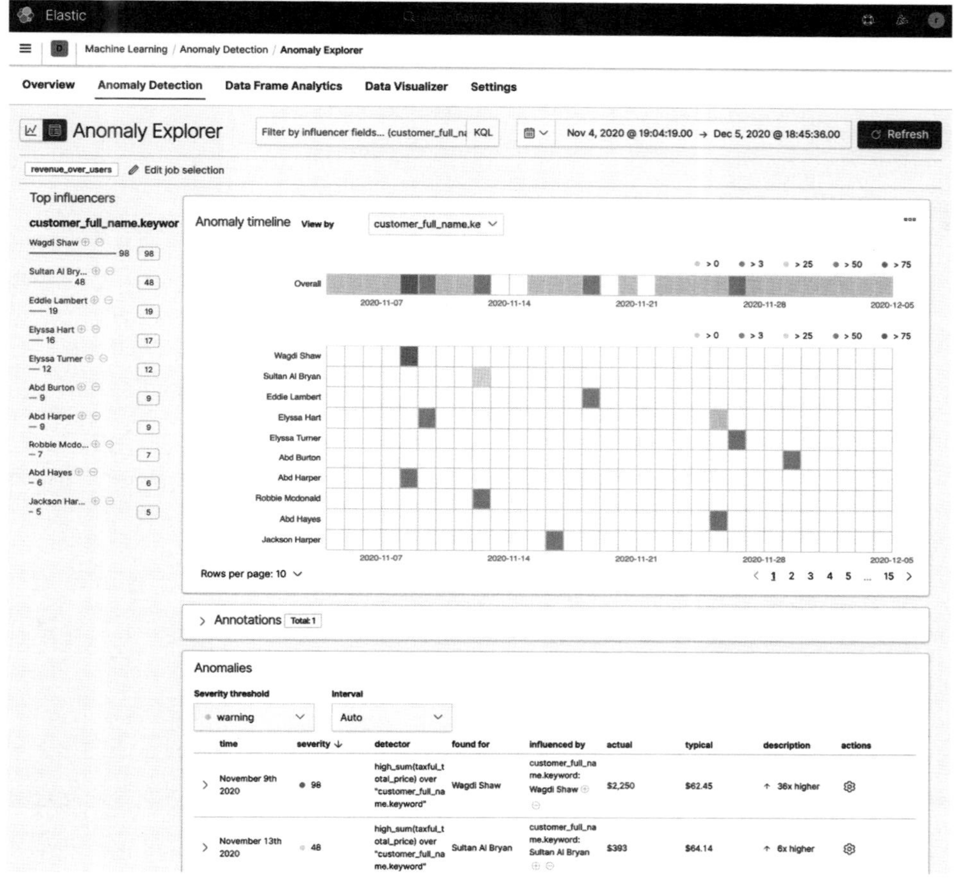

그림 3.26 돈을 가장 많이 쓴 사용자의 모집단 분석 결과

그림 3.26에서 가장 비정상적인 사용자 (이 경우 단위 시간당 돈을 가장 많이 쓴 사용자) 목록에서 $2,250 상당의 상품을 주문한 Wagdi Shaw라는 사용자가 가장 크다. 똑똑한 사람이라면 이전의 예제에서 이미 이 이상 징후를 인지했을 것이다. 이번에는 인벤토리 범주가 아니라 사용자를 중심으로 분석을 진행하고 있다.

보다시피 모집단 분석은 매우 강력할 수 있으며 개별 엔티티를 대상으로 하는 사용 사례에서 많이 사용된다. 따라서 보안 분석 사용 사례에서 매우 유용하다. 이제 범주화categorization

라 부르는 프로세스를 통해 비정형 로그 메시지를 효과적으로 분석하는 일래스틱 ML의 이상 탐지 기능 중 강력한 추가적인 기능에 초점을 맞춰보자.

비정형 메시지 범주화 분석

특정 로그 파일을 보고 어떤 문제를 트러블슈팅한다고 가정하자. 다음과 같은 로그 줄을 본다.

```
18/05/2020 15:16:00 DB Not Updated [Master] Table
```

이 로그를 생성한 애플리케이션 내부 작동에 대해 어느 정도 정통한 지식이 없다면 메시지가 중요한지 여부를 모를 수 있다. 데이터베이스를 업데이트하지 않은 사실이 부정적인 상황처럼 들릴 수 있다. 그러나 애플리케이션이 일상적으로 매일 시간당 수백 번 이 메시지를 로그 파일에 쓰고 있다는 사실을 알고 있었다면 이 메시지가 무해하며 무시해야 한다는 사실도 자연스럽게 깨닫게 될 것이다.

문제는 인간의 해석에 있다. 메시지 텍스트를 검사하고 부정적인 문구(Not Updated, 업데이트되지 않음)를 읽는다면 잠재적으로 문제가 있기 때문에 메시지를 주목할 필요가 있다고 생각하는 방향으로 편향된다. 그러나 메시지의 빈도(일상적으로 발생함)는 해당 메시지가 로그에 기록됐음에도 불구하고 애플리케이션이 작동(즉, 보고된 중단이 없음)하기 때문에 메시지가 그렇게 중요하지 않아야 함을 알려야 한다.

사람이 로그 파일에 있는 몇 가지 유형의 메시지에 대한 정보를 처리하는 것은 어려울 수 있다(메시지 내용/관련성 및 시간 경과에 따른 빈도를 평가). 하루에 수백만 개의 로그 줄이 발생하는 수천 개의 고유한 메시지 유형이 있다고 상상해보라. 애플리케이션 내부와 검색 및 시각화 모두에 있어서 가장 노련한 전문가라면 불가능한 것은 아닐지라도 이에 관해 논쟁하는 것이 현실적이지 않다는 사실을 깨닫게 될 것이다.

일래스틱 ML은 메시지 내용의 고유성과 상대적 발생 빈도 모두에 대한 경험적 평가로 이 문제를 해결한다.

범주화에 훌륭한 후보가 되는 메시지 유형

이러한 유형의 분석에 적합한 메시지 기반 로그 라인의 종류를 정의하려면 다소 엄격할 필요가 있다. 완전히 자유로운 형태며 인간이 만든 결과(이메일, 트윗, 댓글 등)일 가능성이 있는 로그 줄/이벤트/문서라는 사실을 고려하지 않았다. 이러한 종류의 메시지는 구성과 내용이 너무나 임의적이고 가변적이다.

그 대신 우리는 애플리케이션이 다른 상황이나 예외를 만났을 때 방출하는 기계가 생성한 메시지에 초점을 맞출 것이다. 따라서 구성과 내용을 비교적 별개의 가능성 집합(실제로 메시지에 일부 가변적인 측면이 있을 수 있음을 이해하는)으로 제한한다. 예를 들어 다음 몇 줄의 애플리케이션 로그를 살펴보자.

```
18/05/2016 15:16:00 S ACME6 DB Not Updated [Master] Table
18/05/2016 15:16:00 S ACME6 REC Not INSERTED [DB TRAN] Table
18/05/2016 15:16:07 S ACME6 Using: 10.16.1.63!svc_
prod#uid=demo;pwd=demo
18/05/2016 15:16:07 S ACME6 Opening Database = DRIVER={SQL
Server};SERVER=10.16.1.63;network=dbmssocn;
address=10.16.1.63,1433;DATABASE=svc_
prod;uid=demo;pwd=demo;AnsiNPW=No
18/05/2016 15:16:29 S ACME6 DBMS ERROR : db=10.16.1.63!svc_
prod#uid=demo;pwd=demo Err=-11 [Microsoft][ODBC SQL Server
Driver][TCP/IP Sockets]General network error. Check your
network documentation.
```

여기에 각각 다른 텍스트로 된 다양한 메시지를 볼 수 있지만 여기에는 몇 가지 구조가 있다. 날짜/타임 스탬프와 서버 이름(여기서는 ACME6), 애플리케이션이 무언가 시도하고 있거나 오류가 발생하고 있는가와 같은 그 순간 어떤 일이 일어나고 있는지 외부 세계에 알리는 실제 메시지 내용이 있다.

범주화에 사용되는 프로세스

로그 파일에 있는 무질서한 메시지의 흐름에 질서를 주기 위해 일래스틱 ML은 문자열 유사성 클러스터링 알고리듬을 사용해 유사한 메시지를 함께 그룹화하는 기술을 사용한다. 이 알고리듬의 휴리스틱은 대략 다음과 같다.

- 변할 수 있는 (즉, network과 address는 사전 단어지만 dbmssocn은 가변적인 문자열) 것보다 (영어) 사전 단어에 집중한다.
- 로그 줄이 과거 로그 줄과 얼마나 유사한지를 결정하기 위해 문자열 유사성 알고리듬(편집거리 알고리듬Levenshtein Distance 같은)을 통해 변경할 수 없는 사전 단어를 전달한다.
- 현재 로그 줄과 기존 범주의 차이가 작으면 기존 로그 줄을 기존 범주로 그룹화한다. 그렇지 않다면 현재 로그 줄에 대해 새 범주를 만든다.

간단한 예로 다음 세 가지 메시지를 고려해보자.

```
Error writing file "foo" on host "acme6"
Error writing file "bar" on host "acme5"
Opening database on host "acme7"
```

알고리듬은 메시지 유형에 대해 Error writing file on처럼 간주하므로 첫 두 메시지는 모두 같은 범주로 클러스터링하는 반면, 세 번째 메시지에는 새 범주가 주어진다.

이러한 범주의 이름은 간단하다. ML은 mlcategory N이라고 부르는데 여기서 N은 증가하는 정수다. 그러므로 이 예제에서 처음 두 줄은 mlcategory 1에 연결되고 세 번째 줄은 mlcategory 2에 연결된다. 실제 시스템 로그에는 로그 메시지의 다양성으로 인해 생성되는 범주가 수천 (또는 수만) 가지일 수 있지만 가능한 범주 집합은 유한해야 한다. 그러나 범주가 수십만 개에 이르기 시작하면 로그 메시지가 가능한 메시지 유형으로 통제된 집합이 아니며 이러한 유형의 분석에 적합하지 않다는 것이 분명해질 수 있다.

범주 분석

이제 앞에서 본 메시지들은 이전에 설명한 알고리듬에 따라 분류될 것이며, 다음 과정은 분석(count 또는 rare를 사용)을 수행하는 것이다. 이 경우 로그 줄 (및 일래스틱서치 인덱스 도큐먼트) 자체를 계산하진 않는다. 대신 알고리듬의 출력인 다양한 범주의 발생 확률을 계산할 것이다. 그러므로 예를 들어 이전 절에서의 예제 로그 줄이 동일한 버킷 스팬에 발생한 경우 범주화 알고리듬의 출력은 다음과 같다.

```
mlcategory 1: 2
mlcategory 2: 1
```

다시 말하면 마지막 버킷 스팬 간격에서 `Error writing file on` 메시지 유형이 2회 발생했고, `Opening database on host` 유형이 1회 발생했다. 이 정보가 바로 비정상 여부를 결정하기 위해 궁극적으로 ML 작업에서 모델링하는 것이다.

범주화 작업 예제

UI의 범주화 작업 마법사에서 이러한 유형의 작업을 구성하는 과정은 매우 쉽다. 먼저 비정형 로그 파일을 수집했다고 가정하자(깃허브의 example_data 폴더에 있는 secure.log 파일처럼).

> **노트**
>
> 파일 시각화(File Visualizer)를 사용해 데이터를 처리하는 방법은 상세한 블로그 포스트(elastic.co/blog/importing-csv-and-log-data-into-elasticsearch-with-file-data-visualizer)를 참조하라.

1. 원하는 인덱스를 선택하고 범주화Categorization 마법사를 선택하고 분석에 적절한 시간 범위를 선택한 다음, 마법사가 사용하려는 **범주화 탐지기**categorization detector(count 탐지기나 rare 탐지기)와 **범주화 필드**categorization field를 사용한다. 이 예제에서 데이터에는 본질적으로 두 개의 필드(`@timestamp` 및 `message`)만 있다. 따라서 메시지message 필드는 일래스틱 ML이 분류할 필드다. 이 예제에서는 카운트 탐지기Count detector도 선택한다.

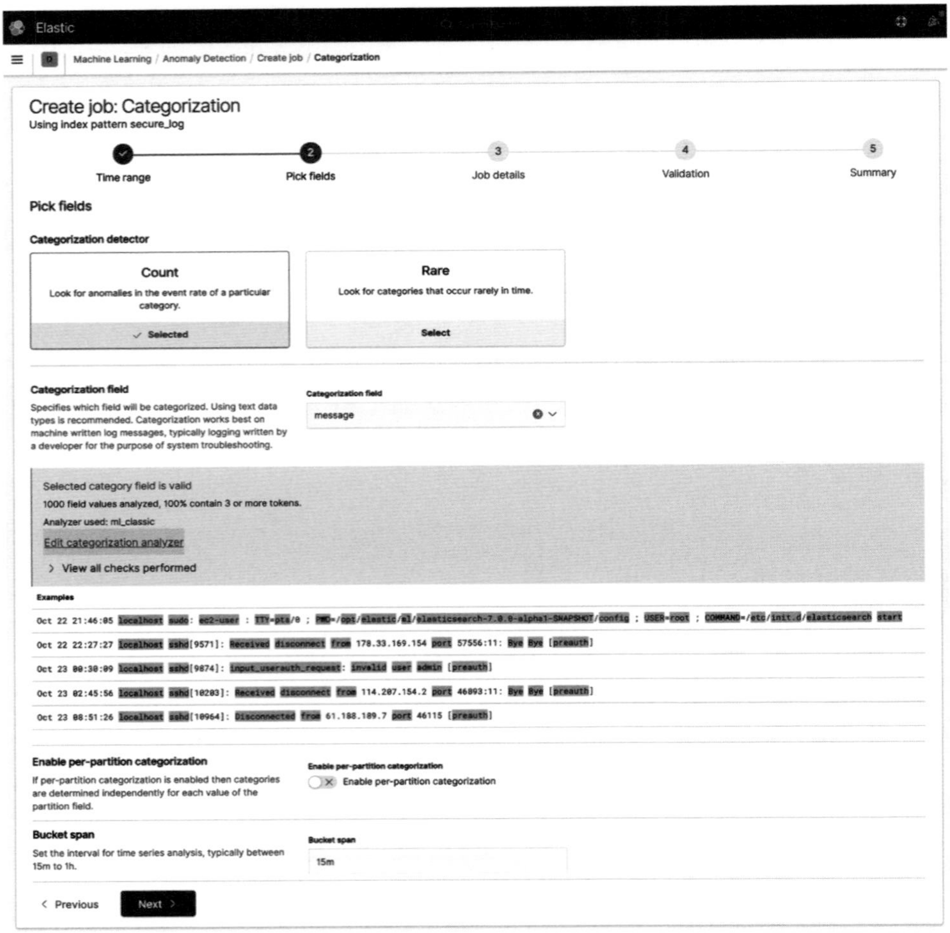

그림 3.27 범주화 작업 구성

그림 3.27에서 선택한 범주 필드가 합리적인 결과를 산출하는지 확인하는 검사가 있음을 주목한다. 또한 **표본**Example 섹션에서 로그 메시지의 변경할 수 없는 non-mutable 텍스트에 초점을 맞춘 일래스틱 ML의 시각적인 확인(하일라이팅된)을 볼 수 있다.

2. 구성을 확인하고 마법사에서 이 작업을 시작하면 발견하고 분석한 결과를 미리 보기로 볼 것이다.

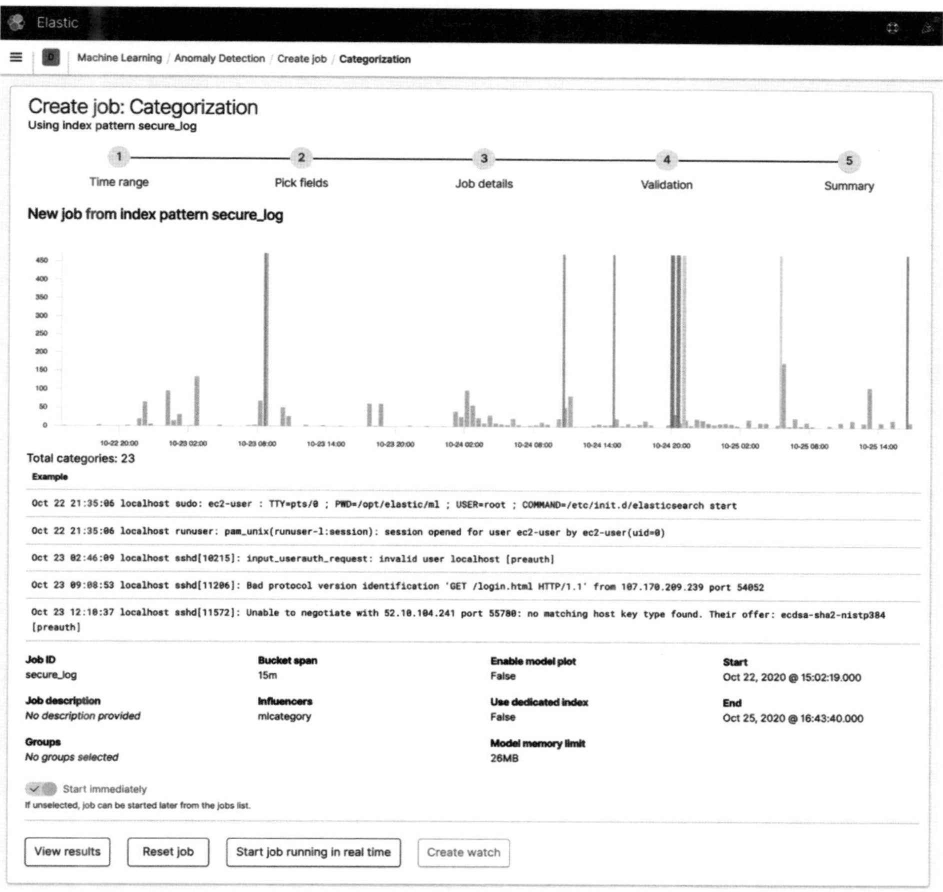

그림 3.28 범주화 작업 실행의 미리보기

이 간단한 예제에서는 데이터로부터 전체 23개의 범주를 발견했음을 알 수 있다. 이상 징후 탐색기Anomaly Explorer에서 결과를 볼 때 최상위 이상 징후의 `mlcategory` 번호가 7임을 알 수 있다.

3. **범주 표본**category example 컬럼을 클릭하면 그 범주에 떨어진 로그 줄 표본을 볼 수 있도록 뷰가 확장된다.

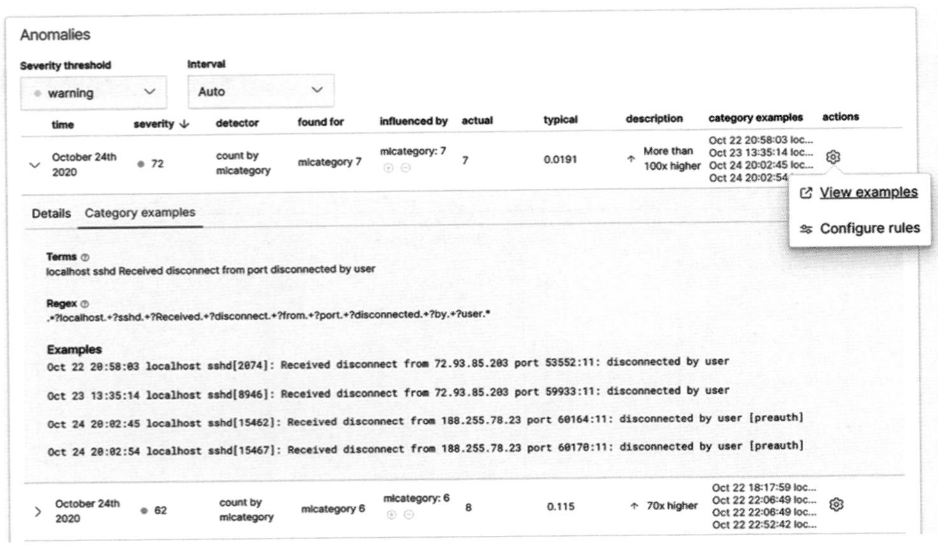

그림 3.29 범주화 작업 결과

여기에서 `Received disconnect` 메시지가 갑자기 증가하는 것을 알았다.

4. 그림 3.29처럼 톱니바퀴 아이콘을 클릭하면 **표본 보기**View example를 선택해서 키바나 디스커버리 UIKibana Discovery UI로 이동할 수 있고, 적절한 메시지로 필터링되고 관련된 시간 범위로 확대된다.

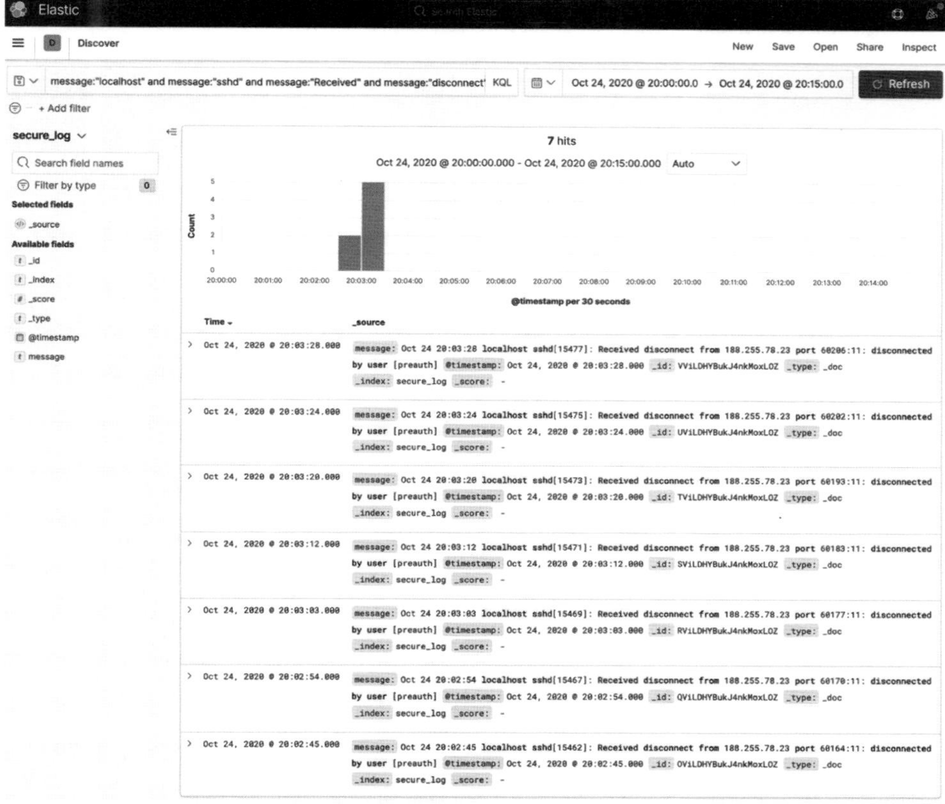

그림 3.30 범주화 작업 결과에서 원시 로그 라인 검사

디스커버Discover 쿼리 표시줄에는 이상 징후가 있는 메시지 유형으로 뷰를 제한하기 위해 자동으로 적절한 KQL 쿼리로 채워져 있다.

5. 이 쿼리 필터를 제거하면 이 이상 징후가 발생했을 때 로그 파일의 모든 메시지가 표시되고 누군가 또는 무엇인가가 많은 인증 시도를 하고 있었다는 더 큰 스토리를 볼 수 있을 것이다.

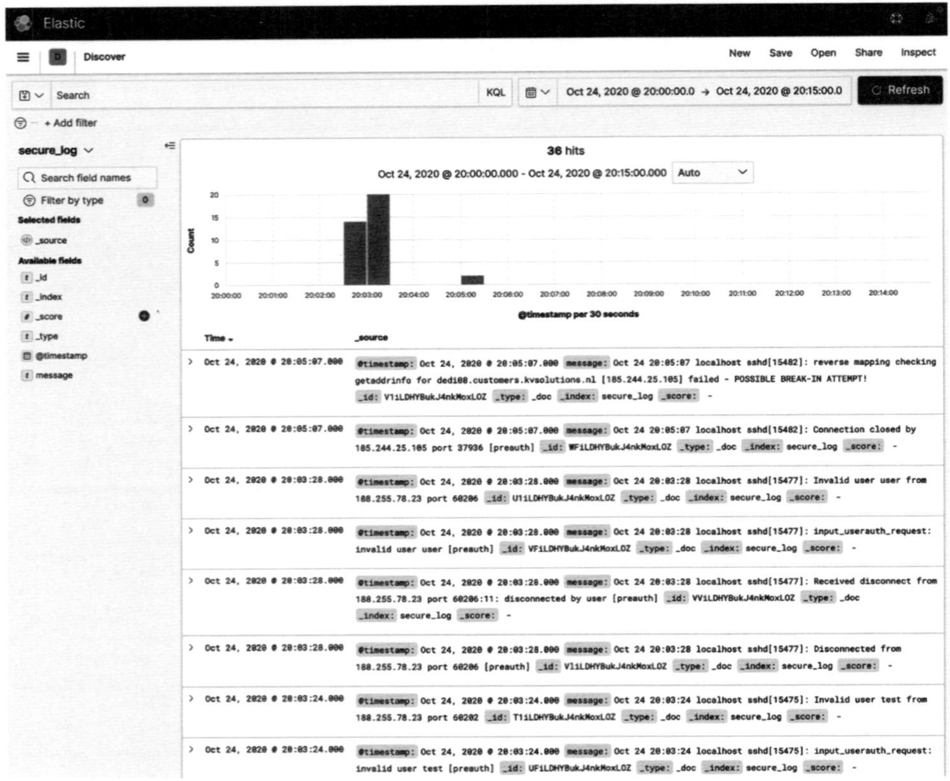

그림 3.31 이상 징후 시간 동안의 모든 로그 줄 검사

그림 3.31에서 보듯, 잘 알려진 사용자 이름(user, test 등등)을 사용해 인증 시도를 하는 혼란이 있는 듯하다. 범주화를 사용해 무차별 대입 인증 시도를 찾은 것 같다!

범주화 사용을 피해야 하는 경우

범주화가 매우 유용할지라도 한계가 아예 없는 것은 아니다. 특히 다음 몇 가지는 범주화를 사용하면 좋지 않은 결과를 반환할 가능성이 있다.

- 트윗, 댓글, 이메일, 메모와 같은 인간이 만든 자유 형식의 텍스트 필드

- 웹 접근 로그 같은 적절한 이름/값 쌍으로 실제 구문이 분석돼야 하는 로그 줄
- 스택 트레이스stack trace, XML 같은 여러 줄 텍스트가 많이 포함된 문서

이러한 한계가 있음에도 여전히 범주화로 분석하는 경우에 매우 유용할 수 있음을 알 수 있는데, 이를 사용하지 않는다면 비구조화 텍스트가 인간 분석가에게 더 많은 부담을 줄 것이기 때문이다.

API를 통한 일래스틱 ML 관리

일래스틱 스택의 다른 모든 것과 마찬가지로 ML도 작업 구성, 실행, 결과 수집 등을 포함하는 API 호출을 통해 완전히 자동화가 가능하다. 실제로 키바나 UI에서 수행하는 모든 상호작용은 배후에서 ML API를 활용한다. 예를 들어 특정 워크플로우나 시각화가 있는 경우 완전하게 고유한 UI를 작성할 수 있다.

> **노트**
>
> 이상 탐지 API에 대한 더 자세한 정보는 elastic.co/guide/en/machine-learning/current/ml-api-quickref.html을 참조한다. 일래스틱 ML의 데이터 프레임 분석 부분에는 완전히 별도의 API가 있으며 9장~13장에서 설명한다.

개별 API 호출에 대해 다루지는 않겠지만 가치가 있을 몇 가지 부분은 강조하고 싶다.

가장 먼저 언급할 API는 ML 작업 구성을 생성하는 작업 생성 API다. 예를 들어 다음 호출은 그림 3.25에 표시된 모집단 분석 작업을 다시 생성하려는 경우 `revenue_over_users_api`로 작업을 생성할 것이다.

```
PUT _ml/anomaly_detectors/revenue_over_users_api
{
  "job_id":"revenue_over_users_api",
```

```
  "analysis_config": {
    "bucket_span": "15m",
    "detectors": [{
      "detector_description": "high_sum(taxful_total_price)
over customer_full_name.keyword",
      "function": "high_sum",
      "field_name": "taxful_total_price",
      "over_field_name": "customer_full_name.keyword"
    }],
    "influencers": [
      "customer_full_name.keyword"
    ]
  },
  "data_description": {
    "time_field":"order_date",
    "time_format":"epoch_ms"
  }
}
```

참고로 job_id 필드는 작업을 만들 때 고유해야 한다.

이 작업에 동반할 데이터피드 구성을 생성하기 위해 다음과 같은 별도의 API 호출을 실행한다.

```
PUT _ml/datafeeds/datafeed-revenue_over_users_api
{
  "datafeed_id": "datafeed-revenue_over_users_api",
  "job_id": "revenue_over_users_api",
  "query_delay": "60s",
  "indices": [
```

```
        "kibana_sample_data_ecommerce"
    ],
    "query": {
        "bool": {
            "must": [{
                "match_all": {}
            }]
        }
    },
    "scroll_size": 1000,
    "chunking_config": {
        "mode": "auto"
    }
}
```

기본 인덱스에 대한 쿼리는 `match_all`이며, 이는 필터링이 발생하지 않음을 의미한다. 물론 쿼리 블록에 유효한 일래스틱서치 DSL을 삽입해 사용자 지정 필터나 집계를 수행할 수도 있다. 이 개념은 이 책의 뒷부분에서 다룰 것이다.

결과를 추출하거나 ML 작업의 다른 운영 측면을 수정하는 데 사용 가능한 API도 있다. 자세한 내용은 온라인 설명서를 참조한다.

요약

우선 일래스틱 ML은 범주화가 필요한 항목을 포함해 메트릭과 로그 메시지로부터 다양한 볼륨, 다양성, 고유성에 있어 변화를 강조할 수 있음을 알았다. 가장 비정상적인 엔티티를 찾는 데 초점이 맞춰져 있다면, 모집단 분석이 시간적 이상 탐지에 비해 매우 흥미로운 대안이 될 수 있음도 보여줬다. 이런 기술은 앞에서 설명한 인간이 진정으로 비정상적이고 관심과 조사를 받을 가치가 있는 것을 인식하기 위해 몸부림칠 수 있을 문제를 해결하는 데 도움이 된다.

3장에서 배운 기술은 4장에서 ML이 복잡한 IT 문제의 근본 원인을 파악하고 애플리케이션 성능 저하를 식별하는 프로세스에서 ML이 어떻게 도움이 되는지 또는 ML이 악성 코드나 악의적인 활동을 식별하는 데 도움이 될 수 있는지 확인할 수 있다.

4장에서는 이상 탐지 작업으로 구축된 표현형 시계열 모델을 활용해 미래 데이터의 추세를 예측하는 방법을 살펴볼 것이다.

04

예측

예측은 일래스틱 ML에서 시계열 모델링의 자연스러운 확장이다. 표현력이 매우 풍부한 모델이 배후에 구축되고 데이터가 역사적으로 어떻게 작동했는지를 설명하기 때문에 정보를 제때 투영하고 미래에 어떤 것이 어떻게 작동해야 하는지 예측하는 것이 가능하다.

몇 가지 실용적인 예를 살펴보고 예측의 이면에 있는 개념을 배우는 데 시간을 할애할 것이다.

특히 4장에서는 다음과 같은 주제를 다룰 것이다.

- 예언과 대비되는 예측
- 예측 사용 사례
- 작업의 예측 이론

- 단일 시계열 예측
- 예측 결과 검토
- 다중 시계열 예측

기술 요구 사항

4장에서 설명하는 내용과 예제는 일래스틱 스택 7.11 버전과 관련이 있다.

예언과 대비되는 예측

과거의 성과가 미래의 결과를 나타내지는 않는다. 이 면책 조항은 금융회사가 뮤추얼 펀드 같은 상품의 성과를 참조할 때 사용된다. 그러나 이 면책 조항은 다소 이상한 모순이다. 과거는 우리가 함께 일해야 하는 모든 것이기 때문이다. 뮤추얼 펀드를 구성하는 회사가 지난 8분기 동안 지속적으로 긍정적인 결과를 보였다면, 다음 8분기 동안에도 긍정적인 결과를 얻을 것이며, 공적 가치가 계속 상승할 것이라는 보장이 있을까? 확률은 사실의 측면에 있을 수 있지만 그것이 전체 이야기는 아닐 수도 있다. 그리고 일래스틱 ML의 예측 능력이 주식 시장에서 돈을 버는 열쇠라고 생각하기 전에 항상 통제할 수 없는 요소가 있다는 한 가지 주요 경고에 대해 현실적이어야 한다.

금융 회사가 앞의 면책 조항을 사용하는 이유는 종종 알려지지 않고 통제할 수 없는 요인이 나타나고 무언가의 궤적에 큰 영향을 미칠 수 있기 때문이다. 예를 들어 정부는 기업의 운영 능력과 수익성을 크게 돕거나 방해하는 규정이나 무역 정책을 변경할 수도 있고, 경영진이 기업 성과를 위조하기 위해 공모한 내부 사기 회계 스캔들 때문에 회사를 유지할 수 없게 만들어 궁극적으로 파산하게 만드는 일이 있을 수도 있다.

다음과 같은 이유 때문에 이러한 요인은 알려지지 않으며 외부적인 요인이라고 간주한다.

- 기업 자체의 통제 밖에 있다(정부가 기업의 활동과는 독립적으로 정책을 지시하는 예에서처럼).
- 시스템에 대한 사용 가능한 정보로부터 감춰진다(외부 투자자는 공개적으로 사용 가능한 성과 보고서에만 접근할 수 있으며 성과 보고서를 조작할 수 있는 사기 활동에 대해 알지 못한다).

그러므로 예측은 정보를 갖고 있고 예측에 영향을 미칠 외부의 알려지지 않은 요인을 제거하거나 완화하는 능력이 있을 때에만 좋다. **정보 기술**IT, Information Technology 데이터의 세계에서도 마찬가지다. 추세나 (누군가가 구성을 잘못 변경한다거나 하드웨어 오류가 발생하는 등의) 알 수 없는 외부 요인으로 발생하는 실패를 예측하는 것은 항상 가능한 것이 아니다. 그러나 확률적 분석을 사용해 가능한 외부 요인을 배제하고 미래에 대한 최선을 추측을 할 수는 있다. 이 경고를 이해한다면 예언에 대한 기대에 얽매이지 않고 몇 가지 좋은 예측 사용 사례를 충족할 수 있다. 이제 실용적인 방법으로 예측을 사용하는 방법에 초점을 맞춰보자.

예측 사용 사례

일래스틱 ML의 맥락에서 누군가 예측을 사용하는 사용 사례는 사실 다소 유사하다고 볼 수 있는 다음 두 가지다.

- **가치 중심**value-focused: 시계열을 미래로 추정해 가능성 있는 미래 가치를 이해한다. "지금부터 2개월 후에는 하루에 몇 개의 위젯을 판매할 것인가?"와 같은 질문에 답하는 것과 유사하다.
- **시간 중심**time-focused: 예상 값에 도달할 가능성이 있는 시간을 이해한다. "다음주에 활용률이 80%에 도달할 것으로 예상하는가?"와 유사한 질문에 답할 수 있다.

작업의 예측 이론

데이터에서 예측을 바라는 행동을 실현하기 위한 첫 번째는 기존 이상 탐지 작업의 확장이라는 것이다. 즉, 이상 탐지 작업이 구성돼 있어야 하며 데이터에 대해 예측하기 전에 그 작업이 과거 데이터를 분석해야 한다. 이는 예측 프로세스가 이상 탐지 작업에서 생성된 모델을 사용하기 때문이다. 데이터를 예측하려면 다른 장에서 설명한 대로 이상 탐지 작업을 생성하는 데 사용한 것과 동일한 단계를 따라야 한다. 예측을 실행하는 것이 유일한 목적이라면 그 작업을 실행하면서 생성되는 이상 징후는 무시해도 된다는 것이다. 이 작업이 일부 과거 데이터에 대해 학습하면, 다음 다이어그램에서 표현한 것처럼, 그 작업과 연관된 모델 (작업이 둘 이상의 시계열에서 데이터를 분석하도록 구성된 경우)이 현재 모델이 되며 최신화된다.

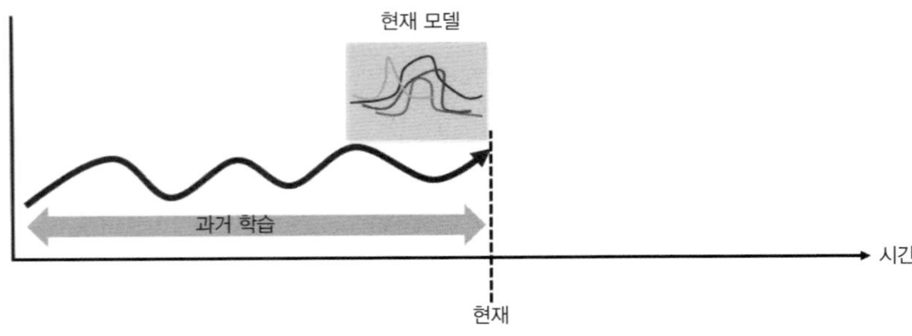

그림 4.1 과거 학습에서 얻은 모델의 상징적 표현

지금까지의 시간을 **과거 학습** (모델이 실제 데이터에 대해 학습한 시간) 시간으로 간주할 것이다. 사용자가 특정 시간에 예측을 실행하기를 원한다면 모델의 사본을 생성하고 별도의 프로세스를 사용해 해당 모델을 가져와 "미래"를 추정한다. 이 프로세스는 원래 모델과 그 진화를 방해하지 않도록 병렬로 실행되는데, 이는 다음 다이어그램으로 표현된다.

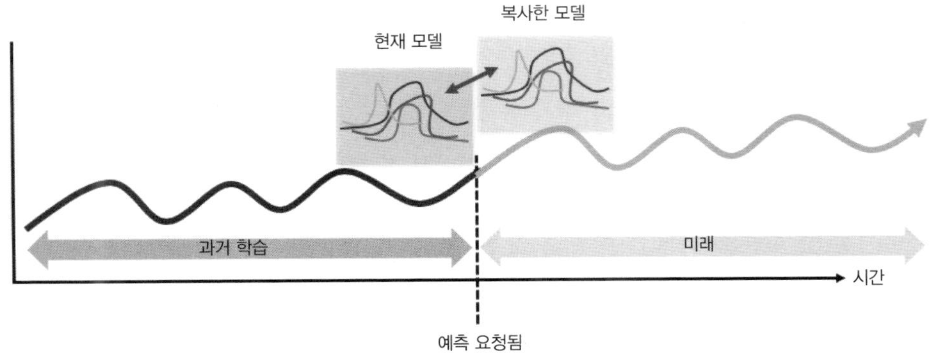

그림 4.2 미래 예측을 위해 복사한 모델의 상징적 표현

예측 값은 이상 탐지와 동일한 결과 인덱스에 기록되지만 특별한 유형의 결과로 기록되고, **사용자 인터페이스**UI에서 보거나 **애플리케이션 프로그래밍 인터페이스**API를 통해 접근할 수 있다.

실제 리얼 데이터를 분석하는 **머신러닝**ML 작업의 정상적인 경로는 (실시간 데이터에서 실행 중이라면) 계속 진행되므로, 일정 시간이 경과하면 다음 다이어그램에서 보는 것처럼 미래 시간에 대한 예측값(예측시 만든)과 그 시간이 도래했을 때의 실젯값 사이의 차이가 있을 수 있음을 주목한다.

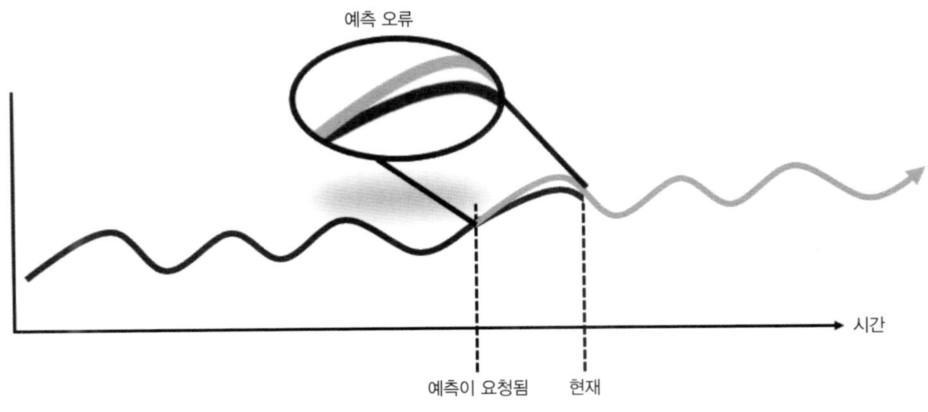

그림 4.3 예측 오류의 상징적 표현

예측 오류가 예상되지만 최소화될 것으로 기대한다. 둘 사이의 차이를 현재는 일래스틱 ML에 의해 사용되지 않지만, 아마도 미래에는 더 정확한 후속 예측에 대한 모델을 알아낼 수 있을 것이다. 확실히 알 수 없는 외부 요인(앞서 설명한 대로)이 특정 수의 예측 오류로 이어질 수도 있다.

예측의 불확실성에 대해 생각하는 또 다른 (아마도 더 단순한) 방법은 동전 던지기 결과를 예측하는 것이다. 일련의 이전 동전 던지기를 관찰할 수 있지만 동전 던지기의 물리학(속도, 높이, 회전 등)을 고려하지 않고 과거 관찰 결과에만 의존한다면 결과에 대한 50/50 예측 보다 더 나은 결과를 얻지는 못한다. 또한 일래스틱 ML은 학습 기간 동안 행동적으로 완벽하게 일관된 데이터를 보지 못했을 가능성이 있다. 그러므로 데이터에 있는 일정량의 노이즈 때문에 예측에 일정량의 변동이나 불확실성도 예상해야 한다.

다른 시간에 사용자가 여러 예측을 할 수도 있는데 다음 다이어그램과 같이 별도로 저장된다.

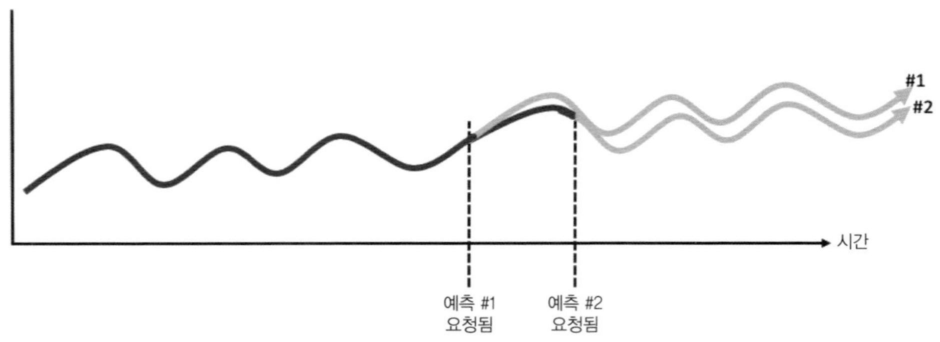

그림 4.4 서로 다른 시간에 여러 예측을 호출하는 상징적 표현

개별 예측 인스턴스의 내부 고유 ID를 사용해 **예측 #1**과 **예측 #2** 사이를 구별할 것이다. 이는 나중에 예측 결과가 인덱스에 저장되는 방식을 보면 알게 될 것이다.

이제 예측 프로세스의 물류logistic 작업에 대해 기본적으로 이해했으므로 단일 시계열에 대한 예측을 위해 일래스틱 ML을 사용하는 방법의 예를 살펴보자.

단일 시계열 예측

예측 절차를 설명하기 위해 단일 시계열이 있는 데이터세트로 시작한다. 이 데이터세트가 포괄적이므로 시스템 성능 메트릭, 시스템에서 처리된 트랜잭션 수, 판매 수익 데이터로 표현한다고 상상해볼 수 있다. 이 데이터세트에서 중요한 측면은 몇 가지 고유한 시간 기반 추세(일별 추세, 주별 추세, 전반적인 증가 추세)가 포함돼 있다는 것이다. 일래스틱 ML은 세 가지 추세를 모두 발견하고 미래의 추세를 효과적으로 예측한다. 데이터세트에도 일부 이상 징후가 포함돼 있지만, 미래의 이상 징후는 정의상 놀랄만한 사건surprise events이기 때문에 예측이 불가능하다는 점에 유의하는 것이 좋다. 여기에서 논의하는 내용은 순전히 예측에 초점을 맞추고 있기 때문에 예측을 위한 모델을 구축하는 동안 데이터세트에서 발견된 이상 징후의 존재를 무시한다.

즉, 깃허브 저장소의 `forecase_example` 데이터 세트를 사용해 예제로 이동해보자. 다운로드한 데이터는 일래스틱 ML의 데이터 비주얼라이저Data Visualizer를 통해 키바나로 쉽게 가져올 수 있다. 다음처럼 진행해보자.

1. 샘플 데이터를 업로드하려면 다음 스크린샷처럼 키바나 홈 화면에서 **파일 업로드** Upload a file 버튼을 클릭한다.

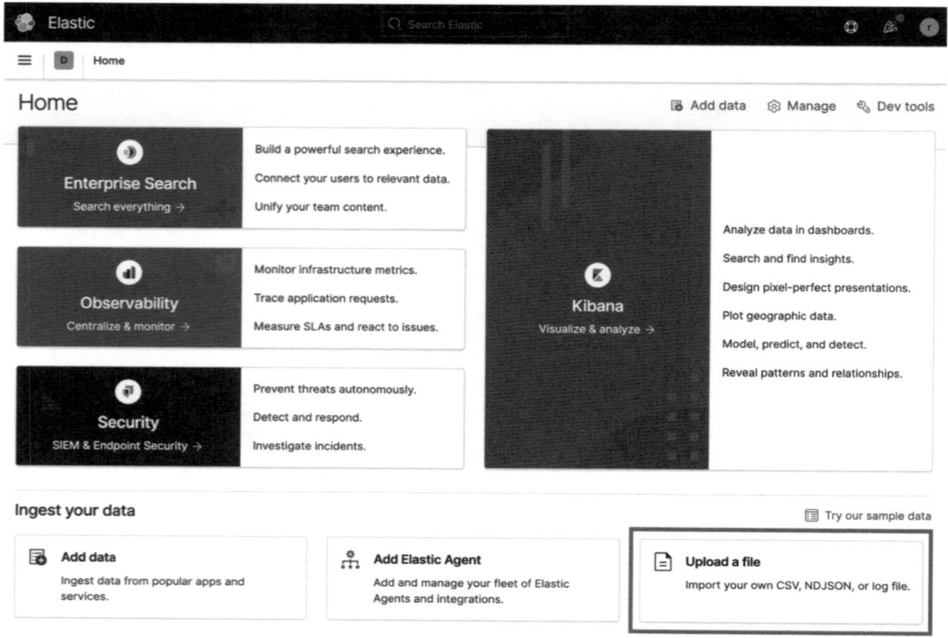

그림 4.5 키바나에 파일을 업로드하는 옵션

2. 로컬 머신에서 forecase_example.json 파일을 선택한다. 그런 다음 데이터 비주얼라이저는 파일의 처음 1,000줄을 표시해 파일에 포함된 내용의 미리보기와 다양한 필드의 분석을 제공한다. 이는 다음 스크린샷에서 보여준다.

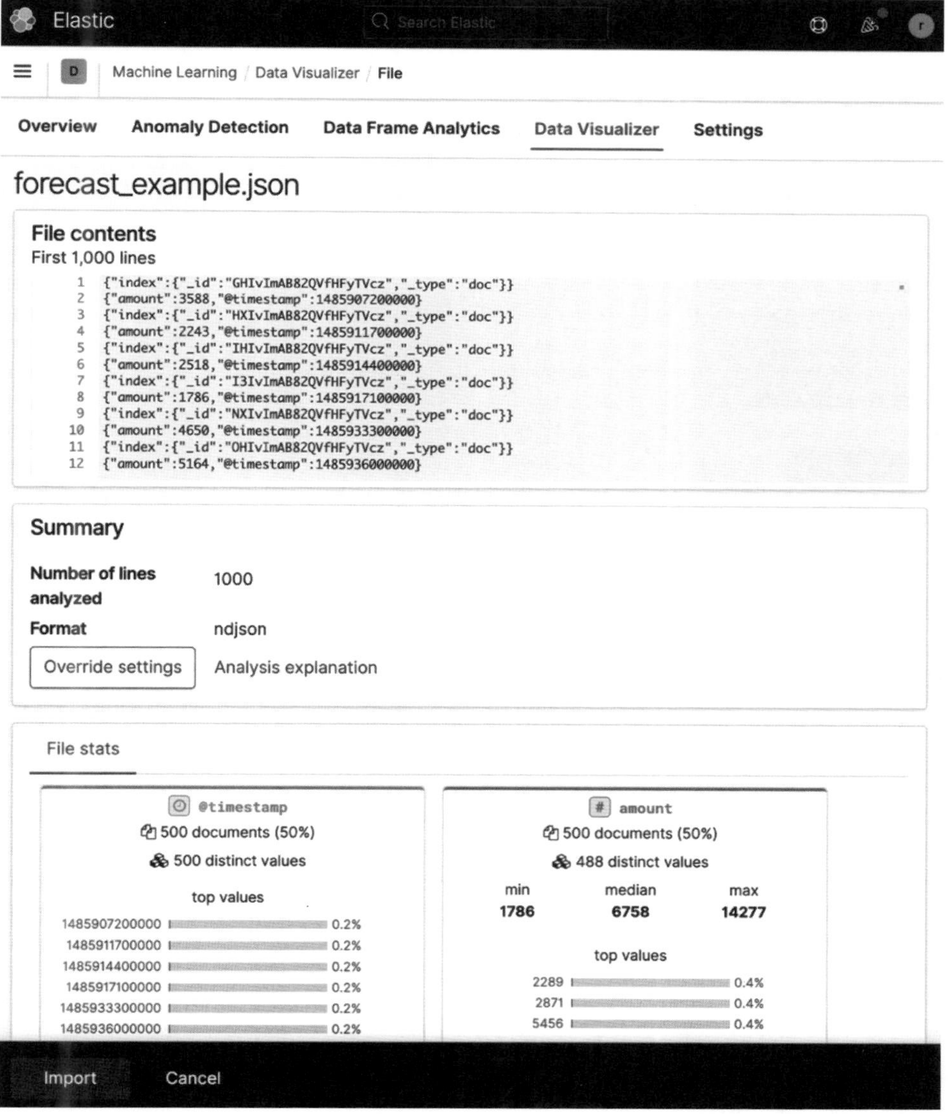

그림 4.6 업로드할 파일의 내용 미리보기

3. **불러오기**Import 버튼을 클릭하면 스크린샷에서 보는 것처럼 업로드된 데이터의 대상 인덱스 이름을 입력한다.

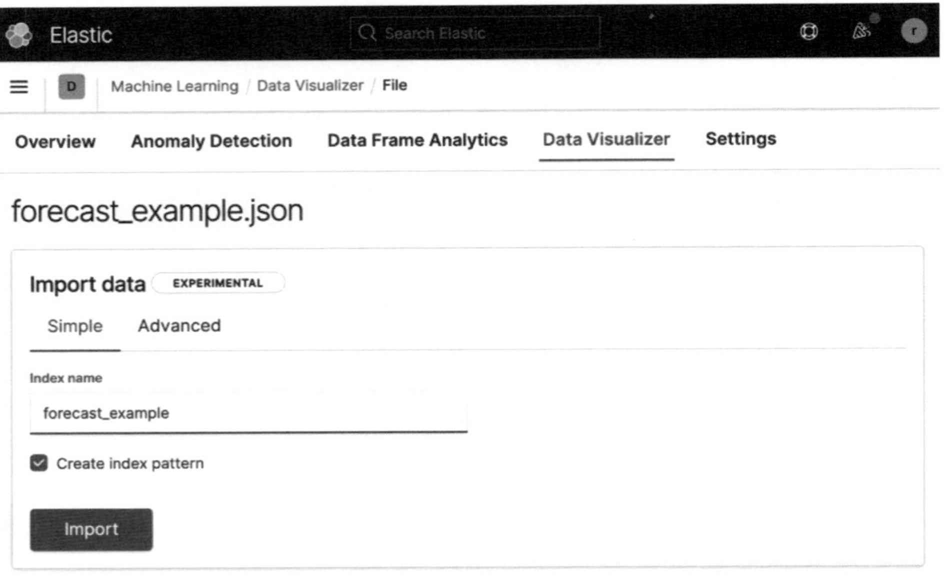

그림 4.7 업로드할 대상 인덱스 이름 지정

4. 대상 인덱스의 이름을 입력하고, 처음 업로드를 한다면 **인덱스 패턴 만들기**Create index pattern 옵션이 선택돼 있는지 확인하고, 업로드를 마치기 위해 **불러오기**Import 버튼을 다시 클릭한다. 다음 스크린샷처럼 업로드가 성공적으로 완료돼야 한다.

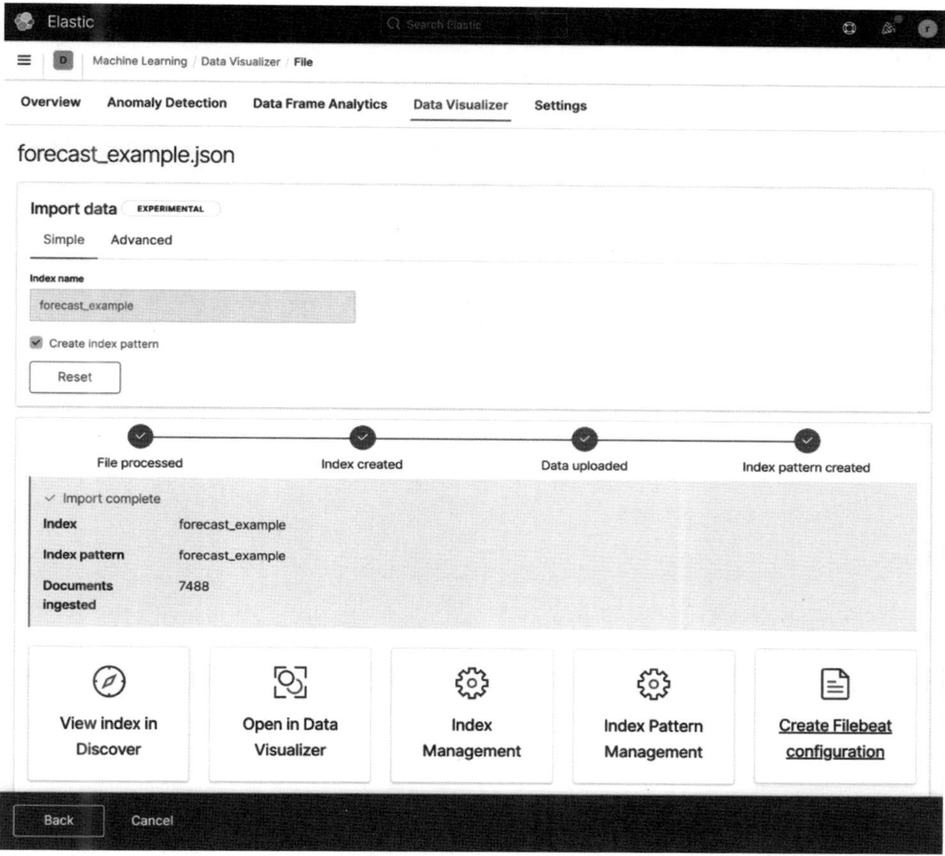

그림 4.8 업로드 완료

5. 일단 데이터가 업로드되면 **머신러닝**Machine Learning으로 이동해 이상 탐지 작업을 생성하고 이전 단계에서 생성한 인덱스 이름의 인덱스 패턴을 선택한다. 이는 다음 스크린샷에 나와 있다.

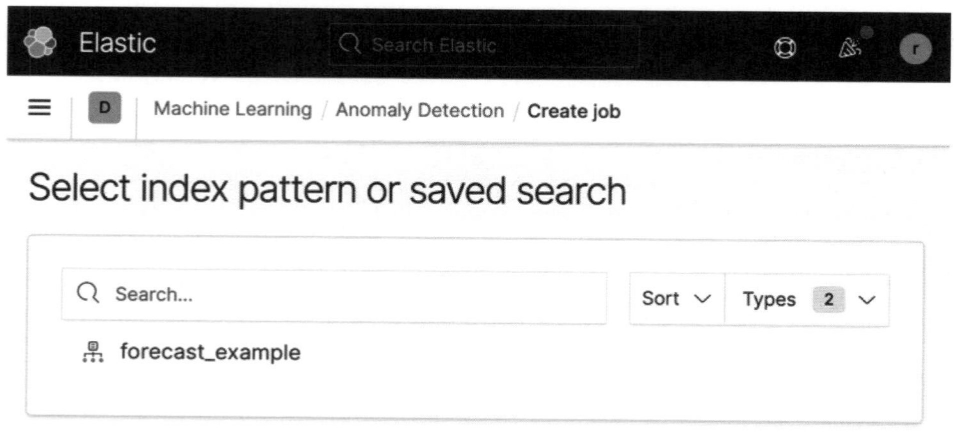

그림 4.9 이상 탐지 작업을 먼저 생성

6. 특정 데이터 세트는 단일 시계열 메트릭(`amount` 필드)이므로 다음 스크린샷처럼 **단일 메트릭**Single metric 작업 마법사를 사용해 작업을 빌드하기만 하면 된다.

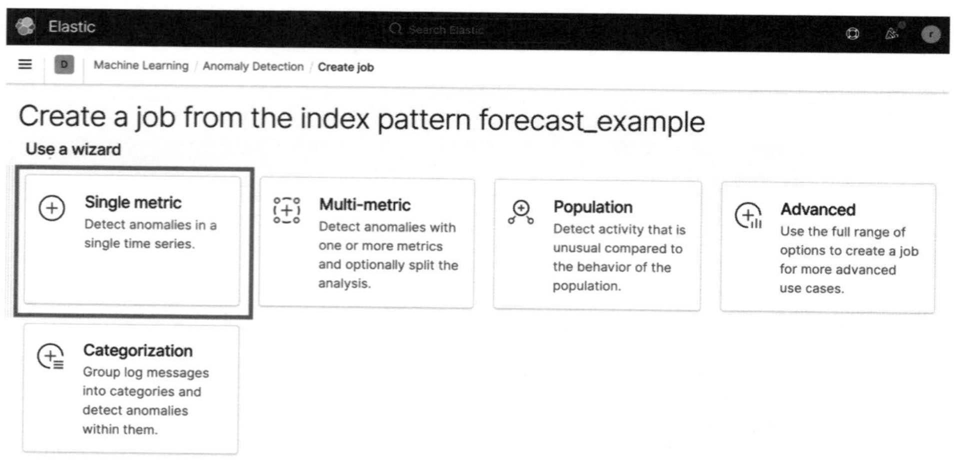

그림 4.10 데이터에 대한 단일 메트릭 작업 마법사 선택

7. 다음 화면에서 2017년 3월 1일 @ 00:00:00.000까지만 분석해 나중에 예측을 비교할 일부 데이터를 남겨두고자 한다. 다음 스크린샷처럼 먼저 Use full forecast_example data 버튼을 클릭하고 종료 날짜를 수동으로 변경한다.

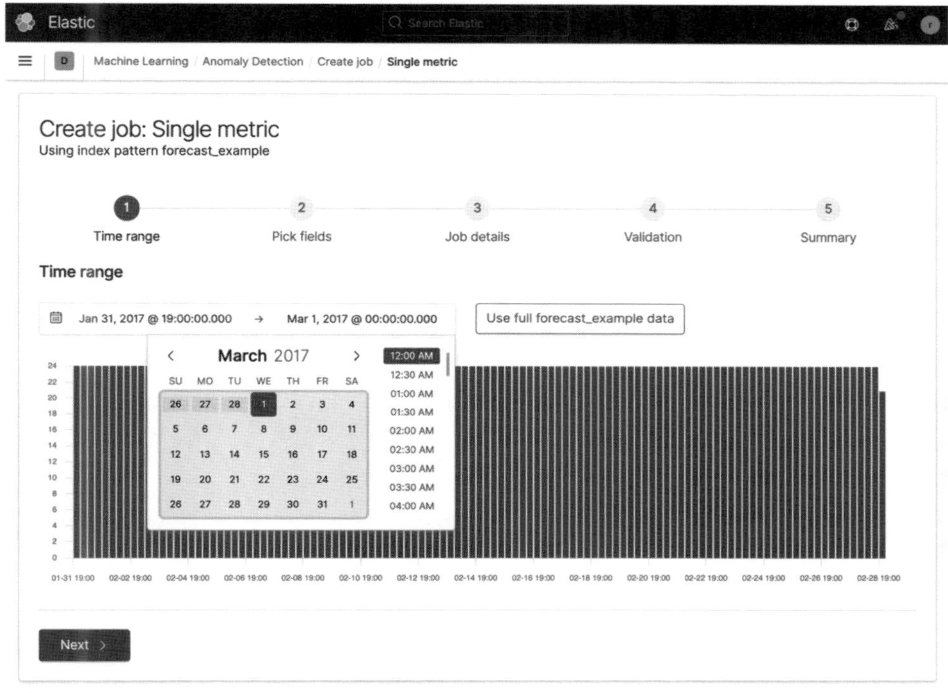

그림 4.11 특정 날짜까지 데이터만 사용하도록 선택

> **노트**
>
> 이 예제 데이터 세트는 2017년 1월 31일부터 2017년 3월 1일까지의 데이터를 기록한다. 과거에서 왔음에도 불구하고 그 타임프레임에 있는 척하는 시나리오를 고안할 수 있으며, 오늘 날짜가 2017년 3월 1일임을 선언한다. 그러므로 ML 작업에서 1월 31일과 "오늘" 사이의 데이터를 분석한 다음 ML을 사용해 10일 후 데이터를 예측하려고 한다. 나중에 우리 예측이 나머지 데이터에 대해 얼마나 정확한지 알게 될 것이다. 키바나 시간대가 현지 시간으로 설정된 경우 4장의 날짜가 약간 다르게 보일 수 있는데, 미국(US) 동부 시간대로 설정된 키바나 버전으로 캡처된 스크린샷이기 때문이다.

8. 이제 **다음**Next 버튼을 클릭한 다음, **필드 선택**Pick field 드롭다운 상자에서 분석할 항목을 선택해야 한다. `amount` 필드가 단순하게 시간 경과에 따른 숫자 값이므로 Sum(amount)를 선택할 것이다. 이는 다음 스크린샷처럼 보인다.

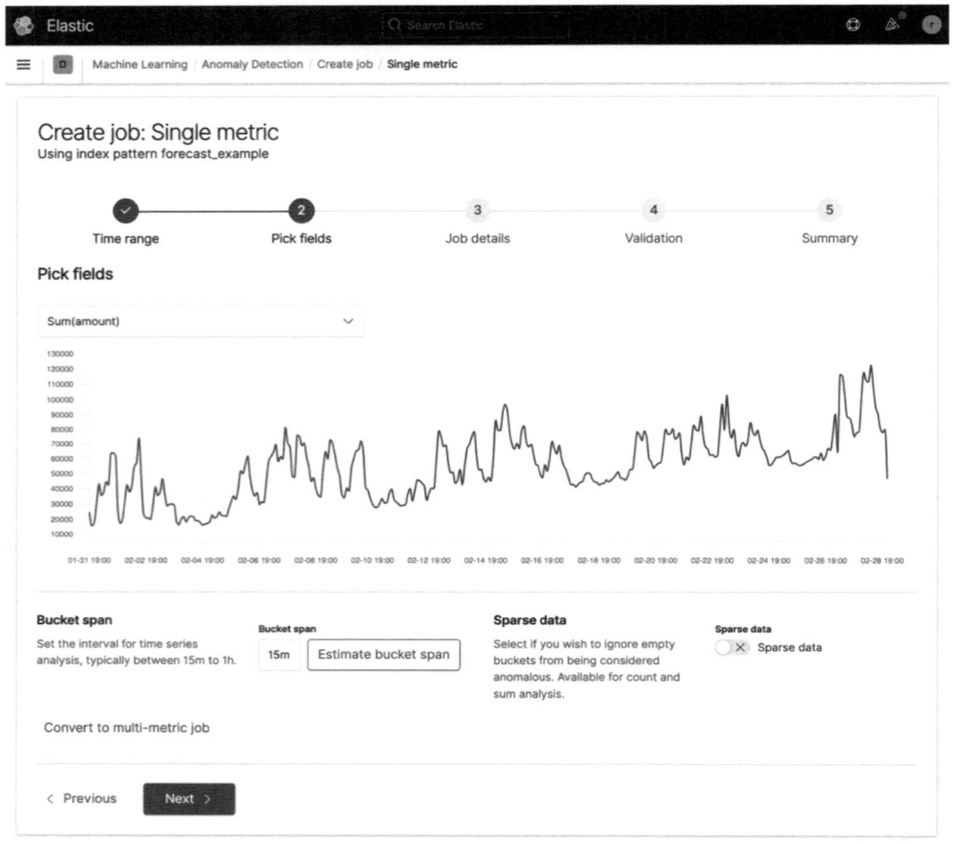

그림 4.12 시간에 따른 amount 필드를 탐지로 합산하도록 선택

지금은 다른 옵션을 기본값으로 남겨두고 계속하려면 **다음**Next 버튼을 클릭한다.

9. 이제 이상 탐지 작업 이름을 지정해야 한다. **작업** ID 상자에 논리적인 이름을 입력한다. 다음 스크린샷에서는 `forecase_example` 이름을 사용했다.

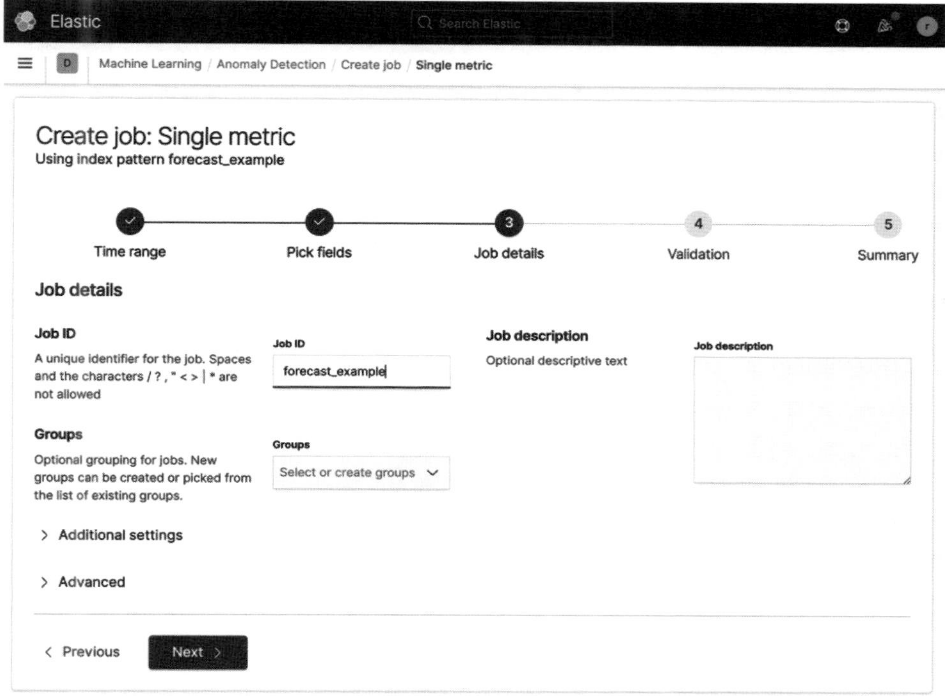

그림 4.13 이상 탐지 작업 이름 지정

다시 다른 옵션은 기본값으로 두고 **다음**Next 버튼을 클릭한다.

10. 다음 스크린샷처럼 분석이 작동되도록 모든 것이 올바르게 설정됐는지 확인하기 위한 유효성 검사 단계가 수행된다.

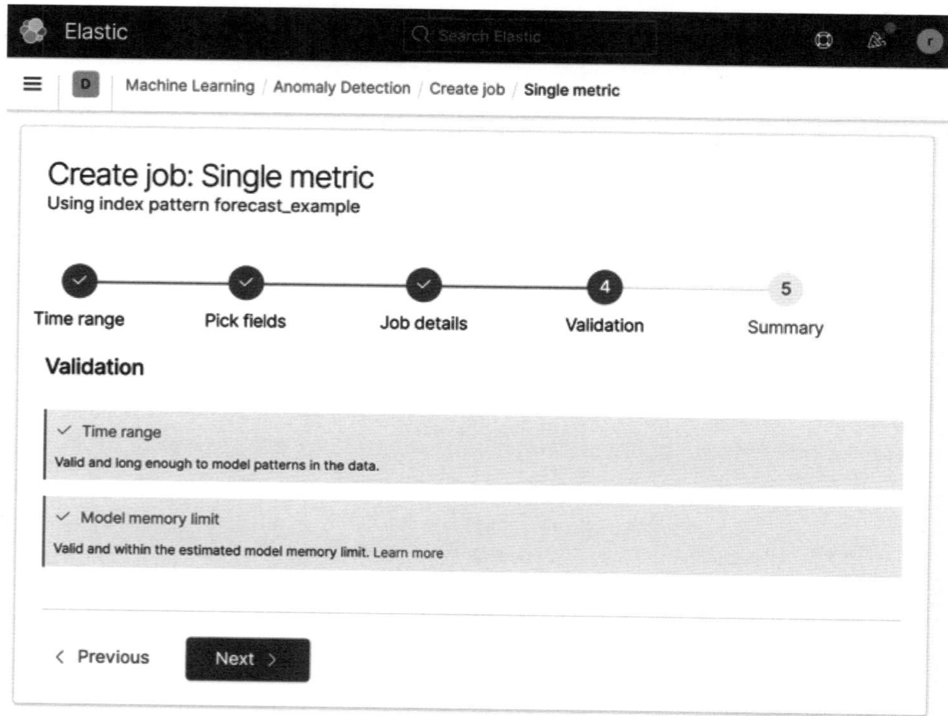

그림 4.14 작업 검증 단계

계속하려면 **다음**Next 버튼을 클릭한다.

11. 이 시점에서 다음 스크린샷처럼 작업을 생성할 준비가 됐다.

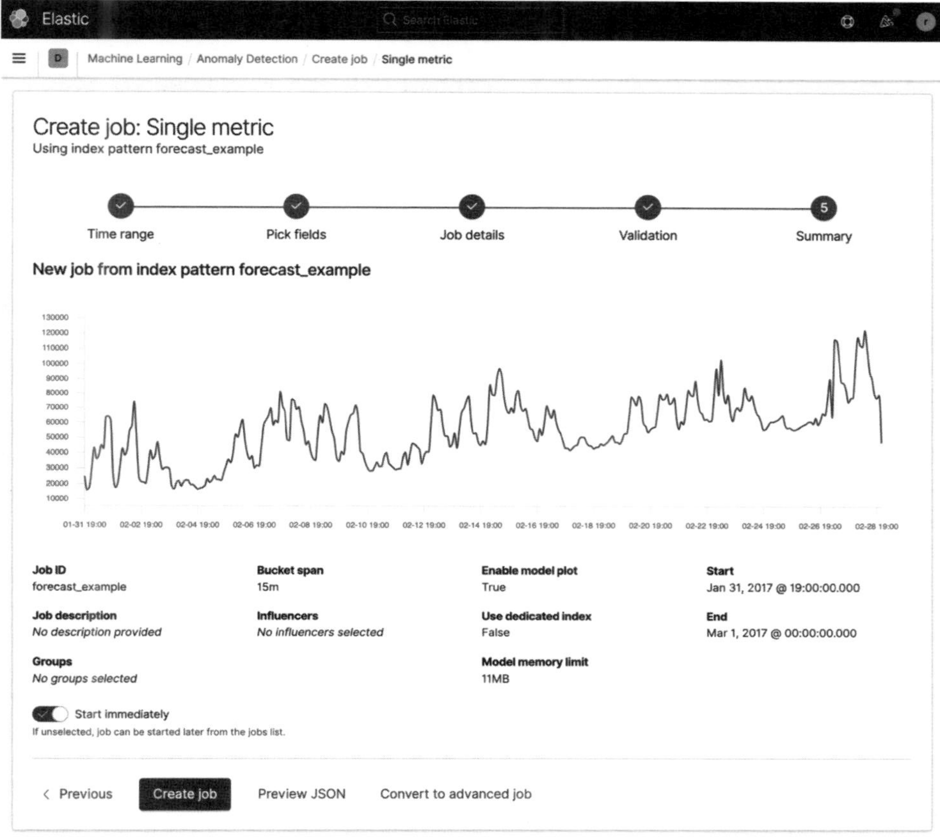

그림 4.15 생성 준비가 된 이상 탐지 작업

12. **작업 만들기**Create job 버튼을 클릭한 후, 다음 스크린샷처럼 데이터 위에 겹쳐진 결과의 미리보기를 애니메이션으로 볼 것이다.

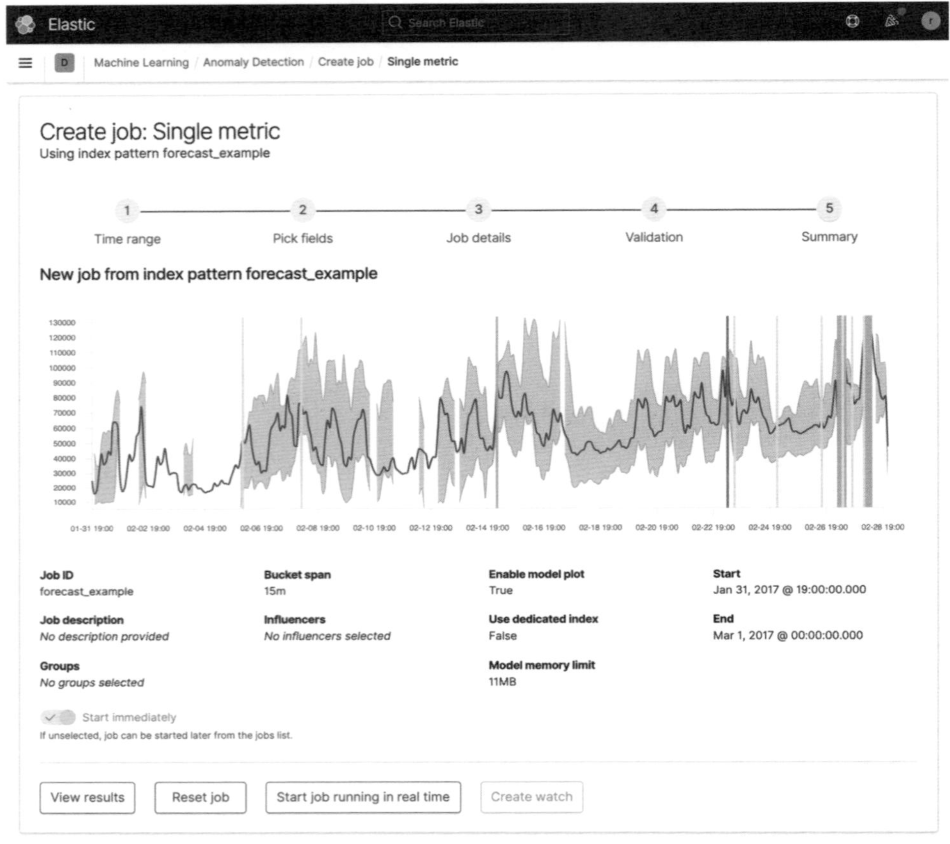

그림 4.16 작업 실행이 출력된 결과 미리보기

예측 기능에 접근하려면 **결과 보기**View Results 버튼을 클릭해야 한다. 그러면 **단일 메트릭 뷰어**Single Metric Viewer로 이동할 것이다. **단일 메트릭 뷰어**에서 전체 데이터 세트를 볼 수 있으며, 이 데이터가 동작하는 방식의 모양과 복잡성을 인식할 수 있다. 일별과 주별 주기적 컴포넌트component가 있으며 시간이 지남에 따라 데이터가 위로 올라가게 하는 점진적인 양의 기울기/추세도 있다. 이는 다음 스크린샷

에 묘사돼 있다.

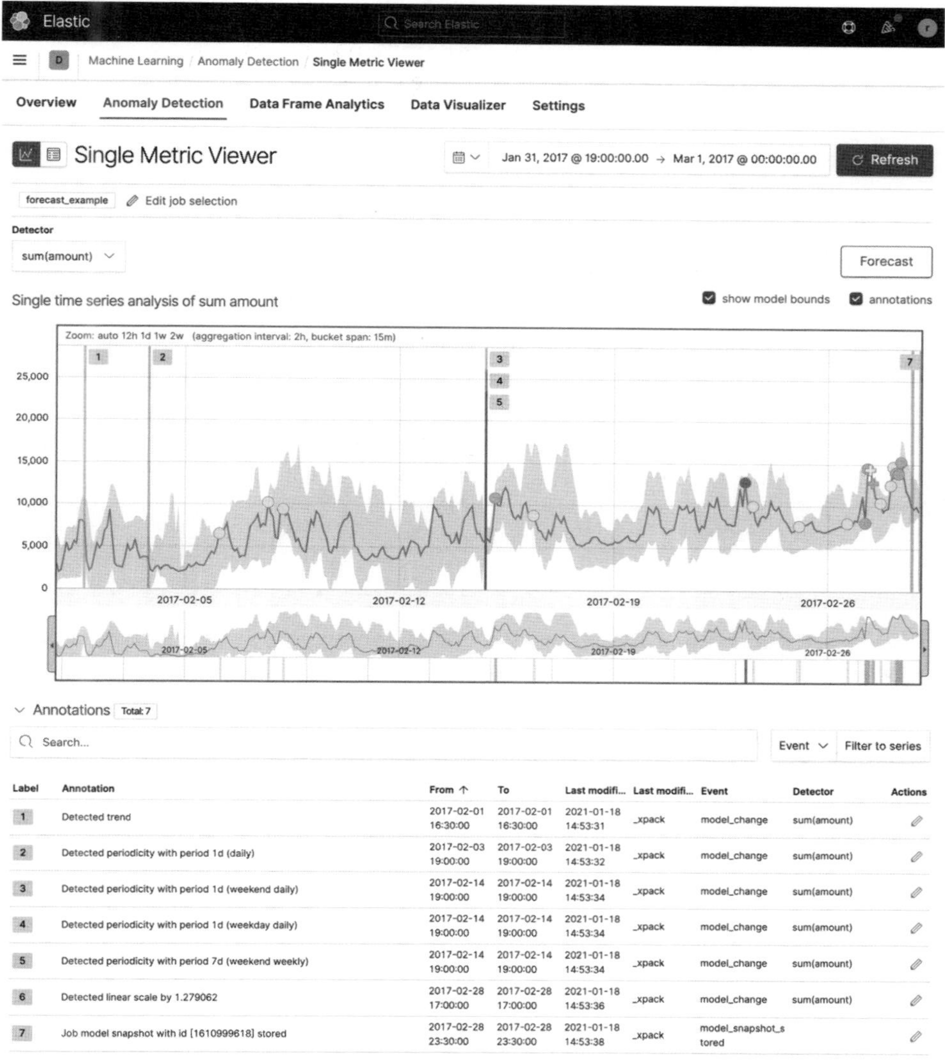

그림 4.7 주석이 출력된 결과

주석annotation을 노출하고 탐색하면 일래스틱 ML이 데이터에서 추세가 다른 탐지한 곳을 정확하게 알 수 있다. 또한 이 데이터에 대한 예측에만 관심이 있다는 사실에도 불구하고 작업은 데이터 이력 전체에 걸쳐 여전히 이상 징후를 지적한다는 사실을 기억하자. 이 경우 예측에만 관심이 있으므로 이 결과는 단순히 무시할 수 있다.

13. 이 데이터에 대한 예측을 호출하려면 **예측**Forecast 버튼을 클릭하고 다음 스크린샷이 표시하는 것처럼 대화창에 10일(`10d`)의 기간을 입력한다.

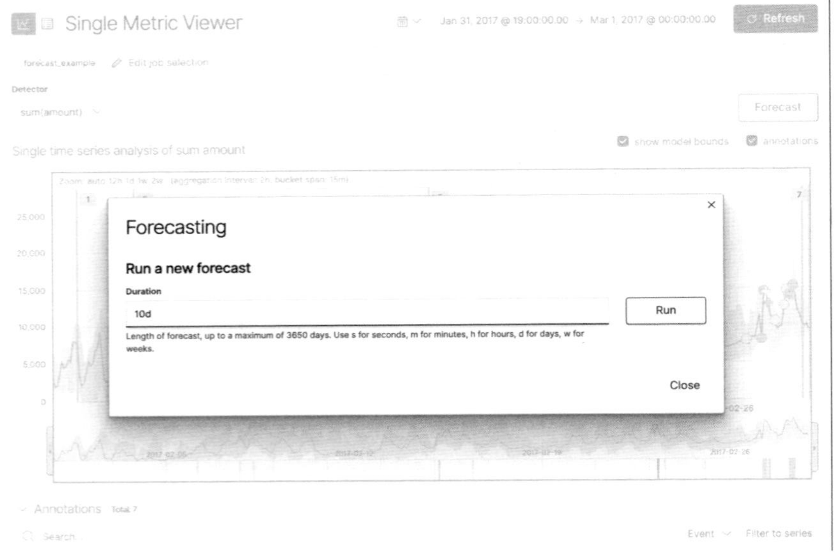

그림 4.18 새로운 10일 예측 시작

> **노트**
>
> ML 작업이 분석한 데이터 기간보다 더 긴 예측 기간을 요청하면 안 된다. 즉, ML 작업에서 1주 동안의 데이터만 본 경우 2주 예측을 요청하지 않는다. 예측하려는 양에 대한 과거 데이터의 비율이 최소한 1:1은 돼야 한다(이상적으로는 과거 데이터의 비율이 더 높아야 한다). 마지막으로, 주요 패턴에 대해 배울 수 있을 만큼 충분히 일관된 데이터를 제공하자. 예를 들어 최상의 예측을 달성하기 위해 최소한 주기적인 패턴의 3주기를 사용한다.

그림 4.18처럼 **실행**Run 버튼을 클릭하면 예측이 호출돼 백그라운드에서 실행된다. 다음 스크린샷이 표시하는 것처럼 예측 결과를 거의 즉시 확인할 수 있다.

그림 4.19 예측 결과

예측/예상된 영역 주변 음영 영역은 95번째 백분위수 신뢰 구간이다. 즉, 일래스틱 ML은 미래 값이 이 범위 내에 있을 확률이 95%라고 추정했다(마찬가지로 미래 값이 신뢰 구간보다 높거나 낮을 확률은 2.5%에 불과하다). 95번째 백분위수 범위는 현재 고정된 값이며 아직 사용자가 설정할 수 없다.

이제 UI에서 간단한 예측을 생성할 수 있으므로 더 복잡한 예제로 넘어가기 전에 예측 결과를 더 깊게 살펴보자.

예측 결과 검토

이제 예측을 실행한 경우 예측 프로세스에서 생성된 결과를 더 자세히 볼 수 있다. 두 가지 방법 중 하나를 통해 언제든 UI에서 이전에 생성된 예측 결과를 볼 수 있다. 첫 번째 방법은 **단일 메트릭 뷰어**Single Metric Viewer에서 **예측**Forecast 버튼을 클릭해 다음과 같이 이전 예측 목록을 표시하는 것이다.

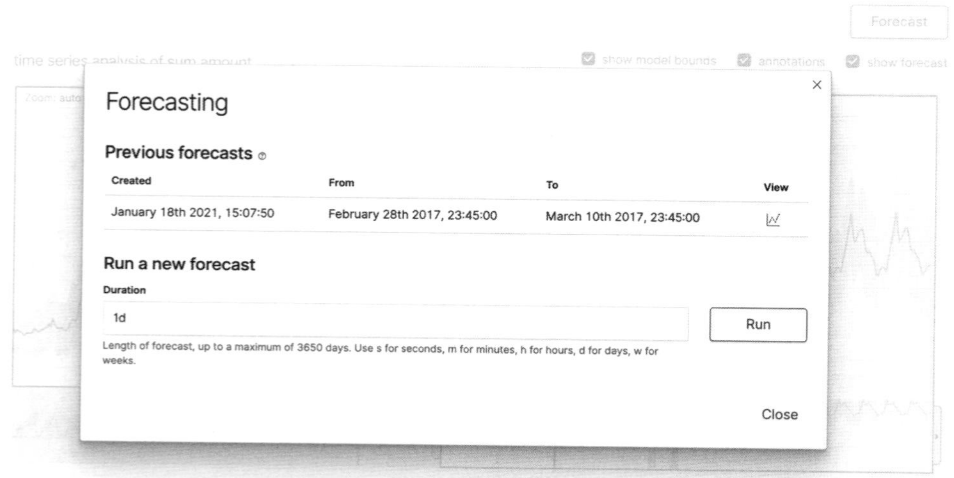

그림 4.20 단일 메트릭 뷰어에서 이전에 생성된 예측 조회

또는 다음 스크린샷처럼 **예측**Forecasts 탭 아래에 있는 **작업 관리**Job Management 페이지에서 그 작업에 대해 볼 수 있다.

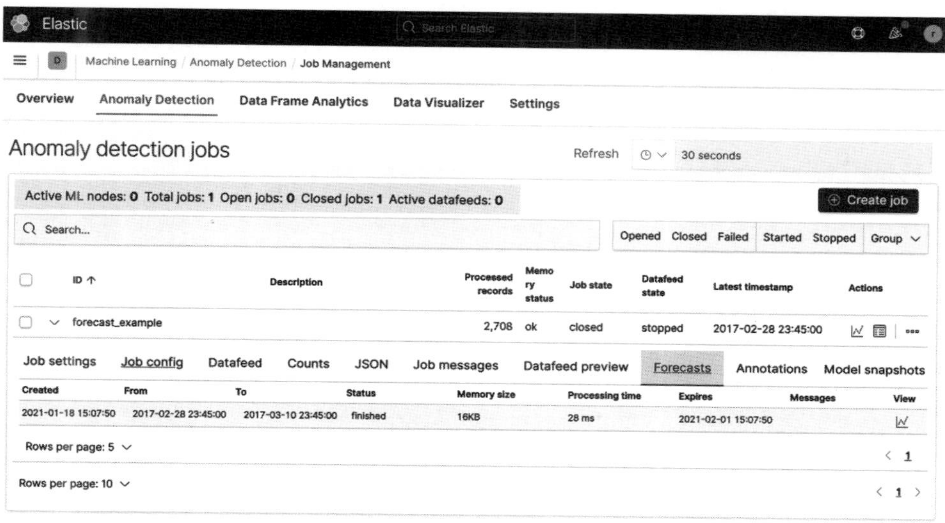

그림 4.21 작업 관리 페이지에서 이전에 생성된 예측 보기

노트

키바나에 내장된 예측 결과의 기본 수명은 14일이다. 그 이후에 예측 결과는 영구적으로 삭제된다. 다른 만료 기간이 필요하다면 _forecast API 엔드포인트를 통해 예측을 호출해야 한다. 이는 나중에 논의하겠지만, https://www.elastic.co/guide/en/elasticsearch/reference/current/ml-forecast.html에 문서화돼 있다.

단일 메트릭 뷰어 Single Metric Viewer에서 예측 결과를 볼 때 예측 데이터 포인트 위로 마우스를 가져가면 다음 스크린샷에서 묘사하는 것처럼 팝업 디스플레이에 데이터 포인트에 대한 세 가지 주요 정보(예측값, 상한값, 하한값)가 출력될 것이다.

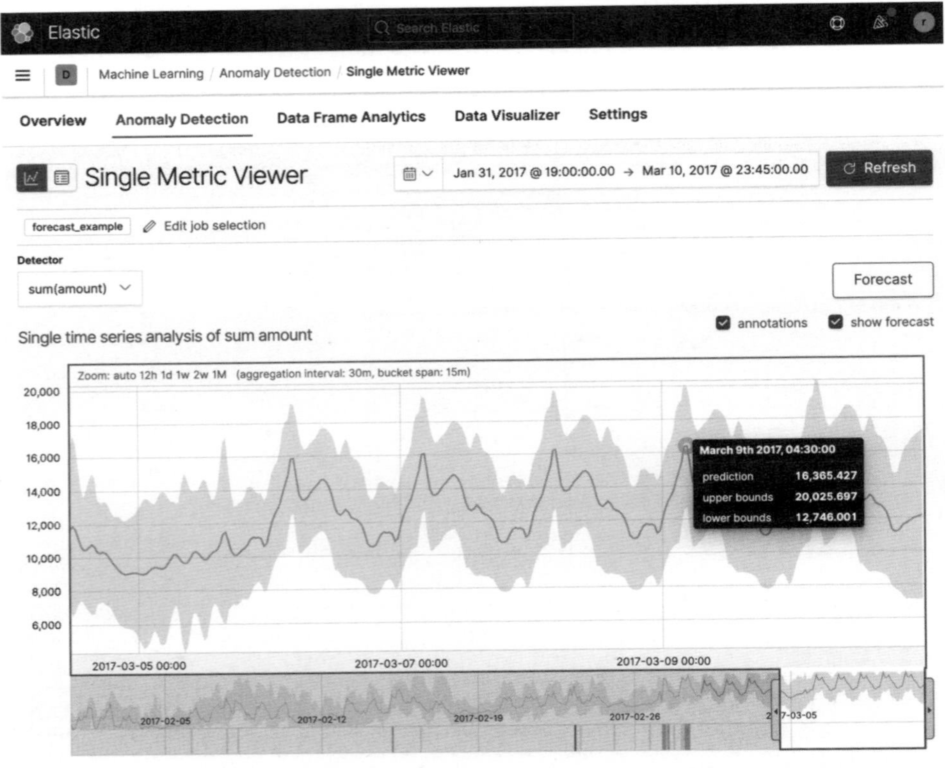

그림 4.22 예측 팝업 디스플레이에 드러난 정보

상한과 하한이 95번째 분위수 신뢰 범위를 정의한다는 사실을 상기하자. 예측값은 가능성(확률)이 가장 높은 값이다. 이 세 가지 핵심 값은 `.ml-anomalies-*` 결과 인덱스에 다음과 같은 이름으로 저장된다.

- `forecast_prediction`

- `forecast_upper`
- `forecase_lower`

5장, '결과 해석'에서 예측에 대한 정보를 찾기 위해 `.ml-anomalies-*` 인덱스를 쿼리하는 방법과 대시보드나 얼럿 같은 다른 목적을 위해 그 정보를 활용할 수 있는 방법을 배울 것이다.

일래스틱 ML의 예측이 데이터 세트의 실제 다음 10일과 비교해 얼마나 잘 수행됐는지 확인하려면(ML 작업 모델은 아직 그날을 실제로 보지 못했음을 기억하자), **작업 관리**Job Management 페이지로 돌아가 작업의 데이터피드를 시작하고 나머지 데이터를 분석할 수 있다. 이와 같이 하려면, 다음 스크린샷처럼 오른쪽 메뉴에서 **데이터피드 시작**Start datafeed 링크를 클릭한다.

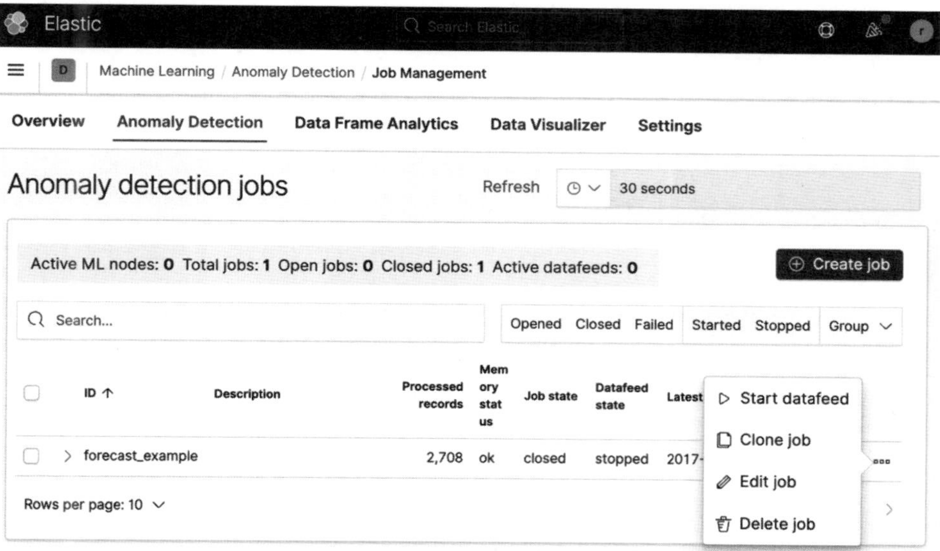

그림 4.23 작업 관리 페이지에서 데이터피드 시작

일단 대화창이 나타나면, 다음 스크린샷처럼 **검색 시작 시간**Search start time 필드의 Continue from 2017-03-01 00:00:00로 설정하고 **검색 종료 시간**Search end time 필드에는 2017년 3월 11일 오전 0시로 지정한다.

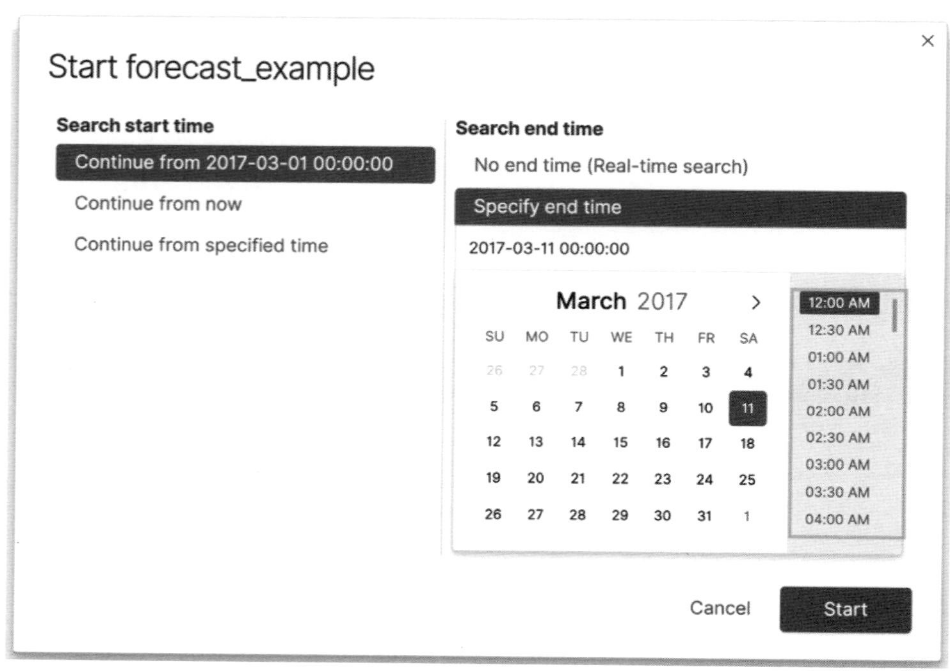

그림 4.24 이전에 중단된 데이터피드 계속하기

이 작업을 완료하면 작업에 대한 **단일 메트릭 뷰어**Single Metric Viewer로 돌아가 키바나 시간 선택기로 올바른 시간 범위를 보고 있는지 확인하고 **예측**Forecast 버튼을 클릭해서 4장의 앞부분에서 설명한 것처럼 이전에 생성된 예측을 조회한다. 다음 스크린샷처럼 데이터의 실젯값 위에 겹쳐진 예측값을 볼 수 있다.

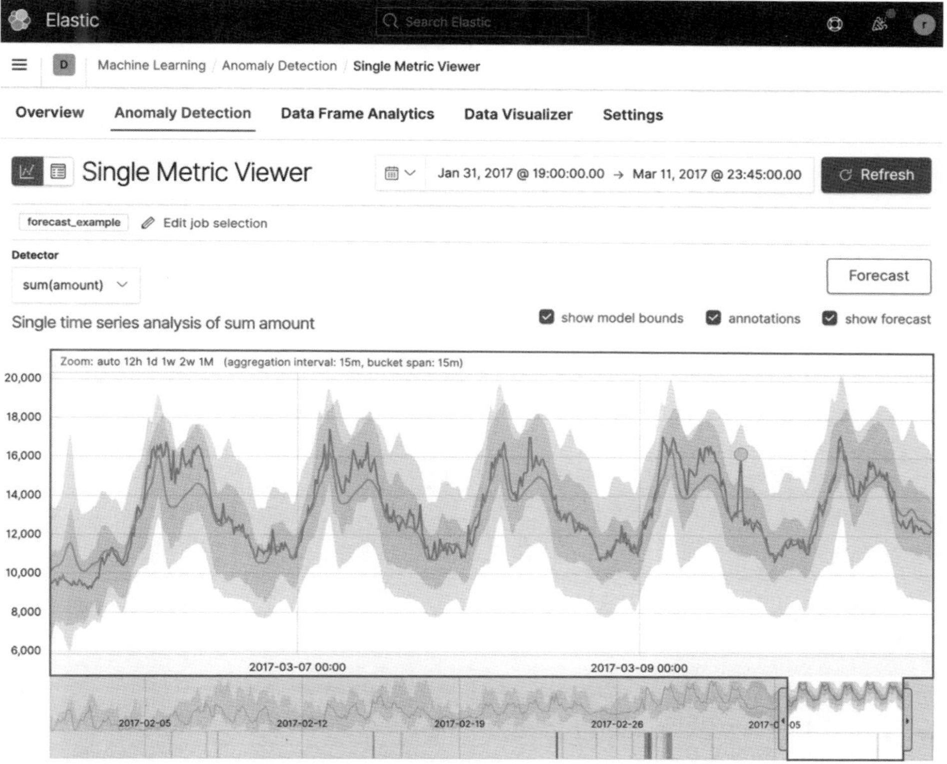

그림 4.25 예측과 실제 데이터 비교

4장의 앞부분에서 설명한 것처럼 데이터에 대해 일래스틱 ML 예측과 미래에 도착하는 실젯값 사이에는 약간의 불일치가 있을 것이다. 이는 예측이 확률적이기 때문이며 확률과 함께 일정 수준의 불확실성이 온다. 하지만 이것이 예측의 유용성을 깎아내리지는 않는다. 사전 얼러팅proactive alerting과 결합하면 (6장, 'ML 분석에 기반한 얼러팅'에 기술한 것처럼) 침해breach 가능성을 경고 받을 수 있다. 이 사전 얼럿은 사용자가 수백 또는 수천 개의 엔티티를 개별적으로 추적할 수 없는 경우에 특히 유용하다. 다음 절에서는 다중 메트릭 예측을 통해 이러한 엔티티를 자동으로 추적하는 방법을 알아볼 것이다.

다중 시계열 예측

다중 시계열 예측을 호출하려면 다중 시계열을 모델링하는 ML 작업만 있으면 된다. 국가별로 웹 요청을 분석하는 ML 작업이 있다고 가정하자. 사실, 3장, '이상 탐지'에서 사용한 내장 샘플 웹 로그(`kibana_sample_data_logs`)에서 다음 스크린샷처럼 이 요청의 발신지 국가 코드(`geo.src` 필드)로 분할split하고 이벤트를 카운트해 쉽게 다중 메트릭 작업을 생성할 수 있다.

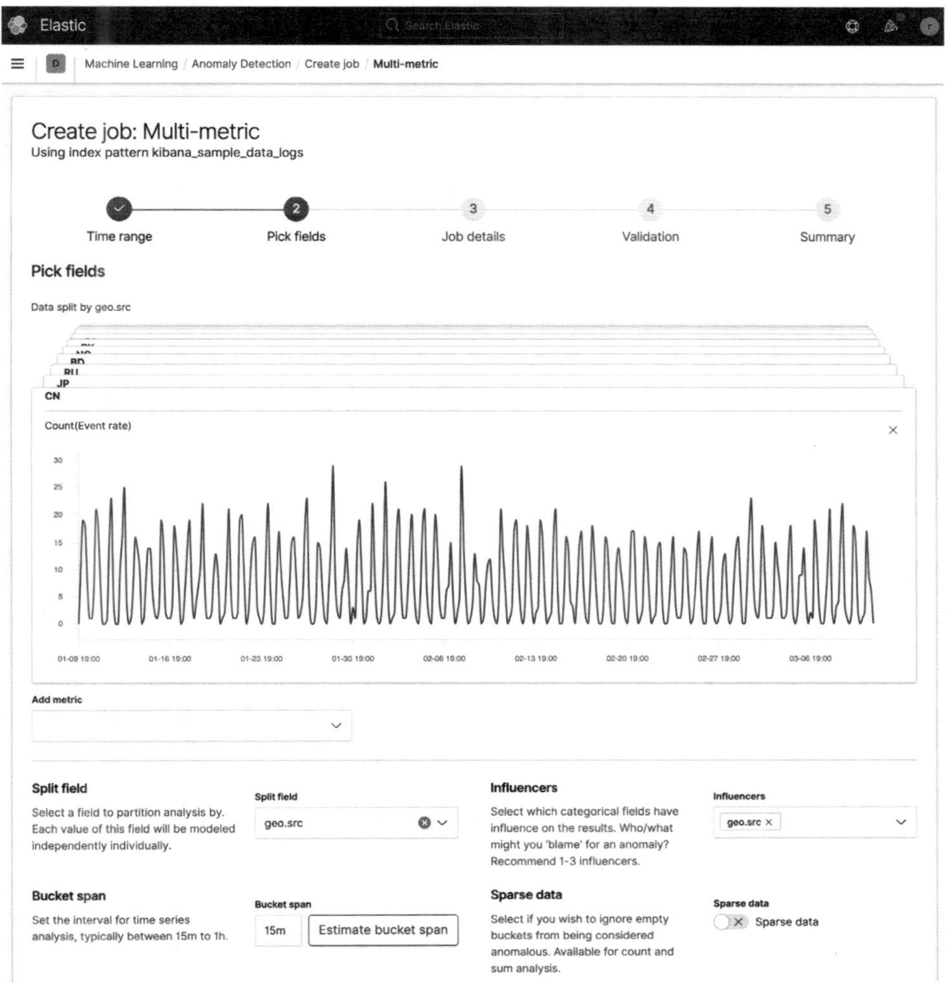

그림 4.26 예측을 위한 다중 메트릭 작업 생성

데이터 세트에는 183개 발신지에 대한 고유한 국가 코드가 있다. 183개국 모두에 대한 기준baseline 모델을 구축하기 위해 이상 탐지 작업을 만들고 실행하면 예측을 호출할 수 있다. 이전에 (단일 메트릭 뷰어Single Metric Viewer를 통해) 했던 같은 방식으로 예측 호출에 접근하면, 다음 스크린샷처럼 표시된 시리즈에 대해서만 예측이 실행될 것이라고 잘못 생각할 수 있다.

Forecasting

⚠ Note that this data contains more than 100 partitions so running a forecast may take a long time and consume a high amount of resource

Run a new forecast

Duration

1d

Run

Length of forecast, up to a maximum of 3650 days. Use s for seconds, m for minutes, h for hours, d for days, w for weeks.

Close

그림 4.27 단일 메트릭 뷰어에서 다중 메트릭 예측 호출

앞의 스크린샷에서 (팝업 뒤의 희미한 배경에서 보기가 조금 어려울 수 있지만) `geo.src` 필드에 대해 선택된 국가 코드가 CN(중국)임을 알 수 있다. 그러나 **예측**Forecasting 팝업의 경고 메시지에서 지적하는 것처럼 **실행**Run 버튼을 클릭하면 예측이 호출되고 작업에 있는 모든 파티션에 대해 실행된다(여기서는 100개 이상의 파티션이 있음을 알고 있다).

또는 `_forecast` API 엔드포인트를 사용해 예측을 호출할 수도 있다. 그렇게 하려면 **개발 도구**Dev Tools 콘솔에서 다음 요청을 실행하면 된다.

```
POST _ml/anomaly_detectors/web_traffic_per_country/_forecast
{
  "duration": "1d"
}
```

> **노트**
>
> API를 통해 예측을 호출하려면 이상 탐지 작업이 "열린(open)" 상태여야 한다.

API 호출에 의한 즉각적인 응답은 다음과 같다.

```
{
  "acknowledged" : true,
  "forecast_id" : "sm7AF3cBpc7Wt6MbTWYg"
}
```

예측 요청의 결과는 **단일 메트릭 뷰어**Single Metric Viewer에서 보거나 5장, '결과 해석'에서 설명할 결과 인덱스를 쿼리해 프로그래밍 방식으로 볼 수 있다. 다음 스크린샷에서 보는 것처럼 **단일 메트릭 뷰어**에서 **예측**Forecasting 버튼을 클릭하거나 이전에 실행한 예측을 선택한 다음 국가 코드를 선택하면 특정 국가에 대한 예측도 볼 수 있다.

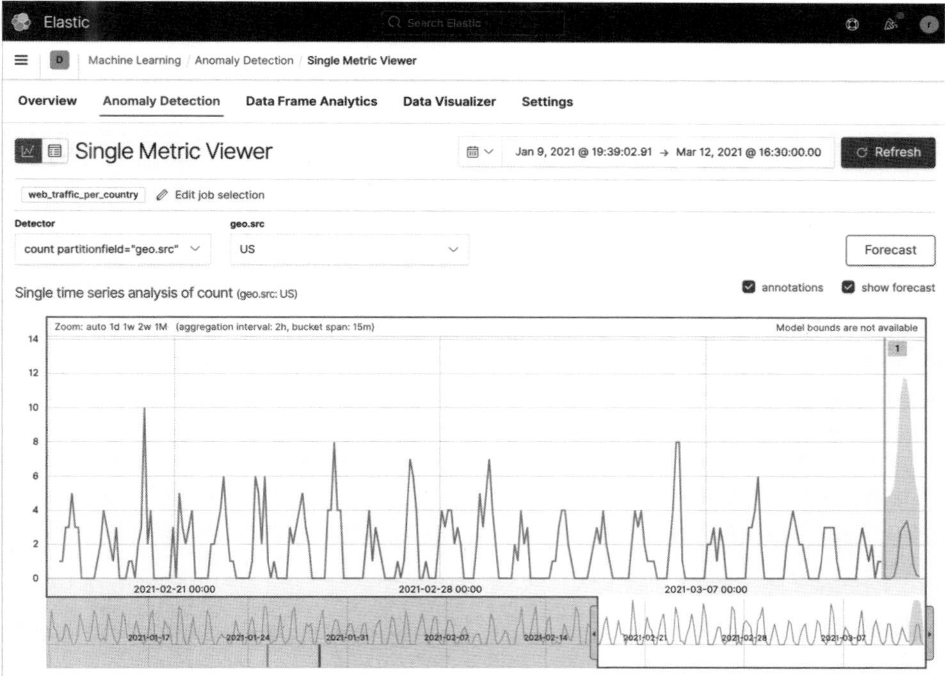

그림 4.28 다중 메트릭 예측에서 단일 파티션 예측 조회

노트

단일 메트릭 뷰어(Single Metric Viewer)에서 단일 메트릭 예측의 결과 조회는 7.10 버전에서 완전히 이상적이지는 않다. 이는 이상 징후 항목이 기록된 파티션만 표시되기 때문이다. 이 기능은 7.11 버전에 추가될 예정이다.

다중 시계열 예측은 수백 또는 수천 개의 엔티티를 분석해야 하는 용량 계획capacity planning 사용 사례 및 확정되지 않은 가까운 미래의 침해 가능성을 알기 위해 예측하는 데 매우 유용할 수 있다.

요약

일래스틱 ML에는 이상 탐지 그 이상의 추가적인 기능이 있는데, 예측을 위해 시계열 모델을 미래로 가져와 추론하는 기능이다. 고급 침해 탐지와 용량 계획이 포함된 사용 사례에서 이 기능은 과거에 어떻게 행동했는지에 따라 미래의 상황을 수동으로 차트화하고, 추적하며, 예측해야 하는 인간의 부담을 덜어준다.

5장에서는 이상 탐지와 예측이 제공하는 결과에 대해 더 자세히 살펴보고, 이러한 결과를 대시보드와 사전 얼럿에 활용하는 방법을 더 잘 이해하게 될 것이다.

05

결과 해석

4장에서 살펴봤듯이 일래스틱 ML은 이상 탐지와 예측 둘 다 매우 유용한 분석을 생성한다. 하지만 지금까지는 일래스틱 ML이 생성한 결과를 상대적이고 피상적으로만 살펴봤다. 5장에서는 생성된 결과, 저장 방법, 이러한 결과를 다양한 방식으로 활용해 추가적인 통찰력을 얻을 수 있는 방법에 대해 더 자세히 알아볼 것이다.

특히 5장에서는 다음 주제를 다룰 것이다.

- 일래스틱 ML 결과 인덱스 보기
- 이상 징후 점수
- 결과 인덱스 스키마의 세부 정보
- 다중 버킷 이상 징후
- 예측 결과

- 결과 API
- 사용자 정의 대시보드와 캔버스 워크패드

기술 요구 사항

5장의 정보는 7.10 버전에 존재하는 일래스틱 스택을 기반으로 한다.

일래스틱 ML 결과 인덱스 보기

일래스틱 ML의 결과를 해석하는 방법에 대한 많은 논의를 진행하면서, 이상 탐지 작업의 경우 전달되는 내용을 일래스틱 ML의 내부 결과 인덱스에 그 정보가 저장되는 방식과 연관시키는 것이 도움될 것이다. 이 인덱스를 빠르게 살펴보려면 일래스틱서치에서 `_search` API를 사용해 인덱스 패턴을 직접 쿼리하거나, 좀 더 직관적으로 인덱스 패턴을 키바나에 추가하고 기본 키바나 도구로 인덱스를 볼 수 있다. 이렇게 하려면 우선 다음 절차를 이용해 일래스틱 ML의 내부 결과 인덱스를 키바나에 노출해야 한다.

1. 키바나에서 사이드 메뉴를 선택한 다음 목록에서 **스택 관리**Stack Management를 선택한다.

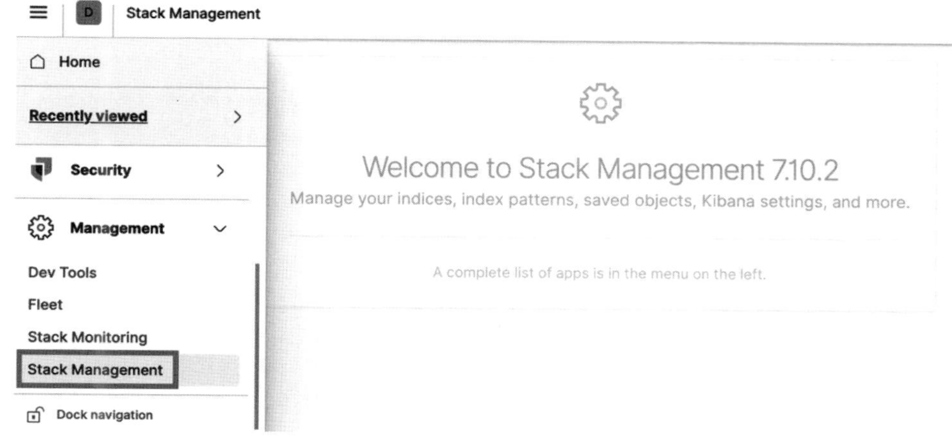

그림 5.1 스택 관리 선택

2. **인덱스 패턴**Index Patterns을 선택한다.

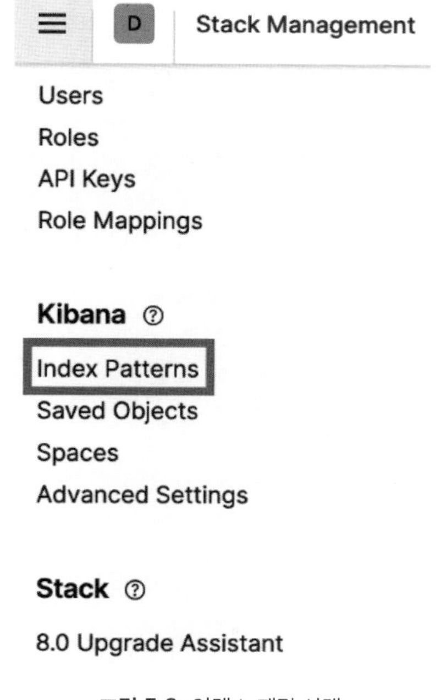

그림 5.2 인덱스 패턴 선택

3. **인덱스 패턴 생성**Create index pattern을 선택한다.

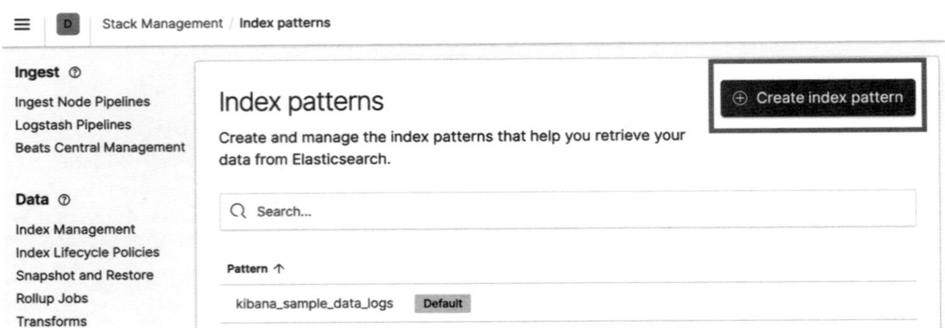

그림 5.3 인덱스 패턴 생성 버튼 선택

4. **인덱스 패턴 이름**Index pattern name에 `.ml-anomalies-*` 패턴을 입력한 다음 **시스템과 숨겨진 인덱스 포함**Include system and hidden indices 스위치를 켠다. 그런 다음, **다음 단계**Next step 버튼을 클릭한다.

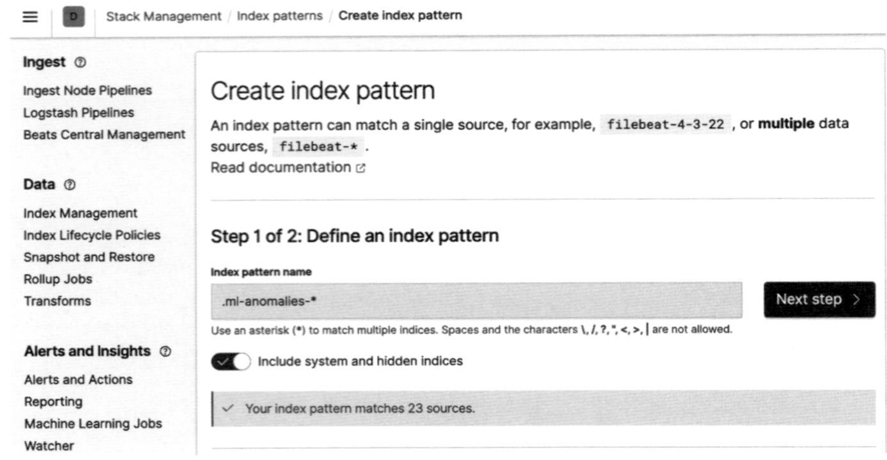

그림 5.4 인덱스 패턴 이름 지정

5. **시간 필드**Time field로 **타임스탬프**timestamp를 선택하고 **인덱스 패턴 생성**Create index pattern 버튼을 클릭한다.

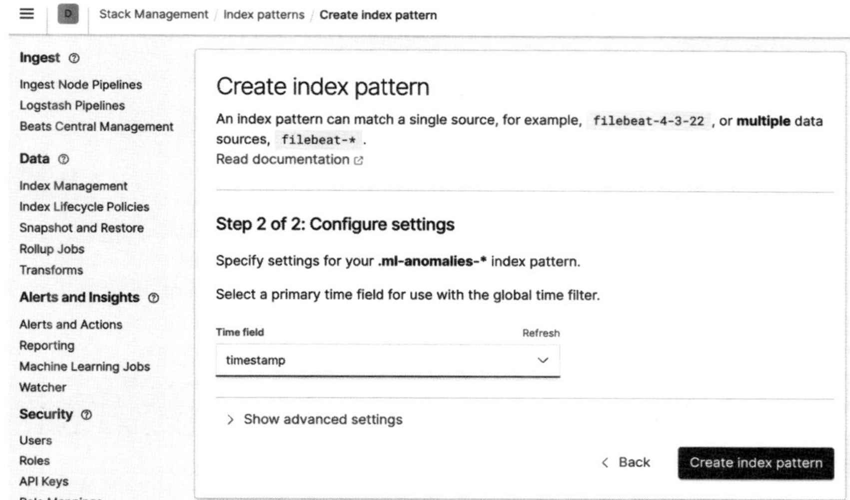

그림 5.5 시간 필드 정의

6. 인덱스 패턴 정의를 확인해본다.

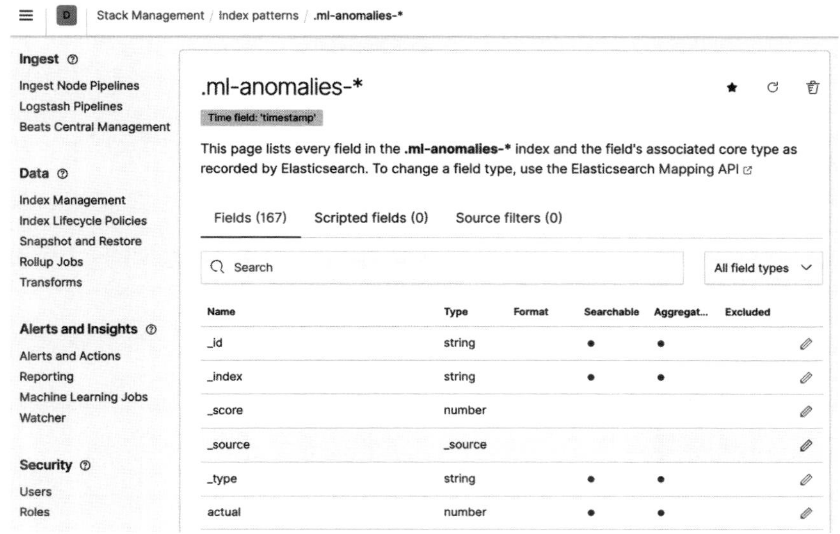

그림 5.6 인덱스 패턴이 정의돼 있는지 확인

이제 `.ml-anomalies-*`에 대한 인덱스 패턴이 정의됐으면 키바나의 디스커버리Discovery를 사용해 결과 인덱스 내용을 탐색할 수 있다(기본 키바나 메뉴에서 Discover 선택).

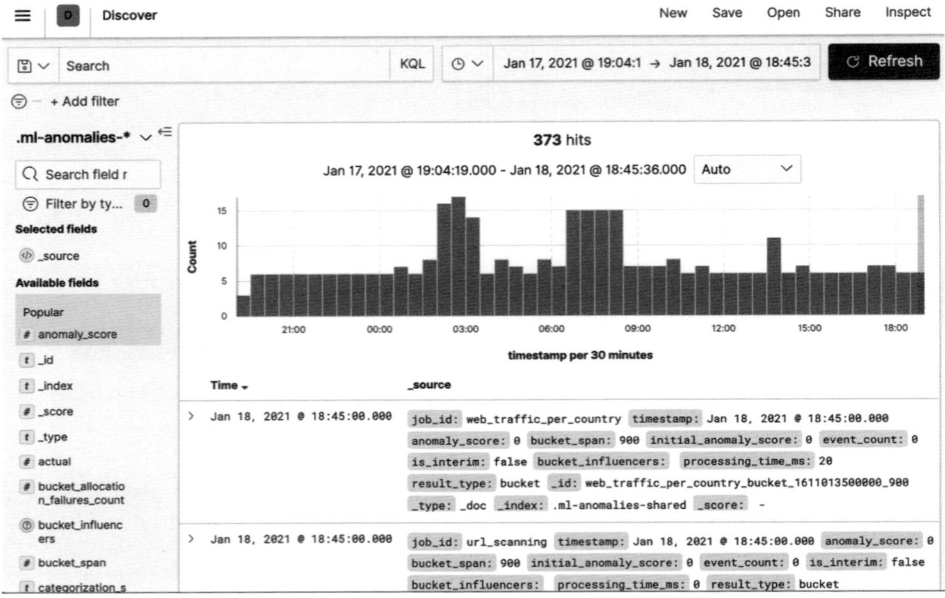

그림 5.7 키바나 디스커버리에서 결과 인덱스 보기

이제 키바나 디스커버리에서 결과 인덱스를 볼 수 있고 디스커버리의 검색과 필터 기능을 사용해 원하는 방식으로 결과를 탐색할 수 있다. 예를 들어 레코드의 이상 징후 점수가 특정 값보다 큰 특정 이상 탐지 작업 이름에 대한 모든 레코드 수준의 이상 징후를 검색할 수 있다.

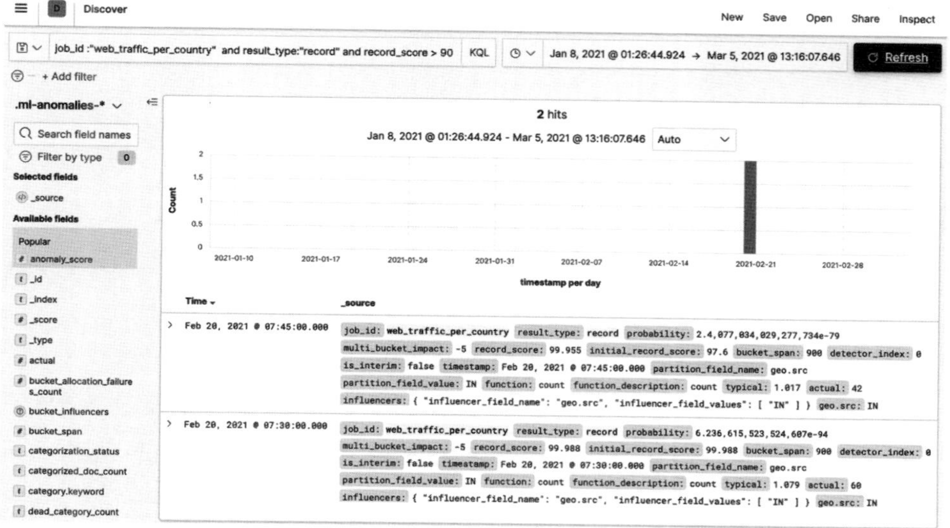

그림 5.8 키바나 디스커버리를 사용해 이상 징후를 검색하고 필터링

KQL에서 이 쿼리의 구문은 다음과 같다.

```
job_id:"web_traffic_per_country" and result_type:"record" and
record_score>90
```

여기에, 쿼리와 일치하는 두 개의 특정한 발생을 볼 수 있다. 결과 인덱스에는 수많은 정보가 있으며 5장 전체에서 그 정보 대부분을 해석하는 방법을 체계적으로 배울 것이다.

> **노트**
>
> .ml-anomalies-* 인덱스 패턴 내에서 결과를 확인하고 쿼리하는 것이 안전하지만 이 인덱스 패턴과 일치하는 인덱스는 시스템 인덱스이며, 이러한 인덱스에 수동으로 내용을 수정하거나 삭제하려는 시도는 현명하지 않다.

이해해야 할 첫 번째 개념은 다양한 관점과 수준에서 분석을 반영하는 여러 종류의 결과(result_type 필드)와 점수가 있다는 것이다. 따라서 다양한 종류의 스코어링scoring과 이러한 점수가 결과 인덱스 내에서 계산되고 저장되는 방식에 대해 더 잘 이해하는 것부터 시작해보자.

이상 징후 점수

일래스틱 ML의 이상 탐지 작업의 결과를 해석하려면 먼저 다음처럼 결과 내에서 표현되는 점수의 비정상성에 있어 여러 수준이 있다는 사실을 인지하기 위한 능력이 필요하다.

- **버킷 수준**(result_type:bucket): 이 수준은 시간 버킷당 전체 이상 탐지 작업의 결과를 요약한다. 기본적으로 작업 구성을 고려할 때 해당 시간 버킷이 얼마나 비정상적인지를 나타낸다.
- **인플루언서 수준**(result_type:influencer): 타임 스팬 내에서 가장 특이한 엔티티인플루언서, influencer를 더 잘 이해하기 위해 사용된다.
- **레코드 수준**(result_type:record): 시간 버킷 내 모든 이상 징후 발생이나 이상 징후 엔티티에 대한 가장 자세한 정보다. 다시 말하면 작업 구성(다중 탐지기, 분할 등)에 따라 시간 버킷당 많은 레코드 수준의 도큐먼트가 있을 수 있다.

또한 스코어링 방식을 완전하게 이해하려면 다음 개념도 완전하게 이해해야 한다.

- 정규화normalization: 0에서 100 사이의 고정된 범위fixed scale에 이상 징후를 투영하는 개념이다.
- 인플루언서influencer: 이상 징후가 발생하는 시점의 데이터 세트에 대한 영향력 있는 기여를 통해 이상 징후 생성을 유발시키는 엔티티다.

이 절에서 이 다섯 가지의 개념을 각각 더 자세히 조사해보자.

버킷 수준 스코어링

버킷 수준에서 이상 징후 점수는 "이 작업의 다른 모든 시간 간격에 비해 이 시간 간격이 얼마나 비정상적이었는가?"라는 질문에 답하는 것과 유사하다. 여기서 시간 간격은 이상 탐지 작업의 `bucket_span`에 의해 정의된다. 작업에 다중 탐지기가 있거나 분할split이 있어서 동시에 많은 엔티티에 대한 결과가 나올 수 있는 경우 각 버킷 수준 결과는 이러한 모든 항목의 집계된 표현이다. 버킷 수준의 이상 징후 점수는 몇 가지 방법으로 볼 수 있는데, 첫 번째는 이상 징후 탐색기Anomaly Explorer UI 상단에 있는 종합 수영 레인Overall swim lane이다.

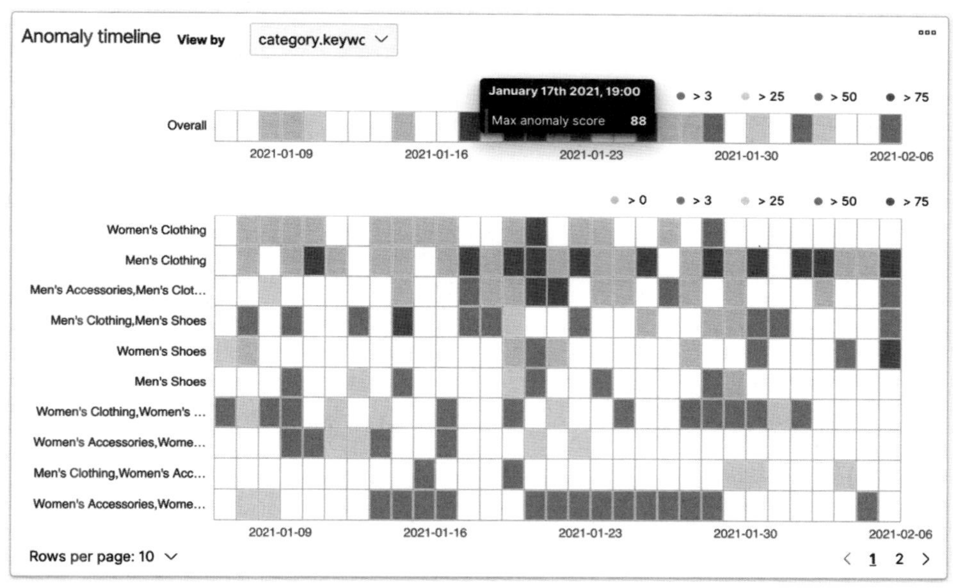

그림 5.9 이상 징후 탐색기의 수영 레인

종합Overall 수영 레인에는 다양한 심각도severity 색상/점수가 있음을 알 수 있다. **최대 이상 징후 점수**Max anomaly score가 88로 특정 항목이 강조 표시돼 있다. 이 뷰에 표시된 시간 범위는 1월 6일부터 2월 5일까지 데이터를 포함한다는 점에 유의한다. 그러므로 수영 레인에는 수평으로 약 30개의 "타일tile"이 있고 각 타일은 하루를 나타낸다. 이상 탐지 작업은 버킷 스팬이 15분으로 구성돼 있으므로 각 타일은 하루 종일 최대 점수를 표시한다. 키바나의 시간 선택기(화면 오른쪽 상단 모서리 근처에 있는 날짜/시간 범위 컨트롤)를 사용해 디스플레이를 하루로 확대하면, 특히 **종합**Overall 수영 레인에서 오전 02:00에서 오전 02:30 사이에 발생한 버킷 수준의 이상 징후가 더 자세히 표시된다.

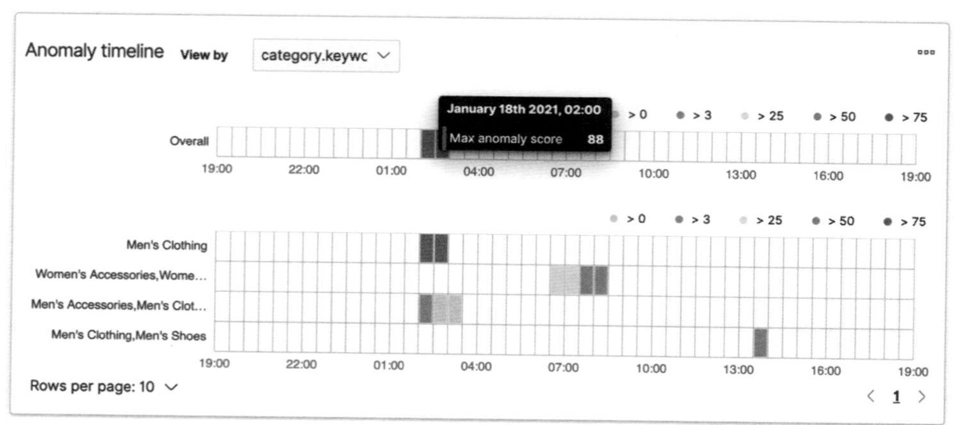

그림 5.10 확대 후 이상 징후 탐색기의 수영 레인

종합Overall 수영 레인이 그 아래의 수영 레인 그리드grid와 어떤 관련이 있는지 주목할 필요가 있다. 이 수영 레인 그리드는 인플루언서 수준 점수(다음 절에서 논의)를 보여주므로 버킷 수준 점수와 직접적인 관련이 없다. 많은 사람들이 **종합** 수영 레인이 그 아래의 그리드에 있는 컬럼의 조합(예를 들어 최댓값 점수)라고 생각하는데, 이는 일반적인 오해다. 그리드의 두 번째 줄(오전 07:00 부근) 인플루언서 수준 점수의 그룹이 종합 (버킷) 수준에 해당하는 점수가 없는 것처럼 사실이 아님을 그림 5.10에서 확실하게 알 수 있다. 왜 그럴까? 짧게 대답한다면 종합 수영 레인은 시간 버킷을 서로 비교한 것이다. 그러므로 대부분 비정상적인unusual 시간 버킷은 가장 높은 점수를, 비정상적인 정도가 낮은 (그 시간 버킷 내 개별 이상 징후의 수와 심각도 때문에) 시간 버킷은 가장 낮은 점수를 얻거나 점수를 전혀 받지 못한다. 이 상태 점수를 결정하는 프로세스를 **정규화**normalization라 부른다. 이는 모든 수준에서 점수를 매기는 데 중요한 부분이며 독립적인 설명이 조금 필요하다.

정규화

1장, 'IT를 위한 머신러닝'에서 처음으로 소개했던 것처럼, 특정 이상 징후에 대한 원시 확률 값이 0에서 100까지의 범위에서 정규화된다는 것을 알았다. 이러한 프로세스는 이상 징후에 대한 상대적 순위relative ranking를 만들기 위한 과정이고, 또한 분류나 얼러팅 목적으로 심각도를 평가하는 데 유용한 고정값 간격으로 제한한다.

이 마지막 문장의 핵심 관점은 상대적 순위라는 개념이다. 즉, 정규화된 값은 지금까지 이상 탐지 작업에서 확인한 사항을 고려해 그에 따라 순위를 매긴다. 또한 이전에 할당된 정규화된 점수가 새로운 이상 징후가 발견되면 시간의 흐름에 따라 변경될 수 있음을 의미한다. 따라서 결과 인덱스 내의 점수에는 다음처럼 "초깃값"과 현재 값이 모두 있음을 알 수 있다.

- initial_anomaly_score: 이상 징후 생성 시 기록된 버킷 수준의 이상 징후 점수
- anomaly_score: 현재 버킷 수준의 정규화된 이상 징후 점수

이 두 값은 같을 수는 있지만 실제로 시간의 흐름에 따라 다를 수 있다. 초기 점수는 고정값이지만 현재 점수는 추가로 조정될 수 있는데, 아마도 시간이 흐름에 따라 더 심각한 이상 징후가 발생할 것이다. 정규화 프로세스는 실시간 작업 중에 몇 시간마다 발생하거나 분석이 정규화 테이블의 급격한 변화를 감지하는 경우 자발적으로 발생한다. 이상 탐지 작업이 닫힌closed(닫힌 상태로 입력) 상태에서도 수행된다. 정규화는 renormalization_window_days 설정을 구성하면 시간을 거슬러 이상 징후 점수를 다시 매길 수 있다(기본값은 30일 또는 100 버킷 스팬이며, 이 값은 API 또는 고급 작업 마법사로 생성한 경우에만 작업 구성 JSON을 직접 수정해 바꿀 수 있다).

인플루언서 수준 점수

인플루언서 수준의 이상 징후 점수는 "이 시간 동안 가장 비정상적인 엔티티는 무엇인가?"라는 질문에 대한 답과 유사한데, 여기서 이제 엔티티의 순위를 서로 비교한다. 인플루언

서 수준 점수는 몇 가지 방법으로 볼 수 있다. 첫 번째는 이상 징후 탐색기 UI 가운데 있는 메인 수영 레인 그리드다. 두 번째는 왼쪽 사이드에 있는 **상위 인플루언서**Top influencers 목록이다.

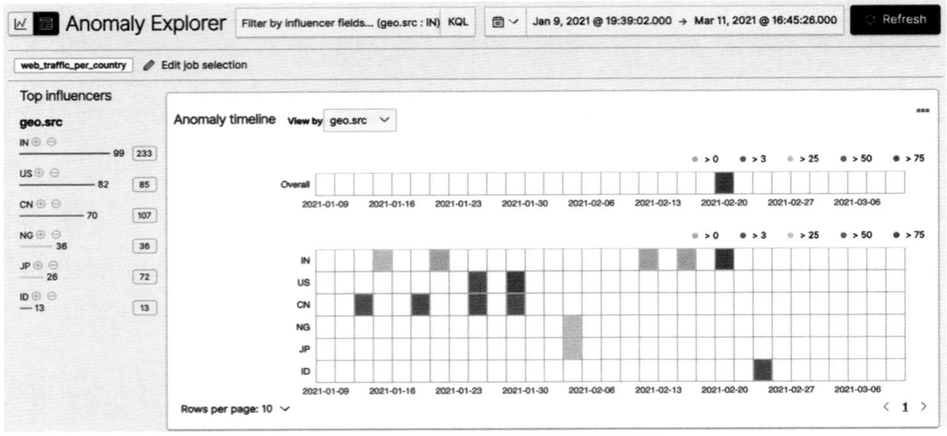

그림 5.11 이상 징후 탐색기에 있는 인플루언서

수영 레인의 메인 그리드에서 인플루언서 총점의 내림차순으로 geo.src 필드의 국가 코드가 나열돼 있음을 알 수 있다. 그리드가 페이지당 10개의 행을 표시하도록 설정돼 있음에도 불구하고 이상 징후로 선정된 국가 코드 6개만 나열됐다(이 기간 동안 주목할만한 인플루언서 점수를 가진 국가 코드가 더 이상 없다). 또한 상위 인플루언서Top influencers가 왼쪽에 나열돼 각 엔티티의 인플루언서 최대 점수(`geo.src:IN`의 경우 99)와 이 시간 범위의 모든 인플루언서 합계 점수(`geo.src:IN`의 경우 223)를 보여준다. 이 경우 이 작업에 대해 정의된 인플루언서가 하나만 있으므로 중복된 정보라 생각할 수 있다. 하지만 많은 작업에는 둘 이상의 인플루언서가 정의되므로 이러한 경우 이 뷰는 합리적이다. 예를 들어 탐지기로 `distinct_count("url.keyword") over clientip`를 선택하고, 인플루언서로 `clientip`와 `response.keyword`를 선택한 `kibana_sample_data_logs` 인덱스에 모집단 분석 작업을 살펴볼 때, 이상 징후 탐색기 뷰는 다음과 같을 것이다.

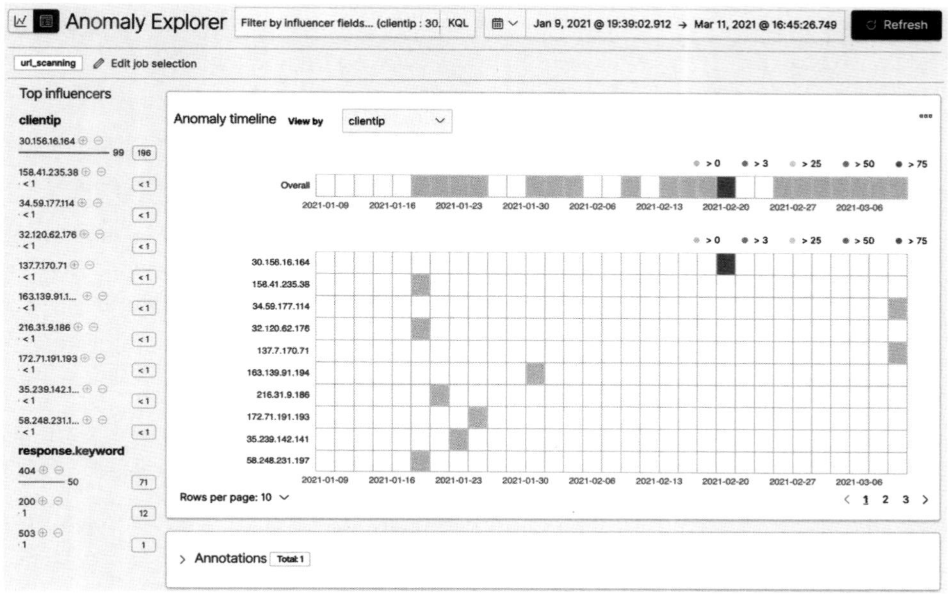

그림 5.12 이상 징후 탐색기의 다중 인플루언서

그리드의 View by 컨트롤에 clientip가 선택돼 있지만, 왼쪽에 있는 **상위 인플루언서**Top influencer 목록에는 두 인플루언서 목록이 모두 표시되는 것에 주목하자.

이상 징후 탐색기는 대화형이므로 2월 19일에 대한 **종합** 수영 레인에서 중대한critical 이상 징후 타일을 선택하면 그 기간에 대한 필터가 암묵적으로 적용되고 인플루언서 그리드와 목록이 변경된다.

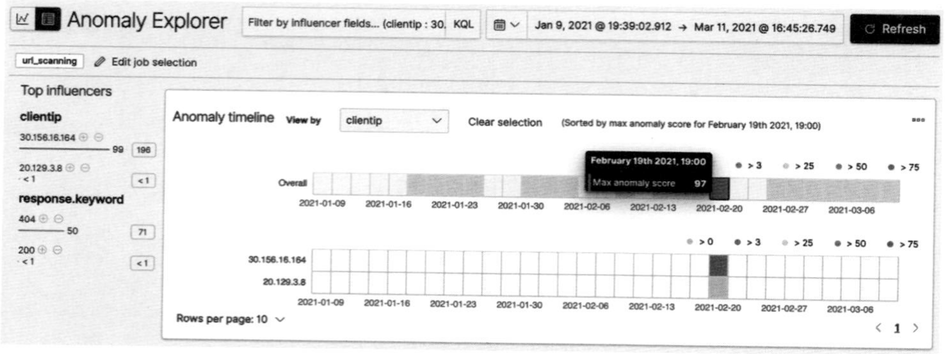

그림 5.13 특정 날짜로 필터링한 이상 징후 탐색기

선택한 날짜와 관련한 엔티티만 볼 수 있다. 이제 인플루언서가 무엇인지 조금은 이해했다면 어떤 필드가 인플루언서의 좋은 후보가 될지 질문을 제기해볼 수 있다. 인플루언서에 대해 더 깊이 논의하기 위해 잠시 되돌아 가보자.

인플루언서

필드를 인플루언서로 정의하는 기능은 이상 탐지 작업 구성 내에 있다. 인플루언서 개념은 이상 징후의 존재에 대한 책임이 있는지, 최소한 상당한 기여를 했는지 여부를 알고자 하는 엔티티를 기술하는 필드다. 인플루언서 후보로 선택된 필드는 탐지 로직의 일부가 될 필요는 없지만 분할 또는 모집단 분석에 사용되는 필드를 인플루언서로 선택하는 것은 당연하다.

그림 5.13의 예제를 다시 본다면, `clientip`과 `response.keyword` 필드 모두 작업의 인플루언서로 선언돼 있었음을 알 수 있다(`clientip`은 탐지 구성의 일부였고, `response.keyword`는 그렇지 않았다). 클라이언트 IP 주소 **30.156.16.164**는 상위 인플루언서로 식별된다. 이는 클라이언트 IP에 대한 이상 징후였기 때문인데 다소 중복된 선언으로 보인다. 그러나 모집단population이나 분할split 필드로 정의한 필드에 대해 인플루언서가 선택될 때 예상되는 상황이다. 다른 상위 인플루언서(`response.keyword`) 값은 **404**다. 이 특정 정보 조각은 사용

자에게 30.156.16.164 IP 주소가 이상 징후 동안 수행한 작업에 대해 즉각적인 단서를 제공한다는 점에서 매우 관련성이 있다. 이 비정상적인 IP 주소를 조사하면 요청의 100%가 404 응답 코드를 만들었음을 알 수 있다.

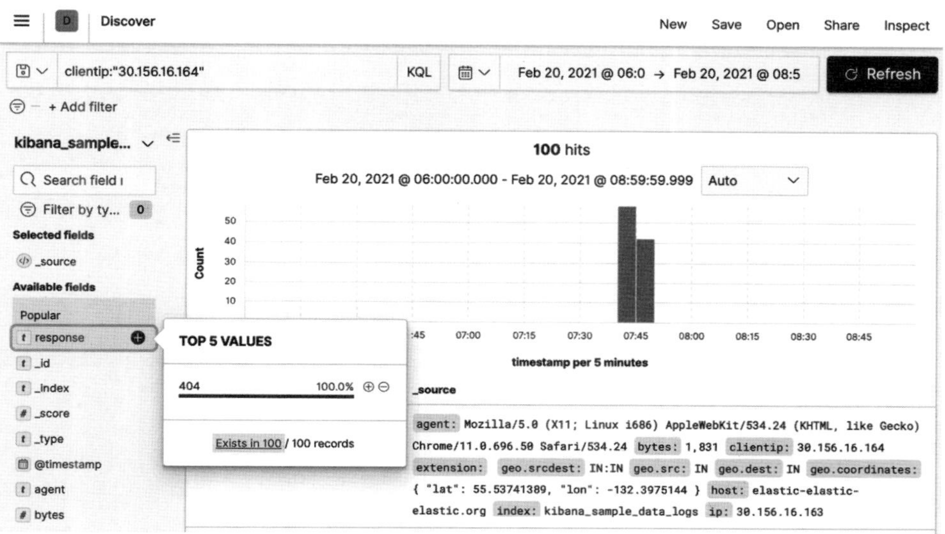

그림 5.14 이상 징후가 있던 시간 동안 404인 인플루언서 필드 값이 결과를 지배한다

따라서 404의 값은 높은 인플루언서 점수(그림 5.13에 50으로 표시)를 갖는다. 요청의 100%가 404였기 때문에 인플루언서 점수도 100이 돼야 한다고 생각할 수 있지만 그리 간단하지 않다. 인플루언서 점수는 다른 인플루언서 점수에 대해 정규화되고, 인플루언서 점수는 404값이 시간의 흐름에 따라 얼마나 비정상적인지를 표현한다. 이 예제 데이터 세트에는 시간의 흐름에 따라 404가 수백 번 더 발생했지만 대부분은 이상 현상과 연관되지 않았다. 따라서 이러한 특정 이상 징후에 대한 인플루언서 점수는 그 사실에 의해 조정된다. 일래스틱 ML이 시간 경과에 따른 엔티티의 비정상성을 나타내는 점수와 특정 이상 징후에 영향을 미치는 필드 값의 점수, 두 개념을 구분하는 데 설득력 있는 주장이 가능하지만 당분간 이러한 두 개념은 인플루언서 점수에 혼합해 사용한다.

잠재적인 영향 요인을 찾는 프로세스는 일래스틱 ML이 이상을 찾은 후에 발생한다는 점을 이해하는 것도 중요하다. 즉, 탐지의 일부로 수행되는 확률 계산에는 영향을 미치지 않는다. 이상 징후로 결정되면 ML은 각 후보 인플루언서 필드의 모든 인스턴스를 체계적으로 살펴보고 그 시간 버킷의 데이터에 대한 해당 인스턴스의 기여도를 제거한다. 일단 기여도가 제거되면 남은 데이터는 더 이상 이상 징후가 아니다. 그런 다음 역사실적 추론 counterfactual reasoning을 통해 그 인스턴스의 기여가 영향력이 있어야 하고 그에 따라 점수가 매겨진다(결과에서 influencer_score).

인플루언서는 단일 ML 작업뿐만 아니라 잠재적으로 여러 관련된 작업의 결과를 볼 때 활용 가능한 매우 강력한 도구가 될 수 있다. 7장, 'AIOps와 근본 원인 분석'에서 근본 원인 분석을 지원하기 위해 효과적으로 인플루언서를 사용하는 방법을 살펴볼 것이다.

레코드 수준 점수

레코드 수준의 이상 징후 점수는 결과에서 가장 낮은 추상화 수준이며, 가장 많은 세부 사항을 포함한다. 이상 징후 탐색기 UI에서 레코드 수준 결과는 하단에 있는 표에서 볼 수 있다.

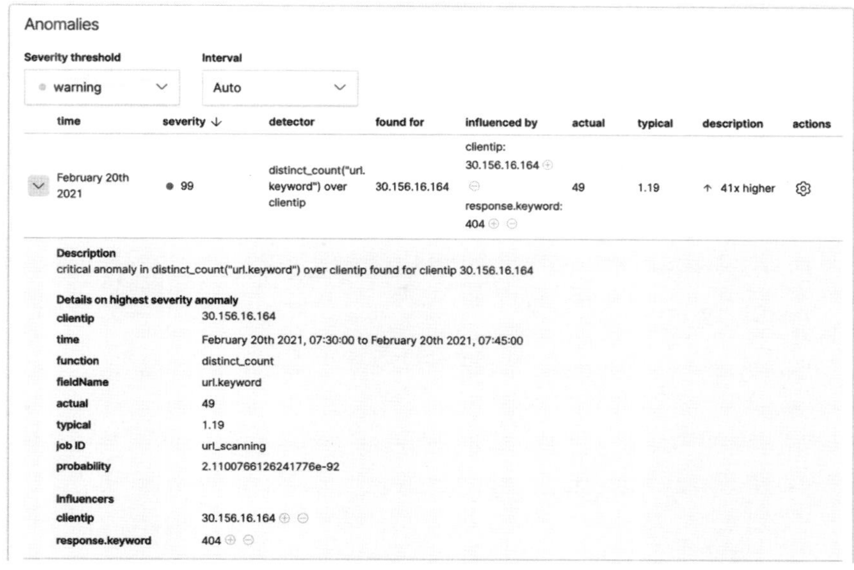

그림 5.15 레코드 수준 결과를 보여주는 이상 징후 표

간격Interval 선택기를 **자동**Auto으로 설정했다면 시간적으로 연속한 인접해 있는 이상 징후는 가장 높은 이상 징후만 표시되도록 축소된다는 사실에 주목하자. 개별 이상 징후가 표시되기를 원한다면 **간격**Interval 필드를 **모두 보기**Show all로 설정하자.

일반적인 오해는 레코드 수준의 이상 징후 점수가 UI의 **설명**description 컬럼(41배 더 높다)에 명시된 편차와 직접적인 관련이 있다는 것이다. 이 점수는 앞에서 기술했던 것과 동일한 정규화 프로세스를 사용해 확률 계산에 의해 결정된다. **설명**description 필드, 심지어 typical 값은 이상 징후를 더 이해하기 쉽도록 컨텍스트 정보를 단순화한 것이다. 사실 나중에 보겠지만 **설명** 필드는 결과 인덱스에 저장되지 않고 키바나에서 즉석으로 계산될 뿐이다.

`.ml-anomalies-*` 인덱스에서 이러한 다양한 수준의 이상 징후 기록을 보면 많은 필드를 사용하는 것을 알 수 있다. 일부는 명확하고 일부는 그렇지 않을 수 있다. 다음 절에서 결과 인덱스의 스키마를 체계적으로 살펴보고 중요한 필드의 의미를 설명할 것이다.

결과 인덱스 스키마의 세부 정보

이미 언급한 것처럼 결과 인덱스에는 다양한 도큐먼트가 있으며 각각의 도큐먼트는 이상 탐지의 결과를 이해하는 데 유용하다. 이 절에서 논의할 것은 5장의 이전에 논의했던 세 가지 추상화 수준과 직접적으로 관련된 것이며, 다음과 같이 적절하게 명명됐다.

- `result_type:bucket`: 버킷 수준의 결과를 제공한다.
- `result_type:record`: 레코드 수준의 결과를 제공한다.
- `result_type:influencer`: 인플루언서 수준의 결과를 제공한다.

이러한 도큐먼트 유형의 분포는 ML 작업 구성과 분석하고자 하는 데이터 세트의 특성에 의존할 것이다. 이러한 도큐먼트 유형은 다음과 같은 경험적 방법으로 작성된다.

- `result_type:bucket`: 모든 버킷 스팬 시간에 대해 하나의 도큐먼트가 작성된다. 즉, 버킷 범위가 15분이면 이 유형의 도큐먼트는 15분마다 작성된다. 타임스탬프는 버킷의 가장 앞에 있는 값이다. 예를 들어 11:30에서 11:45 사이 범위를 포함하는 시간 버킷의 경우 이 유형의 결과 도큐먼트에는 11:30의 타임스탬프가 있다.
- `result_type:record`: 시간 버킷 내에서 이상 징후가 발생할 때마다 하나의 도큐먼트가 작성된다. 따라서 많은 엔티티(IP주소, 호스트 이름 등)를 포함하는 큰 데이터 세트라면 특정 시간 버킷에는 주요 이상 징후 레코드가 있을 수 있다. 이 도큐먼트 역시 그 버킷의 가장 앞에 있는 타임스탬프와 같은 값이 들어 있다.
- `result_type:influencer`: 각 이상 징후 레코드에 대해 발견된 모든 인플루언서별로 하나의 도큐먼트가 작성된다. 각 이상 징후 레코드에 대해 잠재적으로 둘 이상의 인플루언서가 발견될 수 있기 때문에 이러한 유형의 도큐먼트는 레코드 결과보다 훨씬 더 방대할 수 있다. 이 도큐먼트에도 그 버킷의 가장 앞에 있는 타임스탬프와 같은 값이 들어 있다.

이러한 도큐먼트 유형 내의 필드를 이해하는 것이 6장, 'ML 분석에 기반한 얼러팅'에서 특히 중요하다. 얼럿 세부 정보(일반적으로 적은 것보다 많은 것이 바람직하다)와 단위 시간당 개별 얼럿 개수(일반적으로 많은 것보다 적은 것이 바람직하다) 사이에 필연적으로 균형이 있기 때문에 그렇다. 실제 얼럿을 작성하기 시작할 때 이 내용을 다시 검토할 것이다.

버킷 결과

가장 높은 수준의 추상화에는 버킷 수준에서 결과가 있다. 전체 작업에 대한 결과를 시간의 함수로 집계하고 본질적으로 "이 시간 버킷이 얼마나 비정상적이었을까?"라는 질문에 답한다.

키바나 디스커버리를 사용해 다음 KQL을 실행해 .ml-anomalies-* 인덱스의 예제 도큐먼트를 살펴보자.

```
result_type :"bucket" and anomaly_score >98
```

그러면 다음과 같이 출력된다.

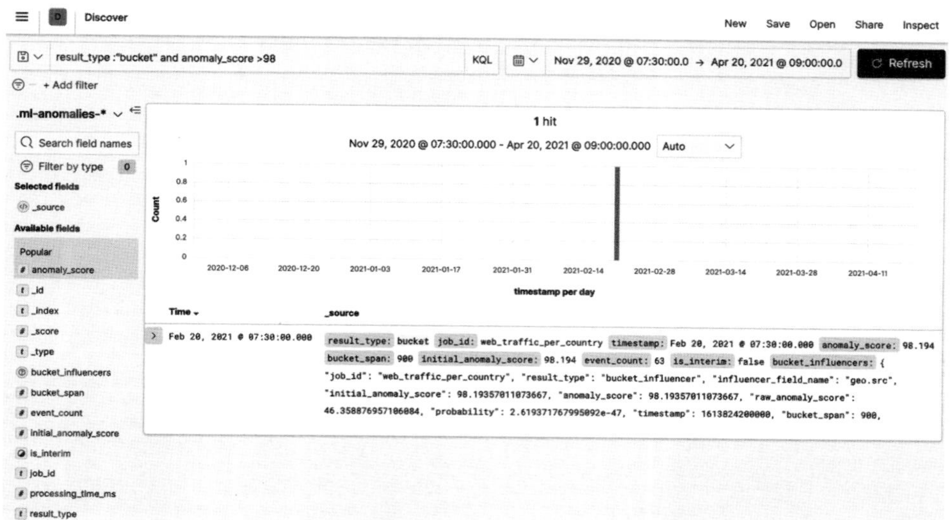

그림 5.16 키바나 디스커버리에서 본 버킷 수준의 결과 도큐먼트

그림 5.16에서 이 도큐먼트의 타임스탬프 옆에 있는 > 아이콘을 클릭해서 세부 정보 전부를 볼 수 있도록 확장한다.

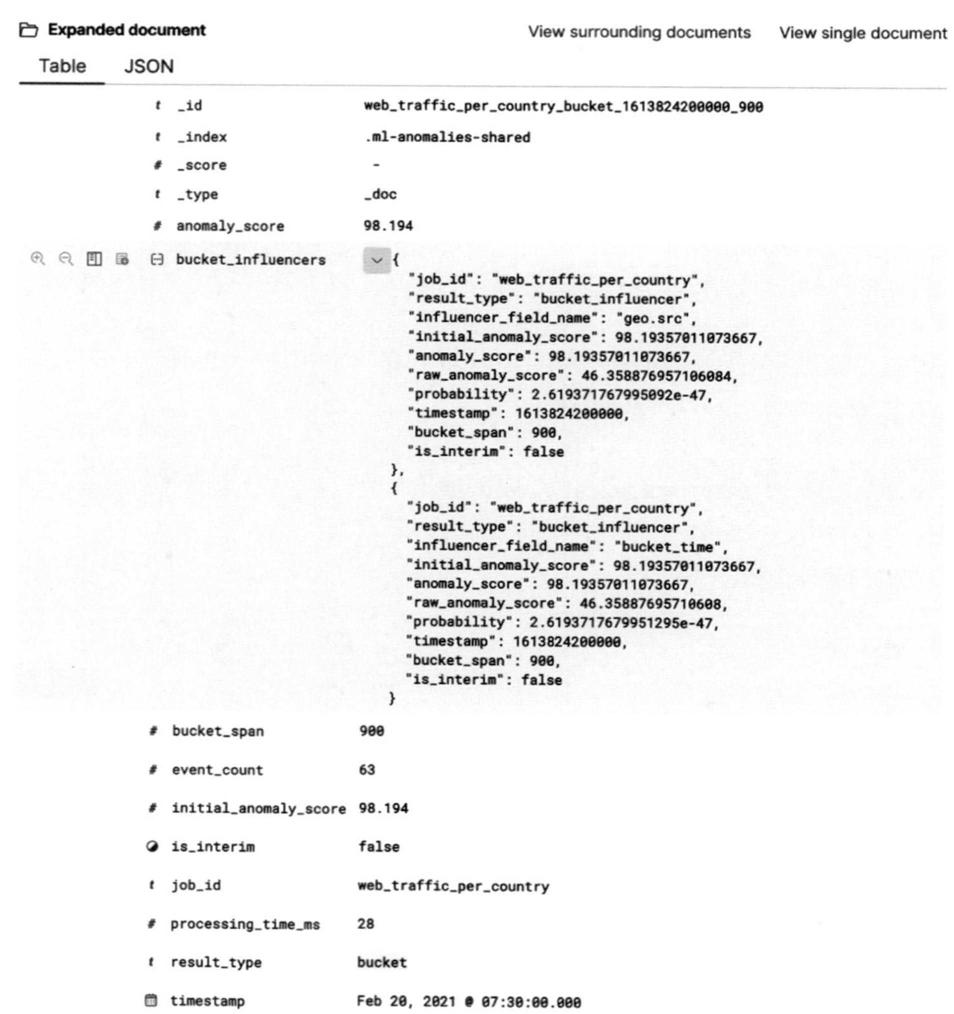

그림 5.17 키바나 디스커버리의 버킷 수준 도큐먼트 세부 정보

그림 5.16에 있는 쿼리는 단 하나의 버킷 수준의 도큐먼트를 반환했음을 볼 수 있는데, 단일 이상 징후 시간 버킷(1613824200000 타임스탬프에서, 또는 저자의 타임존에서 February 20, 2021, 07:30:00 A.M. GMT-05:00)에는 98보다 높은 anomaly_score가 있다. 다시 말하면 이 시간 범위에서 큰 이상 징후가 있는 시간 버킷은 더 이상 없다. 핵심 필드를 살펴보자.

- timestamp: 시간 버킷의 리딩 에지leading edge의 타임스탬프다. 키바나에서 이 필드는 기본값으로 사용자의 타임존으로 출력될 것이다(비록 UTC 타임존을 갖고 에폭 형식으로 인덱싱하더라도).
- anomaly_score: 작업 전체에서 볼 수 있는 확률 범위를 기반으로 하는 버킷의 정규화한 현재 점수다. 이 점수 값은 작업에서 새 데이터를 처리하고 새 이상 징후가 발견됨에 따라 시간의 흐름에 따라 변동될 수 있다.
- initial_anomaly_score: 버킷의 정규화된 점수, 즉 해당 버킷이 분석에 의해 처음 분석된 시점이다. 이 점수는 anomaly_score와 달리 더 많은 데이터가 분석되더라도 변경되지 않는다.
- event_count: 버킷 스팬 동안 ML 알고리듬이 카운트한 원시 일래스틱서치 도큐먼트의 개수다.
- is_interim: 버킷이 완료됐는지 또는 버킷 스팬 내의 모든 데이터가 수신되기를 여전히 기다리고 있는지 여부를 나타내는 플래그다. 이 필드는 실시간으로 운영되는 진행 중인 작업과 관련이 있다. 어떤 분석 유형에는 버킷에 대한 모든 데이터가 수신되지 않더라도 중간 결과가 있을 수 있다.
- job_id: 이 결과를 생성한 이상 탐지 작업의 이름이다.
- processing_time_ms: 분석이 이 버킷의 데이터를 처리하는 데 걸린 처리 시간(밀리초)에 대한 내부 성능 측정값이다.
- bucket_influencers: 현재 버킷에 대해 식별된 인플루언서(및 세부 정보)의 배열이다. 인플루언서가 작업 구성의 일부로 선택되지 않았거나 분석의 일부로 인플루언서가 없는 경우에도 항상 influencer_field_name:bucket_time 유형의 기본 인플루언서가 있을 것이다. 이는 명시적으로 인플루언서를 결정할 수 없는 경

우 버킷 수준에서 이상 징후를 정렬할 수 있도록 하는 내부 기록 보관 장치다.

작업에 이름이 지정되고 식별된 인플루언서가 있는 경우, `bucket_influencers` 배열은 그림 5.17과 같을 것이다.

`influencer_field_name:bucket_time` 유형의 기본 항목 외에도 이 경우 `geo.src` 필드에 대한 분석 식별 인플루언서의 필드 이름 항목이 있다. 이는 `geo.src`가 이상 징후가 발생했을 때 발견된 관련 인플루언서 유형이라는 단서다. 여러 인플루언서 후보를 선택할 수 있기 때문에 작업 구성에서 이 경우 `geo.src`가 유일한 인플루언서 필드이며, 영향력이 있는 다른 필드가 발견되지 않았음을 유의해야 한다. 또한 세부 수준에서 `geo.src`의 특정 인스턴스(즉, 어떤 것)가 드러나지 않는다는 점에 유의해야 한다. 그 정보는 더 낮은 수준으로 쿼리할 때 드러나는데, 이에 관해서는 다음에 논의할 것이다.

레코드 결과

더 낮은 수준의 추상화에는 레코드 수준이 있다. 가장 많은 양의 세부 사항을 제공하는 기록 결과는 이상 징후의 특정 사례를 보여주고 본질적으로 "어떤 엔티티가 비정상적이었고 어느 정도였을까?"라는 질문에 답한다.

키바나 디스커버리에서 다음 KQL을 실행해 `.ml-anomalies-*` 인덱스의 표본 도큐먼트를 살펴보자.

```
result_type :"record" and record_score >98
```

그 결과는 다음과 같을 것이다.

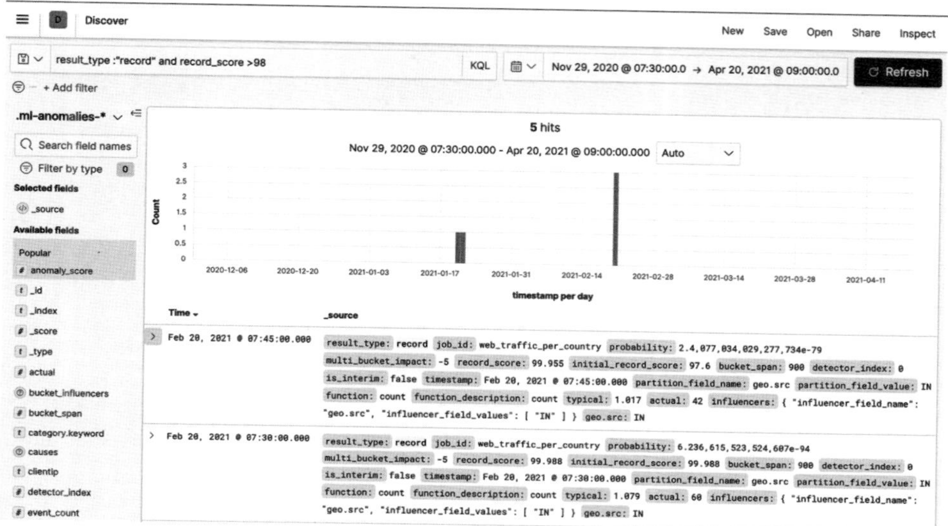

그림 5.18 키바나 디스커버에서 본 레코드 수준의 결과 도큐먼트

타임스탬프 옆에 있는 > 아이콘을 클릭하면 모든 세부 정보를 볼 수 있도록 도큐먼트가 확장된다.

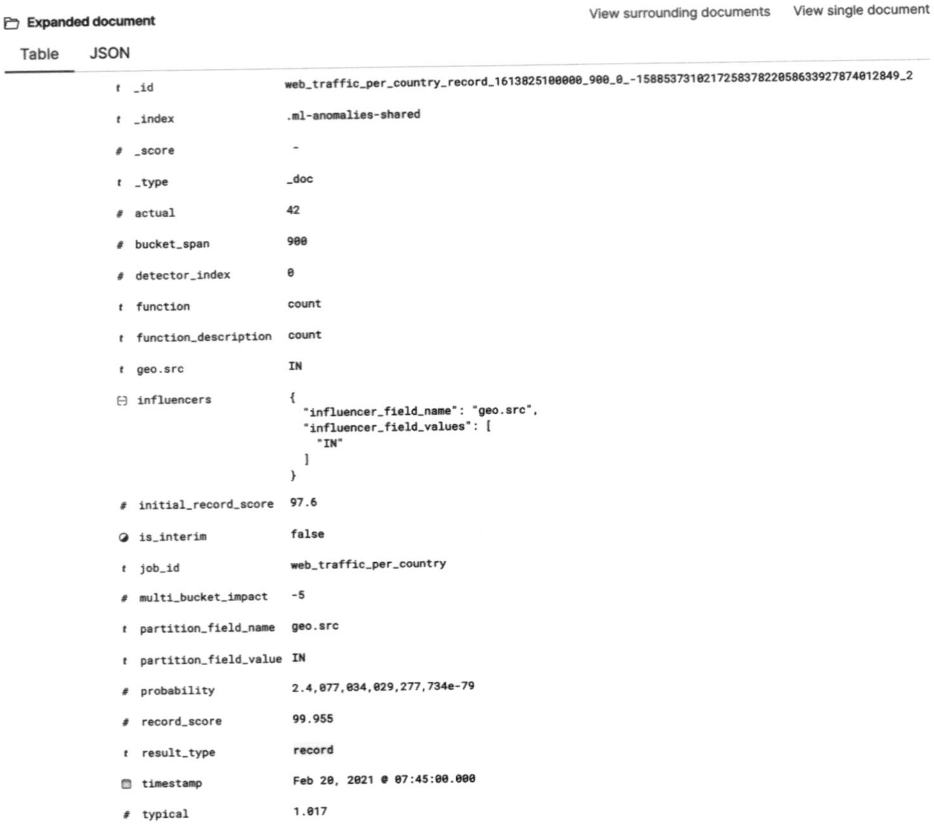

Expanded document

View surrounding documents View single document

Table JSON

t _id	web_traffic_per_country_record_1613825100000_900_0_-158853731021725837822058633927874012849_2
t _index	.ml-anomalies-shared
# _score	-
t _type	_doc
# actual	42
# bucket_span	900
# detector_index	0
t function	count
t function_description	count
t geo.src	IN
influencers	{ "influencer_field_name": "geo.src", "influencer_field_values": ["IN"] }
# initial_record_score	97.6
is_interim	false
t job_id	web_traffic_per_country
# multi_bucket_impact	-5
t partition_field_name	geo.src
t partition_field_value	IN
# probability	2.4,077,034,029,277,734e-79
# record_score	99.955
t result_type	record
timestamp	Feb 20, 2021 @ 07:45:00.000
# typical	1.017

그림 5.19 키바나 디스커버리의 레코드 수준 도큐먼트 세부 정보

그림 5.18 쿼리에서 몇 가지 버킷 수준의 도큐먼트가 반환됐음을 확인할 수 있다. 핵심 필드를 살펴보자.

- `timestamp`: 이상 징후가 발생한 시간 버킷의 리딩 에지leading edge 타임스탬프다. 이는 앞에서 설명한 것과 유사하다.
- `job_id`: 이 결과를 생성한 이상 탐지 작업의 이름이다.
- `record_score`: 작업 전체에서 볼 수 있는 확률의 범위를 기반으로 하는 이상 징후 레코드의 정규화한 현재 점수다.

- initial_record_score: 해당 버킷이 분석에 의해 처음 분석됐을 때 이상 징후 레코드의 정규화한 점수다. 이 점수는 record_score와 달리 더 많은 데이터가 분석되더라도 변경되지 않는다.
- detector_index: 이상 징후가 속하는 탐지기 구성을 추적하기 위한 내부 카운터다. 단일 탐지기 작업의 경우 이 값은 0이지만, 여러 탐지기가 있는 작업에서는 0이 아닐 수 있다.
- function: 이상 징후 생성에 사용된 탐지기 함수를 추적하기 위한 참조다.
- is_interim: 버킷이 완료됐는지 또는 버킷 스팬 내의 모든 데이터가 수신되기를 여전히 기다리고 있는지 여부를 나타내는 플래그다. 이 필드는 실시간으로 운영되는 진행 중인 작업과 관련이 있다. 어떤 분석 유형에는 버킷에 대한 모든 데이터가 수신되지 않더라도 중간 결과가 있을 수 있다.
- actual: 이 버킷에서 분석된 데이터의 실제 관찰 값이다. 예를 들어 함수가 count라면 이 시간 버킷에서 발생 및 계산된 도큐먼트의 수를 의미한다.
- typical: 이 데이터 세트에 대한 ML 모델을 기반으로 하는 예상 또는 예측 값의 표현이다.
- multi_bucket_impact: 특정 이상 징후가 2차 다중 버킷 분석(5장 뒷부분에서 설명)에 의해 영향을 받은 정도를 결정하는 측정(−5에서 +5까지의 범위, −5: 영향 없음, +5: 모두 영향)이다.
- influencers: 이상 징후 레코드와 관련된 인플루언서의 배열이다.

작업에 정의한 분할이 있고(by_field_name이나 partition_field_name) 식별된 영향 요인이 있는 경우 레코드 결과 도큐먼트는 그림 5.19에 표시된 것과 같은 추가 정보가 있다.

- partition_field_name: 파티션 필드가 정의됐고 파티션 필드 값 중 하나에 대해 이상 징후가 발견됐다는 신호다.
- partition_field_value: 이상 징후가 발생한 파티션 필드의 값이다. 즉, 이상 징후가 발견된 엔티티의 이름이다.

여기에 언급된 필드(작업이 by 필드를 사용하도록 구성된 경우 by_field_name과 by_field_value) 외에 geo.src 필드의 명시적인 인스턴스도 보인다. 결과에서 모든 파티션, by, over_field_value에도 필드 이름이 있을 것이다.

(over_field_name을 통해) 작업이 모집단 분석을 수행하는 경우, 레코드 결과 도큐먼트가 모집단에서 비정상적인 멤버에 대한 방향으로 보고되기 때문에 약간 다르게 구성된다. 예를 들어 kibana_sample_data_logs 인덱스에 대한 모집단 분석 작업을 살펴보고 clientip보다 distinct_count("url.keyword")를 탐지기로 선택한 경우 예제 레코드 수준의 결과 도큐먼트도 causes 배열에 포함될 것이다.

```
causes    {
            "probability": 2.1100766126241527e-92,
            "function": "distinct_count",
            "function_description": "distinct_count",
            "typical": [
              1.1901570565310753
            ],
            "actual": [
              49
            ],
            "field_name": "url.keyword",
            "over_field_name": "clientip",
            "over_field_value": "30.156.16.164"
          }
```

그림 5.20 모집단 분석 작업에 대한 causes 배열을 보여주는 레코드 수준 도큐먼트

causes 배열은 해당 버킷에서 IP가 수행한 모든 이상 징후 사건을 간결하게 표현하도록 구축됐다. 다시 말하면 많은 사건이 중복된 것처럼 보이지만, 대시보드나 얼럿으로 결과를 표현하기 위해 정보를 집계하는 다양한 방법이 있을 수 있기 때문이다.

또한 이 모집단 분석의 경우 인플루언서 배열에 clientip 필드와 response.keyword 필드가 모두 포함돼 있음을 알 수 있다.

```
influencers             {
                          "influencer_field_name": "response.keyword",
                          "influencer_field_values": [
                            "404"
                          ]
                        },
                        {
                          "influencer_field_name": "clientip",
                          "influencer_field_values": [
                            "30.156.16.164"
                          ]
                        }
```

그림 5.21 모집단 분석 작업에 대한 influencers 배열을 보여주는 레코드 수준 도큐먼트

인플루언서 수준 결과를 살펴봄으로써 결과 인덱스 스키마에 대한 조사를 끝내자.

인플루언서 결과

결과를 보는 또 다른 렌즈는 인플루언서다. 이 방법으로 결과를 보면 "내 ML 작업에서 가장 비정상적인 엔티티는 무엇이고 언제 비정상적이었는가?"라는 질문에 답할 수 있다. 인플루언서 수준 결과의 구조와 내용을 이해하기 위해, 키바나 디스커버리를 사용해 다음 KQL을 실행해 `.ml-anomalies-*` 인덱스의 예제 도큐먼트를 살펴보자.

```
result_type :"influencer" and response.keyword:404
```

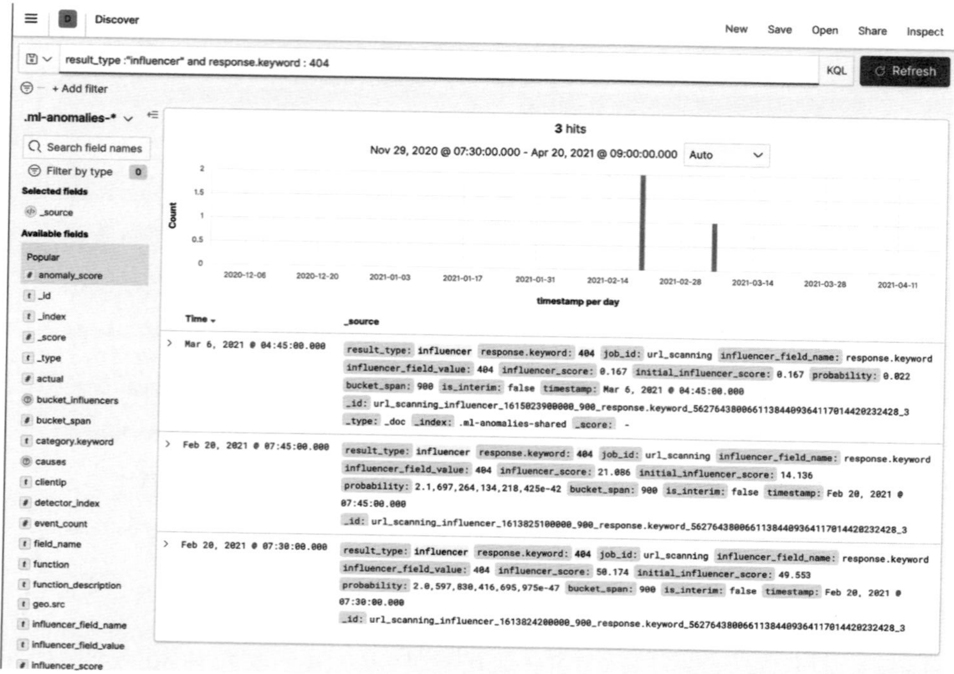

그림 5.22 키바나 디스커버리에서 본 인플루언서 수준의 결과 도큐먼트

이 경우 점수(influencer_score)가 아니라 예상 엔터티 이름과 값을 쿼리했다는 사실에 주목하자. 마지막 도큐먼트에 출력된 값(influencer_score가 50.174)이 그림 5.13에서 봤던 값과 일치[1]한다.

핵심 필드는 다음과 같다.

- `timestamp`: 인플루언서의 이상 징후 활동이 발생한 시간 버킷의 리딩 에지leading edge 타임스탬프다. 이는 앞에서 설명한 것과 유사하다.
- `job_id`: 이 결과를 생성한 이상 탐지 작업의 이름이다.
- `influencer_field_name`: 작업 구성에서 인플루언서로 선언된 필드의 이름이다.

1 그림 5.13의 왼쪽 Top influencers에 있는 response.keyword: 404가 50이다. – 옮긴이

- influencer_field_value: 이 결과와 관련된 인플루언서 필드의 값이다.
- influencer_score: 인플루언서가 얼마나 비정상적이고 얼마나 기여했는지에 대한 정규화된 현재 점수다.
- initial_influencer_score: 해당 버킷이 분석에 의해 처음 분석됐을 때 이상 징후 레코드의 정규화한 점수다. 이 점수는 influencer_score와 달리 더 많은 데이터가 분석되더라도 변경되지 않는다.
- is_interim: 버킷이 완료됐는지 또는 버킷 스팬 내의 모든 데이터가 수신되기를 여전히 기다리고 있는지 여부를 나타내는 플래그다. 이 필드는 실시간으로 운영되는 진행 중인 작업과 관련이 있다. 어떤 분석 유형에는 버킷에 대한 모든 데이터가 수신되지 않더라도 중간 결과가 있을 수 있다.

이제 사용자가 사용할 수 있는 관련 필드를 속속들이 설명했다면 이후에 사용자 지정 대시보드, 시각화, 정교한 얼러팅을 구축할 때를 위해 해당 정보를 보관할 수 있다. 그러나 5장을 끝내기 전에 탐구해야 할 몇 가지 중요한 개념이 있다. 다음은 특별한 종류의 이상 징후인 다중 버킷 이상 징후에 대한 논의다.

다중 버킷 이상 징후

일래스틱 ML의 이상 탐지 작업으로 생성되는 이상 징후에 대해 지금까지 학습한 거의 모든 탐지 작업은 특정 시간에 발생하는 특정 이상 징후를 관찰하는 것이지만, bucket_span 간격으로 정량화됐다. 하지만 버킷 스팬 내의 특정 관찰이 그렇게 비정상적이지 않을 수 있지만 종합적으로 볼 때 확장된 시간 윈도는 단일 관찰보다 훨씬 더 비정상적일 수 있는 상황이 있을 수 있다. 그 예를 살펴보자.

다중 버킷 이상 징후 예제

3장, '이상 탐지'의 그림 3.18에 있는 첫 예제처럼 일래스틱 ML UI에서 다중 버킷 이상 징후가 어떻게 나타나는지 보여주기 위해 그림을 다시 가져왔다.

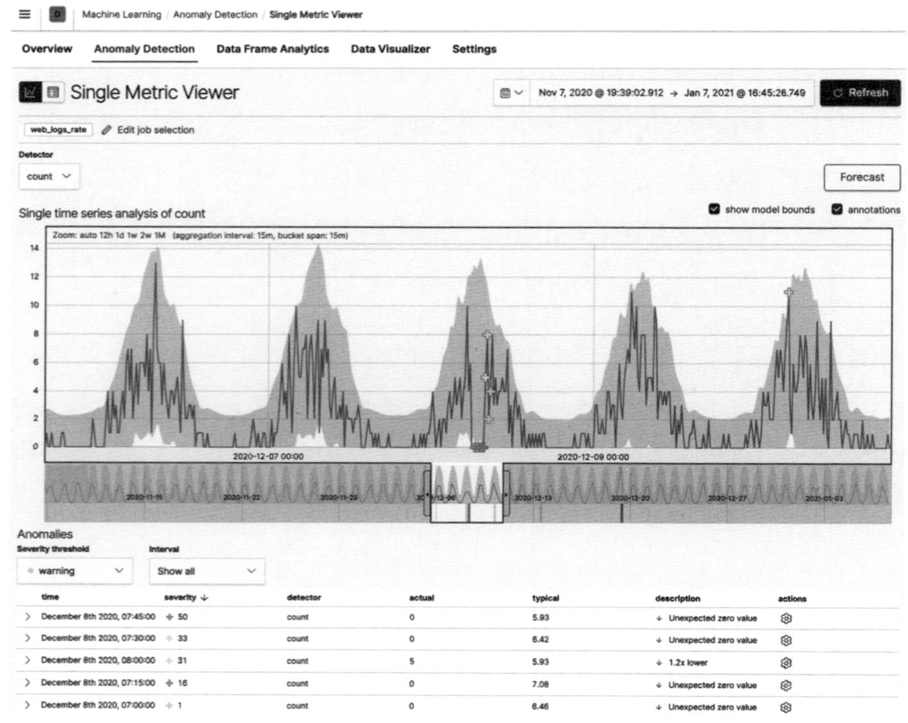

그림 5.23 3장에서 처음 보여준 다중 버킷 이상 징후

3장, '이상 탐지'에서 논의한 것처럼 다중 버킷 이상 징후는 UI에서 다른 기호(점 대신 십자 표시)를 지정한다. 실제로 특이값이 반드시 이상 징후는 아니지만 12개의 연속 버킷의 슬라이딩 윈도에서 발생하는 추세가 있는 경우를 나타낸다. 여기에서 인접한 여러 버킷에 걸쳐 눈에 띄는 급감이 있음을 알 수 있다.

그러나 다중 버킷 이상 징후 마커 중 일부는 데이터가 "복구"된 후에도 출력됐다. 이는 사용자가 이유를 깨닫기 전에는 다소 혼란스러울 수 있다. 다중 버킷 이상 징후에 대한 결정은 2차 분석(버킷별 분석뿐만 아니라)에서 있기 때문인데, 이 분석은 과거의 데이터가 포함되는 슬라이딩 윈도이기 때문에 그 윈도의 리딩 에지에는 이상이 기록될 때라 하더라도 상황은 회복된 후일 수 있다.

다중 버킷 스코어링

앞서 언급한 것처럼 다중 버킷 분석은 2차 분석이다. 따라서 두 가지 확률을 각 버킷 스팬에 대해 계산하는데, 현재 버킷에서 관찰된 확률과 다중 버킷 피처의 확률이다(현재 버킷과 이전 11개의 가중 평균의 일종). 두 확률이 대략 같은 크기인 경우 `multi_bucket_impact`는 낮을 것이다(−5에서 +5 범위에서 음수 영역). 반면 다중 버킷 피처 확률이 훨씬 더 낮으면 (따라서 더 비정상적) `multi_bucket_impact`가 높을 것이다.

그림 5.23의 예제에서 UI는 사용자에게 다중 버킷의 영향impact이 **높음**high으로 표시하지만 실제 점수는 제공하지 않는다.

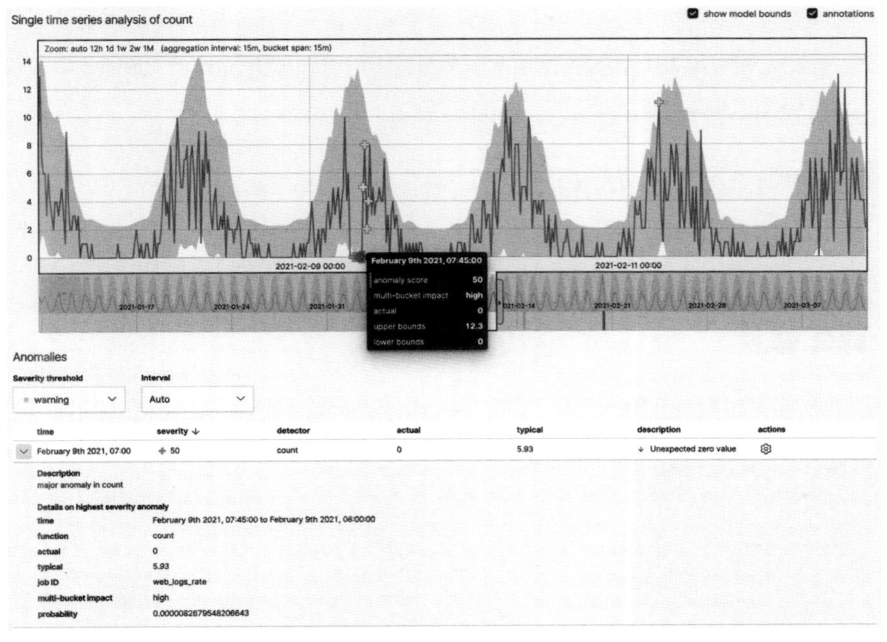

그림 5.24 영향(impact) 점수가 표시된 다중 버킷 이상 징후

그러나 원시 레코드 수준 결과를 살펴보면, multi_bucket_impact에 실제로 +5값이 주어져 있음을 알 수 있다.

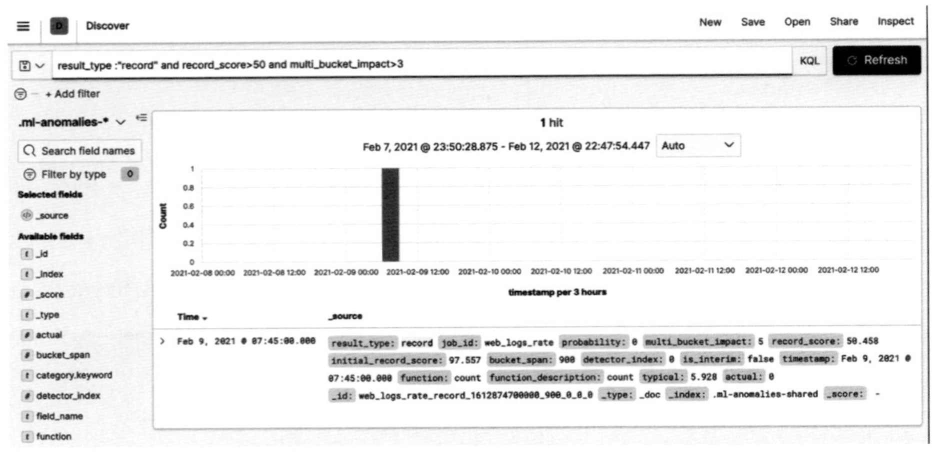

그림 5.25 원시 점수가 표시된 다중 버킷 이상 징후 레코드

다중 버킷 이상 징후는 행동 데이터behavior of data에 대한 다른 관점을 제공한다. 보고서나 얼러팅 로직에 필요에 따라 이를 포함하거나 제외하려면 `multi_bucket_impact` 필드를 통해 표시하고 점수를 매기는 방법을 고려해야 한다.

이제 예측 결과가 결과 인덱스에 어떻게 표시되는지 살펴보자.

예측 결과

4장, '예측'에서 자세히 설명했듯이 일래스틱 ML은 분석된 데이터의 추세로 미래를 추론할 수 있다. 그림 4.21을 상기해보자.

그림 5.26 4장에서 처음 보여준 예측 결과

예측 값은 가능성(확률)이 가능 높은 값이고 음영 영역은 신뢰 수준 95번째 백분위수 범위임을 기억하자. 이 세 가지 핵심 값은 `.ml-anomalies-*` 결과 인덱스에 다음 이름으로 저장된다.

- `forecast_prediction`
- `forecast_upper`
- `forecast_lower`

예측 결과 쿼리

.ml-anomalies-* 결과 인덱스에서 예측 결과를 쿼리할 때 예측 결과는 일시적이라는 것을 기억하자. 특히 키바나의 UI에서 생성하면 생성 후 기본 수명은 14일이다. 다른 만료 기간을 원한다면 _forecast API 엔드포인트를 통해 예측을 호출할 때 명시적으로 expires_in 기간을 설정해야 한다.

기억해야 할 또 다른 사항은 동일한 데이터 세트에서 서로 다른 순간에 여러 예측이 호출됐을 수 있다는 것이다. 그림 4.4에서 봤던 그림을 다시 보면, 다중 예측은 다중 예측 결과를 만든다.

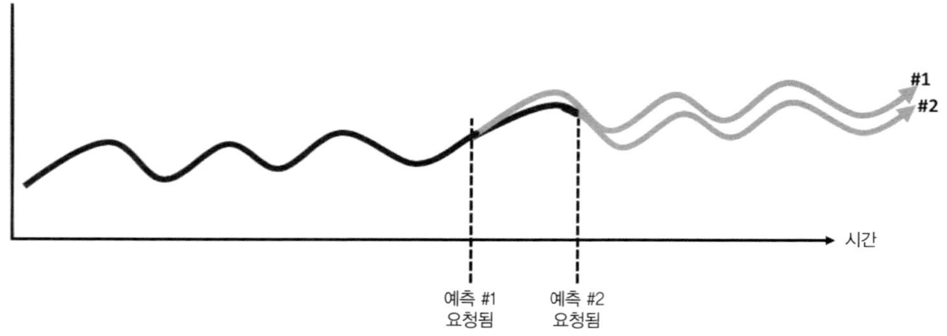

그림 5.27 서로 다른 시간에 다중 예측을 호출하는 상징적 표현

따라서 결과를 구별하는 방법이 필요하다. 키바나 UI에서는 **생성**Created 날짜만 보면 식별할 수 있다.

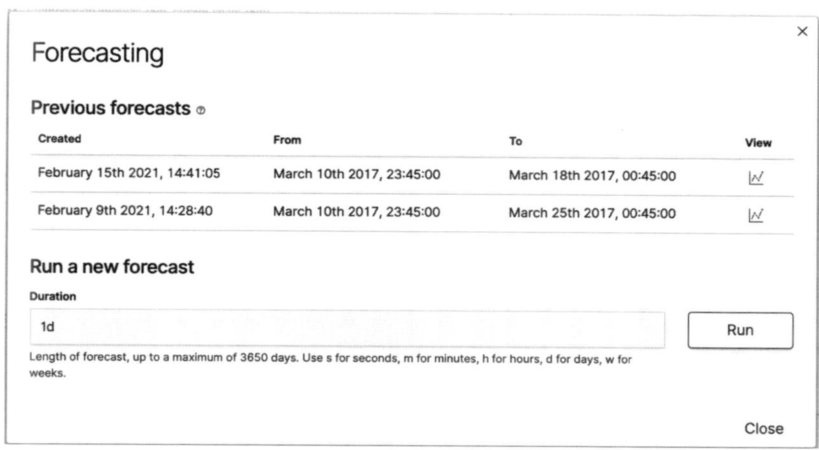

그림 5.28 이전에 실행한 여러 예측 보기

그러나 결과 인덱스를 보면 호출된 각 예측에는 고유한 forecast_id가 있음을 알 수 있다.

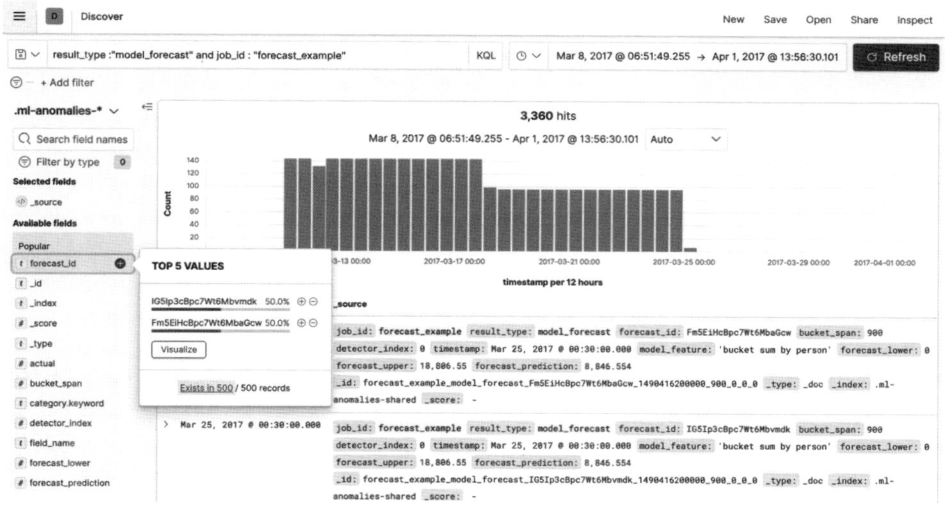

그림 5.29 키바나 디스커버리에서 예측 결과 보기

이 forecast_id는 _forecast API를 사용해 예측을 호출할 때만 정확하게 알 수 있는데, forecast_id는 API 호출 페이로드의 일부로 반환되기 때문이다.

따라서 다수 예측이 같은 타임프레임에 걸쳐 생성됐다면, ID가 다른 하나 이상의 결과가 있을 것이다.

예측 결과를 쿼리할 때 두 가지 가능한 방향orientation을 생각해볼 수 있다.

- **가치 중심**(value-focused): 쿼리는 날짜와 시간을 제공하고 결과는 해당 시간에 대한 특정 값을 반환한다. "지금부터 5일간 활용도는?"과 같은 질문이 좋은 예가 될 것이다.
- **시간 중심**(time-focused): 쿼리가 값을 제공하고 결과는 해당 값이 실현되는 시간이다. "언제 사용률이 80%에 도달할까?"라는 질문이 좋은 예가 될 것이다.

물론 두 가지 유형의 쿼리가 모두 가능하다. 예를 들어 시간 중심 쿼리를 만족하려면 예측 값이 특정 기준을 충족하는 날짜를 반환하도록 쿼리의 방향을 약간 변경해야 한다. 사용자는 다른 전통적인 쿼리 방법(KQL, 일래스틱서치 DSL)을 사용해 예측 결과를 쿼리할 수 있지만, 키바나 개발 도구 콘솔Dev Tool Console에서 일래스틱 SQL을 사용해 쿼리를 제출할 것이다.

```
POST _sql?format=txt
{
    "query": "SELECT forecast_prediction,timestamp FROM \".ml-
anomalies-*\" WHERE job_id='forecast_example' AND forecast_
id='Fm5EiHcBpc7Wt6MbaGcw' AND result_type='model_forecast' AND
forecast_prediction>'16890' ORDER BY forecast_prediction DESC"
}
```

여기서 예측 값이 16,890값의 한계를 초과하는 시간이 있는지 여부를 물어보고 있다. 응답은 다음과 같다.

```
forecast_prediction|       timestamp
-------------------+------------------------
```

```
16893.498325784924 |2017-03-17T09:45:00.000Z
```

즉, 3월 17일 오전 9시 45분 GMT에 임곗값을 초과할 수 있다(4장, '예측'에서 사용했던 샘플 데이터가 과거의 데이터이므로 예측도 과거임을 기억하자). 이제 예측 결과를 쿼리하는 방법을 잘 이해했다면 3장의 뒷부분에서 다룰 대시보드와 시각화에 포함하거나, 6장, 'ML 분석에 기반한 얼러팅'에서 알아볼 얼럿에도 이를 포함할 수 있다.

그러나 사용자 정의 대시보드와 시각화에 이 결과를 포함하는 방법을 살펴보기 전에 마지막으로 간단한 주제인 일래스틱 ML 결과 API에 대해 살펴보자.

결과 API

프로그래밍 방식의 경우 결과에 대한 접근은 사용자의 일이고, 결과 인덱스를 직접 쿼리하는 것 외에도 일래스틱 ML의 결과 API를 대신 쿼리하도록 선택할 수 있다. API의 일부는 이미 살펴본 것과 중복되고 일부는 그렇지 않다. 이제 다음 절에서 API를 살펴볼 것이다.

결과 API 엔드포인트

5가지 서로 다른 결과 API 엔드포인트가 가능하다.

- 버킷 조회
- 인플루언서 조회
- 레코드 조회
- 전체overall 버킷 조회
- 범주category 조회

처음 3개의 API 엔드포인트는 결과 인덱스를 직접 쿼리하는 방식(키바나를 통해 또는 일래스틱서치 _search API를 사용해)을 통해 3장에서 이미 다룬 내용에 비추어 중복되는 결과를 제공하며 이 방법은 실제로 더 많은 유연성을 제공하지만 여기서는 이를 논의하는 것으로 귀찮게 하지는 않을 것이다. 하지만 마지막 두 API 엔드포인트는 새롭고 설명할 가치가 있다.

전체 버킷 조회 API

전체 버킷 API는 프로그래밍 방식으로 다중 이상 탐지 작업에 걸쳐 요약된 결과를 반환하는 수단이다. 도큐먼트를 참조할 수 있으므로 요청 본문의 모든 인수argument를 탐색하거나 응답 본문의 모든 필드를 기술하지 않아도 된다. 그러나 여기서 이 API 호출의 중요한 기능을 논의할 텐데, 임의의 개수의 작업에서 결과를 요청하거나 개별 작업으로 요청했던 최대 버킷 anomaly_score의 top_n 평균이 포함된 단일 결과 점수(overall_score를 호출)를 얻기 위해 사용할 수 있다. 예제 호출은 특정 타임스탬프로 시작해서 버킷의 이상 징후 점수가 평균 50.0보다 높은 상위 2개의 작업(job- 이름으로 시작하는 작업 집합에서)을 요청하는 호출이다.

```
GET _ml/anomaly_detectors/job-*/results/overall_buckets
{
  "top_n": 2,
  "overall_score": 50.0,
  "start": "1403532000000"
}
```

이 API의 결과는 다음과 같은 샘플을 반환한다.

```
{
  "count": 1,
  "overall_buckets": [{
    "timestamp" : 1403532000000,
    "bucket_span" : 3600,
```

```
    "overall_score" : 55.0,
    "jobs" : [{
      "job_id" : "job-1",
      "max_anomaly_score" : 30.0
    },
    {
      "job_id" : "job-2",
      "max_anomaly_score" : 10.0
    },
    {
      "job_id" : "job-3",
      "max_anomaly_score" : 80.0
    }
  ],
  "is_interim" : false,
  "result_type" : "overall_bucket"
  }]
}
```

이 경우 3개의 이상 탐지 작업이 job-*의 쿼리 패턴에 일치함에도 overall_score가 가장 높은 점수 2개의 평균(overall_score의 55.0은 job-3 점수인 80.0과 job-1 점수 30.0의 평균값이다)이라는 사실에 주목하자. 복합composite 얼럿을 작성한다면 특히 이 리포팅의 한계를 깨달아야 하는데, 특히 레코드나 인플루언서 수준에서 아무것도 접근할 수 없는 버킷 수준의 이상 징후 점수에만 접근할 수 있는 경우 그렇다. 6장, 'ML 분석에 기반한 얼러팅'에서 복합 얼러팅에 관한 몇 가지 옵션을 탐구할 것이다.

범주 조회 API

범주 조회(categories) API는 3장, '이상 탐지'에서 상세하게 설명했던 것처럼, 범주화를 활용하는 작업에만 관계가 있다. categories API는 도큐먼트의 텍스트 분석 도중에 발견하는 범주의 몇 가지 흥미로운 내부 정의를 반환한다. 3장, '이상 탐지'(간결성을 위해 하나의 레코드만 반환하도록 생략)에서 만들었던 범주화 작업에 대해 이 API를 실행하면, 출력은 다음과 같다.

```
GET _ml/anomaly_detectors/secure_log/results/categories
{
  "page": {
    "size": 1
  }
}
```

이 API의 응답은 다음과 같을 것이다.

```
{
  "count" : 23,
  "categories" : [{
    "job_id" : "secure_log",
    "category_id" : 1,
    "terms" : "localhost sshd Received disconnect from port",
    "regex" :
".*?localhost.+?sshd.+?Received.+?disconnect.+?from.+?port.*",
    "max_matching_length" : 122,
    "examples" : [
      "Oct 22 15:02:19 localhost sshd[8860]: Received
disconnect from 58.218.92.41 port 26062:11:  [preauth]",
      "Oct 22 22:27:20 localhost sshd[9563]: Received
disconnect from 178.33.169.154 port 53713:11: Bye [preauth]",
```

```
        "Oct 22 22:27:22 localhost sshd[9565]: Received
disconnect from 178.33.169.154 port 54877:11: Bye [preauth]",
        "Oct 22 22:27:24 localhost sshd[9567]: Received
disconnect from 178.33.169.154 port 55723:11: Bye [preauth]"
      ],
      "grok_pattern" : ".*?%{SYSLOGTIMESTAMP:timestamp}.+
?localhost.+?sshd.+?%{NUMBER:field}.+?Received.+?
disconnect.+?from.+?%{IP:ipaddress}.+?port.+?%{NUMBER:field2}.+
?%{NUMBER:field3}.*",
      "num_matches" : 595
    }]
}
```

응답의 일부로 다음과 같은 요소가 있다.

- category_id: 메시지의 범주 번호다(1부터 증가). 결과 인덱스의 mlcategory 필드 값에 해당한다.
- term: 메시지에서 추출한 고정적이고 변경할 수 없는 단어의 목록이다.
- examples: 범주에 속하는 완전하고 변경되지 않는 샘플 로그 라인 배열이다. 실제 로그 라인의 일부가 어떤지 사용자에게 표시하기 위해 사용한다.
- grok_pattern: 이 메시지 범주를 일치하는 데 사용할 수 있는 로그스태시나 인제스트 파이프라인에 활용하는 정규식 형식의 패턴 일치다.
- num_matches: 데이터세트에서 실행 중인 이상 탐지 작업 전체에 걸쳐 로그에서 이 메시지 범주가 표시된 횟수다.

아마도 이 API의 가장 흥미로운 용도는 이상 탐지가 아니라 그저 범주 유형의 고유한 개수와 이러한 유형의 분포를 이해하는 것이다. 즉, 비정형 로그에서 "내 로그에는 어떤 종류의 메시지가 있고 각 유형은 몇 개인가?"와 같은 질문에 대한 답이다. 이 기능 중 일부는 향후 사용자가 일래스틱서치에 비정형 로그를 보다 쉽게 수집할 수 있도록 지원하는

"데이터 준비" 파이프라인을 생성하는 데 활용할 수 있다.

이제 일래스틱 ML의 이상 탐지 및 예측 작업에서 수집한 결과를 사용자 정의 대시보드, 시각화, 캔버스 워크패드에서 활용하는 방법을 알아보자.

사용자 정의 대시보드와 캔버스 워크패드

이제 일래스틱 ML의 이상 탐지와 예측 분석에서 발생하는 모든 장점을 저장하는 결과 인덱스에 대해 자세히 알게 됐는데, 이러한 결과를 목적에 맞게 의미 있는 방식으로 표현하는 방법에 상상력은 한계가 있다. 이 절에서는 일래스틱 ML의 결과를 여러분 가까이에 있는 큰 스크린으로 가져오는 데 사용할 수 있는 몇 가지 개념과 아이디어를 간략하게 살펴볼 것이다.

대시보드 "임베디블"

일래스틱 ML 기능에서 최근 추가된 기능 중 하나는 이상 징후 탐색기 타임라인("수영 레인")을 기존 사용자 정의 대시보드에 임베드하는 기능이다. 이를 수행하려면, 단순히 이상 징후 타임라인의 오른쪽 상단에 있는 "점 3개" 메뉴를 클릭하고 **대시보드에 추가**Add to dashboard 옵션을 선택하면 된다.

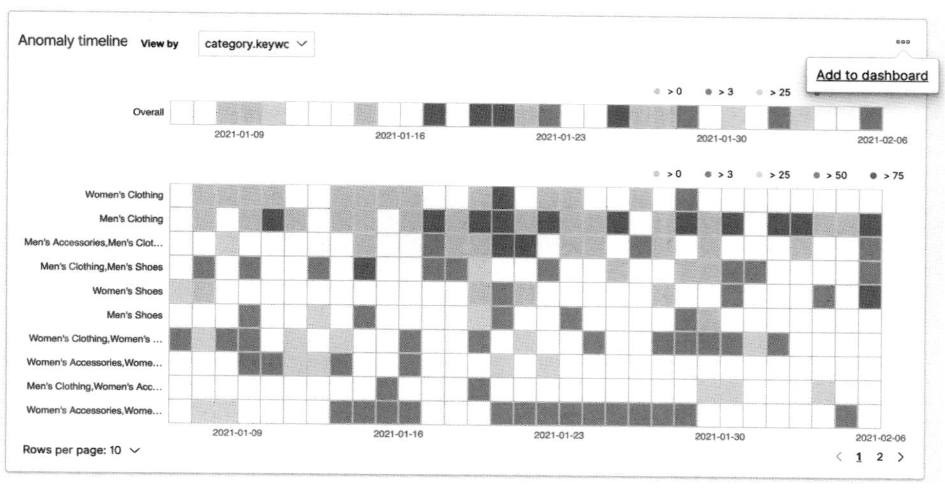

그림 5.30 다른 대시보드에 이상 징후 타임라인 추가

이때 포함할 수영 레인 뷰를 선택하고 추가할 대시보드를 선택한다.

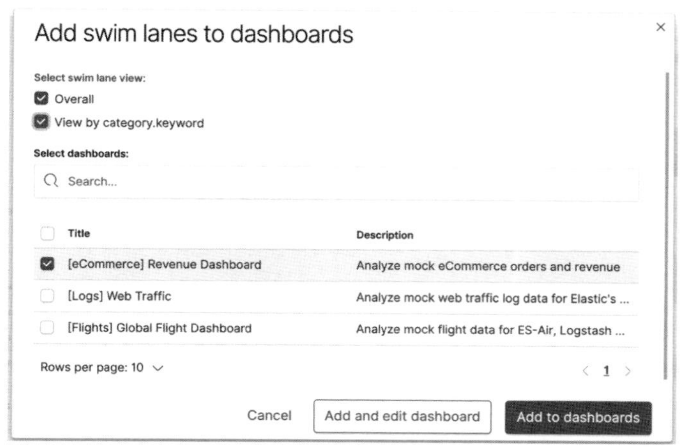

그림 5.31 특정 대시보드에 이상 징후 타임라인 추가

대시보드 추가 및 편집 Add and edit dashboard 버튼을 클릭한 다음 사용자는 대상 대시보드로 이동해 임베드된 패널을 이동하고 크기를 조정할 수 있다. 예를 들어 다른 시각화와 나란히 이

상 징후 시각화를 추가할 수 있다.

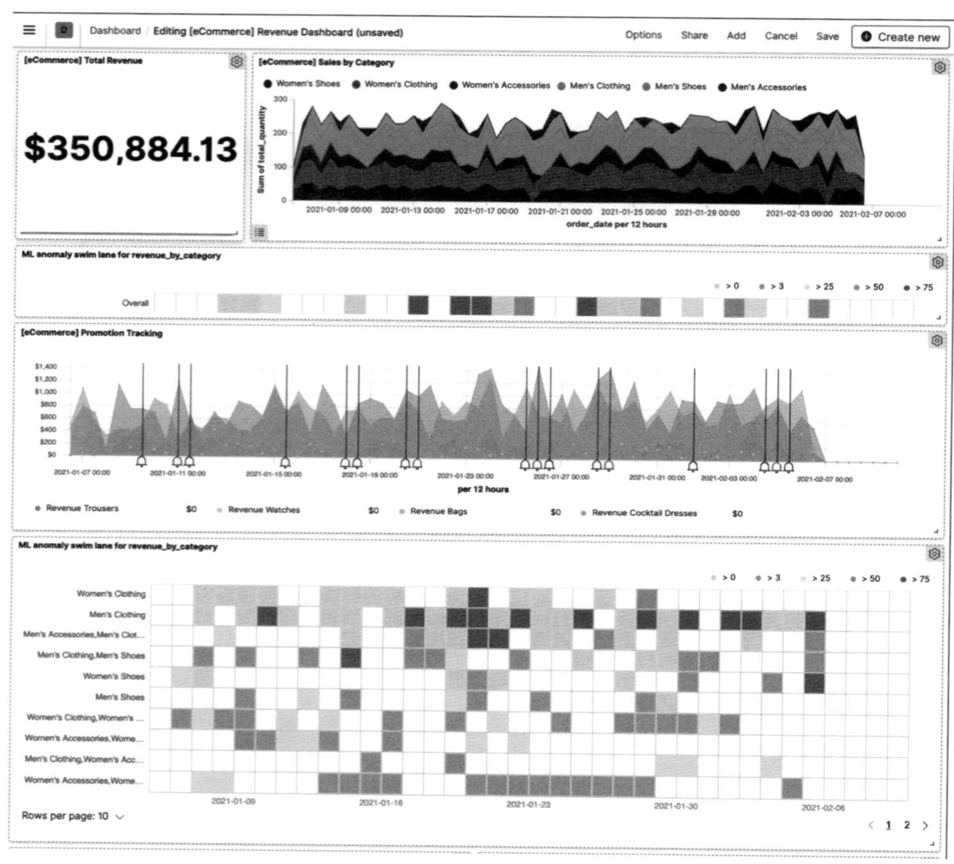

그림 5.32 이제 이상 징후 수영 레인 시각화가 있는 새 대시보드

TSVB에서 이상 징후 주석

시계열 비주얼 빌더TSVB, Time Series Visual Builder 구성 요소는 시계열 데이터를 플로팅할 뿐만 아니라 다른 인덱스의 정보로 데이터에 주석을 달 수도 있는 매우 유연한 시각화 빌더다. 이는 일부 원시 데이터를 플로팅한 다음 그 원시 데이터 위에 이상 탐지의 이상 징후를 오

버레이하는 완벽한 레시피다. 예를 들어 다음 패널 옵션을 사용해 `kibana_sample_data_logs`에 대해 TSVB를 만들 수 있다.

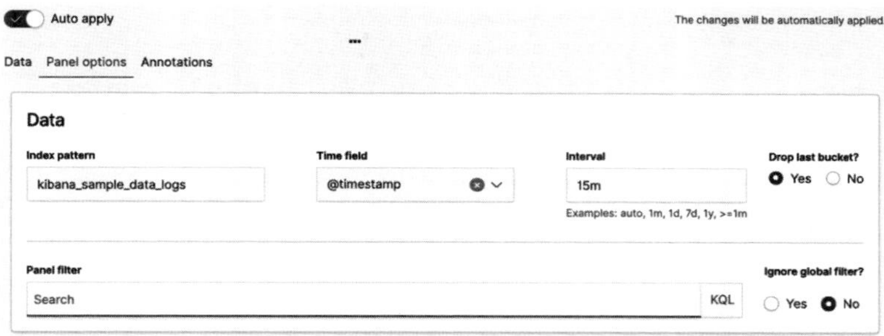

그림 5.33 새 TSVB 시각화 생성 – 패널 옵션

그런 다음 상위 5개 발신 국가(`geo.src`)로 텀 집계를 하기 위해 **데이터**Data 탭의 구성은 다음과 같다.

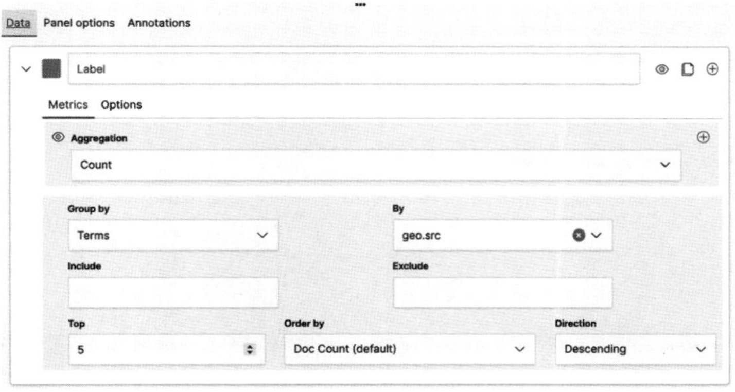

그림 5.34 새 TSVB 시각화 생성 – 데이터 옵션

그런 다음, **주석**Annotations 탭에 대해 `web_traffic_per_country`라는 이름의 이전에 생성한 이상 탐지 작업 결과를 오버레이해 레코드 점수가 90점 이상인 이상 징후를 선택하도록 다음과 같이 구성했다.

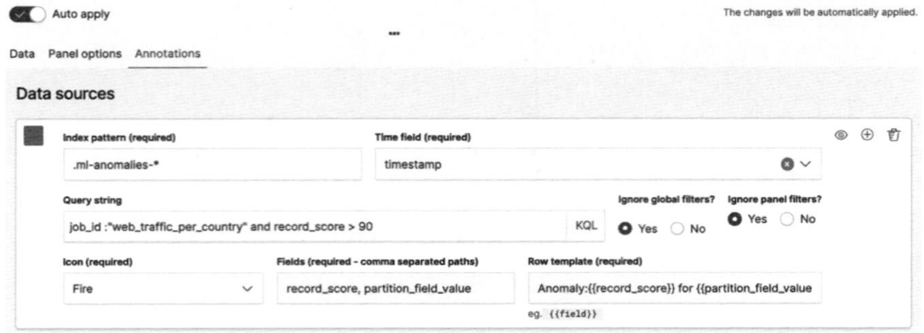

그림 5.35 새 TSVB 시각화 생성 – 주석 옵션

5장에서 배운 내용을 고려한다면 **쿼리 스트링**Query string 항목은 꽤 알아볼 만하다. TSVB는 주석에 대해 전달할 쉼표로 구분된 필드 목록(`record_score, partition_field_value` 입력)과 주석에서 정보를 형식화(`Anomaly: {{record_score}} for {{partition_field_value}}`로 정의한다)하는 방식을 정의하는 **행 템플릿**Row template이 필요하다. 이 작업이 완료되면 최종 결과가 출력된다.

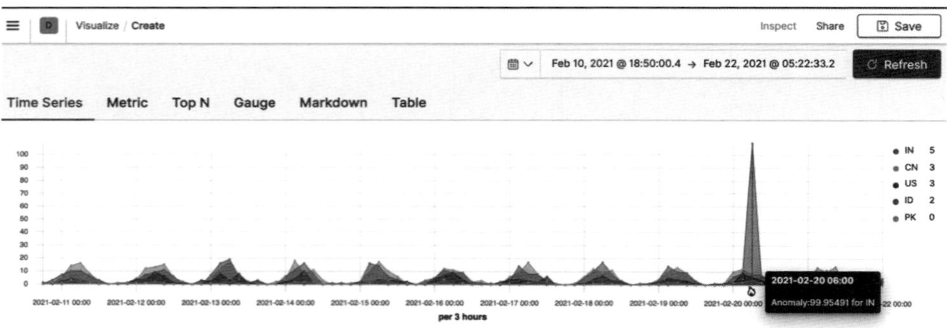

그림 5.36 이상 징후 주석으로 완성한 새 TSVB 시각화 생성

이제 원본 원시 데이터에 이상 징후 항목이 겹쳐진 멋진 시각화 패널이 생겼다.

캔버스 워크패드 사용자 정의

키바나 캔버스는 일래스틱서치에서 데이터 기반으로 픽셀 단위의 완벽한 인포그래픽을 만들기 위한 궁극적인 도구다. 사용자 정의가 가능한 요소 세트를 사용해 고도로 사용자 정의된 보고서를 작성할 수 있다. 캔버스에서 경험은 표준 키바나 대시보드와 매우 다르다. 캔버스는 **워크패드**라고 하는 슬라이드 세트(마이크로소프트 파워포인트와 유사한 개념)를 만들 수 있는 작업 공간을 제공한다.

캔버스 워크패드에서 이상 탐지나 예측 결과를 활용하기 위해 수행해야 하는 특별한 작업은 없다. 이 장에서 지금까지 배운 모든 내용을 적용할 수 있다. 캔버스에서 `essql` 명령을 사용해 `.ml-anomalies-*` 인덱스 패턴을 쿼리하고 관심 있는 정보를 추출하는 것이 매우 쉽기 때문이다.

키바나 샘플 데이터를 설치하면 사용할 수 있는 몇 가지 샘플 캔버스 워크패드도 제공된다.

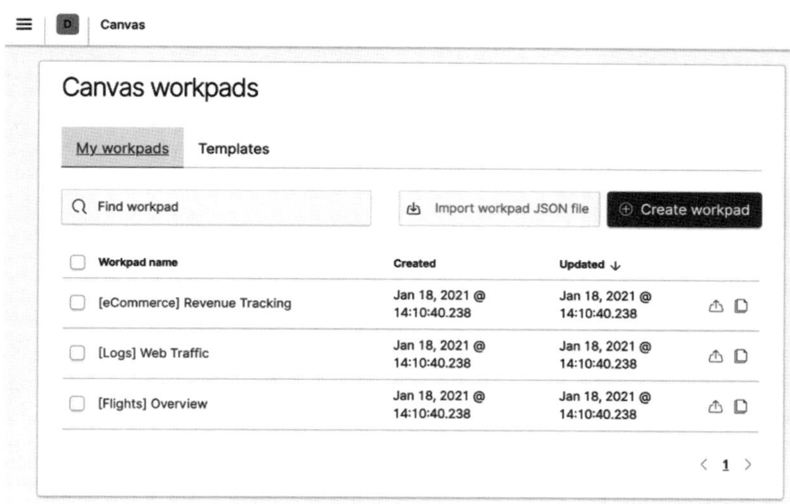

그림 5.37 샘플 캔버스 워크패드

[Log] Web Traffic 샘플 워크패드를 클릭하면 편집할 수 있도록 열린다.

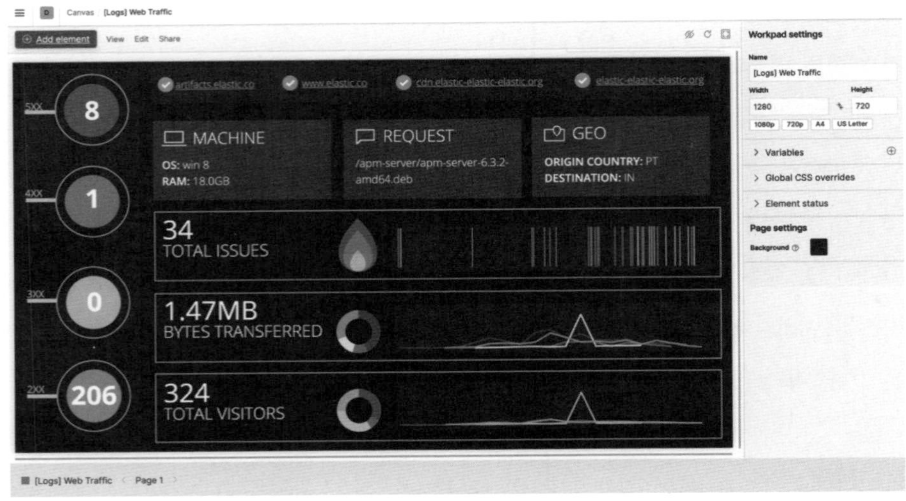

그림 5.38 샘플 웹 트래픽 워크패드

페이지에서 시각화 요소 중 하나를 선택(현재 값이 324인 하단에 있는 TOTAL VISITORS 카운터)하고 나서 캔버스 오른쪽 하단에 위치한 **표현식 편집기**Expression editor를 선택하면 시각화 요소에 대해 세부 정보가 나타난다.

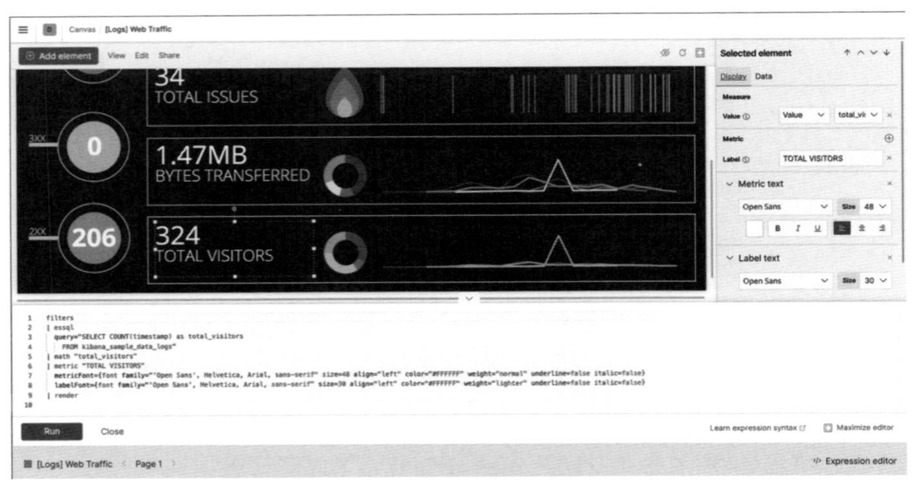

그림 5.39 표현식 편집기에서 캔버스 요소 편집

라이브 데이터를 얻는 실제 “마법”은 `essql` 명령에 임베드돼 있는데, 나머지 표현식은 형식 지정 정도에 불과하다. 간단한 예로서 다음 구문을 사용해 SQL을 조정할 수 있다.

```
SELECT COUNT(timestamp) as critical_anomalies FROM \".ml-
anomalies-*\" WHERE job_id='web_logs_rate' AND result_
type='record' AND record_score>'75'
```

한 가지 주의할 점은 `.ml-anomalies-*` 인덱스 패턴의 이름이 알파벳이 아닌 문자로 시작하기 때문에 이름은 큰따옴표로 묶어야 하고 큰따옴표는 백슬래시 문자로 이스케이프 처리해야 한다는 것이다.

이 결과는 그 데이터 세트에서 특정 이상 탐지 작업에 대한 심각한 이상 징후(75보다 큰 `record_score`)의 총 개수를 반환할 것이다.

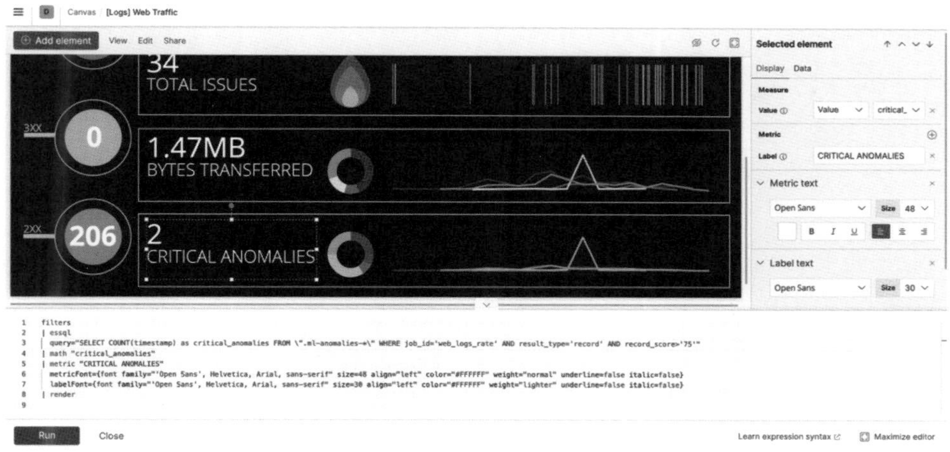

그림 5.40 심각한 이상 징후 카운트 표시

요컨대 매우 아름답고 의미 있는 데이터 시각화를 만들고, 이상 탐지 결과나 예측 결과의 정보를 활용하는데 캔버스를 매우 쉽게 활용할 수 있다.

요약

일래스틱 ML의 이상 탐지와 예측 분석은 키바나에서 제공되는 풍부한 UI를 통해 탐색하거나 결과 인덱스와 API의 직접 쿼리를 통해 프로그래밍 방식으로 탐색할 수 있는 훌륭하고 의미 있는 결과를 생성한다. 이상 탐지와 예측 작업의 결과를 이해하고 추가적으로 사용자 정의 시각화나 얼럿을 위해 정보를 적절하게 활용할 수 있으며 사용자 정의 자산이 훨씬 더 강력해진다.

6장에서는 일래스틱 ML의 운영적 가치를 더욱 높이는 정교하고 유용한 사전 얼럿을 생성하기 위해 이 결과를 활용할 것이다.

06

ML 분석에 기반한 얼러팅

5장, '결과 해석'에서는 이상 탐지와 예측 결과를 일래스틱서치 인덱스에 어떻게 저장하는지 자세히 설명했다. 이제 그러한 결과에 대해 사전 예방적이고 실행 가능하며 유용한 얼럿을 생성할 수 있는 기반을 얻는다.

이 책을 쓰는 시점에서는 우리는 변곡점을 마주했다. 수년간 일래스틱 ML은 와처Watcher (일래스틱서치의 구성 요소)의 경고 기능에 의존해왔는데, 데이터로부터 얼럿을 수행하기 위한 유일한 메커니즘이기 때문이다. 그러나 새 얼럿 플랫폼이 키바나의 일부로 설계됐고 (7.11 버전에서 GA로 여겼던) 나아가 이 새 접근 방식이 얼럿의 기본 메커니즘이 될 것이다.

와처가 제공하는 것 중에서 몇 가지 흥미로운 기능은 키바나 얼러팅에서 아직 사용할 수 없다. 그런 이유로 6장에서는 키바나 얼러팅과 와처를 함께 활용해 얼러팅을 사용하는 방법을 보여준다. 필요에 따라 사용할 접근 방식을 결정할 수 있다.

특히 6장에서는 다음과 같은 주제를 다룰 것이다.

- 얼러팅 개념 이해
- ML UI에서 얼럿 작성
- 와치watch로 얼럿 작성

기술 요구 사항

6장의 내용은 7.12 버전에 존재하는 일래스틱 스택을 기반으로 한다.

얼러팅 개념 이해

얼러팅 그리고 얼럿을 구성하는 메커니즘에 들어가기 전에 지나치게 현학적이지 않게 얼럿의 특정 측면을 이해하는 것이 얼마나 중요한지에 대해 여기서 몇 가지 선언을 하는 것이 좋겠다.

모든 이상 징후가 얼럿일 필요는 없다

명확하게 이 요구 사항을 언급해야 한다. 이상 탐지를 처음 수용하는 사용자가 이상 징후를 경고할 수 있다는 사실을 알게 되면 모든 이상 징후에 대해 경고해야 한다고 생각한다. 이는 이상 탐지가 수백, 수천 또는 수만 개의 엔티티Entity에 배포되는 경우 잠재적으로 매우 도전적인 상황이다. 이상 탐지는 사용자가 얼럿에서 특정 규칙 기반 예외 또는 하드코딩된 임곗값을 정의하는 부담에서 해방시켜주기 때문에 이상 탐지가 많은 데이터에 광범위하게 배포될 가능성도 있다. 주의하지 않으면 사소한 모든 이상 징후에 대한 상세한 얼러팅 때문에 잠재적으로 노이즈가 될 수도 있음을 인식해야 한다.

다행히 이러한 상황을 완화시키는 데 5장, '결과 해석'에서 이미 배웠던 몇 가지 메커니즘이 도움된다.

- **요약**: 이상 징후는 개별 이상 징후(레코드 수준)로 보고될 뿐만 아니라 버킷 수준과 인플루언서 수준으로 요약도 된다고 배웠다. 이러한 요약 점수는 원한다면 더 높은 수준의 추상화에서도 얼럿을 사용할 수 있다.
- **정규화된 스코어링**: 모든 이상 탐지 작업에는 분석 중인 특정 탐지기 구성 및 데이터 세트를 위해 특별히 제작한 사용자 정의 정규화 스케일이 있기 때문에 일래스틱 ML에서 나오는 정규화된 점수를 활용해 일반적인 얼럿의 주기를 제한할 수 있다. 생성한 특정 작업에 대해 최소 이상 징후 점수 10점은 하루에 대략 12개의 얼럿이, 50점이면 하루에 대략 1개, 90점이면 일주일에 대략 1개가 될 것이다. 다시 말하면 단위 시간당 받고 싶은 얼럿의 수에 대해 감내할 수준으로 얼러팅을 효과적으로 조정할 수 있다(물론 평소보다 더 많은 얼럿을 만들 수 있는 시스템 전체 중단의 경우는 제외).
- **상관관계/결합**: 단일 메트릭 이상 징후(호스트 CPU가 비정상적으로 높다)에 대한 경고는 관련 이상 징후 그룹(CPU가 높고, 여유 메모리가 낮으며, 응답 시간도 높다)만큼 강력하지 않을 수 있다. 복합 이벤트 또는 시퀀스에 대한 경고는 어떤 상황에서 더 의미가 있을 수 있다.

얼럿을 구조화하고 효과를 높이는 가장 좋은 방법에 대한 만능 철학은 없지만, 올바른 선택을 위해 사용 가능한 몇 가지 옵션이 있다는 것이 핵심이다.

실시간 얼러팅에는 타이밍이 중요하다

2장, '활성화와 운영화'로 돌아가서 이상 탐지 작업이 원시 데이터를 쿼리하고, 그 데이터를 분석하며, 거의 실시간으로 실행 가능하며 계속 진행 중인 프로세스로써 그 결과를 리포팅하는 비교적 복잡한 오케스트레이션이라고 배웠다. 따라서 해당 프로세스의 흐름을 결정하는 작업 구성의 몇 가지 주요 측면, 즉 `bucket_span`, `frequency`, `query_delay` 매개변수가 있었다. 이러한 매개변수는 결과가 "사용 가능한" 때와 값이 가질 타임스탬프를 정의한다. 이상 탐지 작업에서 얼러팅은 결과 인덱스(`.ml-anomalies-*`)에 대한 쿼리가 포함되며 그 쿼리가 실행되는 때와 사용되는 시간 범위에서 찾고자 하는 이상 징후가 실제로 발견되는지 여부가 중요하기 때문에 이 매개변수가 매우 중요하다.

설명을 위해 다음을 살펴보자.

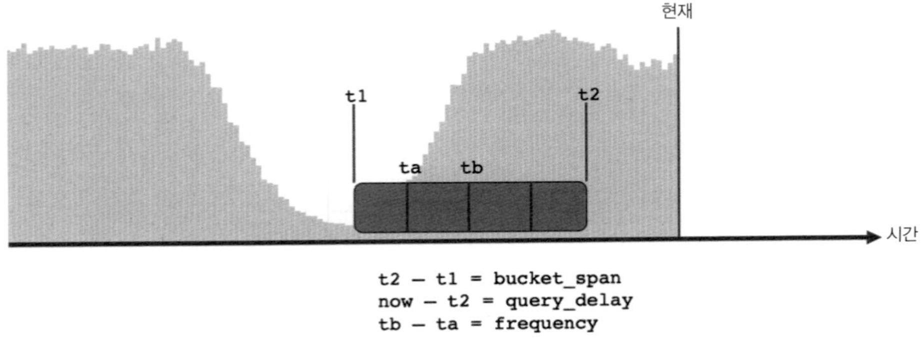

그림 6.1 현재에 대한 버킷 스팬(bucket_span), 쿼리 지연(query_delay), 빈도(frequency) 표현

그림 6.1에서 시간의 특정 버킷(t2 – t1과 같은 시간의 폭으로 표현한), 현재 시스템 시간(now)으로부터 지연 시간(`query_delay`와 같은)을 봤다. 버킷 내에서 `frequency` 매개변수로 정의된 대로 시간이 세분화될 수 있다. 이 버킷의 결과가 결과 인덱스(`.ml-anomalies-*`)에 기록되는 방식과 관련해 이 버킷에 대해 작성된 도큐먼트의 타임스탬프는 모두 버킷이 시작되는 부분인 t1 시간과 동일한 `timestamp`값을 갖는다는 것을 기억해야 한다.

논의하기 위한 실용적인 예를 만들기 위해 다음을 상상해보자.

- `bucket_span` = 15분
- `frequency` = 15분
- `query_delay` = 15분

지금이 오후 12:05이라면, 오전 11:45–오후 12:00에 해당하는 이 버킷은 오후 12:02에 일래스틱 ML이 쿼리하고 처리하며 곧 `.ml-anomalies-*`에 결과 도큐먼트를 기록한다. 그러므로 오전 11:45에 대한 결과가 이미 있는지 여부를 오후 12:05에 `.ml-anomalies-*`를 조사한다면 그 결과가 존재한다고 확신할 수 있고 그 내용을 조사할 수 있을 것이다. 그러나 지금이 오후 12:01라면 오전 11:45 – 오후 12:00에 해당하는 버킷의 결과 도큐먼트가 아직 존재하지 않으며 1분 정도에는 기록되지 않을 것이다. 사건의 타이밍이 매우 중요하다는 사실을 알 수 있다.

예제 시나리오에서 대신 `frequency`를 7.5분 또는 5분으로 줄인다면 버킷 결과를 "더 빨리" 접근할 수 있겠지만 그 결과는 interim(중간 결과)으로 표시되고 버킷이 확정finalize될 때 변경될 것이다.

> **노트**
>
> 빈도가 버킷 범위의 배수인 경우 버킷 내에서 중간 결과가 생성되지만 모든 탐지기가 중간 결과를 생성하는 것은 아니다. 예를 들어 max나 high_count 탐지기가 있는 경우 일반적인 값보다 높은 값을 보여주는 중간 결과가 가능하며 이는 합리적인데, 이미 기대치를 초과했는지 알기 위해 전체 버킷의 내용을 볼 필요는 없기 때문이다. 그러나 mean 탐지기의 경우, 평균값을 결정하기 전에 버킷 전체 관측값을 실제로 확인해야 하므로 중간 결과는 합리적이지 않기 때문에 산출되지 않는다.

그래서 이제 그림 6.1의 다이어그램에서 시간이 약간 흐른 다음, 그 버킷 앞과 뒤에 버킷을 그려 넣으면 다음처럼 보일 것이다.

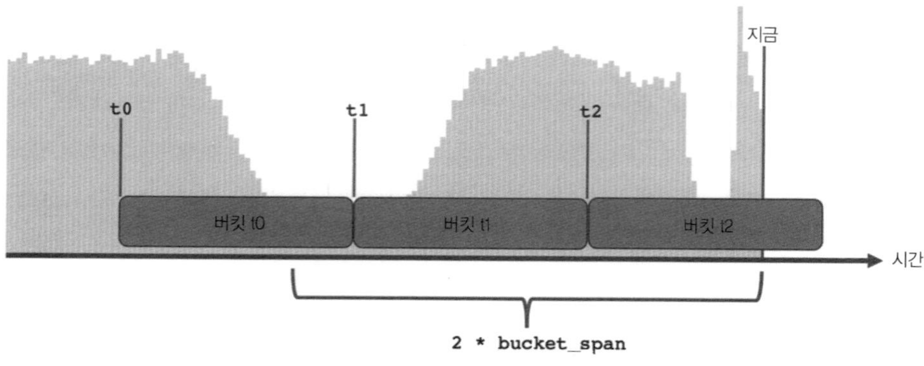

그림 6.2 연속된 버킷 표현

그림 6.2에서 버킷 t2 내에 있는 (지금으로 표시된) 현재 시스템 시간을 볼 수 있는데, **버킷 t2**는 아직 확정finalize되지 않았고 이상 탐지 작업이 **버킷 t2**에 결과를 쓴다면, 5장, '결과 해석'에서 처음 봤던 것처럼 `is_interim:true` 플래그가 표시될 것이다.

기본적으로 "마지막으로 본 이후로 생성된 새로운 이상 징후가 있는가?"라는 질문을 하는 얼럿 검색을 호출하려 하고 그림 6.2에서 검색이 실행된 시간이 **지금**이라고 한다면 다음 사항을 주의해야 한다.

- "돌아보기look back" 기간은 `bucket_span` 너비의 약 두 배여야 한다. 이는 현재 버킷(여기서는 **버킷 t2**)에 대해 게시될 수 있는 모든 중간 결과와 이전 버킷(여기서는 **버킷 t1**)에 대한 최종 결과를 볼 수 있음을 보장하기 때문이다. **버킷 t0**의 결과는 **버킷 t0**에 대한 타임스탬프가 쿼리된 타임 윈도를 벗어나기 때문에 일치하지 않는다. 그러나 적절한 스케줄(다음 부분을 참고)에 따라 이 얼럿 쿼리를 반복해서 얻을 것이기 때문에 괜찮다.
- 이 쿼리를 실행하기 위해 선택한 시간은 버킷 t2의 시간 윈도 내에서 거의 모든 위치에 속할 수 있으며 설명한 대로 계속 작동한다. 얼럿 쿼리가 실행되는 일정은 이상 탐지 작업이 실행되고 결과를 기록하는 일정과 비동기일 가능성이 높기 때문에 중요하다.

- 얼럿 검색을 예약해 최대 bucket_span과 같은 간격으로 작업을 반복할 수 있지만 아직 확정되지 않은 현재 버킷에서 일시적인 이상 징후를 잡아내는 데 관심이 있다면 더 자주 실행할 수 있다.
- 중간 결과를 고려하지 않으려면 is_interim:false를 쿼리 로직에 포함하도록 수정해서 중간 결과를 포함하지 않도록 해야 한다.

이러한 모든 조건을 감안할 때 정확하고 신뢰성 있게 작동하기 위해 필요한 어떤 유형의 흑마법이 있다고 생각할지도 모르겠다. 다행히 일래스틱 ML UI에서 키바나를 사용해 알람을 작성할 때 이러한 고려 사항을 처리한다. 그러나 여러분이 마법사라고 여기며 이러한 모든 작동 방식을 완전히 이해하고 있다면, 완전하게 제어가 가능한 와처Watcher를 사용해 사용자 정의 얼럿 조건을 작성해야 할 가능성에 너무 겁먹지 않아도 된다.

다음 주요 절에서는 작동 방식을 비교하고 대조해볼 수 있도록 각각의 방법을 사용해 몇 가지 예제를 수행해 볼 것이다.

ML UI에서 얼럿 작성

일래스틱 ML은 7.12 버전 릴리스부터 기본 얼럿 핸들러를 와처에서 키바나로 변경했다. 7.12 버전 이전에 사용자가 ML UI에서 얼럿을 선택한 경우 기본 watch(와처용 스크립트 인스턴스)를 수락하거나 처음부터 와처를 만들 수 있었다. 이 절에서는 유연성과 사용자 편의성 사이의 훌륭한 균형을 제공하는 7.12 버전의 키바나 얼럿을 사용하는 새로운 워크플로에 중점을 둘 것이다.

실시간 얼럿의 실제 예제를 만들기 위해 3장, '이상 탐지'에서 처음 사용한 키바나 샘플 웹 로그 데이터세트를 사용해 시나리오를 만들어볼 것이다.

이 절에서 설명하는 절차는 다음과 같다.

1. 샘플 데이터에 대해 몇 가지 샘플 이상 탐지 작업을 정의한다.
2. 두 가지 이상 탐지 작업에 대해 두 가지의 얼럿을 정의한다.
3. 비정상적인 행위를 얼럿이 잡아내기 위해 이 행위를 하는 시뮬레이션을 실행한다.

첫 샘플 이상 탐지 작업을 정의해보자.

샘플 이상 탐지 작업 정의

물론 얼럿을 만들기 전에 실시간으로 실행되는 작업이 필요하다. 동일한 키바나 웹 로그 데이터세트와 함께 제공되는 샘플 ML 작업을 활용할 수 있다.

> **노트**
>
> 클러스터에 이 데이터세트가 이미 적재돼 있다면 삭제하고 다시 추가해야 한다. 이렇게 하면 데이터의 약 절반이 과거에 나머지 절반은 미래에 있도록 데이터세트 타임스탬프가 재설정되기 때문이다. 미래에 일부 데이터가 있으면 데이터가 실시간으로 표시되는 것처럼 가장할 수 있으므로 실시간 이상 탐지 작업과 그 작업에 대한 얼럿이 실제처럼 작동한다.

시작하려면 샘플 데이터를 다시 적재하고 몇 가지 샘플 작업을 만들어보자.

1. 키바나 홈 화면에서 **샘플 데이터 사용하기**Try our sample data를 클릭한다.

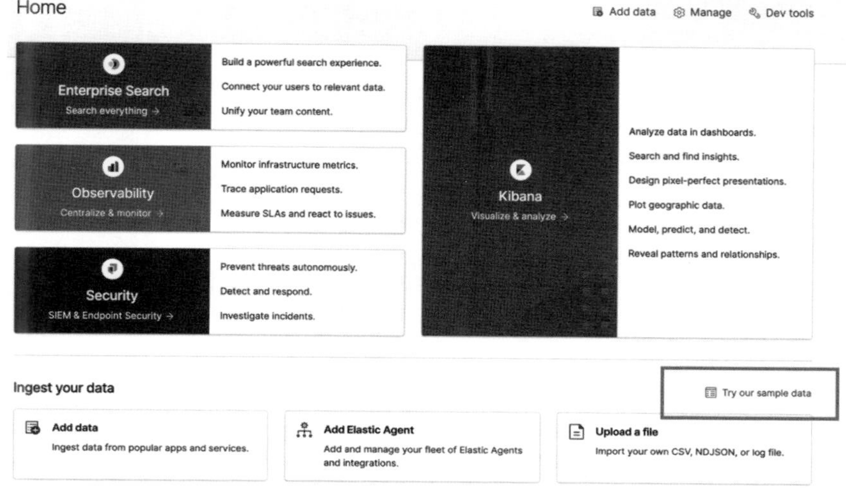

그림 6.3 키바나 홈 화면

2. **샘플 웹 로그**Sample web logs 섹션에 있는 **인덱스 패턴**Index Pattern를 클릭한다(이미 적재돼 있다면 제거하고 다시 추가하자).

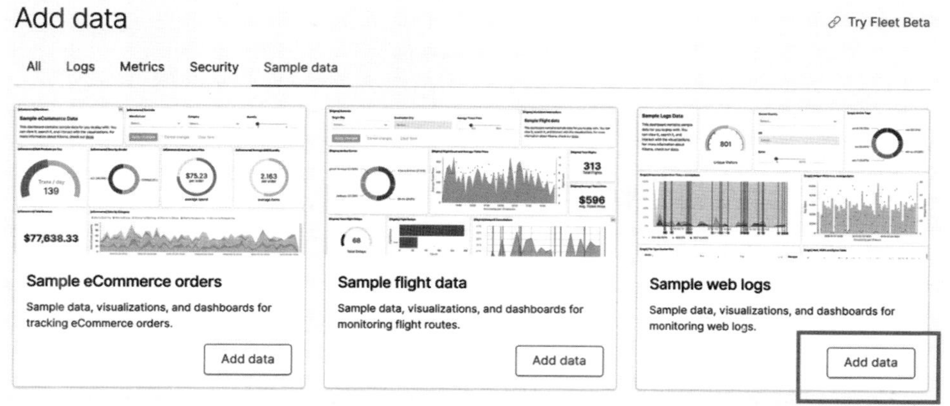

그림 6.4 샘플 웹 로그 데이터 추가

3. 샘플 작업을 만들기 위해 **데이터 조회**View data 메뉴에 있는 **ML 작업**ML Jobs을 선택한다.

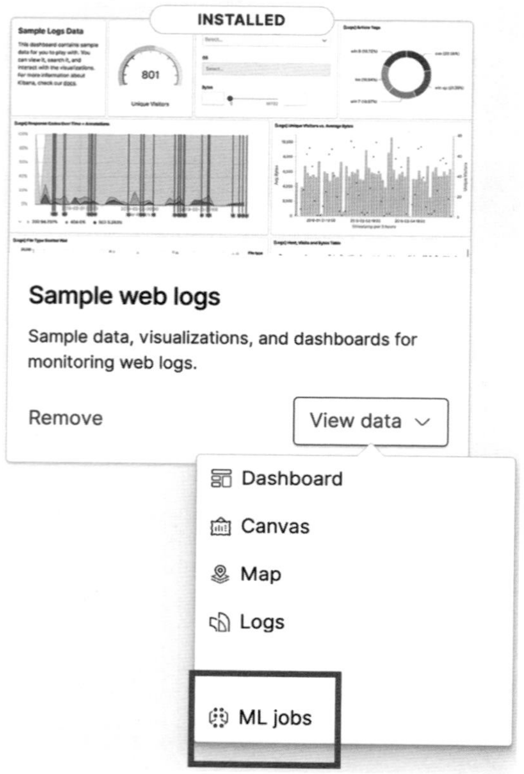

그림 6.5 샘플 작업 생성을 위한 선택

4. 세 샘플 작업에 작업 ID 접두어Job ID prefix(여기서는 `alert-demo-` 입력)를 지정하고, `Use kibana_sample_data_logs data` 선택을 취소하고, 종료 시간은 현재 시스템 시간(현재 타임존)에서 15분 단위로 가까운 시간으로 선택한다.

New job from index pattern kibana_sample_data_logs

Job settings

Job ID prefix

The prefix is added to the beginning of each job ID.

Job ID prefix

alert-demo-

Start datafeed after save

Use full kibana_sample_data_logs data

Mar 28, 2021 @ 00:00:00.000 → Apr 8, 2021 @ 11:00:00.000

> Advanced

Create Jobs

Jobs

alert-demo-low_request_rate

Find unusually low request rates

kibana_sample_data kibana_sample_web_logs

alert-demo-url_scanning

Find client IPs accessing an unusually high distinct count of URLs

kibana_sample_data kibana_sample_web_logs

alert-demo-response_code_rates

Find unusual event rates by HTTP response code (high and low)

kibana_sample_data kibana_sample_web_logs

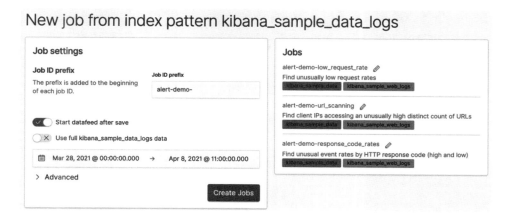

그림 6.6 접두어로 샘플 작업 이름을 지정하고 종료 시간을 선택

5. 그림 6.6에서 종료 시간으로 Apr 8, 2021 @ 11:00:00.000를 선택했고 11일 이전(Mar 28, 2021 @ 00:00:00.000)으로 시작 시간(샘플 데이터를 설치할 때 11일 이전으로 돌아간다)을 선택했다. 이 스크린샷의 현재 로컬 시간은 4월 8일 오전 11시 10분이었다. 이는 샘플 데이터를 실시간으로 보이게 하기 위해 중요하다. 작업 생성을 설정하기 위해 **작업 생성**Create Jobs 버튼을 클릭하면 다음과 같은 화면을 볼 것이다.

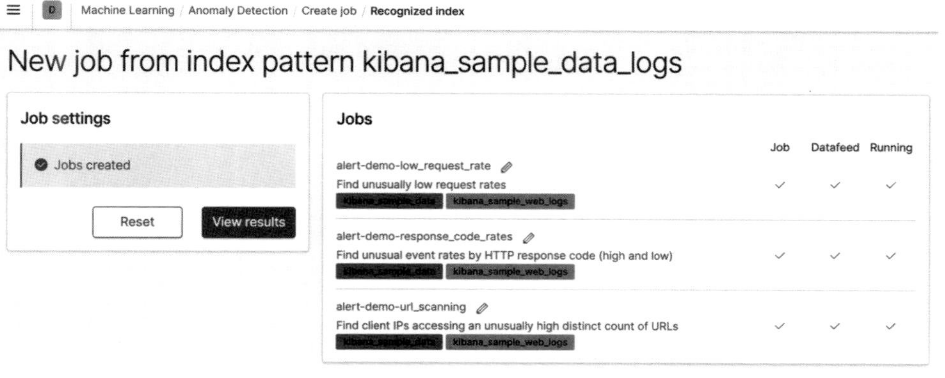

그림 6.7 초기 실행이 완료된 샘플 작업

6. 아직 작업 결과를 확인할 필요는 없다. 대신, 세 작업이 실시간으로 실행 중인지 확인해야 한다. 상단에 있는 **이상 탐지**Anomaly Detection를 클릭해서 **작업 관리**Job Management 페이지로 돌아가자. 여기에서 세 가지 작업이 일부 데이터를 분석했지만 현재 데이터피드가 중단된 닫힌 상태임을 알 수 있다.

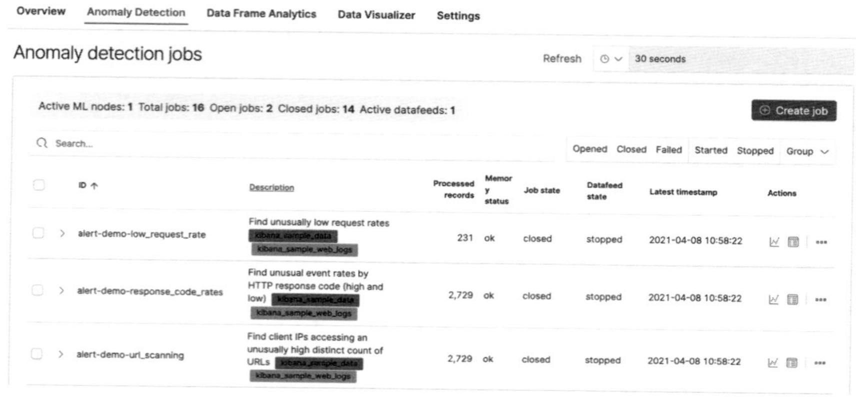

그림 6.8 작업 관리 화면의 샘플 작업

7. 이제 이 세 가지 작업이 실시간으로 실행되도록 해야 한다. 각 작업 옆에 있는 체크박스 세 개를 모두 선택한 다음 나타난 설정 아이콘(기어 모양)을 선택하고 세 개의 작업에 대해 **데이터피드 시작**Start datafeeds 메뉴를 선택한다.

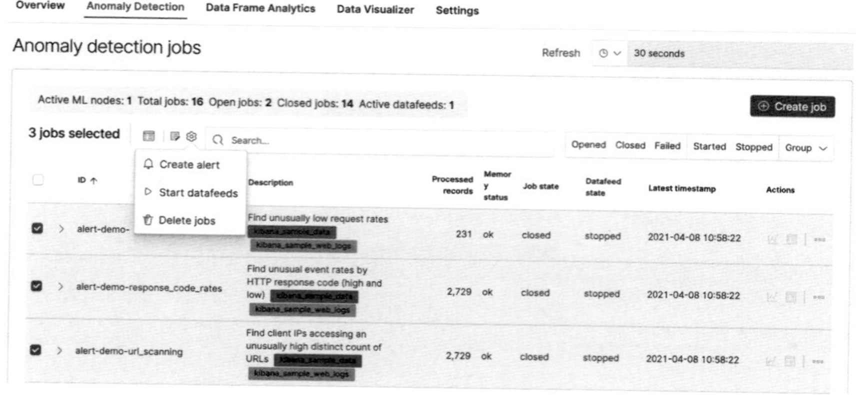

그림 6.9 세 가지 샘플 작업 모두에 대한 데이터 공급 시작

8. 팝업 창에서 **검색 시작 시간**Search start time과 **검색 종료 시간**Search end time 모두 첫 번째 옵션을 선택해 작업이 실시간으로 계속 실행되도록 한다. 잠시 후 자체 얼럿을 만들 생각이므로 지금은 선택한 **데이터피드 이후 얼럿 생성**Create alert after datafeed has selected을 체크하지 않은 상태로 둘 것이다.

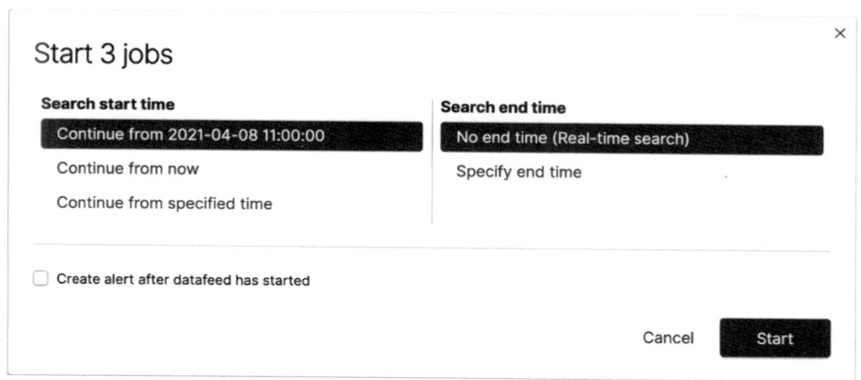

그림 6.10 실시간으로 실행할 세 가지 샘플 작업의 데이터피드 시작

9. **시작**Start 버튼을 클릭한 이후에 이제 세 작업 상태가 opened/started로 됐음을 볼 수 있다.

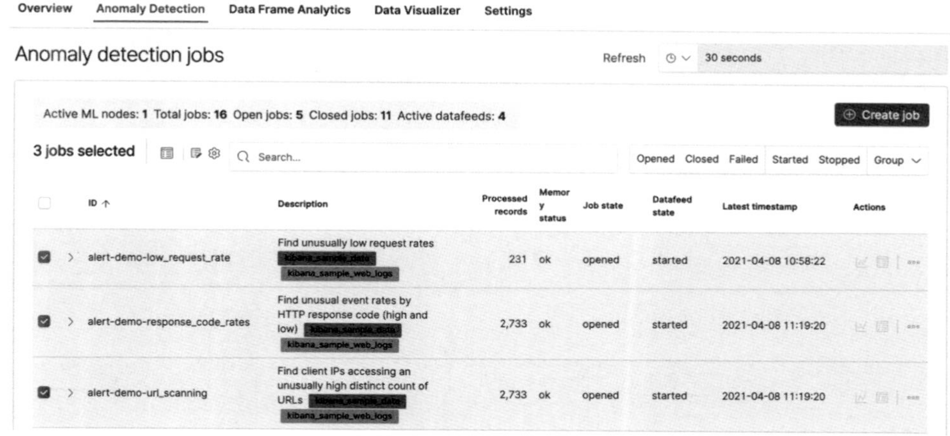

그림 6.11 현재 실시간으로 실행 중인 샘플 작업

작업을 시작하고 실행했으므로 이제 작업에 대한 몇 가지 얼럿을 정의해보자.

샘플 작업에 대한 얼럿 생성

이제 실시간으로 실행되는 이 작업으로 이 작업에 대한 몇 개의 얼럿을 정의할 수 있다.

1. `alert-demo-response_code_rates` 작업에 대해 ··· 아이콘을 클릭하고 **얼럿 생성**Create alert을 선택한다.

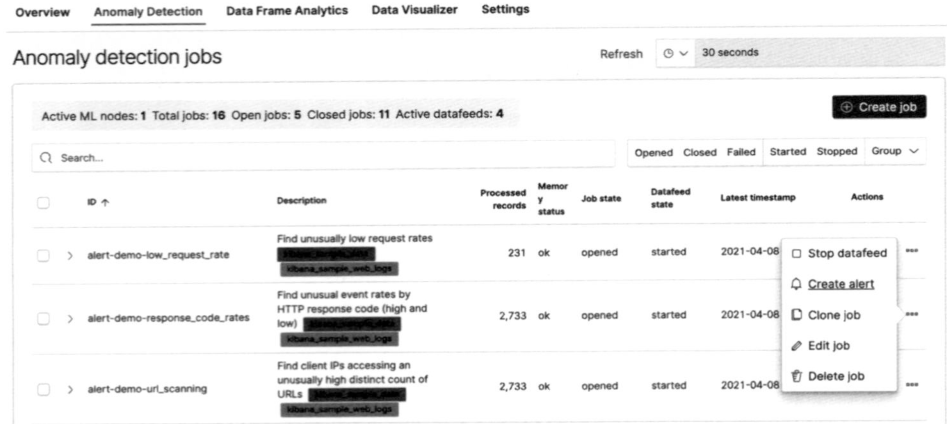

그림 6.12 샘플 작업에 대한 얼럿 생성

2. 이제 **얼럿 생성**Create alert 대화창이 뜨고 원하는 얼럿 구성 채우기를 시작할 수 있다.

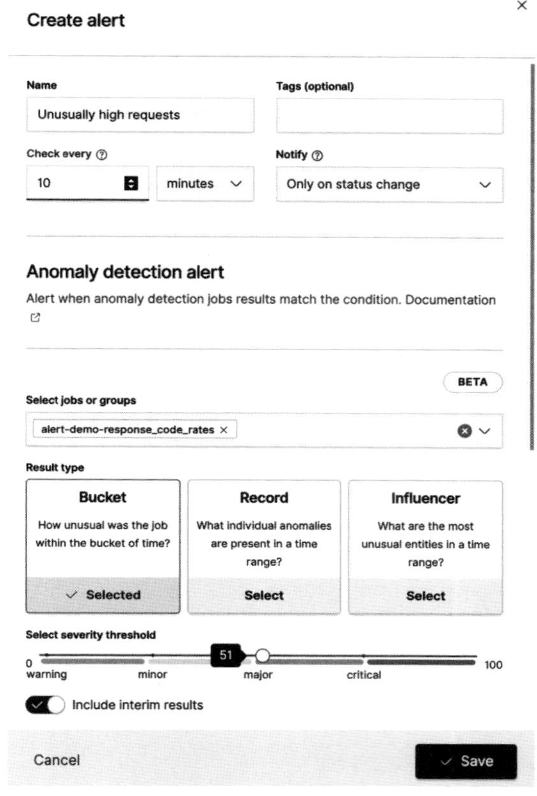

그림 6.13 얼럿 구성 만들기

3. 그림 6.13에서 얼럿 이름을 지정하고 10분마다 이상 징후를 확인하도록 정의한다. 이 작업의 bucket_span은 1시간으로 설정되지만 빈도frequency는 10분으로 설정된다. 그러므로 중간 결과는 전체 버킷 시간보다 훨씬 빨리 제공된다. 이것이 우리가 가능한 빨리 알림을 받을 수 있도록 중간 결과를 얼럿 구성에 포함하기로 선택한 이유이기도 하다. 또한 이전에 논의한 것처럼 Result type(결과 유형)을 Bucket 유형으로 설정해 이상 징후에 대한 요약된 처리를 제공한다. 마지막으로 심각도severity 임곗값을 51로 설정해 이 값을 초과하는 점수의 이상 징후에 대해서만 얼럿이 발생하도록 한다.

4. 계속 진행하기 전에 과거 데이터에 대한 얼럿 구성을 확인할 수 있다. 30d를 테스트 상자에 입력하면 이 얼럿 조건과 일치하는 지난 30일 동안의 데이터에서 단 한 개의 얼럿이 있었음을 알 수 있다.

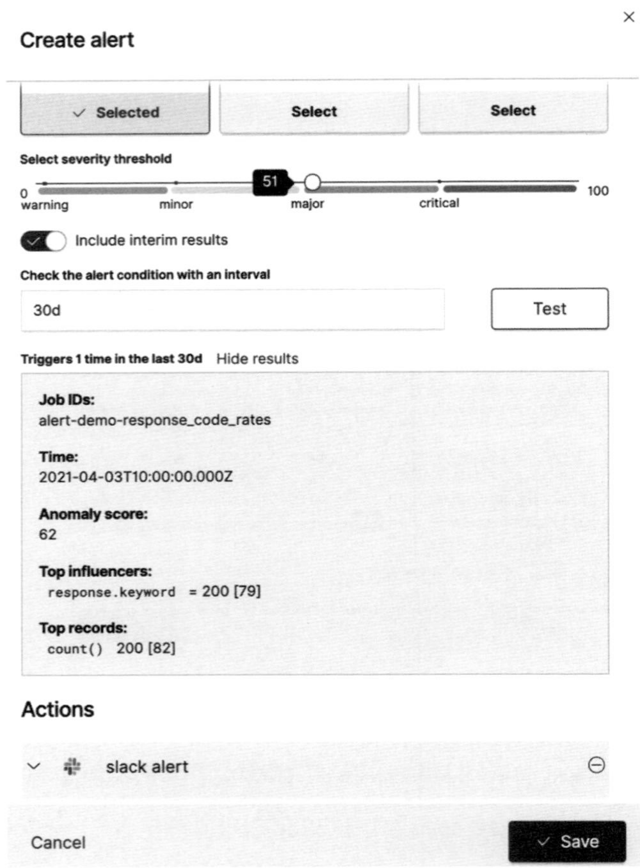

그림 6.14 과거 데이터에 대한 얼럿 구성 테스트

5. 마지막으로, 얼럿 발생 시 호출하는 액션을 구성할 수 있다. 이 경우 시스템은 Slack(슬랙)을 얼럿 액션으로 사용하도록 미리 구성돼 있으므로 여기에서는 이를 선택하겠지만 그외 사용자가 고려할 수 있는 다른 옵션이 많이 있다(https://www.elastic.co/guide/en/kibana/current/action-types.html에서 사용 가능한 모든 옵션과 얼럿 메시지를 사용자 정의하는 방법을 살펴보자).

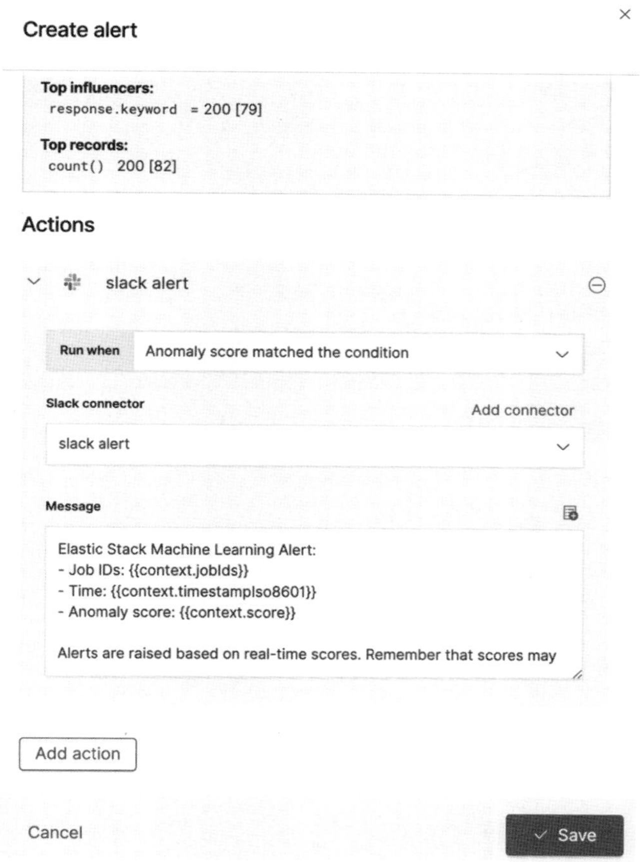

Create alert

Top influencers:
response.keyword = 200 [79]

Top records:
count() 200 [82]

Actions

slack alert

Run when Anomaly score matched the condition

Slack connector
Add connector

slack alert

Message

Elastic Stack Machine Learning Alert:
- Job IDs: {{context.jobIds}}
- Time: {{context.timestampIso8601}}
- Anomaly score: {{context.score}}

Alerts are raised based on real-time scores. Remember that scores may

Add action

Cancel
Save

그림 6.15 얼럿 액션 구성

6. **저장**Save 버튼을 클릭해서 이 얼럿을 저장한다. 그런 다음, 키바나의 **스택 관리 | 얼럿과 액션**Stack Management | Alerts and Actions 영역을 통해 조회하고 편집할 수 있다.

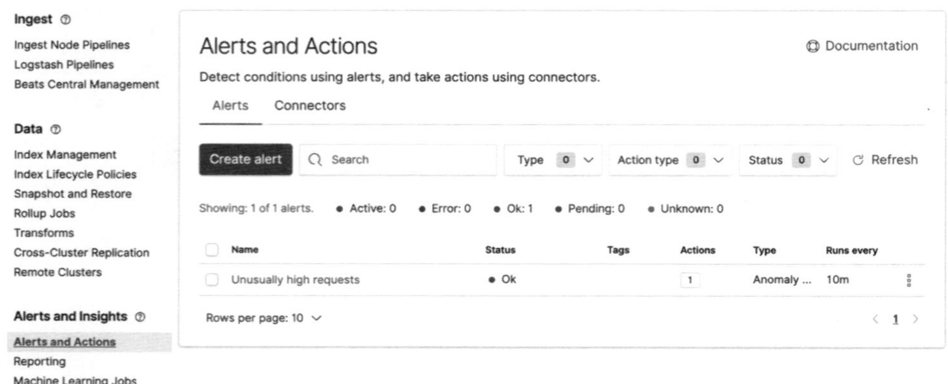

그림 6.16 얼럿 관리

7. `alert-demo-url_scanning` 작업에 대해 하나 이상의 얼럿을 생성할 것이다. 이번에는 **레코드**Record 얼럿을 생성하겠지만, 다른 구성 매개변수는 이전 예제와 유사할 것이다.

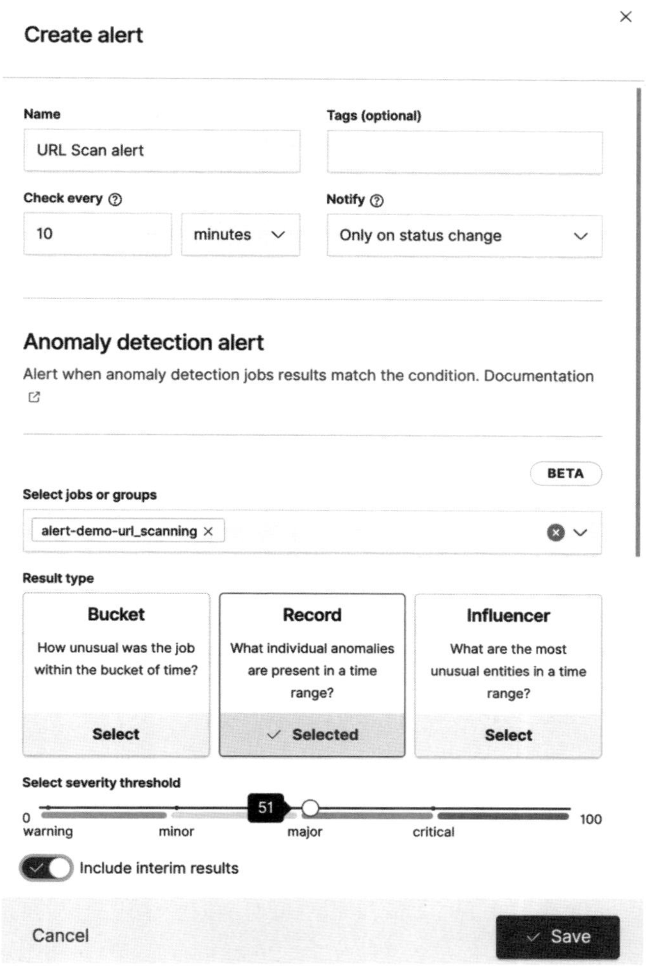

그림 6.17 URL 스캔 작업에 대한 다른 얼럿 구성

이제 얼럿 두 개를 구성하고 얼럿을 트리거하기 위해 실시간으로 실제 이례적인 상황을 시뮬레이션하는 것으로 넘어가보자.

실시간 이례적인 행위 시뮬레이션

샘플 웹 로그 맥락에서 시뮬레이션된 이례적인 행위의 트리거링은 다소 까다롭긴 해도 그렇게 어려운 것은 아니다. 여기에서는 일래스틱서치의 일부 API 사용 사례를 포함하여 키바나에 있는 Dev Tools console(개발 도구 콘솔)로 몇 가지 명령을 실행할 것이다.

콘솔은 일래스틱서치로 API 호출을 실행하고 그 API 호출의 출력(응답)을 확인할 수 있는 곳이다.

> **노트**
>
> 콘솔에 익숙하지 않다면 문서(https://www.elastic.co/guide/en/kibana/current/console-kibana.html)를 참조하라.

시뮬레이션할 것은 두 가지다. 이상 탐지 작업이 모니터링하는 인덱스에 몇몇 가짜 도큐먼트를 삽입한 다음, 얼럿이 실행될 때까지 기다린다. 이러한 도큐먼트는 `404` 응답 코드를 생성하는 실재하지 않는 `0.0.0.0` IP 주소로부터 요청이 급증하는 것을 보여주며 무작위 URL 경로로도 요청될 것이다.

자, 시작해보자.

1. 현재 시간을 UTC로 확인해야 한다. 일래스틱서치 인덱스에 저장된 도큐먼트는 UTC로 저장되기 때문에 UTC 시간(현지 시간대의 시간과 다른)을 알아야 한다. 이를 확인하려면 온라인 도구(예를 들어 `current time utc`를 구글링해서)를 사용한다. 이 글을 쓰는 당시 현재 UTC 시간은 2021년 4월 8일 오후 4시 41분이다. 일래스틱서치가 `kibana_sample_data_logs` 인덱스에 기대하는 형식으로 변환하면 다음과 같을 것이다.

   ```
   "timestamp": "2021-04-08T16:41:00.000Z"
   ```

2. 이제 몇 가지 새로운 가짜 도큐먼트를 현재 시간으로 `kibana_sample_data_logs`

인덱스에 삽입해보자(약간의 버퍼를 고려해서 30분으로 반올림. 여기서는 17:00). 이 값에 따라 timestamp 필드값을 교체하고 개발 도구 콘솔에서 다음 명령을 적어도 20회 삽입한다.

```
POST kibana_sample_data_logs/_doc
{
  "timestamp": "2021-04-08T17:00:00.000Z",
  "event.dataset" : "sample_web_logs",
  "clientip": "0.0.0.0",
  "response" : "404",
  "url": ""
}
```

3. 그런 다음 URL을 모두 고유하게 만들기 위해 _update_by_query API 호출에 필드 값을 무작위로 만드는 다음 스크립트를 사용해서 방금 입력한 도큐먼트를 동적으로 수정할 수 있다.

```
POST kibana_sample_data_logs/_update_by_query
{
  "query": {
    "term": {
      "clientip": {
        "value": "0.0.0.0"
      }
    }
  },
  "script": {
  "lang": "painless",
  "source": "ctx._source.url = '/path/to/'+ UUID.
randomUUID().toString();"
```

```
  }
}
```

4. 키바나 디스커버Kibana Discover에서 적절한 시간을 확인해서 위조 IP 주소에서 대량의 고유하고 무작위적인 요청을 올바르게 생성했는지 확인할 수 있다.

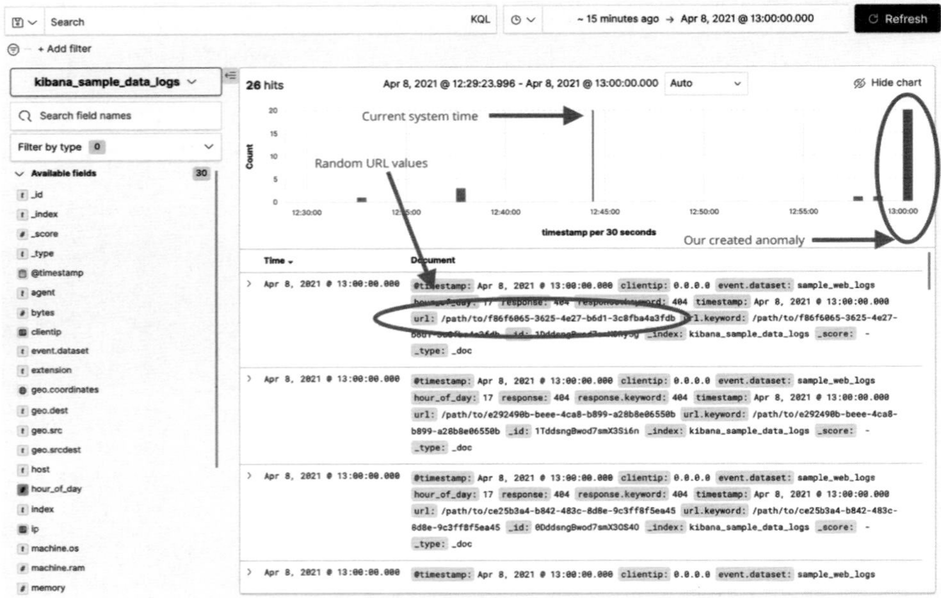

그림 6.18 디스커버에 표시된 비정상적인 이벤트의 인위적인 폭발

5. 그림 6.18에서 알 수 있듯이 인위적으로 삽입(오후 12시 45분 근처의 타임라인에서 빨간색 수직선은 이 지역 시간대의 실제 현재 시스템 시간이다)한 도큐먼트를 보기 위해 미래를 조금 훔쳐봐야 했다. 삽입한 도큐먼트에는 멋져 보이는 무작위의 `url` 필드도 있다. 이상 탐지를 위한 "덫을 놓았고", 얼럿을 준비했으니, 이제 편안하게 앉아서 얼럿이 트리거될 때까지 참을성 있게 기다려야 한다.

얼럿 수신과 검토

삽입한 이례적인 행위가 이제 이상 탐지 작업과 얼럿에 의해 발견되기를 기다리고 있는 경우 그 얼럿이 발생하기를 기대해야 하는 시점을 생각해볼 수 있다. 주어진 작업이 1시간 버킷 스팬, 10분 빈도, 1~2분 정도의 쿼리 지연이 있다면(얼럿이 실제로 중간 결과를 구하고 그 얼럿은 이상 탐지 작업과 10분 간격으로 비동기적으로 실행되고 있다), 지역 시간으로 오후 1시 12분에서 오후 1시 20분 사이에 얼럿이 발생할 것으로 예상해야 한다.

때마침 지역 시간으로 오후 1시 16분과 오후 1시 18분에 슬랙에 두 작업에 대한 얼럿 메시지가 발생했다.

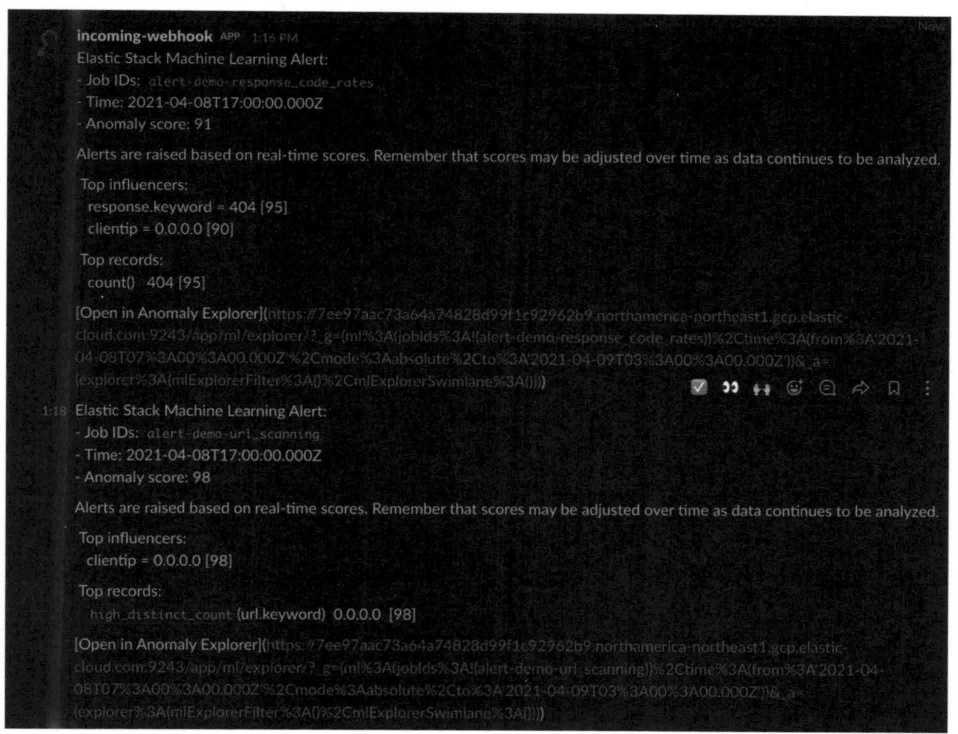

그림 6.19 슬랙 클라이언트에서 수신된 얼럿

물론 그림 6.19에서 맨 위의 얼럿은 개별 `response.keyword`(그래서 404 도큐먼트 급증이 기대치를 초과하는 것으로 나타난다)에 대한 이벤트 개수를 카운트하는 이상 탐지 작업에 대한 것이고, 다음의 얼럿은 요청된 고유 URL의 높은 중복 제거[distinct] 카운트를 알려주는 다른 작업에 대한 것이다. 두 작업 모두 `clientip = 0.0.0.0`을 이상 징후에 대한 인플루언서로 올바르게 식별한다. 얼럿 텍스트에 포함된 것은 **이상 징후 탐색기**[Anomaly Explorer]에서 이 정보를 직접 조회할 수 있는 링크다. 그림 6.20에서 두 번째 얼럿에서 그 링크를 따라가 볼 수 있는데, 다음처럼 이 이상 징후를 좀 더 조사하기 위한 익숙한 장소로 이동될 것이다.

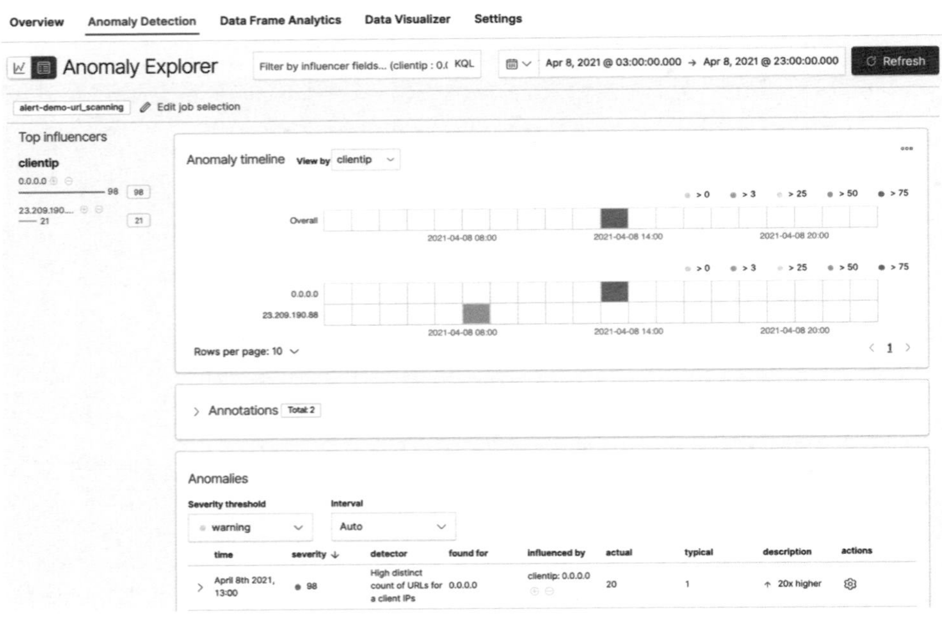

그림 6.20 얼럿 드릴 다운(drill-down) 링크로부터 따라간 이상 징후 탐색기

이 예제를 통해 이상 탐지 작업에서 키바나 얼러팅 프레임워크로 얼럿을 사용하는 방법을 이해할 뿐만 아니라, 이제 그 작업과 경고 둘 다 실시간 작업의 복잡성도 이해할 수 있기를 바란다. 그 작업의 데이터피드와 얼럿 샘플링 간격 내의 설정은 실시간 얼럿에 영향을 준다. 예를 들어 몇 분 정도의 시간을 단축하기 위해 데이터피드 `frequency`(빈도)와 얼럿

의 Check every 설정을 줄일 수 있다.

다음 절에서는 와처Watcher를 사용해 실시간 얼럿 탐지를 되풀이하는 시도를 하지는 않겠지만, 와처를 이상 탐지 작업에 인터페이스하는 데 필요한 작업을 수행하고 몇 가지 흥미로운 와치watch 예제를 보여주기 위해 와처 내에서 동등한 설정을 이해하는 일을 할 것이다.

와치(watch)로 얼럿 만들기

7.12 이전 버전에서 와처는 일래스틱 ML에 의해 이상 징후를 찾는 얼럿에 대한 메커니즘으로 사용됐다. **와처**는 다양한 자동화 태스크를 다룰 수 있는 일래스틱서치의 유연한 기본 플러그인이며, 얼러팅은 틀림없이 그러한 다양한 자동화 태스크 중 하나다. 7.11 및 이전 버전에서 사용자는 처음부터 자체 **와치**(와처에서 자동화 태스크 인스턴스)를 통해 이상 탐지 작업 결과에 대해 경고하거나 일래스틱 ML UI에서 생성된 기본 와치 템플릿을 사용하도록 선택할 수 있다. 먼저 제공된 기본 와치를 살펴본 다음 사용자 정의 와치에 대한 몇 가지 아이디어를 알아볼 것이다.

레거시 기본 ML 와치의 구조 이해

이제 이상 탐지 작업에서 얼러팅은 새 키바나 얼러팅 프레임워크에 의해 처리되며, 레거시 와치 기본 템플릿(및 몇 가지 다른 예제)은 깃허브 저장소에 기록돼 있다.

https://github.com/elastic/examples/tree/master/Alerting/Sample%20Watches/ml_examples

기본 ML 와치(`default_ml_watch.json`)와 이메일 액션(`default_ml_watch_email.json`)이 있는 컴패니언 버전을 분석하면, 네 가지 주요 섹션이 있음을 알 수 있다.

- trigger: 와치의 스케줄링을 정의한다.

- input: 평가할 입력 데이터를 지정한다.
- condition: `actions` 섹션이 실행되는지 여부를 평가한다.
- actions: 와치의 조건이 충족되는 경우 수행할 원하는 액션을 나열한다.

> **노트**
>
> 와처의 모든 옵션에 대한 설명은 일래스틱 문서(https://www.elastic.co/guide/en/elasticsearch/reference/current/how-watcher-works.html)를 참고하라.

각 섹션에 대해 자세히 살펴보자.

trigger 섹션

기본 ML 와치에서 `trigger` 섹션은 다음처럼 정의한다.

```
"trigger": {
  "schedule": {
    "interval": "82s"
  }
},
```

여기에서 와치가 실시간으로 실행되는 간격이 82초임을 알 수 있다. 이는 일반적으로 노드가 재시작되는 경우 모든 와치가 동기화되지 않고 실행 시간이 더 고르게 분산돼 클러스터의 잠재적인 부하를 줄이기 위해 60초에서 120초 사이의 임의의 값이어야 한다. 또한 이 간격 값은 버킷 스팬보다 작거나 같아야 한다. 6장 앞에서도 설명했듯이 버킷 스팬보다 크면 최근에 작성된 이상 징후 레코드가 와치에서 누락될 수 있다. 간격이 작업의 버킷 스팬보다 짧으면 (또는 훨씬 짧으면) 중간 결과가 있을 때 사용할 수 있는 고급 알림을 활용할 수도 있는데, 버킷 스팬 내의 모든 데이터를 확인하지 않아도 여전히 이상 징후를 판별할 수 있기 때문이다.

input 섹션

`input` 섹션은 `.ml-anomalies-*` 인덱스 패턴에 대해 정의된 다음의 `query`에서 `search` 섹션과 함께 시작한다.

```
"query": {
  "bool": {
    "filter": [
      {
        "term": {
          "job_id": "<job_id>"
        }
      },
      {
        "range": {
          "timestamp": {
            "gte": "now-30m"
          }
        }
      },
      {
        "terms": {
          "result_type": [
            "bucket",
            "record",
            "influencer"
          ]
        }
      }
    ]
```

```
  }
},
```

여기에서 와처에게 최근 30분 동안 작업(이상 탐지 작업에 대해 <job_id>를 원하는 실제 job_id로 바꿀 것이다)에 대한 bucket, record, influencer 결과 도큐먼트를 쿼리하도록 요청하고 있다. 6장 앞부분에서 알 수 있듯이, 이 look-back(돌아보기) 윈도는 ML 작업의 bucket_span값의 두 배여야 한다(이 템플릿은 작업의 버킷 스팬이 15분이라고 가정해야 한다). 모든 결과 유형을 요청했지만 나중에 버킷 수준 결과만 얼럿 생성 여부를 평가하는 데 사용한다는 것을 알게 될 것이다.

다음은 연속된 세 가지 집계다. 축소하면 다음과 같이 보일 것이다.

```
"aggs": {
  "bucket_results": {↔},
  "influencer_results": {↔},
  "record_results": {↔}
}
```

그림 6.21 와치 입력에서 쿼리 집계

bucket_results 집계는 anomaly_score가 75보다 같거나 큰 버킷에 대해 처음 필터링한다.

```
"aggs": {
  "bucket_results": {
    "filter": {
      "range": {
        "anomaly_score": {
          "gte": 75
        }
      }
```

```
  },
```

그런 다음, 하위 집계는 anomaly_score로 정렬된 상위 1개 버킷을 요청한다.

```
"aggs": {
  "top_bucket_hits": {
    "top_hits": {
      "sort": [
        {
          "anomaly_score": {
            "order": "desc"
          }
        }
      ],
      "_source": {
        "includes": [
          "job_id",
          "result_type",
          "timestamp",
          "anomaly_score",
          "is_interim"
        ]
      },
      "size": 1,
```

다음으로, 여전히 top_bucket_hits 하위 집계 내에 script_fields 정의가 있다.

```
"script_fields": {
  "start": {
    "script": {
```

```
      "lang": "painless",
      "source": "LocalDateTime.
ofEpochSecond((doc[\"timestamp\"].value.getMillis()-
((doc[\"bucket_span\"].value * 1000)\n * params.padding)) /
1000, 0, ZoneOffset.UTC).toString()+\":00.000Z\"",
      "params": {
        "padding": 10
      }
    }
  },
  "end": {
    "script": {
      "lang": "painless",
      "source": "LocalDateTime.
ofEpochSecond((doc[\"timestamp\"].value.
getMillis()+((doc[\"bucket_span\"].value * 1000)\n * params.
padding)) / 1000, 0, ZoneOffset.UTC).toString()+\":00.000Z\"",
      "params": {
        "padding": 10
      }
    }
  },
  "timestamp_epoch": {
    "script": {
      "lang": "painless",
      "source": "doc[\"timestamp\"].value.getMillis()/1000"
    }
  },
  "timestamp_iso8601": {
    "script": {
```

```
      "lang": "painless",
      "source": "doc[\"timestamp\"].value"
    }
  },
  "score": {
    "script": {
      "lang": "painless",
      "source": "Math.round(doc[\"anomaly_score\"].value)"
    }
  }
}
```

이러한 새롭게 정의된 변수는 와치에서 더 많은 기능과 컨텍스트를 제공하는 데 사용된다. 일부 변수는 단순히 값을 다시 포메팅하고(score는 anomaly_score의 반올림 버전이다), start와 end는 나중에 시작과 종료 시간을 이상 징후 버킷의 시간으로부터 +/− 10 버킷 스팬과 동일한 시작과 종료 시간으로 채우는 기능적 역할을 한다. 이는 사용자가 더 명확하게 볼 수 있도록 이상 징후 버킷 앞뒤에 적절한 컨텍스트 시간 범위를 보여주기 위해 나중에 UI에서 사용된다.

influencer_results와 record_results 집계는 상위 세 개의 인플루언서 점수와 레코드 점수를 요청하지만 record_results 집계의 출력만 와치의 후속 부분에서 (그리고 기본 이메일 텍스트를 담고 있는 default_ml_watch_email.json의 action 섹션에서) 사용된다.

condition 섹션

이 condition 섹션은 action 섹션이 실행되는지 여부를 판단하기 위해 input이 평가되는 곳이다. 이 경우 condition 섹션은 다음과 같다.

```
"condition": {
  "compare": {
    "ctx.payload.aggregations.bucket_results.doc_count": {
      "gt": 0
    }
  }
},
```

bucket_results 집계가 어떤 도큐먼트라도 반환하는지 (doc_count가 0보다 큰지) 확인하기 위해 이를 사용한다. 다시 말하면 bucket_results 집계가 실제로 0이 아닌 값을 반환한다면 anomaly_score가 75보다 큰 도큐먼트가 실제로 있었음을 의미한다. 이 값이 true라면 action 섹션이 호출될 것이다.

action 섹션

기본 와치에 있는 action 섹션은 파일에 정보를 기록하는 log 액션과 이메일을 보내는 send_email 액션이 있다. 와치의 텍스트는 (너무 많은 텍스트가 있어서) 여기서는 생략할 것이다. log 액션은 기본적으로 일래스틱서치 로그 파일인 출력 파일에 메시지를 쓸 것이다. 메시지의 구문은 **머스태시**Mustache(중괄호를 많이 사용하기 때문에 이러한 이름이 지어진)라는 템플릿 언어를 사용하고 있다. 간단히 이야기하면 머스태시의 이중 중괄호에 포함된 변수는 실제 값으로 치환된다. 결과적으로 6장의 앞부분에서 만든 샘플 작업 중 하나에 대해 파일에 기록된 로깅 텍스트는 다음과 같을 것이다.

```
Alert for job [alert-demo-response_code_rates] at
[2021-04-08T17:00:00.000Z] score [91]
```

같은 정보에서 파생됐기 때문에 이 얼럿은 6장의 앞부분에 있는 슬랙 메시지에서 본 것과 비슷해야 한다. 이 액션의 이메일 버전은 다음과 같을 것이다.

```
Elastic Stack Machine Learning Alert
    Job: alert-demo-response_code_rates
    Time: 2021-04-08T17:00:00.000Z
    Anomaly score: 91
    Click here to open in Anomaly Explorer.
    Top records:
    count() [91]
```

얼럿 HTML 형식은 사용자에게 정보 요약을 제공하는 것이 아니라 사용자가 이메일 내의 링크를 클릭해 추가적인 조사를 할 수 있도록 유도하는 데 중점을 두고 있음을 알 수 있다.

또한 상위 3개 레코드가 이메일 응답 텍스트에 기록된다는 점도 주목할 만하다. 이 예제에서는 레코드가 하나만 있다(91점의 count 탐지기). 이 정보 섹션은 이전에 와치의 `input` 섹션에서 설명한 `record_results` 집계에서 가져왔다.

이 기본 와치는 시간 경과에 따른 데이터세트로부터 이상 징후에 대한 요약 정보를 제공하는 데 유용하지만 다음처럼 이를 사용한다는 것에 대한 의미를 이해하는 것도 좋다.

- 얼럿을 실행하기 위한 기본 조건은 특정 값을 초과하는 버킷 이상 징후 점수다. 따라서 어떤 점수가 버킷 점수를 전반적으로 명시된 임곗값 이상으로 올리지 않는 경우라면 버킷 내의 개별 이상 징후 레코드에 대해서는 얼럿이 발생되지 않는다.
- 기본적으로 버킷의 상위 3개 레코드 점수 중 최댓값만 출력에 보고되며 이메일 버전에서만 보고된다.
- 이 예제의 유일한 액션은 로깅과 이메일이다. 다른 액션(슬랙 메시지, 웹훅 등)을 추가하려면 와치를 수동으로 편집해야 한다.

이러한 사실을 안다면, 와치의 동작과 출력을 완전히 사용자 정의하기 위해 보다 완전한 기능을 갖춘 복잡한 와치를 만들 필요가 있다. 다음 섹션에서는 처음부터 와치를 만드는 몇 가지 예제를 더 논의할 것이다.

사용자 정의 와치는 몇 가지 고유한 기능을 제공할 수 있다

와처의 일부 고급 측면으로 더 깊이 들어가보고 싶은 대담한 사용자를 위해, 깃허브 저장소에 있는 또 다른 몇 가지 샘플 중 일부 흥미로운 부분을 살펴보자. 여기서는 한 번에 여러 작업의 결과를 쿼리하고 프로그래밍 방식으로 이상 징후 점수를 결합하며 시간상 상관된 다른 이상 징후에 대한 추가적이고 잠재적인 근본 원인에 대한 증거를 동적으로 수집하는 예제를 포함한다.

연결된 입력과 스크립트 내의 조건

흥미로운 와치에 대한 좋은 예제는 연쇄적 입력을 수행하지만 스크립트를 사용해 좀 더 동적인 조건을 실행하는 기능을 보여주는 multiple_jobs_watch.json이다.

```
"condition" : {
  "script" : {
// return true only if the combined weighted scores are greater than 75
    "source" : "return ((ctx.payload.job1.aggregations.max_
anomaly_score.value * 0.5) + (ctx.payload.job2.aggregations.
max_anomaly_score.value * 0.2) + (ctx.payload.job3.
aggregations.max_anomaly_score.value * 0.1)) > 75"
  }
},
```

이는 기본적으로 세 가지 다른 작업의 결합된 가중치 이상 징후 점수가 75보다 큰 경우에만 얼럿이 트리거된다는 것을 의미한다. 다시 말하면 모든 작업이 동등하게 중요하다고 간주되는 것은 아니며 가중치가 이를 고려한다.

연결된 입력 간에 정보 전달

또 다른 연결된 입력에 있어 고유한 측면은 하나의 입력 체인에서 수집한 정보가 다른 입력 체인으로 전달될 수 있다는 것이다. chained_watch.json에서 보는 것처럼, 두 번째와 세 번째 입력 체인은 range 필터를 쿼리의 일부로 사용해 학습한 timestamp값을 사용한다.

```
{ "range": { "timestamp": {"gte": "{{ctx.payload.job1.hits.
hits.0._source.timestamp}}||-{{ctx.metadata.lookback_window}}",
"lte": "{{ctx.payload.job1.hits.hits.0._source.timestamp}}"}}},
```

이는 사실상 와치가 첫 번째 작업에서 추정되는 이상 징후 이전의 시간 윈도에서 수집한 증거로 이상 징후를 수집하고 있음을 의미한다. 이러한 종류의 얼럿은 7장, 'AIOps와 근본 원인 분석'에서 논의하는 그러한 상황에 잘 들어맞는다. 여기서 실제 애플리케이션 문제는 KPI의 이상 징후와 관련된 시간 윈도에서 상관된 이상을 찾아 해결된다. 따라서 이 와치의 샘플 출력은 다음과 같을 것이다.

```
[CRITICAL] Anomaly Alert for job it_ops_kpi: score=85.4309 at
2021-02-08 15:15:00 UTC
Possibly influenced by these other anomalous metrics (within
the prior 10 minutes):
job:it_ops_network: (anomalies with at least a record score of
10):
field=In_Octets: score=11.217614808972602,
value=13610.62255859375 (typical=855553.8944717721) at 2021-02-
08 15:15:00 UTC
field=Out_Octets: score=17.00518, value=1.9079535783333334E8
(typical=1116062.402864764) at 2021-02-08 15:15:00 UTC
field=Out_Discards: score=72.99199, value=137.04444376627606
(typical=0.012289061361553099) at 2021-02-08 15:15:00 UTC
job:it_ops_sql: (anomalies with at least a record score of 5):
hostname=dbserver.acme.com field=SQLServer_Buffer_Manager_
Page_life_expectancy: score=6.023424, value=846.0000000000005
(typical=12.609336298838242) at 2021-02-08 15:10:00 UTC
```

```
hostname=dbserver.acme.com field=SQLServer_Buffer_Manager_
Buffer_cache_hit_ratio: score=8.337633, value=96.93249340057375
(typical=98.93088463835487) at 2021-02-08 15:10:00 UTC
```

```
hostname=dbserver.acme.com field=SQLServer_General_Statistics_
User_Connections: score=27.97728, value=168.15000000000006
(typical=196.1486370757187) at 2021-02-08 15:10:00 UTC
```

여기서 세 가지 페이로드 각각의 결과를 대조하는 출력 형식은 자바Java와 유사한 **페인리스**Painless 스크립트 언어를 활용하는 강력한 **변환**transform 스크립트로 제어한다.

> **노트**
>
> 페인리스 스크립트 언어에 대한 자세한 내용은 일래스틱 문서(https://www.elastic.co/guide/en/elasticsearch/reference/current/modules-scripting-painless.html)를 참고하라.

다량의 코드 작성이 필요한 와처가 두렵지 않다면 매우 흥미롭고 유용한 얼럿 체계를 구현하는 강력한 도구가 될 수 있다.

요약

이상 탐지 작업은 확실히 그 자체로 유용하긴 하지만 준실시간 얼러팅과 결합할 때 사용자는 실제로 자동화된 분석의 파워를 활용할 수 있고 의미 있는 얼럿만 받을 수 있음에 확신을 가질 수 있다.

실시간 얼럿으로 이상 탐지 작업의 결과를 효과적으로 잡아내는 방법에 대한 실용적인 연구를 마친 후 새로운 키바나 얼러팅 프레임워크를 사용해 직관적인 얼럿을 쉽게 정의하는 포괄적인 예제를 살펴봤고, 현실적인 얼러팅 시나리오로 테스트도 했다. 그런 다음 키바나 얼러팅이 복잡한 얼럿 요구 사항을 충족할 수 없는 경우 전문 사용자가 고급 얼럿 테크

닉을 위해 와처의 모든 기능을 활용할 수 있는 방법을 볼 수 있었다.

7장에서는 이상 탐지 작업이 중요한 핵심 성과 지표에 대한 얼럿뿐만 아니라 특정 애플리케이션 문맥 내에서 광범위한 데이터세트에 관한 일래스틱 ML의 자동화된 분석이 어떻게 "AI" 애플리케이션 문제를 추적하고 근본 원인을 확인하는지 살펴볼 것이다.

07

AIOps와 근본 원인 분석

지금까지 메트릭과 로그에서 개별적으로 이상 징후 탐지에 대한 가치를 광범위하게 설명했다. 물론 이는 매우 가치가 높지만 어떤 경우에는 특정 메트릭이나 로그 파일에 문제가 있다 하더라도 무슨 일이 일어나고 있는지 전체를 설명하지 못할 수 있다. 예를 들어 문제의 원인이 아니라 증상을 가리킬 수도 있다. 새로운 문제의 전체 범위를 더 잘 이해하려면 시스템이나 상황의 여러 측면을 전체적으로 보는 것이 종종 도움된다. 여기에는 여러 종류의 관련 데이터세트를 함께 현명하게 분석하는 작업이 포함된다.

7장에서는 다음 주제를 다룰 것이다.

- AIOps 용어의 이해
- KPI의 중요성과 한계 이해
- KPI를 넘어서

- 더 나은 분석을 위한 데이터 조직화
- 컨텍스트 정보의 활용
- RCA를 위해 모든 것을 통합

기술 요구 사항

7장의 내용과 예제는 7.11 버전에 있는 일래스틱 스택을 기반으로 하며, https://github.com/PacktPublishing/Machine-Learning-with-Elastic-Stack-Second-Edition에 있는 깃허브 저장소의 샘플 데이터세트를 활용한다.

AIOps 용어의 이해

1장, 'IT를 위한 머신러닝'에서 배운 것처럼, 계속해서 "더 적은 리소스로 더 많은 일을 하자"(더 적은 인력, 더 적은 비용 등)라는 요청을 받는 동안 수많은 기업이 증가하는 IT 데이터에 빠져들고 있다. 그러한 데이터의 일부는 특수한 도구로 수집하고 저장하지만 일부는 일래스틱 스택과 같은 범용 데이터 플랫폼으로 수집할 수 있다. 그러나 "몇 퍼센트의 데이터에 주의를 기울이고 있는가?"에 대한 문제는 여전히 남아 있다. 이는 사람이 적극적으로 검사하거나 일부 유형의 자동화된 수단(규칙, 임곗값 등으로 정의한 얼럿)에 의해 감시하는 수집한 데이터 비율을 의미한다. 관대하게 추정한다고 하더라도 백분율의 한 자릿수를 넘지 않을 것이다. 그렇다면 90% 이상의 데이터는 수집하지 않고 그대로 버리는 가운데 우리가 놓치는 것은 무엇일까? 실제로 적절한 대답은 "우리는 아마 모른다"는 것이다.

IT 조직에서 데이터 더미를 수집하고 살펴보진 않는 원죄에 대해 조언하기 전에 그러한 작업과 관련되는 문제의 규모를 먼저 이해해야 한다. 일반적인 사용자 대면 애플리케이션은 다음을 수행할 것이다.

- 수백 대의 물리적 서버로 확장
- 수십 또는 수백 개의 마이크로서비스가 있으며, 개별 마이크로서비스에는 운영 상태를 설명하는 수십 또는 수백 개의 운영 메트릭과 로그가 있을 것이다.

이들의 조합은 고유한 측정 지점이 6~7자리 숫자 범위로 쉽게 올라갈 수 있다. 또한 IT 조직의 관리 아래에 수십 또는 수백 개의 애플리케이션이 있을 수 있다. 이러한 시스템에서 하루에 수집하는 데이터 양이 쉽게 테라바이트 단위로 측정될 수 있다는 것은 놀라운 일이 아니다.

그래서 인간 분석가의 부담을 줄이기 위해 요구하는 솔루션이 자동화와 인공 지능의 조합을 포함한다는 것은 매우 자연스러운 일이다. 어떤 영리한 마케팅 담당자는 어느 정도 지능형 자동화로 인간이 찾을 수 없는 (또는 수동으로 수행할 시간이나 능력이 없는) 문제에 대한 예상 솔루션을 "AIOps"라는 용어를 만들어 요약할 수 있다는 것을 알아냈다. 이제 AIOps 솔루션이 실제로 그 목표를 달성하기 위해 수행하는 작업은 종종 안목이 있는 사용자가 해석하도록 남겨진다.

그래서 용어에 초점을 맞추는 것은 마케팅 담당자에게 맡기고, 이 지능형 기술이 우리 상황에서 우리를 돕기 위해 하고 싶은 일의 종류를 분명히 해보자.

- 자동으로 학습된 제약 조건, 규칙, 행위의 집합을 기반으로 데이터를 자율적으로 검사하고 관련성, 중요도, 주목도를 평가한다.
- 인간 분석가가 실제로 중요한 일에서 주의를 분산시키지 않도록 관련 없는 행위에 대한 노이즈를 걸러낸다.
- 발생할 움직임이 있으나 아직 장애를 일으키지 않은 문제에 대해 사전 예방적 조기 경고를 어느 정도 확보한다.
- **근본 원인 분석**RCA, Root Cause Analysis의 도움을 받아 문제의 주변에서 상관된 증거를 자동으로 수집한다.
- 인프라 성능을 최대화하기 위해 운영상 비효율성을 발견한다.

- 과거 발생한 문제의 교정 경험과 그 효과를 바탕으로 교정을 위한 액션이나 다음 단계를 제안한다.

이 목록이 포괄적인 방법은 아니지만, 지능형 자동화 및 분석을 통해 큰 이익을 얻을 수 있고 IT 부서가 효율성을 높여 비즈니스 결과를 극대화할 수 있다는 요지를 알 수 있다.

이 목록의 6번째 항목에서 언급한 제안된 수정 사항을 제외하고 (적어도 현재는) 일래스틱 **머신러닝**ML은 매우 유용할 수 있다. 일래스틱 ML이 어떻게 자동으로 이례적인 행위를 찾고, 추세를 예측하며, 사전에 경고하는 등의 작업을 수행할 수 있는지 이미 살펴봤다. 그러나 일래스틱 ML은 IT 운영, 관측 가능성Observability, 보안 분석을 위해 특별히 제작되지 않은 일반 ML 플랫폼이라는 점도 인식해야 한다. 그래서 운영이라는 맥락에서 일래스틱 ML이 사용되는 방식에 대한 오리엔테이션이 여전히 필요하며, 이는 7장 전체에서 논의될 것이다.

또한 현재 지능형 자동화 및 분석을 사용하지 않는 IT 운영 그룹이 여전히 많다는 점에 유의하는 것도 중요하다. 현재 상황을 개선하기 위해 AI 기반 접근 방식을 사용하고 싶지만 착수할 준비가 돼 있지 않다고 종종 주장한다. 그래서 AI의 이점을 얻을 수 있는 유일한 방법은 첫째 날에 가능한 모든 일을 수행한다는 개념에 도전해보자. 그 대신 IT 운영이라는 맥락에서 일래스틱 ML의 몇 가지 실용적인 애플리케이션을 구축하고 이전 목록에 명시된 대부분의 목표를 충족하는 데 사용할 수 있는 방법을 구축해보자.

우선 **핵심 성과 지표**KPI의 개념과 왜 이 KPI가 일래스틱 ML을 시작하기에 가장 좋은 곳인지 그 이유부터 알아볼 것이다.

KPI의 중요성과 한계 이해

규모의 문제와 수집된 데이터를 실행 가능케 만드는 데 어느 정도 진전을 이루고자 하는 열망 때문에 능동적인 검사를 위해 처리해야 할 첫 번째 메트릭 중 일부가 성능 또는 운영의 가장 좋은 지표인 것은 어쩌면 당연하다. IT 조직이 측정, 추적, 플래그 지정을 위해 선택하는 KPI는 다음을 포함하는 다양한 지표에 걸쳐 있을 수 있다.

- **고객 경험**: 이 메트릭은 애플리케이션 응답 시간 또는 에러율과 같은 고객 경험을 측정한다.
- **가용성**: 가동 시간, **평균 수리 시간**MTTR, Mean Time To Repair과 같은 메트릭을 추적하는 것이 중요하다.
- **비즈니스**: 분당 주문 수나 활성 사용자 수와 같은 비즈니스 성과를 직접 측정하는 메트릭이 있을 수 있다.

그래서 이러한 유형의 메트릭은 일반적으로 대부분의 상위 수준 운영 대시보드 또는 기술자에서 중역에 이르는 직원에 대한 직원 보고서의 전면 그리고 중앙에 표시된다. KPI 대시보드에 대해 구글에서 검색해보면 차트, 게이지, 다이얼, 지도 및 기타 눈길을 끄는 수많은 예제를 보여줄 것이다.

한눈에 볼 수 있는 정보의 표시는 큰 가치가 있긴 하지만 수동으로 검사하는 것에는 근본적인 문제가 있다.

- **해석**: 이미 정상과 비정상 작동 사이의 차이를 인간이 본질적으로 이해하고 있지 않는 한 그 차이를 이해하는 데 어려움이 있을 수 있다.
- **규모에 대한 도전**: KPI가 이미 모든 메트릭을 중요한 항목으로 요약한 것이라는 사실에도 불구하고 대시보드가 표시되는 화면의 공간을 고려한다면 표시할 KPI가 실현 가능한 것보다 더 많을 수 있다. 최종 결과는 스크롤, 페이징이 필요한 복잡한 시각화나 긴 대시보드가 될 수 있다.
- **사전 대응의 부족**: 이처럼 수많은 대시보드에는 메트릭이 얼럿과 연결돼 있지 않으므로 흔들리고 있는 KPI가 중요하다는 사실을 미리 안다면 그 메트릭은 지속적인 감독이 필요하다.
- 결론은 KPI는 IT 시스템의 상태와 행동에 대한 의미 있는 지표를 식별하고 추적

하는 과정에 매우 중요한 단계라는 것이다. 그러나 시각화 전용 패러다임으로 일련의 KPI를 식별하고 추적하는 행위는 성공적인 IT 운영 계획의 전략에 몇 가지 심각한 결함을 남길 것이라는 점은 분명히 해야 한다.

KPI는 일래스틱 ML의 이상 탐지로 추적할 수 있는 메트릭의 훌륭한 후보다. 다음과 같은 데이터가 있다고 가정해보자(깃허브 저장소의 `it_ops_kpi` 샘플 데이터세트에 있는).

```
{
  "_index": "it_ops_kpi",
  "_type": "_doc",
  "_id": "UqUsMngBFOh8A28xK-E3",
  "_score": 1.0,
  "_source": {
    "@timestamp": "2021-01-29T05:36:09.000Z",
    "events_per_min": 28,
    "kpi_indicator": "online_purchases"
  }
},
```

이 경우, KPI(`events_per_min` 필드)는 일부 온라인 거래 처리 시스템에 대한 요약된 분당 총 구매 건수를 나타낸다. `events_per_min` 필드와 15분의 버킷 스팬에 `sum` 함수가 정의된 이상 탐색 작업으로 시간 경과에 따른 KPI를 쉽게 추적할 수 있다. 온라인 판매의 예상치 못한 하락(921값으로)이 감지되고 이상 징후로 표시됐다.

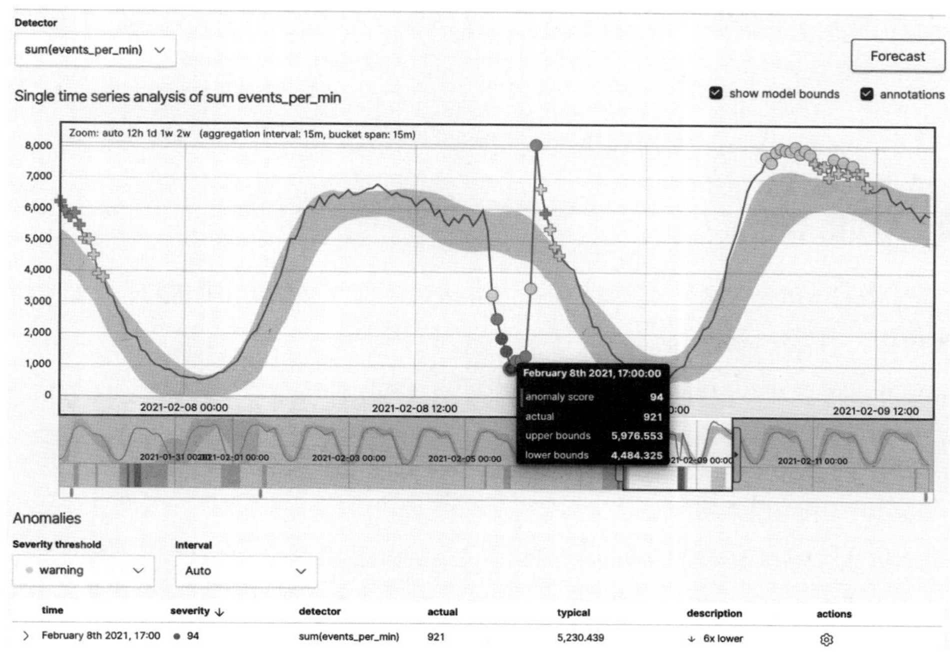

그림 7.1 일반적인 이상 탐지 작업으로 분석 중인 KPI

이 경우, KPI는 하나의 종합적인 메트릭일 뿐이다. 데이터에 분류할 수 있는 다른 범주형 필드가 있는 경우(예를 들어 제품 ID, 제품 범주, 지리적 지역의 판매 등) ML은 병렬 방식으로 분석을 확장하는 필드를 따라 분석을 쉽게 분할할 수 있다. 그러나 여기서 달성하고 있는, 즉 누군가가 관심을 가질 가능성이 있는 주요 메트릭에 대한 사전 예방적 분석을 놓치지 말자. 단위 시간당 온라인 판매 수는 들어오는 수익과 직접적인 관련이 있으므로 명백한 KPI다.

그러나 KPI에 비정상적인 일이 발생하고 있음을 아는 것이 중요함에도 왜 발생하는지에 대한 통찰력은 아직 없다. 이 고객 대면 애플리케이션을 지원하는 백엔드 시스템 중 어느 하나에 운영상 문제가 있을까? 사용자가 트랜잭션을 완료하기 어렵게 만드는 사용자 인터페이스 코딩 오류가 최신 릴리즈에 있었을까? 의존하는 제3자 결제 처리 제공업체에 문제가 있을까? KPI를 조사하는 것만으로는 이러한 질문에 답할 수 없다.

그러한 종류의 통찰력을 얻기 위해 다른 관련 정보 세트를 포함하도록 분석을 확장해야 한다.

KPI를 넘어서

일반적으로 KPI를 선택하는 프로세스는 가장 좋은 지표가 무엇인지 분명하기 때문에 상대적으로 쉬워야 한다(온라인 판매가 감소한다면 애플리케이션이 작동하지 않아서 그럴 수 있다). 하지만 운영 문제가 원인이 될 수 있다는 더욱 전체적인 관점을 얻기 위해, 분석을 KPI를 넘어 애플리케이션을 지원하는 기본 시스템과 기술에서 나오는 지표로 확장해야 한다.

다행히도 일래스틱 스택에는 중앙 집중화를 위해 모든 종류의 데이터를 수집하는 많은 방법이 있다. 일례로 **일래스틱 에이전트**Elastic Agent는 데이터를 수집하고 일래스틱 스택에 전송하기 위해 호스트나 컨테이너에 배포할 수 있는 단일의 통합된 에이전트다. 일래스틱 에이전트는 구성에 필요한 비트 시퍼Beat shipper나 일래스틱 엔드포인트Elastic Endpoint를 실행한다. 7.11 버전부터 일래스틱 에이전트는 키바나의 Fleet(플릿) 사용자 인터페이스가 관리하며, 인기 있는 서비스와 플랫폼에 대한 통합을 추가하고 관리하는 데 사용할 수 있다.

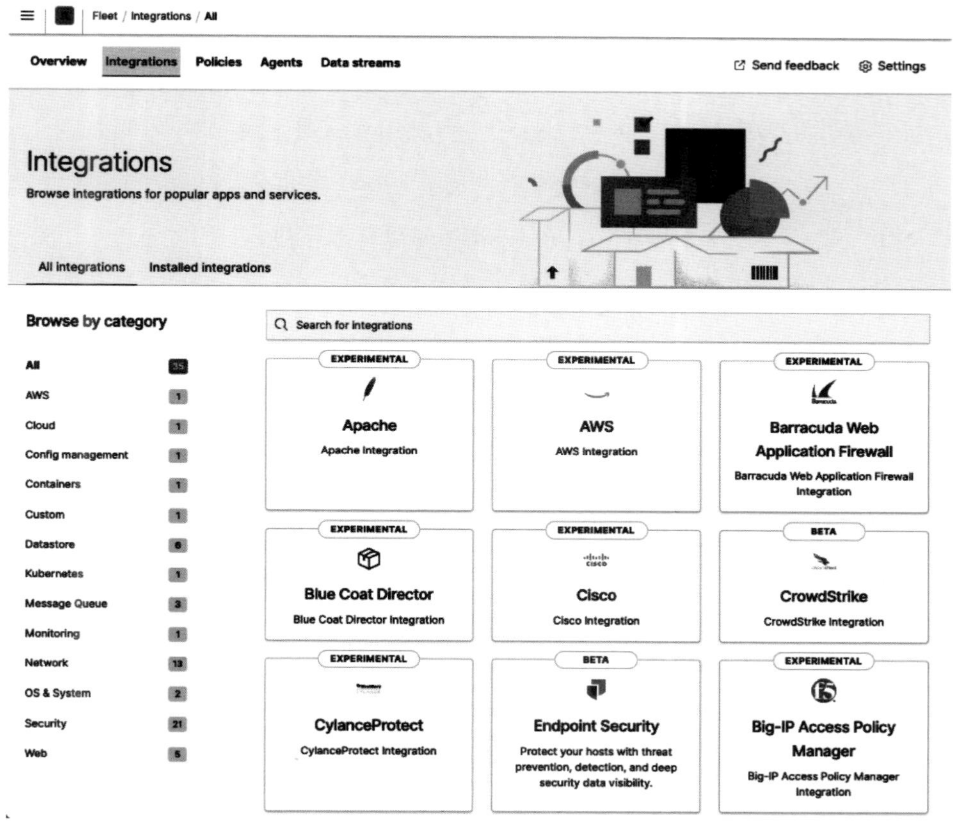

그림 7.2 키바나에서 플릿(Fleet) 사용자 인터페이스의 통합(Integration) 섹션

이러한 다양한 통합을 사용해 사용자는 데이터를 쉽게 수집하고 일래스틱 스택에 중앙 집중화할 수 있다. 7장은 플릿과 일래스틱 에이전트의 튜토리얼은 아니지만, 중요한 점은 기본 애플리케이션과 시스템 데이터를 수집하는 데 사용하는 도구에 관계없이 한 가지 사실일 가능성이 높다는 것이다. 즉, 결국 많은 데이터가 있을 것이다. 궁극적인 목표는 종합적인 데이터세트의 더 많은 비율에 사전 예방적이고 전체적으로 주의를 기울이는 것임을 기억하자. 그렇게 하려면 우선 일래스틱 ML을 사용해 효과적으로 이를 분석할 수 있도록 데이터를 조직화해야 한다.

더 나은 분석을 위한 데이터 조직화

일래스틱 에이전트를 통한 데이터 수집의 가장 좋은 점 중 하나는 기본적으로 수집된 데이터가 **일래스틱 공통 스키마**ECS, Elastic Common Schema를 사용해 정규화된다는 것이다. ECS는 일래스틱 스택에 저장된 데이터 전반에 걸쳐 공통 분류와 명명 규칙을 정의하는 오픈 소스 사양이다. 그래서 성능 메트릭과 로그 파일을 포함해 서로 다른 데이터 유형에서 데이터를 보다 쉽게 관리, 분석, 시각화, 상호 연관시킬 수 있다.

사용자가 쿼리, 대시보드와 ML 작업에 이 데이터를 사용할 것으로 예상할 때 큰 이익을 얻을 것이기 때문에, 일래스틱 에이전트 또는 다른 레거시 수집 도구(예를 들어 비트와 로그스태시)를 사용하지 않고 대신 다른 제3자 데이터 수집 또는 수집 파이프라인에 의존하는 경우에도 데이터를 ECS에 맞게 준수하는 게 좋다.

> **노트**
>
> ECS에 대한 자세한 내용은 https://www.elastic.co/guide/en/ecs/current/ecs-reference.html에 있는 참조 섹션에서 찾을 수 있다.

ECS 내의 중요한 많은 필드 중에는 데이터가 수집된 호스트를 정의하는 `host.name` 필드가 있다. 기본적으로, 대부분 일래스틱 스택의 데이터 수집 전략에는 데이터 유형을 중심으로 인덱스에 데이터를 넣는 것이 포함되며, 잠재적으로 여러 호스트의 인터리브interleaved 도큐먼트를 포함할 수 있다. 우리 환경에서 어떤 호스트는 하나의 애플리케이션(예를 들어 온라인 구매)을 호스팅하지만 다른 호스트는 다른 애플리케이션(예를 들어 송장 처리)을 호스팅한다. 모든 호스트가 단일 인덱스에 기록하는 경우 하나 또는 두 애플리케이션 모두에 대한 데이터 기록과 분석 방향을 지정하려는 경우 인덱스에만 기반해 분석 방향을 지정하는 것은 명백히 부적절하며, 애플리케이션 중심적이어야 한다.

이를 수행하기 위한 몇 가지 옵션이 있다.

- 관심 있는 애플리케이션과 연결된 호스트에 대한 데이터만 필터링하도록 이상 탐지 작업의 기본 쿼리 수정
- 수집 시 데이터를 수정해서 각 도큐먼트에 추가적인 컨텍스트 정보를 삽입

둘 다 이상 탐지 작업이 원본 인덱스의 원시 데이터에 대해 수행하는 데이터피드 쿼리를 사용자 정의해야 한다. 첫 번째 옵션은 쿼리가 상대적으로 복잡할 수 있고, 두 번째 옵션은 사용자 정의 수집 파이프라인을 사용해 데이터를 강화enrichment하는 중간 단계가 필요하다. 각각에 대해 간략하게 논의해보자.

이상 탐지 데이터피드에 대한 사용자 정의 쿼리

이상 탐지 UI에서 새로운 작업을 생성할 때, 첫 번째 단계는 인덱스 패턴이나 키바나의 저장된 쿼리를 선택하는 것이다. 전자를 선택했다면 `{"match_all": {}}` 일래스틱서치 쿼리(인덱스의 모든 레코드 반환)가 호출된다. 작업이 API나 고급 작업 마법사를 통해 생성된 경우 사용자는 데이터 필터링을 위해 거의 모든 유효한 일래스틱서치 DSL을 지정할 수 있다. 자유 형식의 일래스틱서치 DSL은 비전문가 사용자에게는 다소 오류가 발생하기 쉽다. 그러므로 저장된 검색을 통해 키바나에서 접근하는 것이 더 직관적일 것이다.

예를 들어 로그 파일 인덱스가 있고 모니터링 및 분석하려는 애플리케이션과 관련된 적절한 호스트가 esxserver1.acme.com과 esxserver2.acme.com이라는 두 개의 서버로 구성돼 있다고 가정해보자. 키바나의 **디스커버** 페이지에서 사용자 인터페이스 상단에 있는 검색 상자를 사용해 KQL로 필터링된 쿼리를 작성할 수 있다.

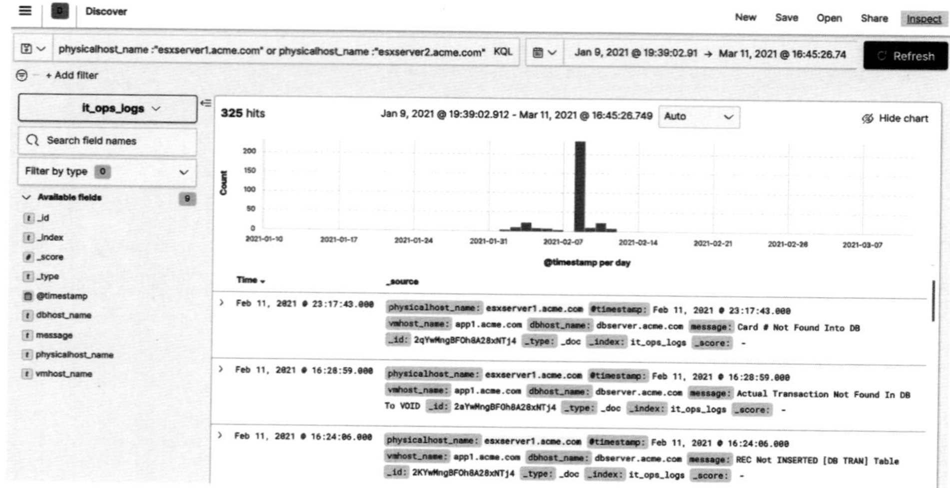

그림 7.3 KQL을 사용해 필터링된 쿼리 작성

이 KQL 쿼리 텍스트는 다음과 같다.

```
physicalhost_name:"esxserver1.acme.com" or physicalhost_name:"esxserver2.acme.
com"
```

이 필터링된 쿼리를 가져오기 위해 키바나가 호출하는 일래스틱서치 DSL에 관해 관심이 있다면 오른쪽 상단에 있는 **검사**Inspect 버튼을 클릭하고 **요청**Request 탭을 선택해 일래스틱서치 DSL을 볼 수 있다.

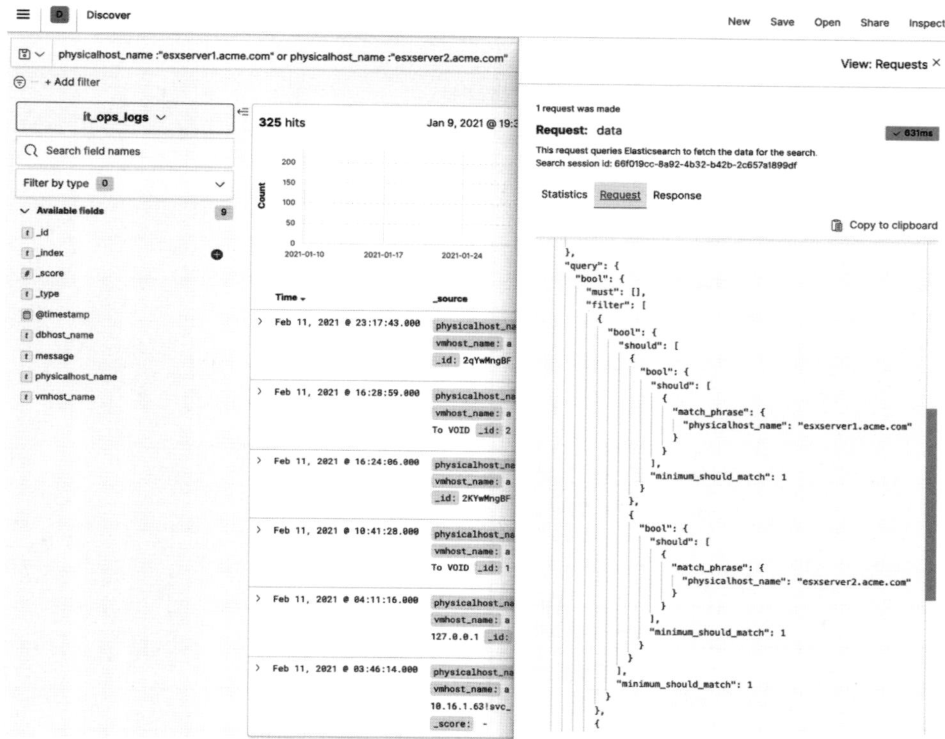

그림 7.4 KQL 필터에 대해 실행되는 일래스틱서치 DSL 검사

(match_phrase를 사용하는) 이 특정 예제에서 KQL 쿼리가 일래스틱서치 DSL로 변환되는 방식에도 불구하고 원하는 결과를 얻는 유일한 방법은 아니다. 텀즈terms를 사용하는 쿼리 필터는 또 다른 방법이나, 서로의 장점을 평가하는 것은 이 책의 범위를 벗어난다.

배후에서 실행되는 일래스틱서치 DSL에 관계없이 핵심은 일래스틱 ML로 분석하려는 애플리케이션에 대해 관심이 있는 서버만 식별하도록 원시 데이터를 필터링하는 쿼리가 있다는 것이다. 이 필터링된 검색을 유지하려면 오른쪽 상단에 있는 **저장**Save 버튼을 클릭하고 검색 이름을 지정해야 한다.

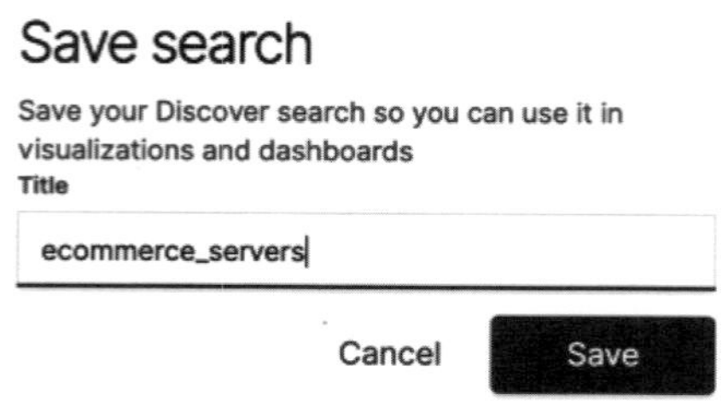

Save search
Save your Discover search so you can use it in visualizations and dashboards
Title
ecommerce_servers
Cancel
Save

그림 7.5 일래스틱 ML에서 나중에 사용할 수 있도록 검색 저장

나중에 새 이상 탐지 작업을 구성할 때 이 저장된 검색을 선택할 수 있다.

Machine Learning / Anomaly Detection / Create job
Select index pattern or saved search
ecomm
Sort
Types 2
ecommerce_servers
[eCommerce] Orders
ecomm_countries
ecomm-customers

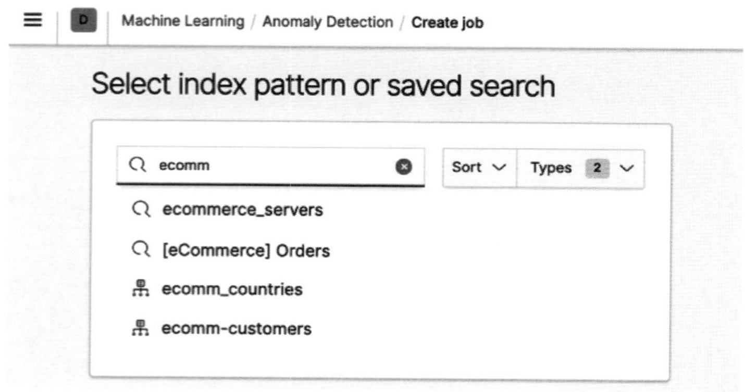

그림 7.6 이상 탐지 작업에서 저장된 검색 활용

그래서 ML 작업은 이제 이 특정 애플리케이션에 대해 관심 있는 호스트에 대해서만 실행된다. 그러므로 이 애플리케이션에 기여한 것으로 정의한 호스트로 데이터 분석을 효과적으로 제한하고 분할할 수 있다.

수집 시 데이터 강화

또 다른 옵션은 어떤 호스트가 어떤 애플리케이션에 속하는지에 대한 의사결정을 수집 시점까지 더 상류로 이동한다. 로그스태시가 인제스트 파이프라인의 일부인 경우 필터

플러그인을 사용해 자산 목록(파일, 데이터베이스 등)에 대한 조회를 기반으로 데이터에 필드를 추가할 수 있다. https://www.elastic.co/guide/en/logstash/current/lookup-enrichment.html에서 컨텍스트를 제공하기 위해 추가 필드로 인덱싱된 도큐먼트를 동적으로 강화하는 방법을 보여주는 로그스태시 문서를 참조하자. 로그스태시를 사용하지 않는 경우(단순히 비트나 일래스틱 에이전트나 인제스트 노드를 사용하는 경우), 그 대신 더 간단한 방법은 아마도 강화 프로세서enrich processor를 사용하는 것이다. https://www.elastic.co/guide/en/elasticsearch/reference/current/ingest-enriching-data.html 문서를 참조하자.

예를 들어 이 데이터 강화는 `application_name` 필드를 추가하고 이 필드의 값을 다음처럼(JSON의 일부분) 동적으로 적절한 애플리케이션 이름으로 채워 넣도록 할 수 있다.

```
"host": "wasinv2.acme.com",
"application_name": "invoice_processing",
```

또는 다음과 같을 수 있다.

```
"host": "www3.acme.com",
"application_name": "online_purchases",
```

일단 이 값은 필드가 설정돼 인덱스가 생성된 도큐먼트에 삽입된 다음에는 (이전에 설명한 대로) 이상 탐지 작업에 대한 쿼리를 필터링하는 기능과 함께 `application_name` 필드를 사용해 관련 애플리케이션에 대해서 데이터 분석을 제한한다. 데이터 강화 단계를 추가하는 것은 조금 더 선행적인 노력처럼 보일 수 있겠지만, 첫 번째 방법은 자산 이름을 ML 작업의 검색에 하드코딩해야 하는데 반해, 이 방법은 자산 이름이 변경되거나 증설되는 경우에도 유지 관리가 더 쉽기 때문에 장기적으로 이득이 된다.

이제 데이터를 조직화하고 강화했으면 해당 컨텍스트 정보를 활용해 이상 탐지 작업을 더 효과적으로 만드는 방법을 살펴보자.

컨텍스트 정보 활용

조직화하고 강화한 데이터에서 컨텍스트 정보를 활용할 수 있는 두 가지 주요 방법은 분석 분할과 통계적 인플루언서를 사용하는 것이다.

분석 분할

이미 **이상 탐지** 작업이 범주 필드를 기반으로 분할될 수 있음을 봤다. 그러므로 그 필드의 각 인스턴스에 대해 개별적인 행위를 개별적으로 모델링할 수 있다. 이는 특히 각 인스턴스에 고유한 별도의 모델이 필요한 경우에 매우 유용할 수 있다.

전 세계 다양한 지역에 대한 데이터가 있는 경우를 살펴보자.

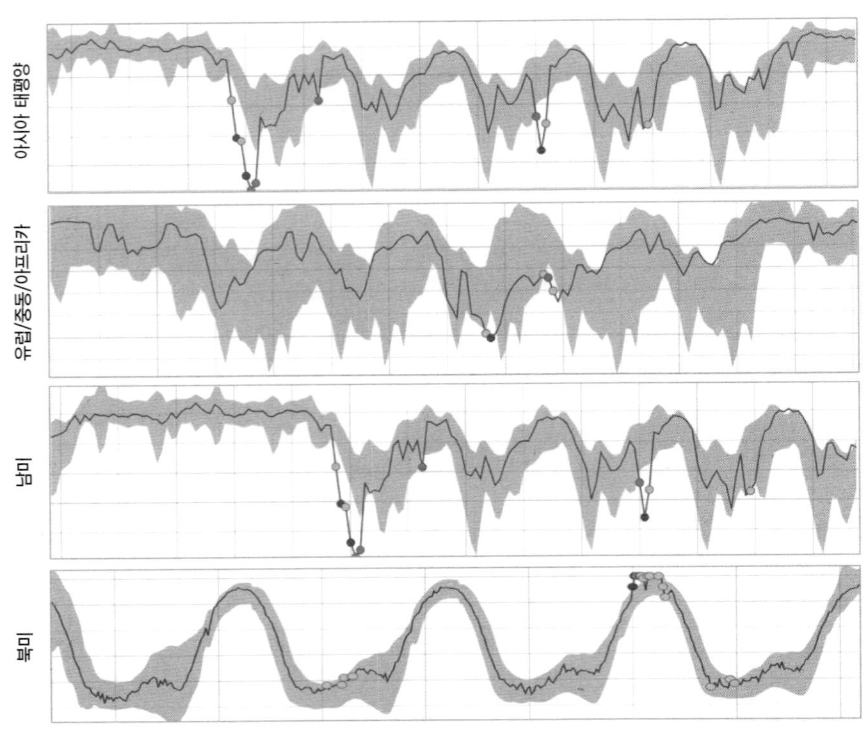

그림 7.7 지역에 따른 다양한 데이터의 행동

(판매 KPI, 사용률 메트릭 등) 이 데이터가 뭐든 간에 데이터는 각 지역마다 매우 독특한 패턴이 있다. 이 경우 이 고유성을 활용하기 위해 각 지역에 대한 이상 탐지로 수행하는 모든 분석을 분할하는 것이 합리적이다. 각 지역에 특정한 행동에 대해 이상 징후를 탐지할 수 있을 것이다.

또한 각 지역 내에서 일련의 서버가 애플리케이션과 트랜잭션 처리를 호스팅하지만 로드 밸런싱돼 성능과 운영에 동등하게 기여한다고 가정해보자. 이런 식으로 지역별로 본다면 각 서버의 기여 정도가 고유한 것은 없다. 그러므로 서버별로 분석을 분할하는 것은 합리적이지 않을 수 있다.

서버별로 나누는 것보다 지역별로 나누는 것이 더 효과적이라는 결론에 자연스럽게 도달했다. 그러나 지역 내의 특정 서버에 문제가 발생하면 어떻게 될까? 수동으로 추가 진단을 하는 대신 이 정보를 즉시 사용할 수 있기를 원하지 않을까? 이는 인플루언서를 통해 알 수 있다.

통계적 인플루언서

5장, '결과 해석'에서 인플루언서의 개념을 소개했다. 이를 상기해보면 인플루언서는 이상 징후의 존재에 대해 "영향을 미쳤는지(책임이 있는지)" 또는 적어도 상당한 기여를 했는지 여부를 알기 위한 엔티티를 설명하는 필드다. 인플루언서 후보로 선택된 필드는 탐지 로직의 일부일 필요는 없지만 인플루언서가 되기 위해서는 당연히 이 필드가 분할로 사용돼야 한다. 또한 나중에 구성에 추가할 수 없기 때문에 이상 탐지 작업을 생성할 때 인플루언서를 선택하는 것이 중요하다.

인플루언서를 찾는 프로세스는 이상 탐지 작업이 이상 징후를 찾은 후에 발생한다는 점을 이해하는 것도 중요하다. 다시 말하면 탐지의 일부로 수행되는 확률 계산에는 영향을 미치지 않는다. 이상 징후로 결정이 되면 ML은 각 후보 인플루언서 필드의 모든 인스턴스를 체계적으로 살펴보고 해당 시간 버킷의 데이터에 대한 해당 인스턴스의 기여도를 제거한다. 제거된 후 나머지 데이터가 더 이상 이상 징후가 아닌 경우 역사실적 추론counterfactual reasoning을 통해 그 인스턴스의 기여도가 영향을 받았어야 하며, 그에 따라 점수가 매겨진다(결과에 influencer_score값을 포함).

그러나 단일 이상 탐지 작업뿐만 아니라 잠재적으로 다수의 관련 작업의 결과에서 인플루언서를 활용하는 방법을 다음 절에서 보게 될 것이다. 이제 RCA를 지원하기 위해 작업을 그룹화하고 조회하는 프로세스에 대해 논의해보자.

RCA를 위해 모든 것을 통합

이제 우리는 모든 것을 하나로 모을 방법을 논의할 수 있는 지점에 와 있다. IT 운영의 효율성을 높이고 애플리케이션 상태를 좀 더 전체적으로 보기 위해 이전 절에서 준비한 것을 운영하고 그에 따라 이상 탐지 작업을 구성해야 한다. 이를 위해 일래스틱 ML이 운영 문제의 근본 원인을 파악하는 데 도움된 실제 시나리오를 살펴보자.

가동 중단 배경

이 시나리오는 대략적인 실제 애플리케이션 가동 중단을 바탕으로 하지만 원래 고객을 가리기 위해 단순화시키고 민감한 정보는 제거했다. 이 시나리오에서의 문제는 기프트 카드 거래를 처리하는 소매 애플리케이션에 있었다. 애플리케이션이 작동을 멈춰 거래를 처리하지 못하면 개별 매장이 본사에 전화를 걸어 민원을 제기했을 때만 알 수 있었을 것이다. 문제의 근본 원인 파악과 고객의 확인이 불가능했다. 근본 원인에 도달하지 못해 애플리케이션 서버를 재부팅하면 해결된 것처럼 보였지만, 문제가 무작위로 재발해서 몇 달 동안 괴롭혔다.

문제의 원인을 이해하는 데 도움될 수 있도록 다음과 같은 데이터를 수집하고 분석에 포함했다. 이 데이터에는 다음이 포함된다(깃허브 저장소에서 찾을 수 있다).

- 요약된 (1분) 거래량 카운트(주요 KPI)
- 거래 처리 엔진의 애플리케이션 로그(반구조화된 텍스트 기반 메시지)
- 거래 처리 엔진 뒤에 있는 데이터베이스의 SQL 서버 성능 메트릭
- 거래 처리 엔진이 운영되는 네트워크의 네트워크 이용utilization 성능 메트릭

따라서 이 데이터에 대해 4개의 ML 작업을 다음처럼 구성했다.

- **it_ops_kpi**: 분당 처리된 거래 건수에 대한 `sum` 사용
- **it_ops_logs**: 유형별 로그 메시지의 개수를 카운트하는 `mlcategory` 탐지기에 의한 `count` 사용. 하지만 동적 ML 기반 분류를 사용해 다른 메시지 유형을 설명하기 위해 사용
- **it_ops_sql**: 인덱스의 모든 SQL 서버 메트릭에 대한 단순 `mean` 분석
- **it_ops_network**: 인덱스의 모든 네트워크 성능 메트릭에 대한 단순 `mean` 분석

이 네 가지 작업은 애플리케이션에서 문제가 발생했을 때 이 데이터에서 구성하고 실행한다. 특히 처리 중인 거래 건수를 추적하는 KPI에서 이상 징후가 발견됐다. 사실 이는 우리가 7장의 시작 부분에서 본 것과 동일한 KPI인데, 예상치 못한 주문 처리 하락은 문제가 발생했음을 나타내는 주요 지표였다.

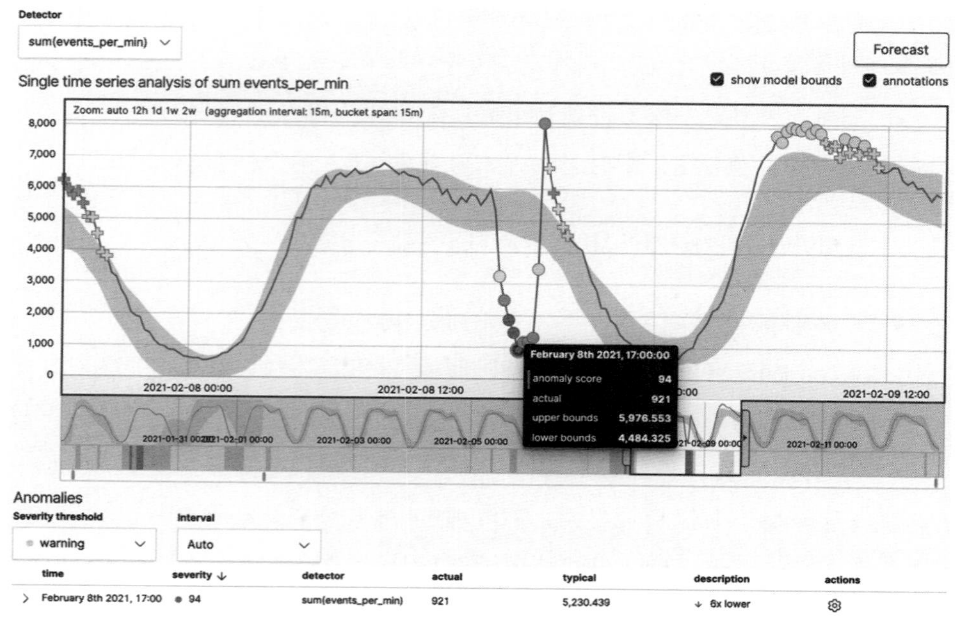

그림 7.8 처리된 거래 건수의 KPI

그러나 근본 원인은 이 KPI의 이상 징후가 기반 기술과 인프라의 데이터를 보는 다른 세 가지 ML 작업의 이상 징후와 상관관계가 있을 때까지는 이해할 수 없었다. 시각적 상관관계와 공유된 인플루언서의 파워로 어떻게 근본적인 원인을 찾을 수 있었는지 살펴보자.

상관관계와 공유된 인플루언서

여기에 더해, 거래 처리 KPI의 이상 징후(예기치 못한 하락이 발생하는 경우), 나머지 3개의 이상 탐지 작업(네트워크 메트릭, 애플리케이션 로그와 SQL 데이터베이스 메트릭)은 **이상 징후 탐색기**Anomaly Explorer에서 동일한 시간 프레임에 겹쳐졌다. 다음 스크린샷은 이에 대한 결과를 보여준다.

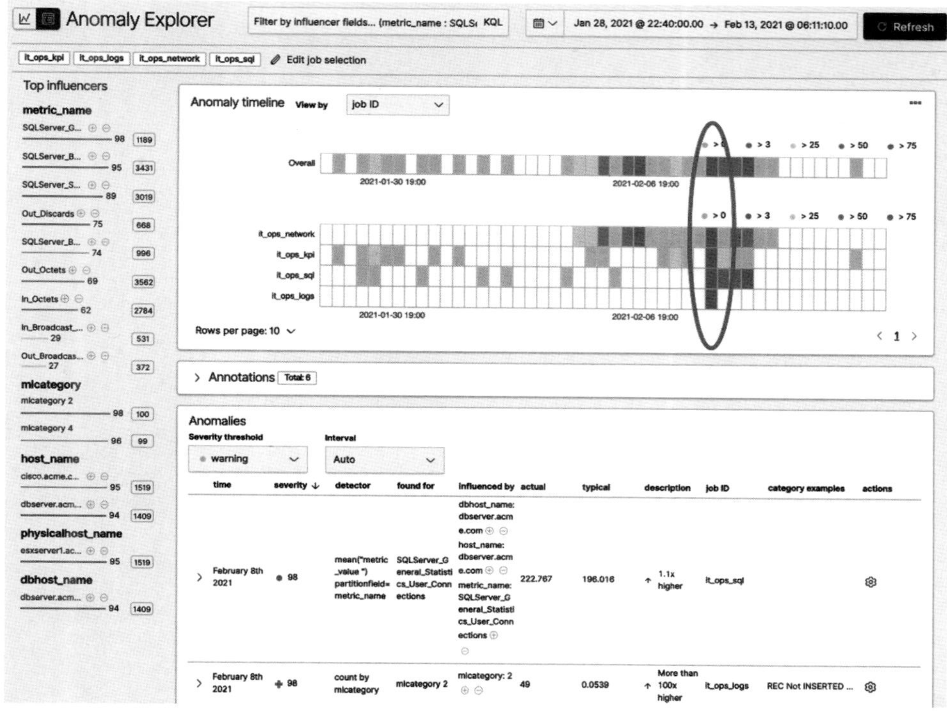

그림 7.9 여러 작업 결과를 보여주는 이상 징후 탐색기

특히 KPI가 문제가 있음을 나타내는 날(2021년 2월 8일, 그림 7.8 참조)에, 그림 7.9의 다른 3개의 작업은 원으로 표시된 영역에 상관된 이상 징후가 나타난다. 자세히 살펴보면(`it_ops_sql` 작업에 대한 빨간색 타일을 클릭해) 동시에 여러 SQL 서버의 메트릭에 문제가 있음을 알 수 있다.

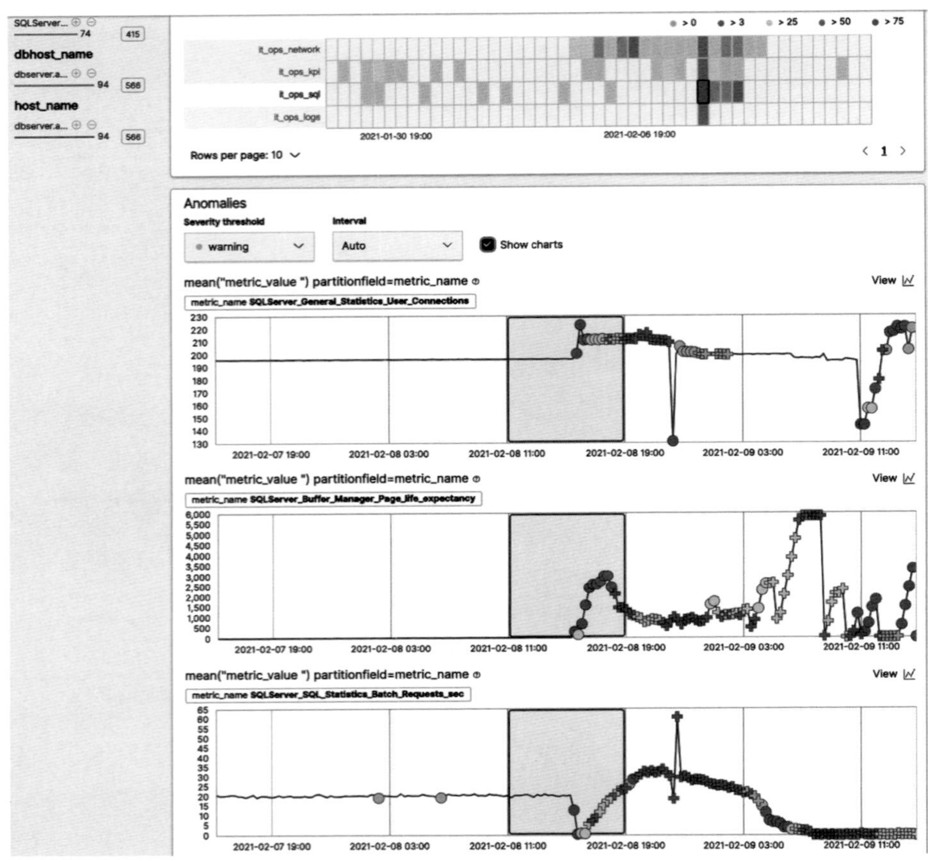

그림 7.10 SQL 서버의 이상 징후를 보여주는 이상 징후 탐색기

> **노트**
>
> 차트의 음영 영역은 수영 레인에서 선택한 타일의 너비와 관련된 시간 윈도를 강조 표시한다. 이 시간 윈도는 분석의 패킷 스팬(여기의 경우와 같이)보다 클 수 있으므로 음영 처리된 영역은 해당 기간 동안 많은 개별 이상을 포함할 수 있다.

애플리케이션 로그에 대한 이상 탐지 작업의 이상 징후를 살펴보면 유입되는 오류는 모두 이 데이터베이스를 참조한다(불안정한 SQL 서버를 추가로 확인).

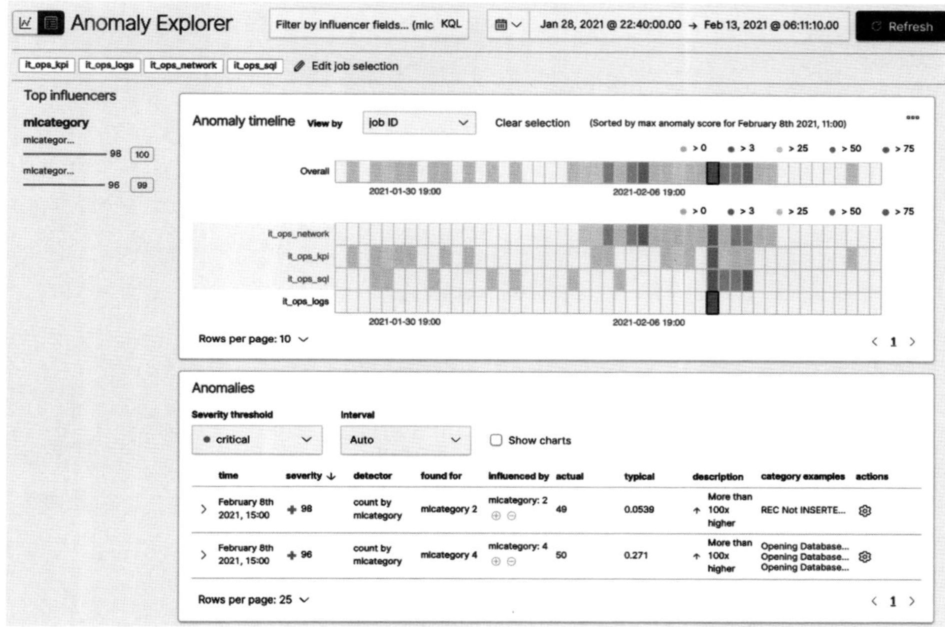

time	severity	detector	found for	influenced by	actual	typical	description	category examples	actions
February 8th 2021, 15:00	98	count by mlcategory	mlcategory 2	mlcategory: 2	49	0.0539	More than 100x higher	REC Not INSERTE...	
February 8th 2021, 15:00	96	count by mlcategory	mlcategory 4	mlcategory: 4	50	0.271	More than 100x higher	Opening Database... Opening Database... Opening Database...	

그림 7.11 애플리케이션 로그에서 이상 징후를 보여주는 이상 징후 탐색기

그러나 흥미로운 일은 네트워크에서도 일어나고 있었다.

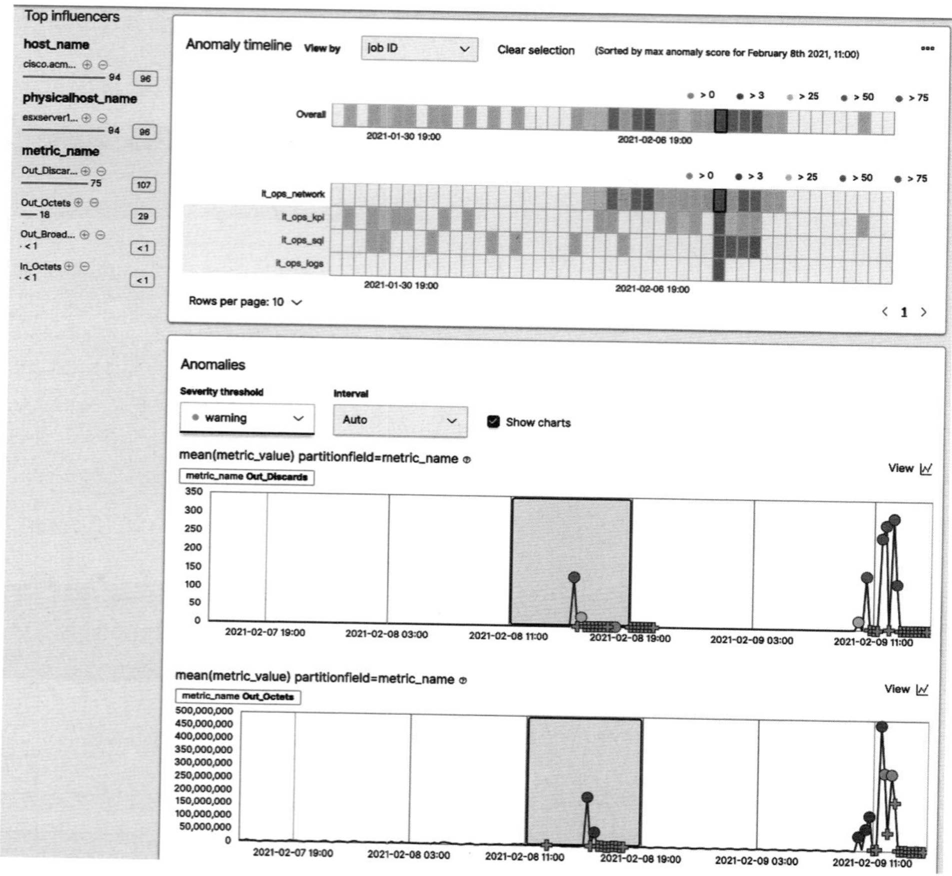

그림 7.12 네트워크 데이터에서 이상 징후를 보여주는 이상 징후 탐색기

특히 네트워크 트래픽(Out_Octets 메트릭)이 크게 급증했고, 네트워크 인터페이스에서 유실 패킷(Out_Discards 메트릭)이 급증했다.

이 시점에서 이 네트워크 스파이크가 데이터베이스 문제와 관련이 있을 수 있다는 명백한 의심이 있었다. 또한 상관관계가 항상 인과관계인 것은 아니지만 운영 팀이 이전의 가동 중단에 관한 일부 과거 데이터를 되짚어 보게 만드는 단서로는 충분했다. 다른 모든 가동 중단에서도 이러한 대규모 네트워크 스파이크와 패킷 유실 패턴이 존재했다.

네트워크 급증의 궁극적인 원인은 VM을 새로운 ESX 서버로 옮기는 VMware의 액션 때문이었다. 누군가 네트워크 스위치를 잘못 구성했고 VMware는 관리 VLAN 대신 애플리케이션 VLAN을 통해 이 엄청난 트래픽 버스트를 보내고 있었다. 이러한 일이 발생하면 거래 처리 애플리케이션이 일시적으로 데이터베이스로의 연결을 잃고 재접속을 시도하게 될 것이다. 그러나 이 재접속 코드에는 SQL 서버에 속한 원격 IP 주소로 데이터베이스에 재접속을 시도하지 않는 치명적인 결함이 있었다. 그 대신 로컬호스트(127.0.0.1 IP 주소)로 재접속을 시도했지만, 물론 그 IP 주소에는 데이터베이스가 없었다. 이 버그에 대한 단서는 일래스틱 ML이 **표본**Example 섹션에 표시한 예제 로그 라인 중 하나에서 볼 수 있다(다음 스크린샷에서 원 모양).

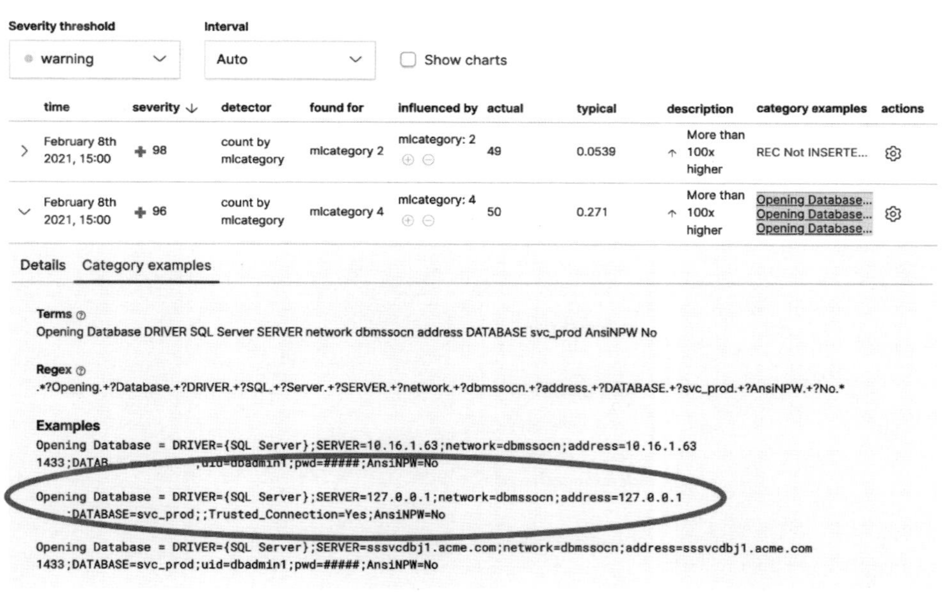

그림 7.13 재접속 문제의 근본 원인을 보여주는 이상 징후 탐색기

따라서 일단 문제가 발생하면 애플리케이션 서버가 완전히 재부팅되고 시작 구성 파일을 다시 읽은 후 SQL 서버의 IP 주소를 다시 알아내야 SQL 서버에 접속할 수 있다. 이것이

전체 재부팅으로 항상 문제를 해결했던 이유였다.

한 가지 주목해야 할 핵심 사항은 사용자 인터페이스의 인플루언서가 이상 징후에 대해 책임이 있는 대상의 범위를 좁히는 데 어떤 도움이 되는지다.

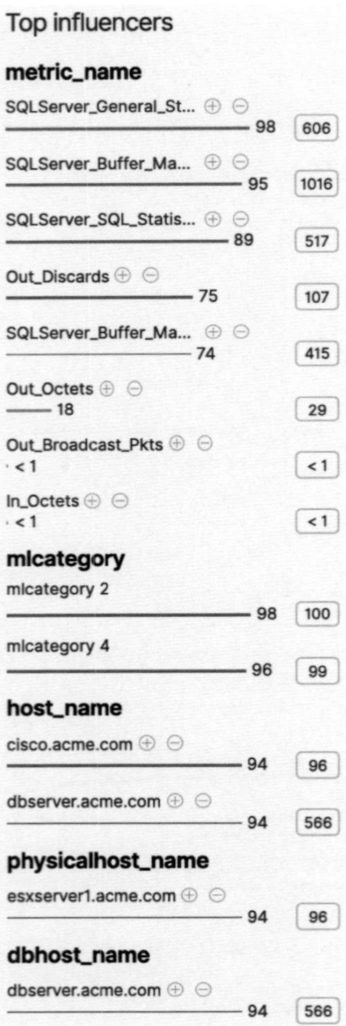

그림 7.14 상위 인플루언서를 보여주는 이상 징후 탐색기

대시보드에서 선택한 기간 동안 최고 점수를 받은 인플루언서는 왼쪽에 있는 **상위 인플루언서**Top influencers 섹션에 나열된다. 각 인플루언서에 대한 최대 인플루언서 점수(모든 버킷)가 대시보드 시간 범위(모든 버킷에서의 합산)에 대한 인플루언서 총 점수와 함께 표시된다. 또한 여러 작업이 함께 표시되는 경우 작업 간의 공통적인 인플루언서의 합계가 더 높기 때문에 순위가 더 높아진다.

이제 작업 전반에 걸쳐 문제를 만드는 엔티티의 공통점을 매우 쉽게 볼 수 있기 때문에 핵심 사항이다. esxserver1.acme.com이 여러 작업을 볼 때 인플루언서로 유일한 물리적 호스트인 경우 집중해야 할 시스템을 즉시 알고, 그 문제가 널리 퍼진 문제가 아니라는 것을 안다.

결국 고객은 잘못된 네트워크 구성을 바로잡고 데이터베이스 재연결 코드의 버그를 해결하는 것으로 시스템을 정상화할 수 있었다. 일래스틱 ML을 통해 조사의 초점을 좁혀 시간을 절약하고 향후 발생을 방지할 수 있었기 때문에 이 근본 원인의 범위를 매우 빠르게 좁힐 수 있었다.

요약

일래스틱 ML은 IT 조직이 주목하는 데이터 양을 확실히 늘릴 수 있으므로 데이터에서 더 많은 통찰과 사전 예방적 가치를 얻을 수 있다. 데이터 유형에 걸쳐 조직화하고 상관관계와 관련 이상 징후를 전반적으로 조회하는 기능은 문제를 격리하고 근본 원인 식별하는 데 매우 중요하다. 이는 애플리케이션 다운타임을 줄이고 문제 재발 가능성을 제한한다.

8장에서는 일래스틱 스택 내에서 다른 앱(APM, 보안, 로그)이 일래스틱 ML을 활용해 특정 사용 사례에 맞춰진 즉시 사용 가능한 경험을 제공하는 방법을 살펴볼 것이다.

08

다른 일래스틱 스택 앱에서 이상 탐지

2년 전 이 책 초판을 저술할 때 스택 내에서 도메인 특화 솔루션domain-specific solution을 위해 일래스틱 ML을 활용하는 다른 앱의 개념이 없었다. 그러나 그 이후 일래스틱 ML은 사용자가 클릭 한 번으로 활성화할 수 있는 맞춤형 작업 구성을 제공해서 도메인 특화 솔루션에 대한 이상 탐지 **제공자**가 됐다.

8장에서는 일래스틱 ML이 다양한 일래스틱 스택 앱에 제공하는 기능을 살펴볼 것이다.

- 일래스틱 APM의 이상 탐지
- 로그Logs 앱의 이상 탐지
- 메트릭Metrics 앱의 이상 탐지
- 업타임Uptime 앱의 이상 탐지
- 일래스틱 시큐리티Security 앱의 이상 탐지

기술 요구 사항

8장의 내용은 7.12 버전과 관련된 일래스틱 스택을 기반으로 한다.

일래스틱 APM의 이상 탐지

일래스틱 APM은 사용자가 애플리케이션 코드를 계측instrument해 개별 마이크로서비스와 트랜잭션 성능에 대한 심층적인 통찰력을 얻을 수 있도록 해 애플리케이션 모니터링과 성능 관리를 완전히 새로운 수준으로 끌어올린다. 이는 복잡한 환경에서 많은 수의 측정치measurement를 생성할 수 있고 실행 가능한 통찰력을 얻기 위해 결과를 선별해야 하는 분석가를 압도하면서 이 상세한 측정 수준을 통해 더 큰 관측 가능성을 얻을 수 있어 잠재적으로 역설적 상황을 제시할 수 있다.

다행히도 일래스틱 APM과 일래스틱 ML의 관계는 천생연분과도 같다. 이상 탐지는 비지도 머신러닝을 통해 각 트랜잭션 유형의 고유한 성능 특성에 자동으로 적응할 뿐만 아니라 APM이 생성할 수 있는 방대한 양의 데이터를 처리하도록 확장될 수도 있다.

사용자는 데이터 유형과 관계 없이 어떤 인덱스에서도 어떤 종류의 시계열 데이터에 대해서도 항상 자유롭게 이상 탐지 작업을 생성할 수 있지만, 데이터 형식이 이미 알려져 있기 때문에 일래스틱에서 미리 만든 바로 사용 가능한 일래스틱 APM 데이터의 작업 구성을 제공해야 한다는 강력한 주장이 있다.

APM에 대한 이상 탐지 활성화

APM 데이터에 대해 이상 탐지를 활용하기 위해 선언된 일부 서비스로부터 데이터를 수집해야 하고, 이 수집한 데이터를 `apm-*` 인덱스 패턴으로 접근할 수 있는 인덱스에 저장해야 한다.

1. APM 데이터에 대해 이상 탐지를 아직 설정하지 않은 경우 화면 상단에 여전히 설정이 필요하다는 의미의 표시가 출력된다.

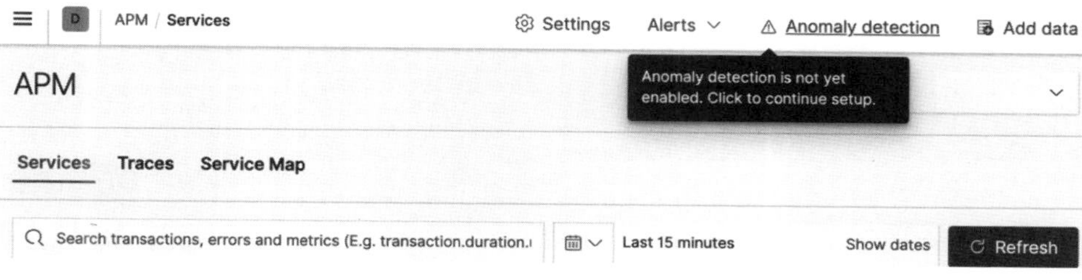

그림 8.1 APM에서 아직 이상 탐지가 활성화되지 않은 경우에 대한 표시

2. 이상 탐지 구성이 어떻게 생겼는지 보여주기 위해 간단한 Hello World Node.js 애플리케이션을 만들고 일래스틱 APM으로 계측했다. (myapp이라 부르는) 이 애플리케이션에는 애플리케이션이 개발 버전의 앱이라는 사실을 나타내기 위해 `environment` 태그에 `dev`도 지정했다(이 모든 작업은 Node.js 구성을 위해 APM 에이전트 내에서 수행했다).

```
// Add this to the VERY top of the first file loaded in your app
var apm = require('elastic-apm-node').start({

  // Override the service name from package.json
  // Allowed characters: a-z, A-Z, 0-9, -, _, and space
  serviceName: '',

  // Use if APM Server requires a secret token
  secretToken: 'mAh8tevR2KIsq4KQiA',

  // Set the custom APM Server URL (default: http://localhost:8200)
  serverUrl: 'https://103497ec58cc41c49128f066aba2fcda.apm.westus2.azure.elastic-cloud.com:443',

  // Set the service environment
  environment: 'dev'
})

var express = require('express');
var app = express();
app.get('/', function (req, res) {
  res.send('Hello World!');
});
app.listen(3000, function () {
  console.log('Example app listening on port 3000!');
});
```

그림 8.2 일래스틱 APM으로 계측한 샘플 Node.js 앱

3. 일래스틱 APM 내부에서 보면 이 서비스는 다음처럼 보일 것이다.

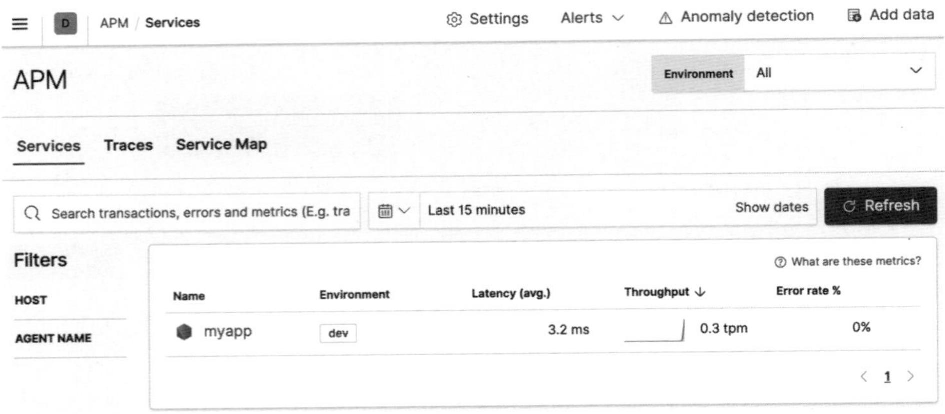

그림 8.3 일래스틱 APM UI에서 본 샘플 Node.js 앱

4. 이 서비스에 대해 이상 탐지를 활성화하려면 단순히 **설정**Settings으로 가서 **이상 탐지**Anomaly detection를 클릭하고 나서 ML **작업 생성**Create ML Job 버튼을 클릭한다.

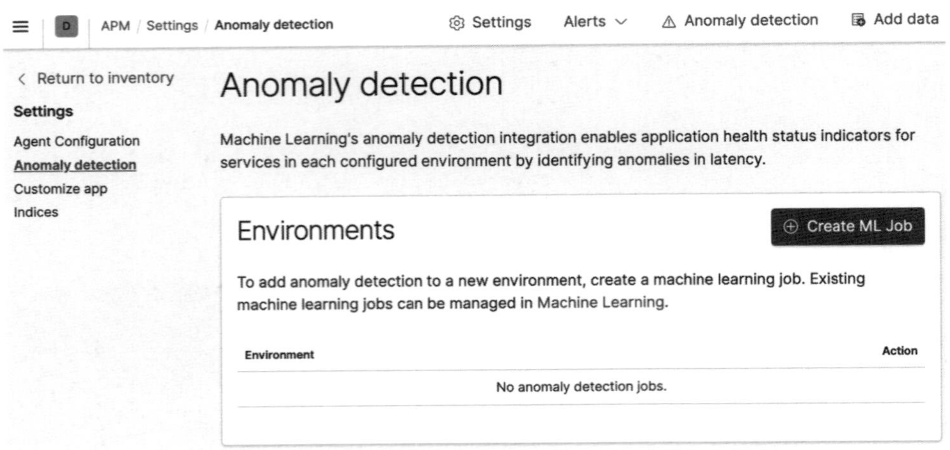

그림 8.4 APM 데이터에 대한 ML 작업 생성

5. 다음에는 이 작업을 빌드하려는 환경 이름을 지정한다.

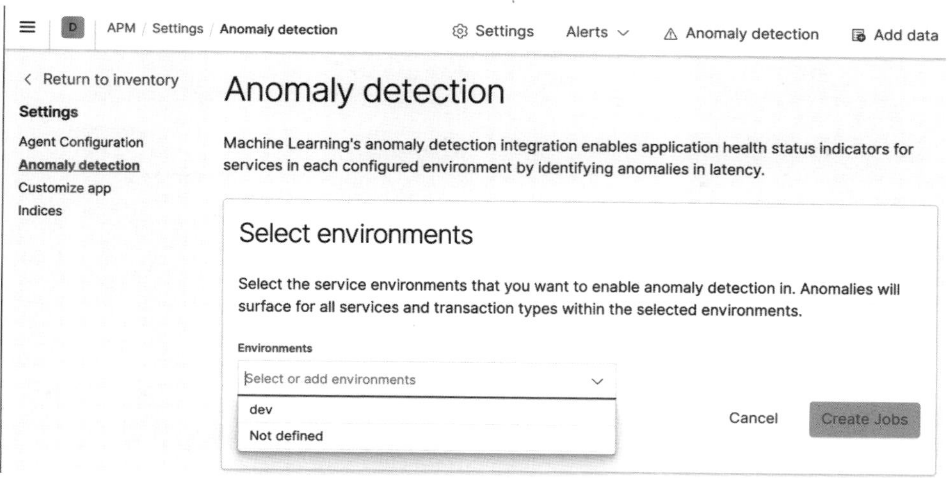

그림 8.5 ML 작업을 빌드할 환경 지정

6. 여기서 이 애플리케이션에 대해 가능한 선택인 dev를 선택할 것이다. 이를 선택하고 **작업 생성**Create Jobs 버튼을 클릭하면 작업이 생성됐다는 메시지가 표시되고 선택한 환경 이름과 작업이 다음처럼 표에 나열된다.

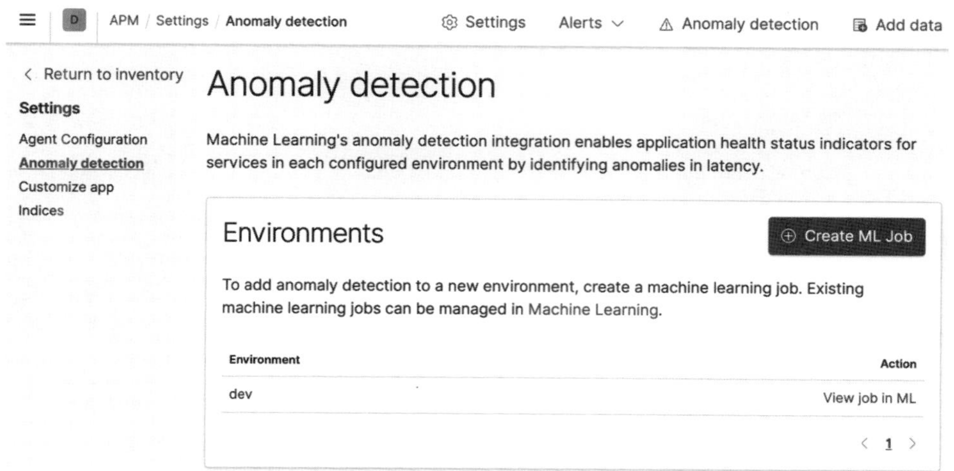

그림 8.6 APM에서 생성한 이상 탐지 작업 목록

7. 생성한 상세 작업을 보기 위해 일래스틱 ML 앱을 클릭하면 다음과 같을 것이다.

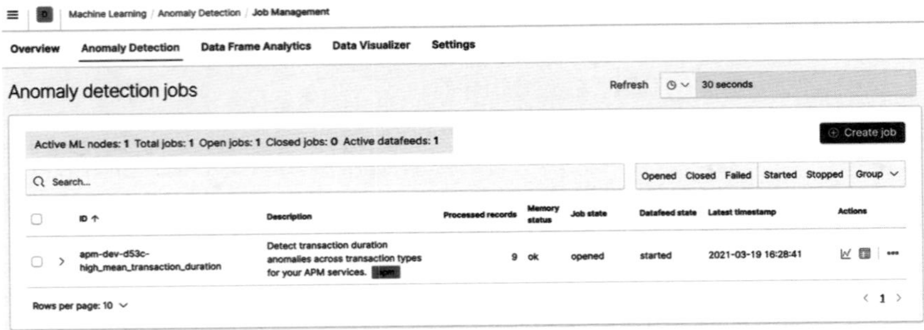

그림 8.7 ML에서 생성한 이상 탐지 작업 목록

8. 이를 더 조사하면 다음처럼 이 작업에 대한 실제 탐지기 구성을 볼 수 있다.

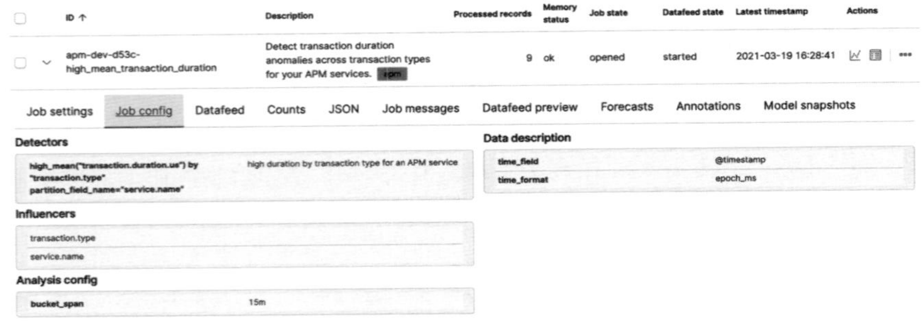

그림 8.8 APM 작업에 대한 탐지기 구성

`transaction.duration.us` 필드에 `high_mean` 함수를 활용하고, `transaction.type`과 `service.name`으로 분할했다. 또한 이 작업의 `bucket_span`값은 15분인데, 여러분의 환경에 이상적인 설정일 수도 아닐 수도 있다.

> **노트**
>
> 이 구성은 하드코딩돼 있기 때문에 APM UI에서 원클릭 접근 방식을 사용할 때 가능한 유일한 구성이라는 점에 유의해야 한다. 사용자 정의하거나 자신만의 구성을 만들려면 처음부터 구성을 생성하거나 이 작업을 복제하고 자신만의 버킷 스팬이나 탐지 로직을 설정할 수 있다.

9. 쿼리 중인 데이터의 관점에서 다음과 같은 설정을 보기 위해 **데이터피드**Datafeed 탭을 클릭한다.

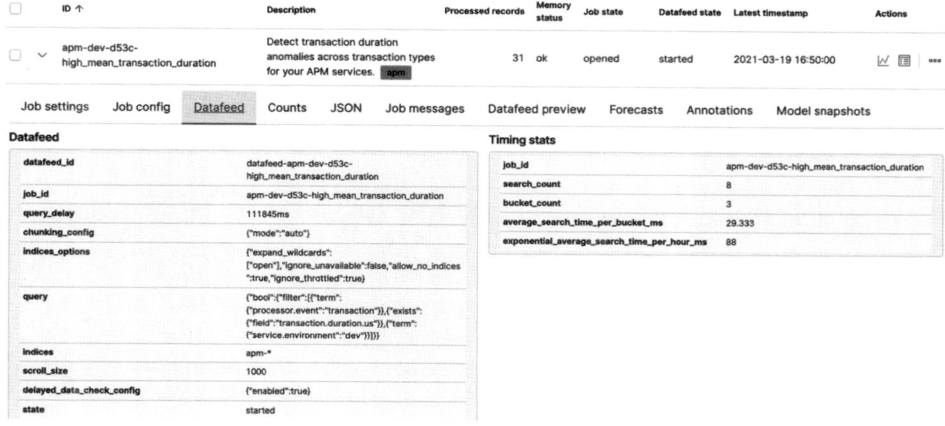

그림 8.9 APM 작업에 대한 데이터피드 구성

10. 다음 그림에서 보는 것처럼 이러한 특정 작업에 대한 일래스틱 ML에 공급할 관찰된 샘플을 보려면, **데이터피드 미리보기**Datafeed preview 탭을 클릭하면 된다.

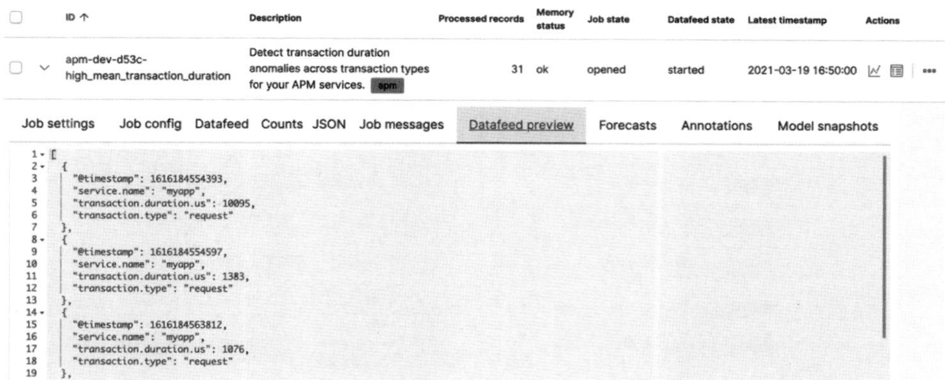

그림 8.10 APM 작업에 대한 데이터피드 미리보기

이제 APM 작업을 구성했고 실행 중이므로 APM UI 내에서 이상 탐지 작업의 결과가 반

영될 곳으로 초점을 돌려보자.

APM UI에서 이상 탐지 작업 결과 조회

일래스틱 ML UI에서 이 작업의 결과를 조회하는 것에 더해, APM UI에서 이상 탐지 작업의 결과를 볼 수 있는 세 가지 주요 위치가 있다.

- **서비스 개요**: APM UI에 있는 이 뷰는 특정 서비스에 대한 이상 탐지 결과의 최대 이상 징후 점수에 해당하는 상위 수준 상태 표시기high-level health indicator를 제공한다.

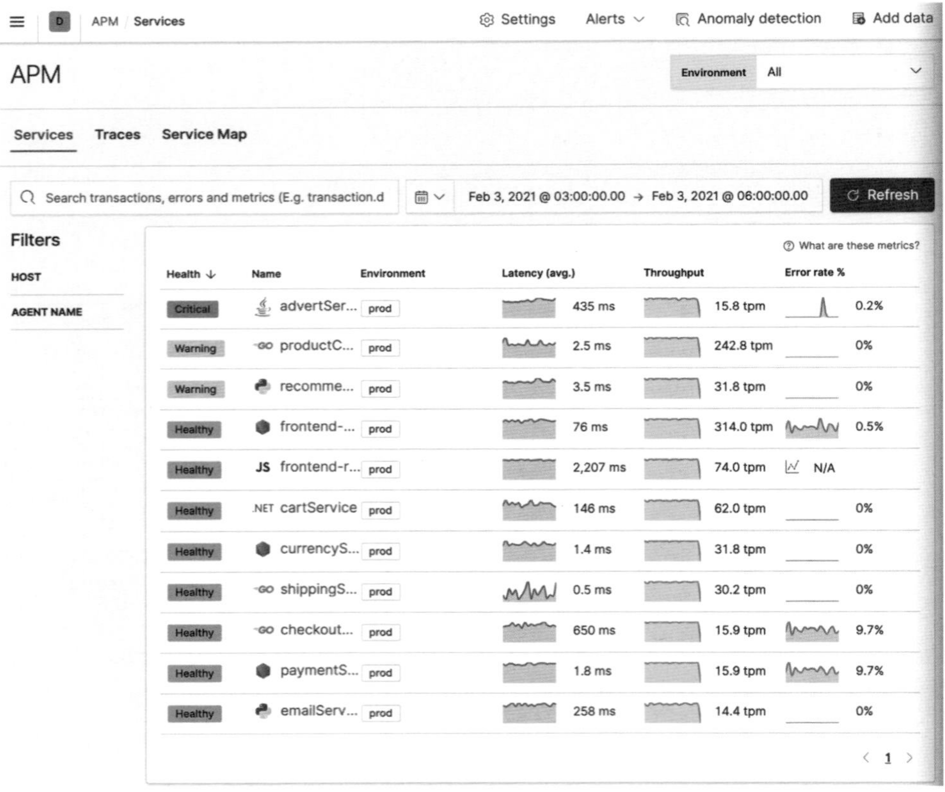

그림 8.11 APM UI의 서비스 개요

- **서비스 맵**: 이 동적 뷰는 특정 서비스에 대한 이상 탐지 결과의 최대 이상 징후 점수를 바탕으로 색으로 구분된 이상 징후 표시기와 함께 애플리케이션 트랜잭션 의존성을 보여준다.

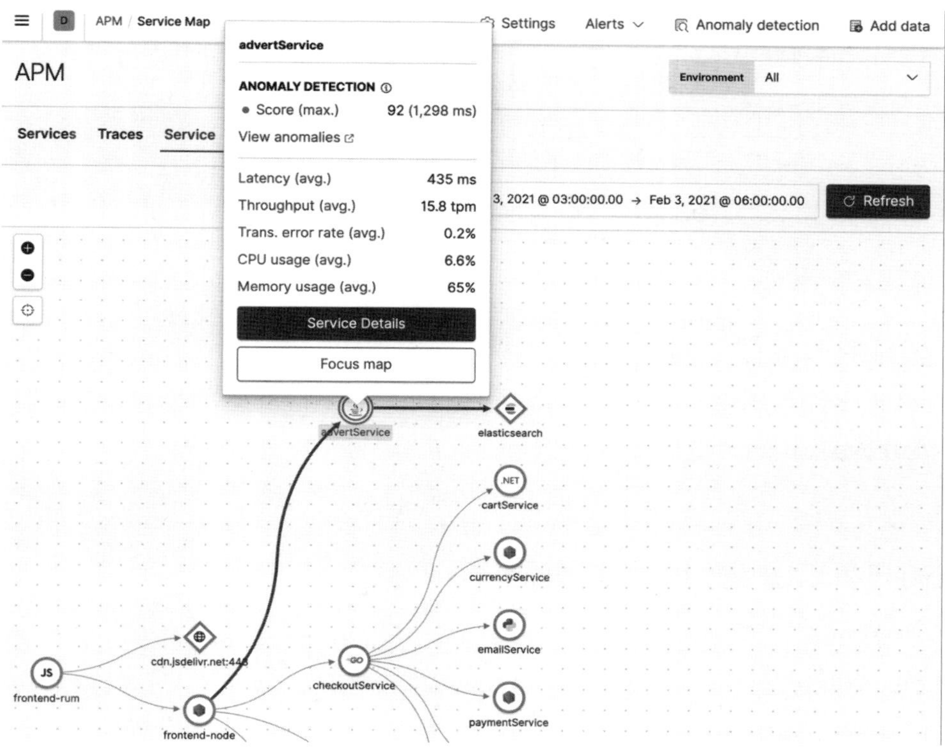

그림 8.12 APM UI의 서비스 맵

- **트랜잭션 지속 시간**duration **차트**: APM의 메인 **트랜잭션**Transactions 뷰 아래에 있는 이 차트는 특정 트랜잭션 유형에 대해 이상 징후 점수가 75를 초과할 때 영역과 색상 주석annotation으로 표시된다.

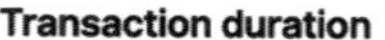

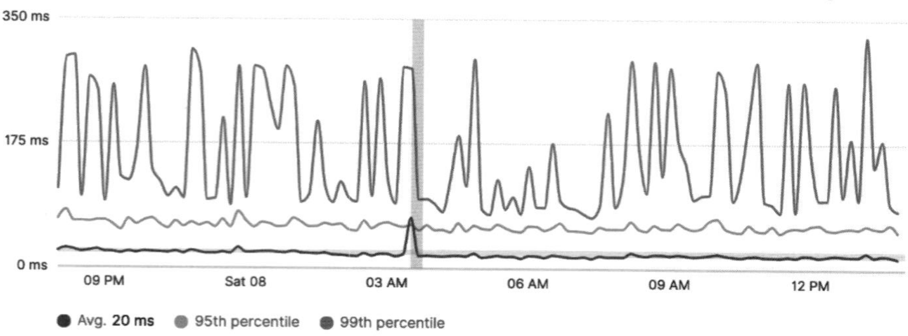

그림 8.13 APM UI의 트랜잭션 지속 시간 차트

도움되는 이러한 이상 징후 표시기는 사용자가 APM과 ML UI의 심층 기능을 사용해 추가적인 조사와 트러블슈팅 문제 해결을 안내한다. **데이터 인식기**data recognizer를 사용해 일래스틱 ML을 APM에서 수집한 데이터와 통합하는 더 많은 방법을 살펴보자.

데이터 인식기를 통한 ML 작업 생성

"데이터 인식기data recognizer"는 일래스틱 ML에서 실제 기능에 대한 공식 마케팅 이름은 아니며, 데이터를 인식recognize하기 위해 사전 구성된 작업을 생성하도록 사용자를 돕는 매우 유용할 수 있는 기능이다.

> **노트**
>
> 이 데이터를 인식하는 사전 구성된 작업은 다음 깃허브 저장소(https://github.com/elastic/kibana/tree/master/x-pack/plugins/ml/server/models/data_recognizer/modules)에 있다.

기본적으로 이 인식기를 사용해 새 작업을 생성하는 워크플로는 다음과 같다.

이상 탐지 작업을 생성하는 과정에서 작업 입력을 위해 선택한 이 데이터(인덱스 패턴이나 저장된 검색)는 사전 정의된 인식기 모듈 중 하나와 알려진 검색 패턴이 일치하면, 이 사전 정의된 작업 중 하나를 생성하는 기능을 사용자에게 제공할 수 있다. 8장 앞에서 간단한 Node.js 예제를 볼 수 있었다. APM UI에서 이상 탐지 작업을 생성하는 대신, 일래스틱 ML UI로 이동해 `apm-*` 인덱스 패턴을 선택할 수 있다.

- 인덱스 패턴을 선택하면 일반적인 작업 마법사에 더해 두 개의 사전 구성된 작업이 제공되는 것을 볼 수 있다.

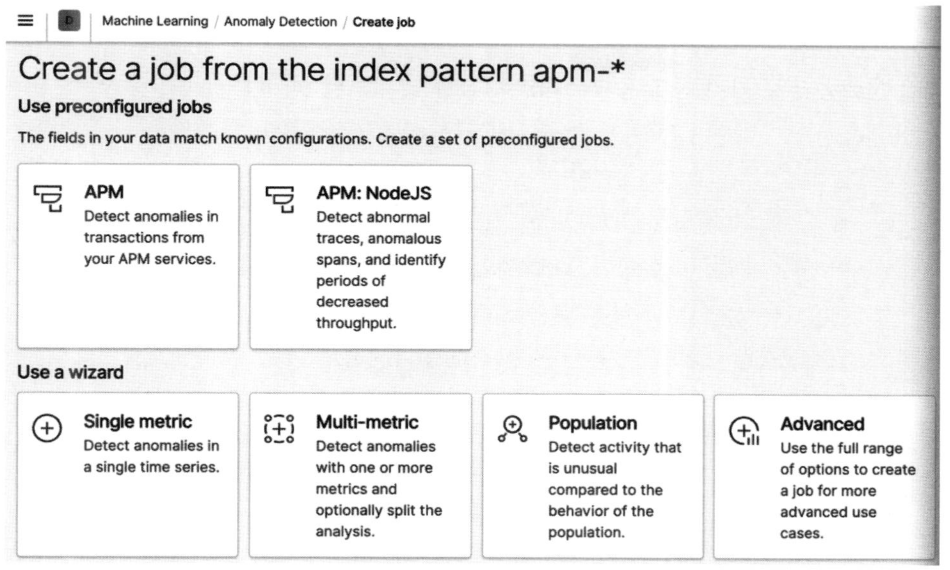

그림 8.14 데이터 인식기가 제공하는 작업

- 첫 번째 "APM" 작업은 APM UI에서 8장 처음에 이미 생성했던 작업과 같은 유형이다. 두 번째 옵션(APM: NodeJS)은 실제로 세 작업의 모음이다.

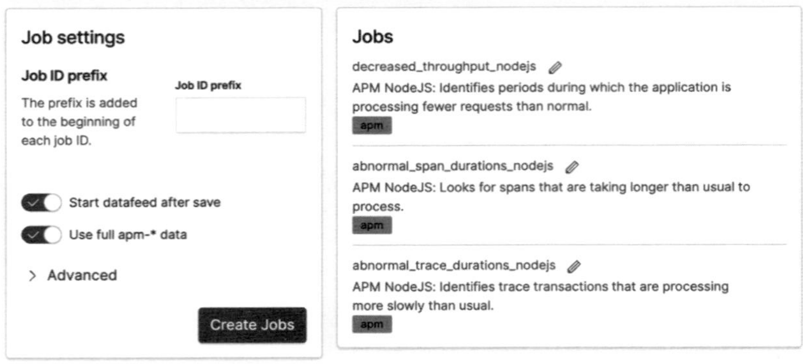

그림 8.15 데이터 인식기가 제공하는 Node.js 작업

- 세 번째는 8장 앞부분에서 또한 이미 생성한 작업과 같은 유형이기는 하지만 나머지 두 작업은 고유하다. 소스 데이터가 "인식"되는 경우, 사용자에게 제안된 작업을 제공한다는 이 개념은 APM 데이터에만 국한되지 않고 다른 상황이나 사용 사례에서도 제안된 작업을 볼 수 있다(예를 들어 샘플 키바나 데이터, nginx의 데이터에 대한 인덱스 선택과 같은).

APM 앱에 일래스틱 ML을 임베드하는 방법을 살펴봤으므로, 이제 로그Logs 앱에서 이상 탐지를 활용하는 방법을 알아보기 위해 탐험을 계속해보자.

로그 앱의 이상 탐지

키바나의 **관측 가능성**Observability 섹션 내부에 있는 로그Logs 앱은 디스커버Discover 앱과 유사한 데이터 뷰를 제공한다. 그러나 데이터가 저장된 인덱스에 무관하게 실시간 로그 테일tail을 더 좋아하는 사용자는 이 로그 앱을 더 선호할 것이다.

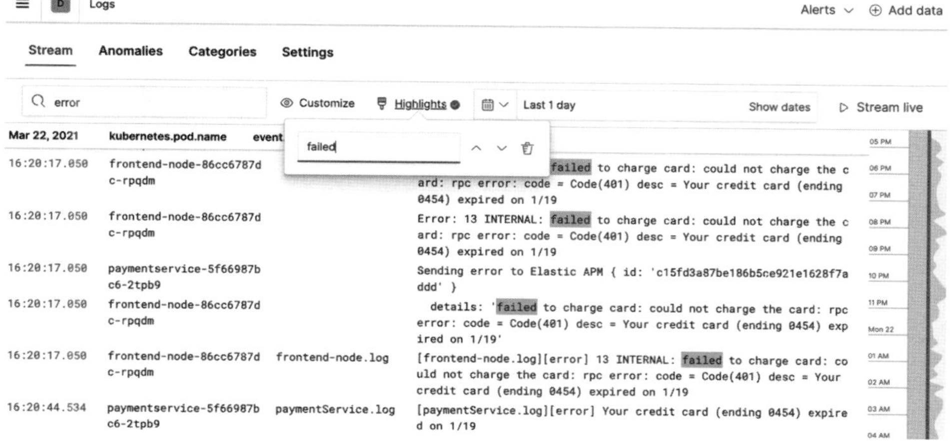

그림 8.16 키바나의 관측 가능성(Observability) 섹션의 일부인 로그 앱

여기에는 **이상 징후**Anomalies 탭과 **범주**Categories 탭 둘 다 있다. 먼저 **범주**Categories 섹션에 대해 논의해보자.

로그 카테고리

3장, '이상 탐지'에서 처음 설명한 일래스틱 ML의 범주화categorization 기능은 구조화되지 않은 로그 데이터의 모든 인덱스를 일반적인 방식으로 적용한다. 그러나 로그 앱 내에서는 데이터에 대한 보다 엄격한 제약 조건으로 범주화를 사용한다. 간단히 말해 데이터는 특정 필드(특히 `event.dataset`이라는 필드)가 정의된 **일래스틱 공통 스키마**ECS에 있어야 한다.

> **노트**
>
> 7장, 'AIOps와 근본 원인 분석'의 로그 데이터세트를 8장의 로그 앱을 사용할 목적으로 깃허브에서 복제하고 event.dataset 필드를 추가한다. ML에서 파일 업로드 기능을 통해 데이터를 임포트한다면 기본 제공된 event_dataset 대신 event.dataset으로 필드 이름을 재정의해야 한다.

로그 앱이 템플릿 방식으로 범주화 작업을 생성하려고 한다는 점을 고려한다면, 이 제약 조건의 이유를 상상해볼 수 있다. 따라서 필드의 명명 규칙이 확실해야 한다. 이와 달리 범주화 필드와 메시지 필드 이름을 선언하는 책임이 사용자에게 있는 ML 앱에서 수행하는 경우에는 분명히 그렇지는 않다.

그러나 범주화를 호출하도록 로그 앱을 구성하면 출력은 다음 그림처럼 표시되며 최대 이상 징후 점수를 기준으로 정렬된 개별 로그 범주를 보여준다.

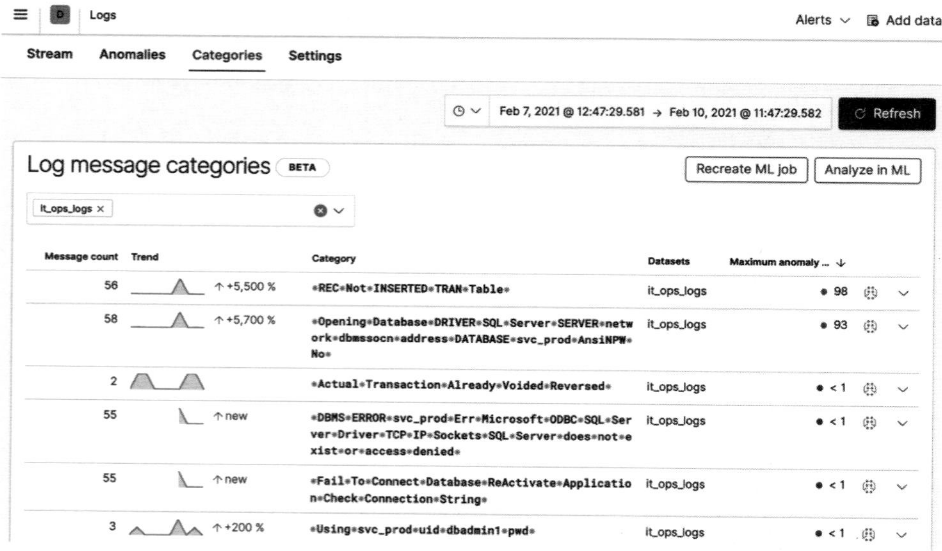

그림 8.17 일래스틱 ML의 범주화 결과를 표시하는 로그 앱

ML UI에서 추가적인 검사를 위해 **이상 징후 탐색기**Anomaly Explorer로 이동하려면 **ML에서 분석**Analyze in ML 버튼을 클릭한다.

로그 이상 징후

로그 앱의 **이상 징후**Anomalies 섹션은 이상 징후 탐색기와 유사한 뷰를 제공한다.

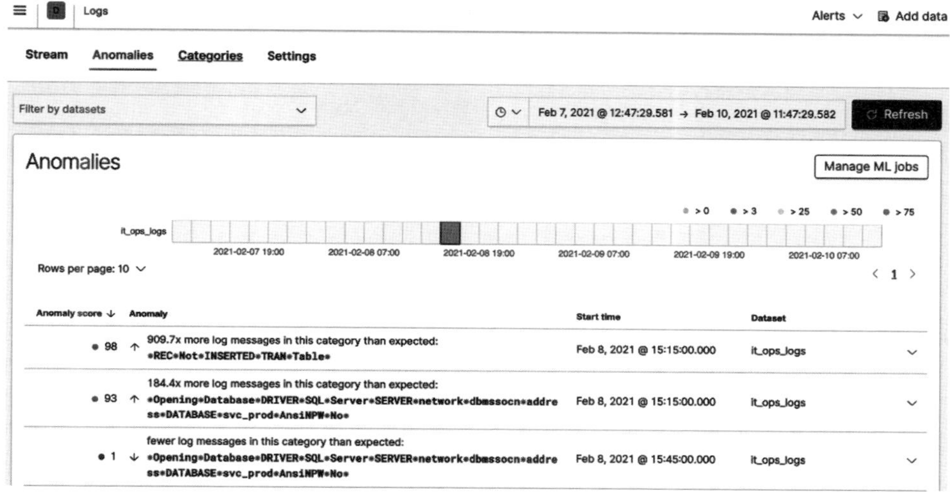

그림 8.18 ML의 이상 징후 탐색기와 유사한 뷰를 표시하는 로그 앱

ML **작업 관리**Manage ML jobs 버튼을 클릭하면 이상 탐지 작업을 관리할 수 있다.

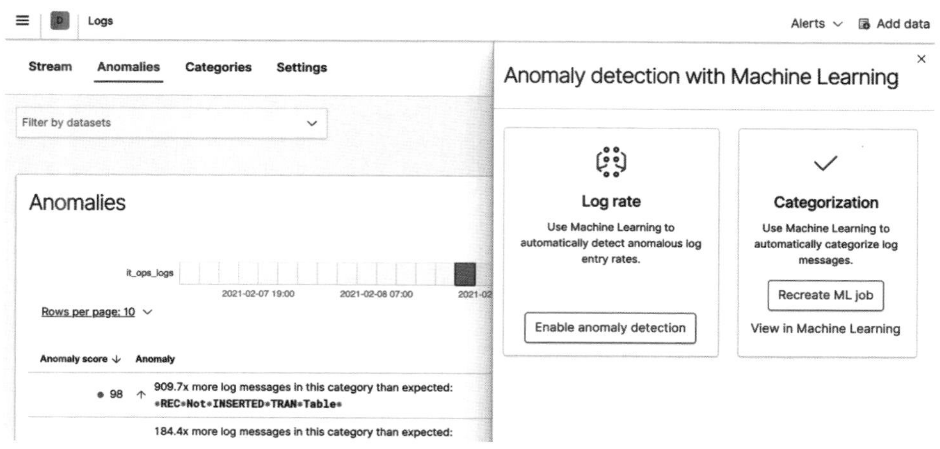

그림 8.19 ML 작업을 관리할 수 있는 로그 앱

그림 8.18에서 좌측에 있는 **로그 레이트**Log rate 작업은 event.dataset 필드로 파티션된 단순 카운트(count) 탐지기다.

사용자가 이런 ML 작업을 여기서 다시 생성할 수는 있지만, 영구적으로 삭제할 수는 없다. 작업을 삭제하려면 ML 앱의 이상 탐지 작업 관리 페이지로 이동해야 한다.

전문 사용자는 ML 앱 내에서 로그에 대한 이상 탐지 작업을 만들고 관리할 수 있다. 그러나 일래스틱 ML 기능의 표시는 로그 앱 기능을 명확하고 구현하기 쉬운 방식으로 해야 한다. 계속해서 메트릭Metrics 앱에서 일래스틱 ML이 어떻게 활용되는지 살펴보자.

메트릭 앱의 이상 탐지

키바나의 **관측 가능성**Observability 섹션의 일부분인 메트릭Metrics 앱은 데이터에 대한 인벤토리와 메트릭 기반 뷰를 제공한다.

- **인벤토리**Inventory 뷰에서 사용자는 모니터링 리소스의 종합 지도를 볼 수 있다. 호스트host, 파드pod, 컨테이너container 같은 엔티티를 구성하고 필터링해 다음 그림처럼 색상으로 구분된 건강 상태 스케일health scale을 포함하는 뷰를 사용자 정의할 수 있다.

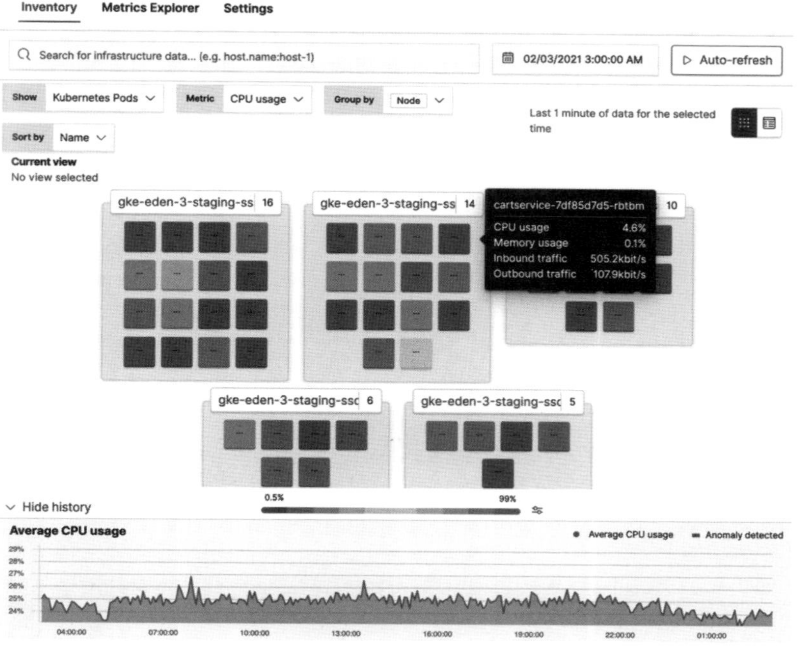

그림 8.20 인벤토리 뷰를 보여주는 메트릭 앱

뭔가 탐지하면 하단 패널에 이상 징후가 표시된다는 사실을 유의하자. 이는 현재 메트릭 앱 내에서 이상 징후를 볼 수 있는 유일한 장소다.

- 메트릭 앱을 통해 기본 제공되는 이상 탐지 작업을 활성화하려면 상단의 **이상 탐지** Anomaly Detection 버튼을 클릭해 구성 플라이아웃flyout 뷰를 활성화한다.

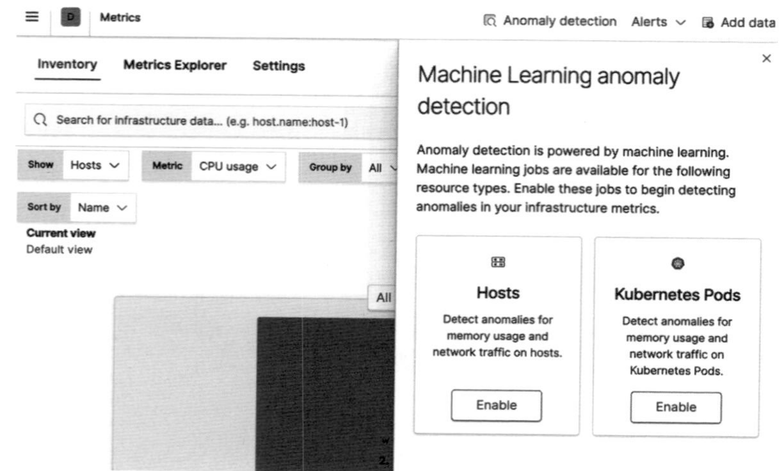

그림 8.21 이상 탐지 작업의 관리 기능을 보여주는 메트릭 앱

- 호스트에 대해 이상 탐지를 활성화하려면 다음처럼 적절한 **활성화**Enable 버튼을 클릭한다.

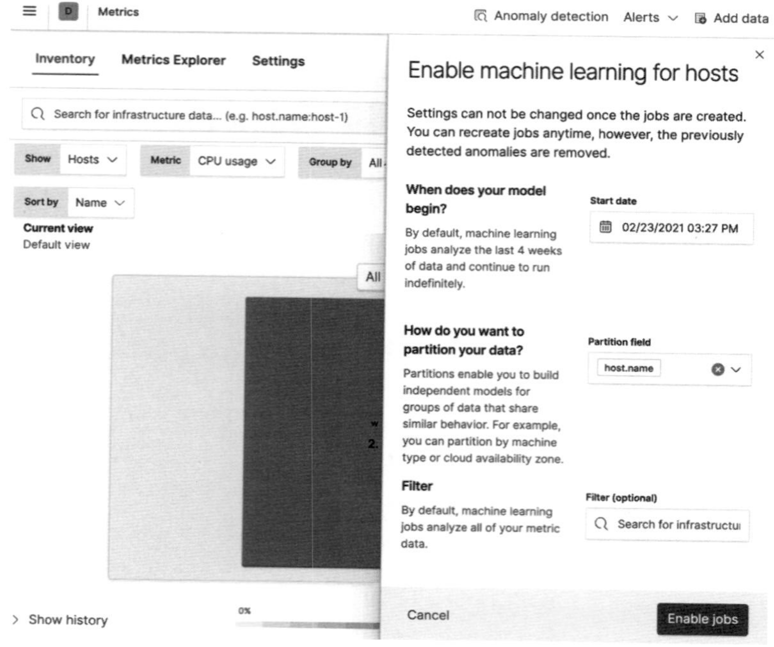

그림 8.22 호스트의 이상 탐지의 구성을 보여주는 메트릭 앱

- 원한다면 파티션 필드가 이 구성의 일부로 제공된다는 사실에 유의하자. **작업 활성화**Enable jobs 버튼을 클릭하면 일래스틱 ML의 **작업 관리**Job Management 섹션에서 볼 수 있는 세 가지 서로 다른 이상 탐지 작업이 자동으로 생성된다.

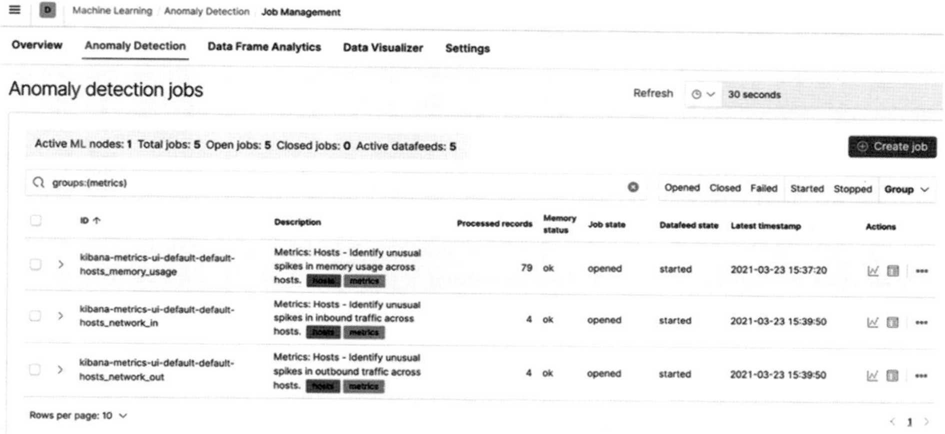

그림 8.23 메트릭 앱이 생성한 호스트에 대한 이상 탐지 작업

- 메트릭 앱이 이상 징후를 표시하도록 하는 데 필요한 최소 이상 징후 점수를 설정하기 위해 **설정**Settings 탭으로 이동해 **이상 징후 심각도 임곗값**Anomaly Severity Threshold 을 구성한다.

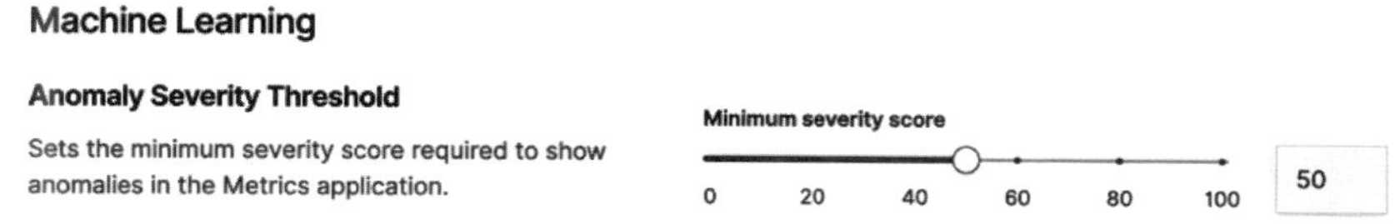

그림 8.24 메트릭 앱 내의 이상 징후 심각도 임곗값 설정

메트릭 앱과 일래스틱 ML의 통합은 매우 간단하고 쉽기 때문에 사용자는 메트릭 데이터에서 이상 탐지를 사용해 빠르게 시작해볼 수 있다. 이제 업타임Uptime 앱의 통합을 간단히 살펴보자.

업타임 앱의 이상 탐지

업타임Uptime 앱은 HTTP/S, TCP, ICMP를 포함해 다양한 네트워크 프로토콜을 통해 서비스의 가용성과 응답 시간 모니터링을 단순하게 만들어준다.

1. 종종 합성 모니터링synthetic monitoring으로 분류되는 업타임 앱은 하트비트Heatbeat를 사용해 하나 이상의 장소에서 네트워크 엔드포인트를 능동적으로 조사한다.

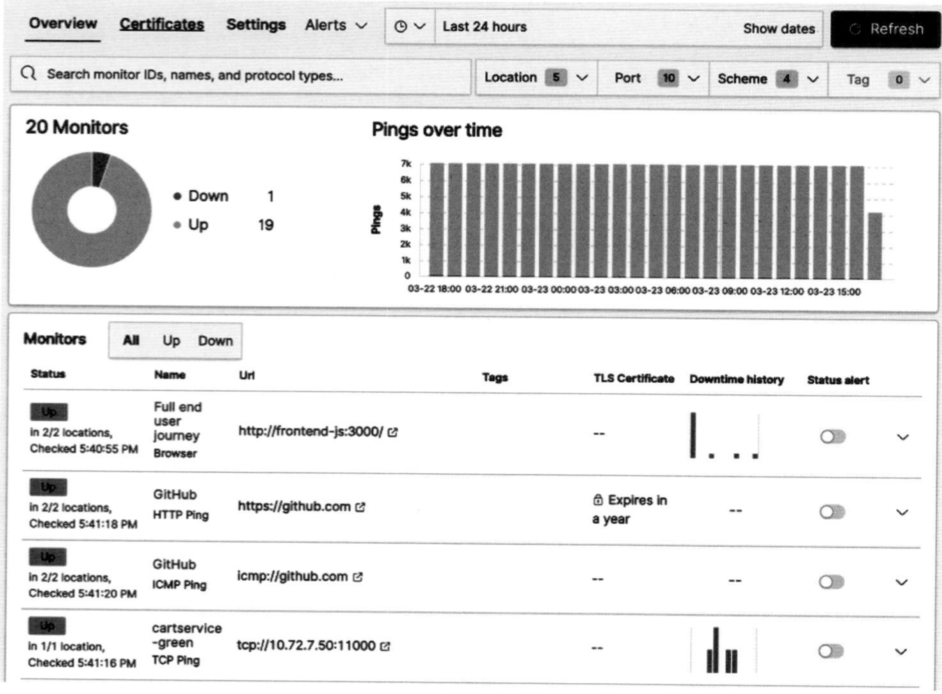

그림 8.25 키바나의 업타임 앱

2. 모니터에서 이상 탐지를 활성화하고 싶다면, 간단히 모니터 이름을 클릭해서 모니터 상세 정보를 확인한다. **모니터 지속 시간**Monitor duration 패널 내에 있는 **이상 탐지 활성화**Enable anomaly detection 버튼에 주목하자.

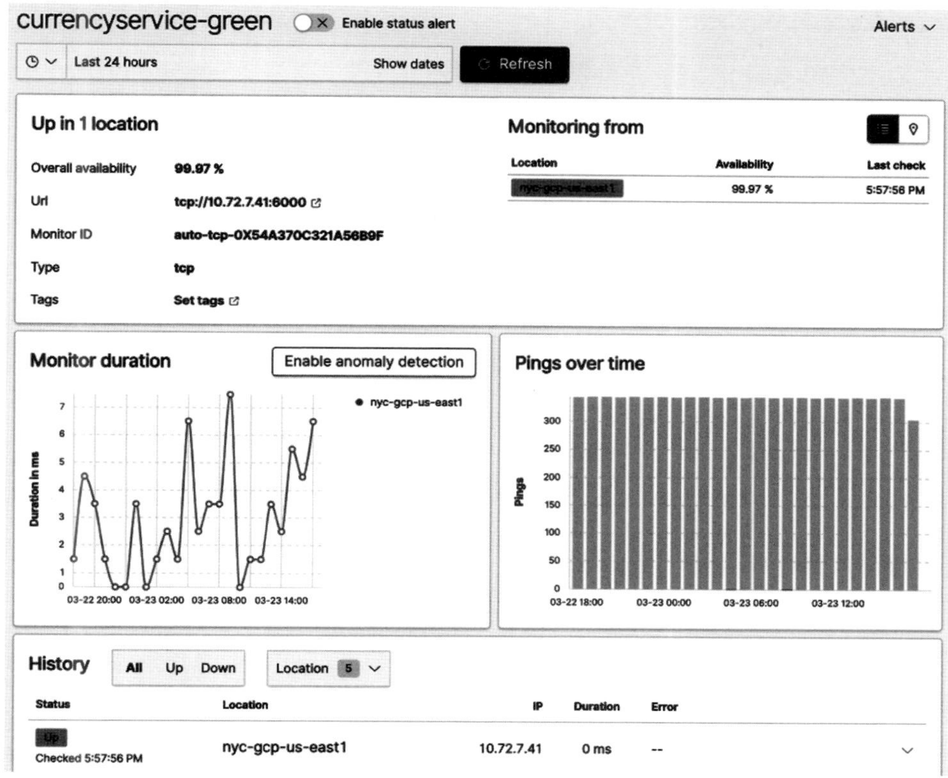

그림 8.26 업타임 모니터에 대한 이상 탐지 활성화

3. **이상 탐지 활성화**Enable anomaly detection 버튼을 클릭하면 백그라운드에서 이 작업이 생성되고, 이 작업에 의해 나타나는 이상 징후에 대한 얼럿을 생성할 수 있는 옵션을 제공한다.

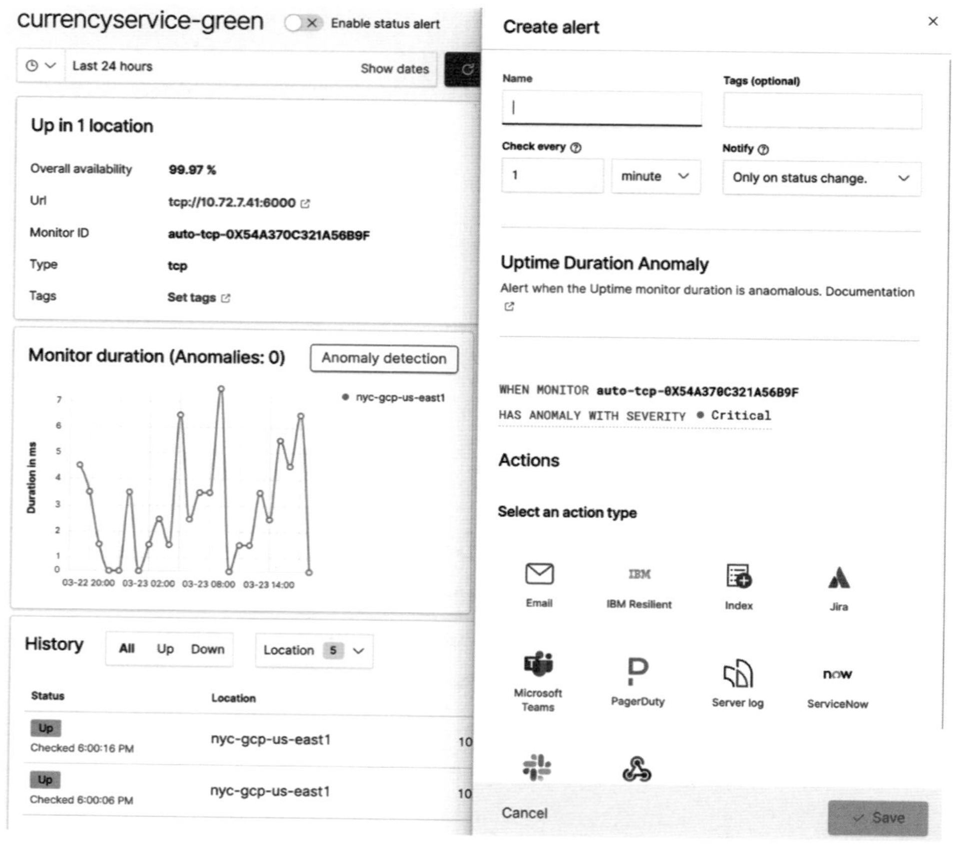

그림 8.27 업타임 앱에서 이상 탐지 작업에 대한 얼럿 생성

4. 이 이상 탐지 작업을 활성화하면 **모니터 지속 시간**Monitor duration 패널에 있는 모니터 상세 페이지에서도 표시된다.

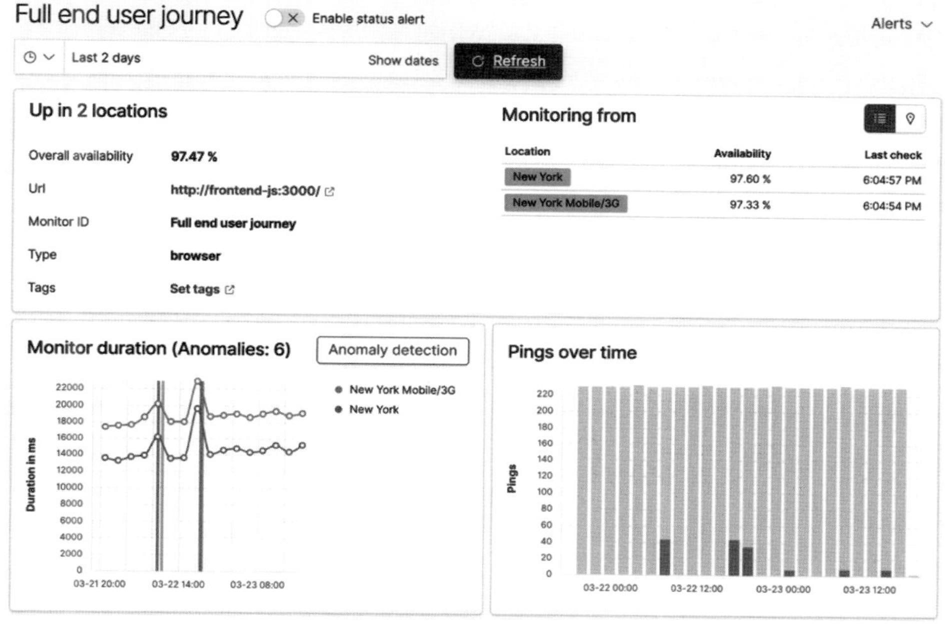

그림 8.28 업타임 앱에 표시된 이상 징후

다시 말하지만 일래스틱 ML과 스택 내의 다른 **관측 가능성**Observability 애플리케이션 중 하나와 통합하면 사용자가 정교한 이상 징후 탐색을 매우 쉽게 활용할 수 있다. 그러나 우리는 일래스틱 ML이 모집단population과 레어rare 분석으로 흥미로운 작업을 수행할 수 있다는 점 또한 안다. ML과 일래스틱 SIEM과의 통합은 다음 절에 있다. 자, 탐지해보자.

일래스틱 시큐리티 앱의 이상 탐지

일래스틱 시큐리티Security는 일래스틱 스택에 있어 목적 중심 애플리케이션의 진정한 정수다. 처음부터 보안 분석가의 워크플로를 염두에 두고 만든 일래스틱 시큐리티 앱의 포괄성은 그 자체로 책 전체를 채울 수도 있다. 그러나 일래스틱 시큐리티 앱의 핵심은 사용자와 일래스틱 생성 규칙Elastic-created rules이 실행돼 규칙의 조건이 충족될 때 얼럿을 생성하는 탐지 기능이다. 앞으로 살펴보겠지만 일래스틱 ML은 탐지 기능에서 중요한 역할을 담당한다.

사전 구축된 이상 탐지 작업

대다수의 일래스틱 시큐리티 탐지 규칙은 정적이지만 일래스틱 에이전트나 비트Beats가 수집한 데이터나 각 작업 유형에 대해 적용 가능한 ECS 필드를 준수하는 것과 동등한 데이터에서 작동하는 사전 구축된 이상 탐지 작업으로 대부분 보완한다. 일래스틱이 제공하는 이상 탐지 작업의 전체 목록을 보려면 다음 깃허브 저장소(https://github.com/elastic/kibana/tree/7.12/x-pack/plugins/ml/server/models/data_recognizer/modules)의 `security_*`와 `siem_*` 폴더에서 데이터피드와 작업 구성 정의를 확인한다(이 깃허브 주소에서 7.12 대신 최신 릴리스 버전 번호로 바꾸면 된다).

통찰력 있는 사람이라면 사전 구축된 수많은 작업에 모집단population 분석이나 레어rare 탐지기를 활용한다는 사실을 알았을 것이다. 이러한 각각의 이상 탐지 스타일은 보안 분석가의 목표와 잘 일치한다. 즉, 사용자나 엔티티를 그 집단과 다르게 만드는 이상한 행위를 찾는 것이 종종 침해compromise의 지표와 연결된다.

사전 구축된 이상 탐지 작업은 일래스틱 시큐리티의 **탐지**Detections 탭에서 볼 수 있으며, ML 태그가 붙어 있다.

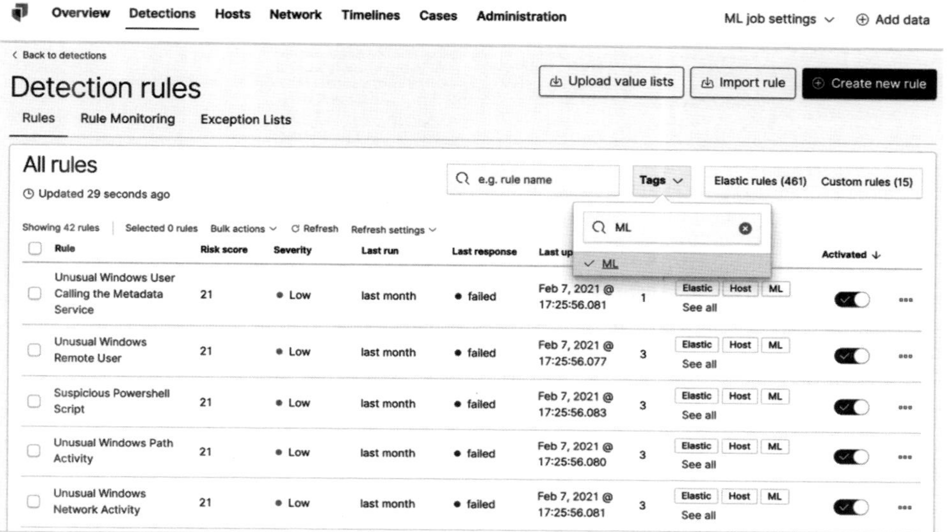

그림 8.29 시큐리티 앱의 탐지 규칙 섹션에 있는 ML 작업

화면 우측 상단에 있는 ML **작업 설정**ML job settings을 클릭하면 이 라이브러리의 모든 작업을 볼 수 있는 설정 목록이 표시된다. 심지어 (경고 아이콘 표시와 함께) 사용 불가한 작업도 표시된다.

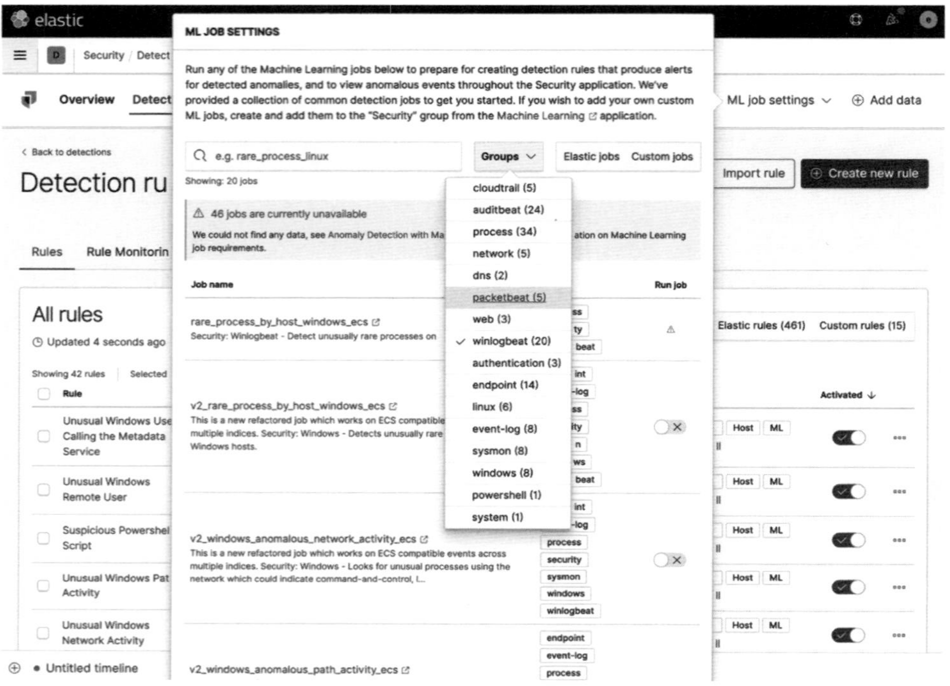

그림 8.30 시큐리티 앱의 ML 작업 설정 섹션에 있는 모든 작업

작업에서 필요한 데이터가 일래스틱서치에 아직 인덱싱되지 않은 작업은 사용 불가한 상태로 표시된다. 작업이 사용 가능하다면 토글 스위치를 클릭해 그 작업을 활성화할 수 있고 이상 탐지 작업은 백그라운드로 프로비저닝된다. 물론 일래스틱 ML의 **작업 관리**Job Management에서 생성된 작업은 언제든지 볼 수 있다.

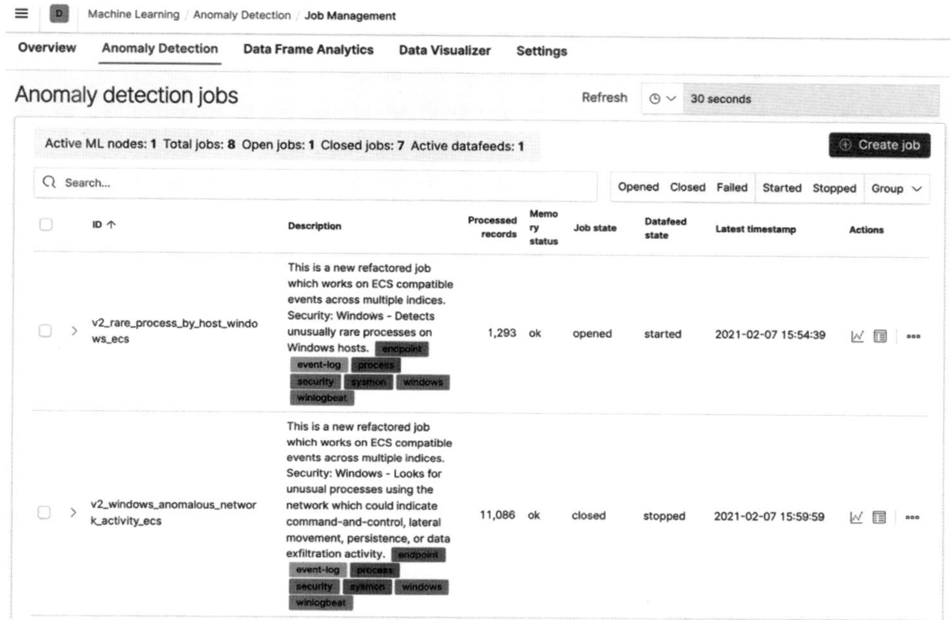

그림 8.31 작업 관리 UI에서 시큐리티가 생성한 일래스틱 ML 작업 조회

이제 이상 탐지 작업을 활성화하는 방법을 알고 있다면, 시큐리티 앱에 대한 탐지 얼럿을 생성하는 방법을 확인해볼 차례다.

탐지 얼럿으로서의 이상 탐지 작업

그림 8.28의 **탐지**Detections 뷰로 돌아가 **새 규칙 생성**Create new rule 버튼을 클릭하면 다음처럼 규칙 유형으로 **머신러닝**Machine Learning을 선택할 수 있음을 볼 수 있다.

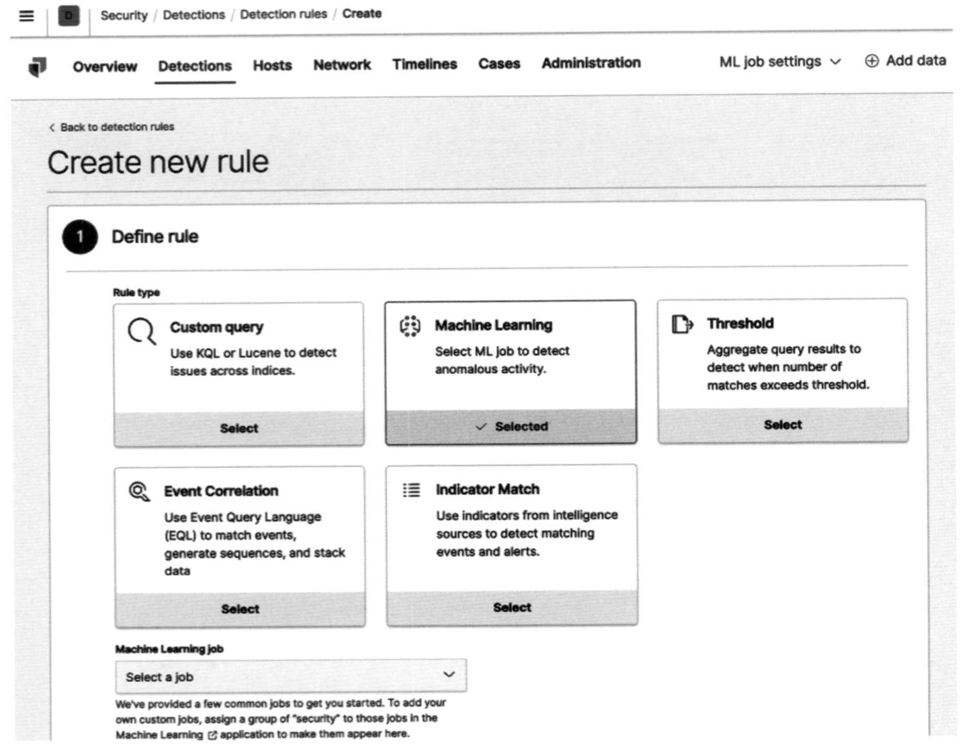

그림 8.32 ML 기반 탐지 규칙

드롭다운 목록을 사용해 특정 머신러닝 작업을 선택했다면 탐지 얼럿을 트리거하기 위해 초과해야 하는 **이상 징후 점수 임곗값**Anomaly score threshold을 선택하라는 메시지도 볼 수 있을 것이다.

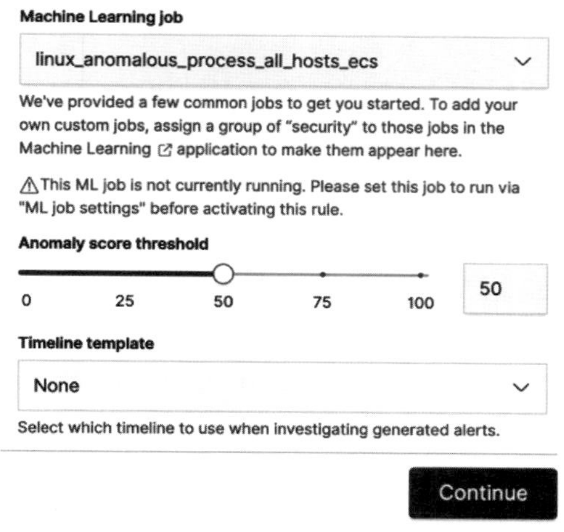

그림 8.33 탐지 규칙에 대한 ML 작업과 점수 임곗값 선택

분명히 이 작업이 실행 중이 아니라면 작업을 시작해야 한다는 경고 표시가 출력될 것이다. 또한 자신의 작업을 생성했지만 (즉, 사전 구축된 작업 중 하나를 선택하지 않은 경우) 일래스틱 ML 앱에서 "시큐리티"라는 **작업 그룹**Job Group에 할당한 경우, 그 사용자 정의 작업도 이 뷰에서 드롭다운 상자에서 선택되는 후보가 될 수 있을 것이다. 나머지 탐지 규칙 구성은 머신러닝과 무관하므로 여러분에게 맡길 수 있다.

일래스틱 시큐리티 앱은 분명히 조사할 가치가 있는 주목할 만한 이벤트를 표시할 수 있는 동적 사용자/엔티티 행위 분석으로 기존의 정적 요소를 보완하기 위해 이상 탐지에 크게 의존한다. 시간이 지남에 따라 머신러닝 기능이 이 새로운 사용 사례를 지속적으로 얼마나 멀리 그리고 얼마나 광범위하게 강화해 나가는지 보는 것은 흥미로울 것이다.

요약

일래스틱 ML은 일래스틱 스택의 다른 수많은 앱에 침투해 사용자 손으로 쉽게 사용할 수 있는 기능을 제공한다. 이는 집계와 같은 다른 주요 스택 기능과 마찬가지로 일래스틱 ML

이 실제로 스택 자체의 핵심 기능임을 증명한다.

축하한다. 이 책의 전반부를 읽었으며 일래스틱 ML의 이상 탐지에 대해 알아야 할 모든 정보를 충분히 숙지했기를 바란다.

이제 일래스틱 ML의 "다른 측면"인 데이터 프레임 분석에 대해 알아보며 (지도 기반 모델 생성과 추론을 포함해) 다른 머신러닝 기술을 가져와 방대한 새 사용 사례에 대해 분석 솔루션을 공개하고 이를 배울 것이다.

3부

데이터 프레임 분석

이제 데이터 프레임 분석의 기본, 유용성, 구현 방법에 대해 다룬다. 또한 다양한 유형의 분석과 이들이 어떻게 서로 다른지 알아본다. 마지막으로, 일래스틱 ML을 최대한 활용하는 데 사용할 수 있는 몇 가지 유용한 정보를 다룬다.

3부에서는 다음 주제를 다룬다.

- **9장**, 데이터 프레임 분석 소개
- **10장**, 아웃라이어 탐지
- **11장**, 분류 분석
- **12장**, 회귀
- **13장**, 추론
- **부록**: 이상 탐지 팁

09

데이터 프레임 분석 소개

1부에서 일래스틱 스택에 직접적으로 통합된 최초의 머신러닝 기능인 이상 탐지에 대해 자세히 살펴봤다. 9장과 10장에서는 스택에 통합된 새로운 머신러닝 기능을 살펴볼 것이다. 비시계열 인덱스에서 비정상적인 데이터 포인트를 탐지하기 위한 새로운 비지도 학습 기술인 아웃라이어 탐지와 두 가지 지도 학습 기능인 분류와 회귀를 포함한다.

지도 학습 알고리듬은 레이블이 지정된 데이터세트(예를 들어 세포 조직이 악성인지 여부와 함께 조직 샘플의 다양한 측면을 설명하는 데이터세트)를 사용해 모델을 학습한다. 이 모델을 사용해 아직 본 적이 없는 데이터 포인트(또는 이 예제에서는 조직 샘플)를 예측할 수 있다. 예측 대상이 악성 또는 비악성 조직 샘플과 같은 이산변수나 범주일 경우의 지도 학습 기법을 분류classification라고 부른다. 대상이 아파트 매매 가격이나 시간당 전기 요금과 같은 연속된 숫자 변수일 경우의 지도 학습 기법을 회귀regression라 한다. 아울러 이 세 가지 새로운 머신러닝 기능을 종합해서 **데이터 프레임 분석**Data Frame Analysis이라 한다. 이들 각각에 대해서는 10장에서 더 깊이 논의할 것이다.

이들은 각각 서로 다른 문제를 해결하고 서로 다른 목적을 갖고 있음에도 모든 데이터는 트랜잭션이나 스트림 기반 형식의 데이터에서 엔티티 기반 형식으로 데이터를 변환하고 집계할 수 있도록 하는 공통 데이터 변환 기술로 구현돼 있다. 이 엔티티 중심 형식은 데이터 프레임 분석에서 사용하는 많은 알고리듬에 필요하므로 각각의 새로운 머신러닝 기능에 대해 더 자세히 알아보기 전에, 변환을 사용해 다운스트림 머신러닝 기술에 더 적합한 형식으로 데이터를 변환한다. 이 여행을 하는 동안 일래스틱서치에 내장된 스크립트 언어인 페인리스Painless에 대해서도 간략하게 살펴볼 것이다.

데이터 조작과 머신러닝에 대한 풍부한 라이브러리 생태계는 일래스틱 스택 외부에도 존재한다. 이러한 애플리케이션을 구동하는 메인 드라이버 중 하나는 파이썬이다. 데이터 과학과 데이터 엔지니어링 커뮤니티에서 유명한 언어이므로 9장의 두 번째 부분에서 파이썬을 일래스틱 스택과 함께 사용하는 데 중점을 둘 것이며, 특히 일래스틱서치의 새로운 데이터 과학 영역에 있어 네이티브 클라이언트인 일런드Eland에 중점을 둘 것이다. 9장에서는 다음 주제를 살펴볼 것이다.

- 변환transformation을 사용하는 학습
- 고급 변환 구성을 위한 페인리스 사용
- 파이썬과 일래스틱서치로 작업하기

기술 요구 사항

9장의 자료를 사용하려면 일래스틱서치 7.9 버전 이상과 파이썬 3.7 버전 이상이 필요하다. 9장에서 필요한 코드 샘플과 스니펫은 이 책의 깃허브 저장소의 “Chapter 9” 폴더 아래에 있다(https://github.com/PacktPublishing/Machine-Learning-with-Elastic-Stack-

Second-Edition/tree/main/Chapter09). 일부 예제에서 일래스틱서치 최신 릴리스가 필요하다면 예제를 제시하기 전에 미리 언급할 것이다.

변환하는 방법 학습

이 절에서는 스트림이나 로그와 같은 이벤트 기반 데이터를 엔티티 중심 인덱스로 변환하는 세계로 바로 뛰어들 것이다.

왜 변환이 유용한가?

일래스틱서치로 수집한 가장 일반적인 데이터 유형을 생각해보자. 예를 들어 웹 서버, 인터넷 상점의 고객 구매 내역, 소셜 미디어 플랫폼에 게시된 댓글과 같은 일종의 시간 기반이나 순차적 이벤트를 기록하는 도큐먼트인 경우가 많다.

이러한 종류의 데이터는 시간 경과에 따른 시스템 동작을 이해하는 데 유용하며 이상 탐지와 같은 기술과 함께 사용하기에도 완벽하지만 스트림 또는 이벤트 기반을 **데이터 프레임 분석** 기능과 함께 작동하게 만드는 것은 어떤 방식으로든 집계나 변환 없이는 어렵다. 고객의 구매를 기록하는 전자 상거래 상점을 생각해보자. 1년에 걸쳐 각 고객에 대해 수십 또는 수백 개의 트랜잭션이 있을 수 있다. 전자 상거래 상점이 이상 징후 감지를 사용해 비정상적인 고객을 탐지하는 방법을 찾고자 한다면, 각 고객에 대한 모든 거래 데이터 포인트를 변환하고 구매당 평균 지출 금액이나 월별 구매 횟수와 같은 특정 핵심 메트릭을 요약해야 한다. 그림 9.1에서 두 고객의 전자 상거래 구매에서 거래 기록을 가져와 고객이 구매한 항목의 총 수량과 주문당 지불한 평균 가격을 설명하는 엔티티 중심 인덱스로 변환하는 프로세스를 나타내는 단순화된 그림이 있다.

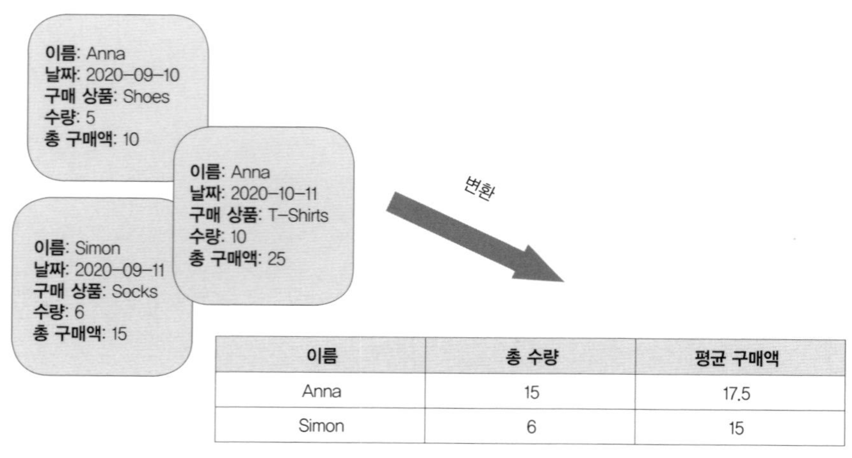

그림 9.1 전자 상거래의 거래와 이를 엔티티 중심 인덱스로의 변환 과정을 보여주는 다이어그램

그림 9.1에 표시된 변환을 수행하려면 거래 인덱스의 각 도큐먼트를 고객 이름으로 그룹화한 다음 두 가지 계산 즉, 전체 합을 구하기 위해 각 거래 도큐먼트의 항목 수를 합산하고 각 고객의 평균 구매 가격도 계산해야 한다. 수천 명의 잠재 고객에 대해 각각 모든 거래에 대해 수동으로 이 작업을 수행하는 곳이 바로 **변환**transform이 시작되는 곳이다.

변환 작업의 내부 구조

비록 간단한 예제를 변환을 하는 것으로 여행을 시작했음에도, 수많은 실제 사용 사례는 매우 빠른 속도로 복잡해질 수 있다. 자체 데이터 프로젝트에 변환을 적용할 때 이와 같은 복잡한 사용 사례에 도움되는 **피벗**pivot과 **집계**aggregation를 염두에 두는 것이 유용하다.

스트림 기반 도큐먼트를 엔티티 중심 인덱스로 변환하는 데 도움이 되도록 이러한 두 엔티티가 서로를 어떻게 보완해야 하는지 살펴보자. 고객 분석 사용 사례는 고객 이름, 결제 시 각 제품에 대해 지불한 총 가격, 구매한 항목 목록, 구매 날짜, 고객의 위치 등 각 고객을 설명하는 다양한 피처가 있다.

가장 먼저 선택하고 싶은 것은 엔티티 중심 인덱스를 구성하기 위한 엔티티다. 매우 간단한 예제에서 시작하고, 각 고객이 특정 기간 동안 구매당 평균적으로 지출한 금액과 총 지출액을 알아내는 것이 목표라고 하자. 그래서 인덱스를 구성하려는 엔티티인 피벗은 고객 이름이다.

소스 인덱스에 있는 대부분의 고객은 그들과 관련된 거래가 두 개 이상 있다. 그러므로 고객 이름별로 인덱스를 그룹화하면 각 고객에 대해 여러 도큐먼트가 있을 것이다. 이 엔티티를 사용해 성공적으로 피벗하려면 엔티티 중심 인덱스에 가져올 집계 수량(예를 들어 고객이 지불한 주문당 평균 가격)을 결정해야 한다. 그러면 변환 구성에서 정의할 집계가 결정된다. 실제 예제를 통해 어떻게 작동하는지 살펴보자.

전자 상거래 주문을 분석하기 위해 변환 사용

이 절에서는 이전 절에서 언급했던 몇 가지 기본 변환 개념을 설명하기 위해 키바나의 전자 상거래 샘플 데이터세트Sample eCommerce orders를 사용한다.

1. 그림 9.2처럼 키바나의 **샘플 데이터**Sample data 패널에 있는 **샘플 전자 상거래 주문**Sample eCommerce orders 데이터세트를 **데이터 추가**Add data 버튼을 클릭해 임포트한다. 새 `kibana_sample_data_ecommerce` 인덱스가 생성되고 데이터가 그 데이터세트로 채워질 것이다.

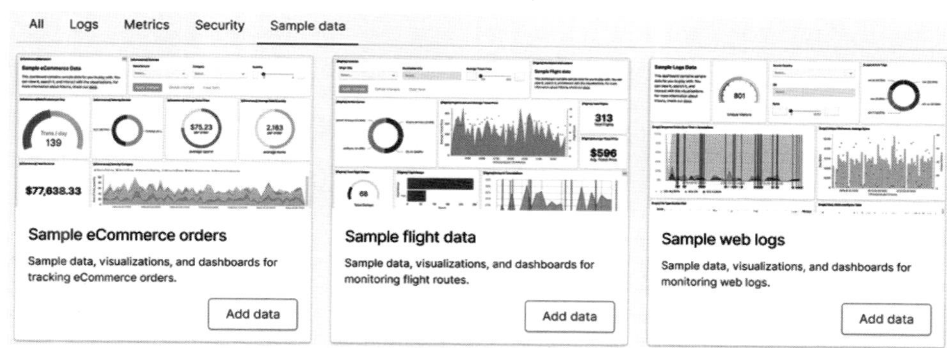

그림 9.2 키바나 샘플 데이터 패널에서 샘플 전자 상거래 주문 데이터세트 임포트

2. 왼쪽 상단 모서리에 있는 햄버거 버튼에서 키바나 슬라이드 패널을 불러와서 **변환**Transforms 마법사로 이동하고 **스택 관리**Stack Management로 이동한 다음, **데이터**Data 메뉴 아래에 있는 **변환**Transforms을 클릭한다.

3. **변환**Transforms 뷰에서 **첫 변환 생성**Create your first transform을 클릭해 **변환**Transforms 마법사를 불러온다. 그러면 소스 인덱스를 선택하라는 메시지가 표시되는데, 이는 변환이 피벗과 집계를 생성하는 데 사용할 인덱스다. 이 경우, `kibana_sample_data_ecommerce` 인덱스에 관심이 있으므로 그림 9.3에서 보는 것처럼 그 패널을 선택해야 한다. 키바나에 표시되는 소스 인덱스는 일래스틱서치 클러스터에서 현재 사용 가능한 인덱스에 따라 약간 다르게 보일 수도 있다.

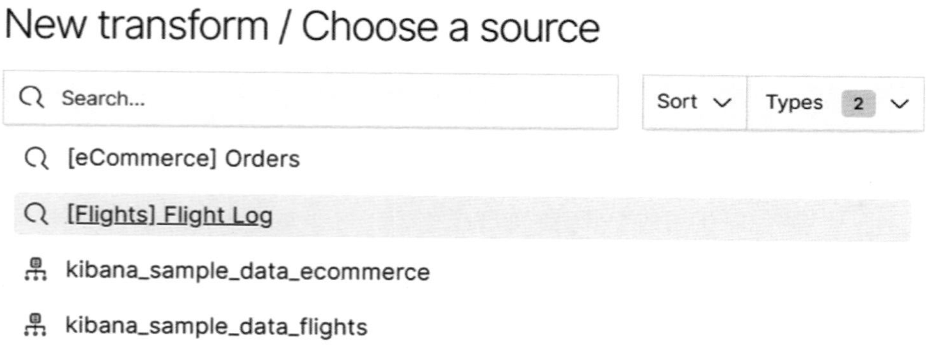

New transform / Choose a source

Search... | Sort | Types 2

[eCommerce] Orders

[Flights] Flight Log

kibana_sample_data_ecommerce

kibana_sample_data_flights

그림 9.3 이 튜토리얼에서는 kibana_sample_data_ecommerce를 선택하자.

4. 소스 인덱스를 선택한 다음, **변환**Transforms 마법사는 소스 데이터 미리보기(그림 9.4)를 제공하는 대화창을 열어 Group by 아래에 드롭다운 선택기를 사용해 피벗 엔티티를 선택할 수 있다. 이 경우, `customer_full_name`이라는 필드를 피벗하려고 한다.

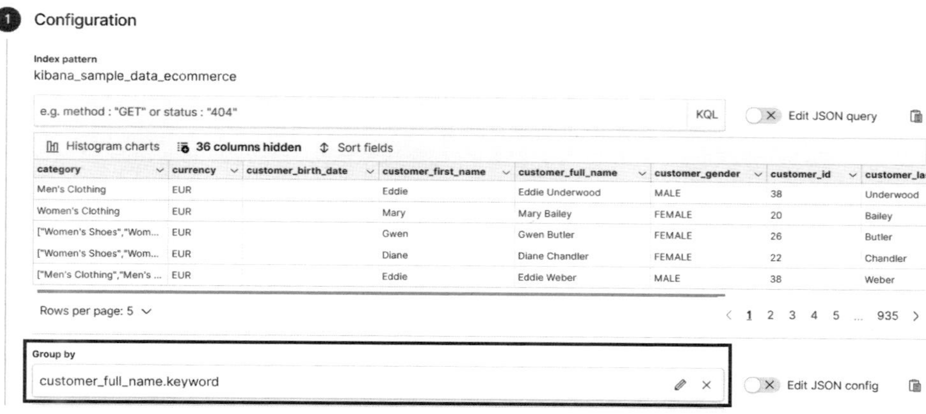

그림 9.4 Group by 메뉴에서 피벗하려는 소스 인덱스의 엔티티를 선택

5. 이제 인덱스를 피벗할 엔티티를 정의했으므로 변환 구성의 다음 부분인 집계로 넘어갈 것이다. 이 경우 고객이 주문당 전자 상거래 상점에서 지출한 평균 금액을 계산하는 데 관심이 있다. 소스 인덱스의 도큐먼트에 기록되는 각 트랜잭션 동안 고객이 지불한 총액이 `taxful_total_price` 필드에 저장된다.

   따라서 우리가 정의한 집계는 이 `taxful_total_price` 필드에서 작동할 것이다. **집계**Aggregations 메뉴에서 taxful_total_price.avg를 선택한다. 이 선택을 클릭하면 이 필드는 **집계** 아래에 있는 상자에 나타날 것이고 그림 9.5에서 보는 것처럼 피벗화된 인덱스의 미리보기를 볼 것이다.

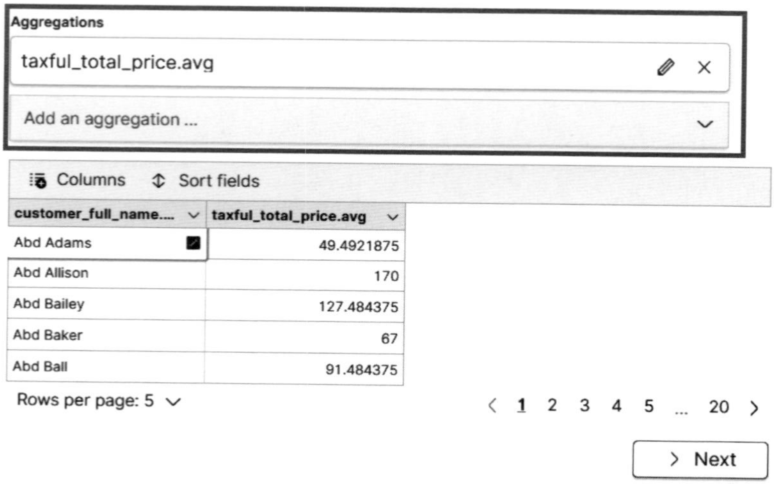

그림 9.5 변환된 데이터의 미리보기가 표시돼 모두 원하는 대로 구성됐는지 빠르게 확인할 수 있다.

6. 마지막으로 두 항목 즉, 변환 작업의 ID[Transform ID]와 피벗된 엔티티를 설명하는 도큐먼트가 포함될 대상 인덱스의 이름을 구성한다. 결과를 조회하기 위해 **디스커버**[Discover] 탭에서 대상 인덱스로 쉽게 이동하기 위해 그림 9.6에서 보는 것처럼 **인덱스 패턴 생성**[Create index pattern] 체크박스를 선택된 상태로 두는 게 좋다.

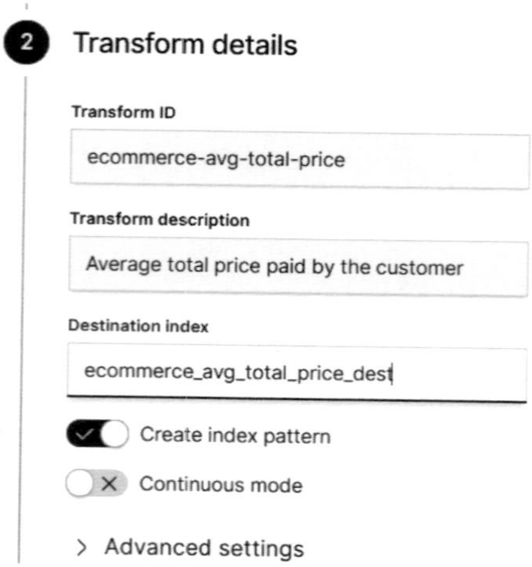

그림 9.6 각 변환에는 변환 ID가 필요하다.

변환 ID는 변환 작업과 변환 작업의 결과로 생성되는 엔티티 중심 인덱스를 담는 대상 인덱스를 식별하는 데 사용할 것이다.

7. 변환 작업을 시작하려면 6단계에 설명한 지침을 완료한 다음 **변환**Transform 마법사에서 **다음**Next과 **생성하고 시작**Create and start을 클릭하는 것을 잊지 말자. 이렇게 하면 변환 작업이 시작되고 피벗된 엔티티 중심 인덱스가 생성될 것이다.

8. 이 변환이 완료되면 (잘 진행됐다면 진행률 표시줄이 100%에 도달하는 것을 볼 수 있을 것이다), **변환**Transform 마법사 맨 아래에 있는 디스커버 버튼을 클릭하고 변환된 도큐먼트를 볼 수 있을 것이다.

   이 절의 시작 부분에서 논의했던 것처럼, 그림 9.7의 샘플 도큐먼트에서 변환 작업은 전자 상거래 상점에서 고객이 수행한 개별 구매를 기록하는 트랜잭션 중심 인덱스를 가져와 고객의 전체 이름으로 그룹화된 특정 분석 변환(고객이 지불한 평균 가격 계산)을 설명하는 엔티티 중심 인덱스로 변환했다.

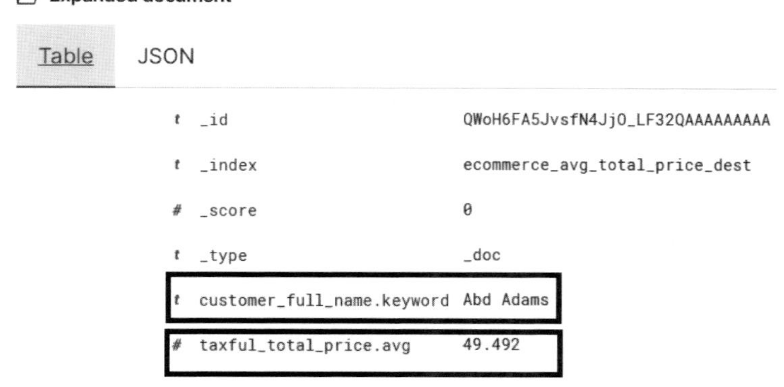

그림 9.7 변환 작업의 결과는 각 도큐먼트가 피벗된 각 엔티티별로 집계를 설명하는 대상 인덱스다. 이 경우 각 고객이 지불한 평균 taxful_total_price다.

축하한다. 이제 첫 번째 변환 작업을 만들고 시작했다. 본질적으로 꽤 단순했지만 이 기본 작업 구성은 더 복잡한 변환을 사용하기 위한 좋은 빌딩 블록이며, 다음 절에서 살펴볼 것이다.

더 고급 수준의 피벗과 집계 구성 탐색

이전 절에서 변환의 두 부분인 피벗과 집계를 살펴봤다. 후속 예제로 우리의 목표는 키바나 샘플 전자 상거래 데이터세트에서 변환을 사용해 고객이 주문당 지출한 평균 금액을 찾는 것이었다. 이 문제를 해결하기 위해 거래를 기록한 도큐먼트에 `customer.full_name` 필드가 있음을 알고 소스 인덱스를 피벗하기 위해 이 필드를 사용했다. 집계는 주문에 대해 고객이 지출한 총 금액을 기록한 필드의 평균이었다.

그러나 이전에 논의한 것처럼 전자 상거래 데이터에 대해 질문할 수 있는 모든 질문을 반드시 간단한 피벗이나 group by 구성으로 해결할 수 있는 것은 아니다. 전자 상거래 데이터세트에서 수행할 수 있는 몇 가지 샘플 조사의 도움과 변환으로 가능한 몇 가지 고급 피벗 구성을 살펴보자. 사용 가능한 모든 피벗 구성을 찾으려면 다음 링크(https://www.elastic.co/guide/en/elasticsearch/reference/master/put-transform.html)에서 피벗 개체에 대한 API 설명서를 살펴보자.

데이터세트에서 주별 주문당 평균 지출 금액과 구매한 유니크 고객 수를 알고 싶다고 가정하자. 이러한 질문에 답하려면 새로운 변환 구성을 생각해봐야 한다.

1. 고객 이름으로 피벗하는 대신, `order_date` 필드(이름에서 알 수 있듯 주문한 시간이 기록된)를 date histogram으로 구성하려고 한다. **변환**Transform 마법사는 date_histogram(order_date)이 Group by 드롭다운에 출력된 사전 구성된 옵션 중 하나가 될 것이다.

2. Group by 드롭다운에서 histogram(order_date)을 선택하면, 그림 9.8에서 보는 것처럼 그 패널 오른쪽 측면을 주의 깊게 보자. 오른쪽 측면에는 날짜 히스토그램에 사용되는 그룹화 간격의 길이가 약어로 표시돼야 한다(예를 들어 1분 간격이면 1m). 이 예제에서는 인덱스를 주별로 피벗하는 데 관심이 있으므로 드롭다운에서 1w를 선택해야 한다.

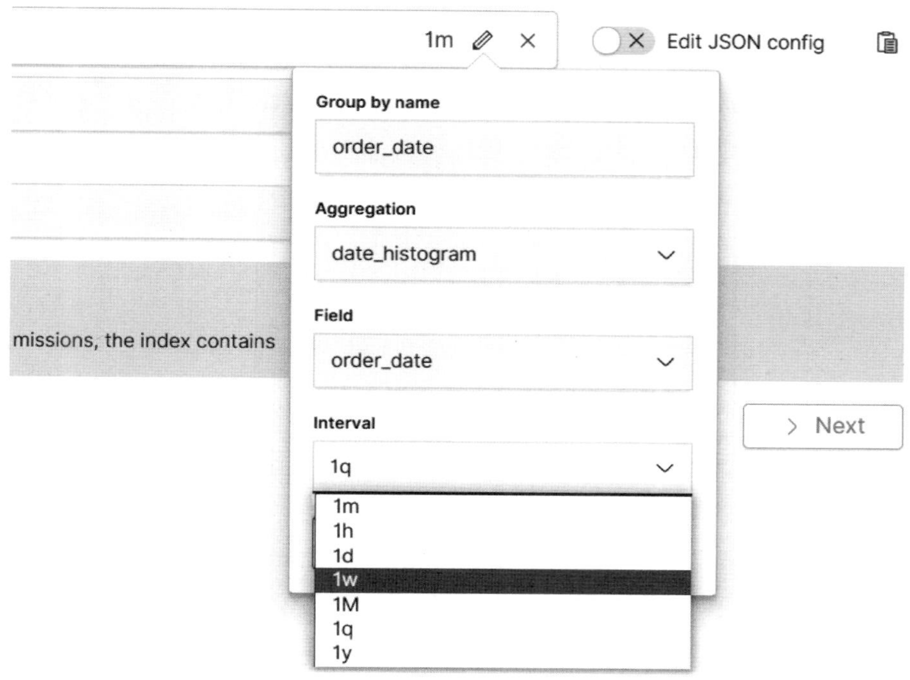

그림 9.8 드롭다운에서 날짜 히스토그램의 빈도(frequency) 조정

3. 다음으로, 집계를 위해 익숙한 avg(total_taxful_price)를 선택하자. 이 선택을 하면 **변환**Transform 마법사는 몇 개의 샘플 행으로 주별 그룹화된 주문당 고객이 지불한 평균 가격을 보여주는 미리보기를 출력할 것이다. 이 미리보기의 목적은 체크포인트의 역할을 한다. 변환 작업은 리소스 집약적일 수 있기 때문에 이 단계에서 원하는 형식으로 데이터가 변환됐는지 확인하기 위해 잠시 멈추고 미리보기를 검사하는 것이 좋다.

4. 가끔 이전 단계에서 살펴본 것처럼 단순한 1계층 그룹별 구성이 제공하지 않는 다른 방식으로 데이터를 조사할 수도 있다. 잠시 후 살펴보겠지만 그룹별 구성을 중첩할 수 있다. 가상의 전자 상거래 상점의 예제에서 주별 및 지역별 평균 지출 금액을 확인하는 데 관심이 있다고 가정하자.

이 문제를 해결하기 위해 **변환** 마법사로 되돌아가 두 번째 그룹화 기준 필드를 추가해보자. 이 경우 geoip.region_name별로 그룹화하려고 한다. 이전과 마찬가지로 마법사는 그룹화 기준 필드를 선택하면 변환 미리보기를 표시한다. 앞의 경우와 마찬가지로 잠시 화면에 표시된 행을 살펴보며 원하는 방식으로 변환됐는지 확인하는 것이 좋다.

> **팁**
> 열 순서를 다시 정렬하려면 변환 미리보기 표 위에 있는 Columns 토글을 클릭한다.

여러 그룹별 구성을 만드는 것 외에도 변환에 여러 집계를 추가할 수도 있다. 고객당 매주 그리고 지역별로 지출한 평균 금액 외에 매장에서 주문한 고유 고객 수를 찾는 데 관심이 있다고 가정하자. 이 집계를 변환에 추가하는 방법을 살펴보자.

5. 마법사의 **집계**Aggregations 드롭다운 메뉴에서 엔티티 카디널리티(`customer.full_name.keyword`)를 찾을 때까지 아래로 스크롤하고 클릭해 선택한다. 결과 집계가 변환 구성에 추가되고 미리보기에 이제 하나의 추가 열이 더 표시될 것이다.
   이제 이전 절의 튜토리얼에서 설명한 단계에 따라 변환에 대한 ID와 대상 인덱스를 할당하고 작업을 만들고 시작할 수 있다. 여러분을 위해 연습으로 남겨두고 따로 설명하지는 않는다.

이전 두 절에서 변환의 두 가지 주요 구성 요소인 피벗과 집계를 조사했으며, 다양한 통찰력을 얻기 위한 데이터를 조사하는 방법을 보여주기 위해 단순 또는 고급 수준의 피벗과 집계 조합을 모두 사용해 두 가지 연습을 수행했다.

첫 변환을 따라가는 동안 그림 9.6에서 **연속 모드**Continuous mode 체크박스를 선택하지 않은 상태로 뒀음을 알 수 있다. 다음 절에서 연속 모드에서 변환을 실행한다는 것이 어떤 의미인지 자세히 살펴볼 것이다.

배치 변환과 연속 변환의 차이점 발견

이전 절에서 우리가 만든 첫 번째 변환은 간단하고 한 번만 실행했다. **변환** 마법사에서 구성했던 이 변환 작업은 소스 인덱스인 `kibana_sample_data_ecommerce`를 읽고, 각 고객이 지불한 평균 가격을 계산하는 데 필요한 수치 계산을 수행한 다음, 결과 도큐먼트를 대상 인덱스에 썼다. 변환은 한 번만 실행되기 때문에 변환 작업 실행 후에 발생하는 소스 인덱스 `kibana_sample_data_ecommerce`에 대한 변경 사항은 더 이상 대상 인덱스의 데이터에 반영되지 않았다. 한 번만 실행되는 이러한 종류의 변환을 **배치 변환**batch transform이라 한다.

(가상의 전자 상거래 상점의 예제와 같이) 거래 기록을 생성하는 수많은 실제 사용 사례에서 새 도큐먼트가 소스 인덱스에 지속적으로 추가되고 있다. 이는 변환 작업을 실행한 결과로 얻는 피벗된 엔티티 중심 인덱스가 거의 즉시 구식이 된다는 것을 의미한다. 대상 인덱스를 원본 인덱스와 동기화된 상태로 유지하는 한 가지 솔루션은 대상 인덱스를 계속 삭제하고 정기적인 간격으로 배치 변환 작업을 다시 실행하는 것이다. 그러나 이 방법은 실용적이지 않고 많은 수작업을 수반하게 된다. 여기에서 **연속 변환**continouous transform이 시작된다.

업데이트 중인 소스 인덱스가 있고 이를 사용해 피벗된 엔티티 중심 인덱스를 만들려면 배치 변환 대신 연속 변환을 사용해야 한다. 연속 변환을 좀 더 자세히 살펴보고 배치 변환과 어떻게 다른지, 연속 변환을 실행할 때 고려해야 할 중요한 구성 매개변수는 무엇인지 알아보자.

먼저, 해결하려는 문제의 단계를 설정해보자. 사용자가 짧은 포스트를 게시하고 그 포스트에 범주를 할당하고 다른 사용자 및 사전 정의된 주제와 상호작용하는 가상의 마이크로 블로그 소셜 미디어 플랫폼이 있다고 가정하자. 포스트를 공유하고 좋아요 기능을 사용할 수 있다. 각 포스트의 통계 또한 기록된다. 이 데이터세트 생성을 도울 파이썬 코드를 작성했다. 이 코드와 이 코드를 실행하는 방법에 대한 관련 지침서는 이 책의 깃허브 저장소(https://github.com/PacktPublishing/Machine-Learning-with-Elastic-Stack-Second-Edition/tree/main/Chapter09)에 있는 Chapter 9 폴더 아래에 있다.

이 생성기를 실행하면 많은 도큐먼트가 포함된 `social-media-feed` 인덱스를 얻게 될 것이다.

데이터세트의 각 도큐먼트는 사용자가 소셜 미디어 플랫폼에서 작성한 게시물이 기록돼 있다. 간결함을 위해 도큐먼트에서 게시물 텍스트는 제외했다. 그림 9.9는 `social-media-feed` 인덱스에 있는 샘플 도큐먼트를 보여준다.

Expanded document

Table JSON

t	_id	MvXcF3cByJotxG6S0gAv
t	_index	social-media-feed
#	_score	-
t	_type	_doc
#	statistics.likes	704
#	statistics.shares	4,254
	timestamp	Jan 31, 2020 @ 23:19:56.000
t	username	josh98

그림 9.9 social-media-feed 인덱스의 샘플 도큐먼트는 사용자 이름, 게시물이 플랫폼에 제출된 시간과 게시물이 받은 참여에 대한 몇 가지 기본 통계를 기록한다.

다음 절에서는 연속 변환에 대해 배우기 위해 가상의 소셜 미디어 플랫폼 데이터세트 사용 방법을 알아볼 것이다.

연속 변환을 사용해 소셜 미디어 피드 분석

이 절에서는 사용할 연속 변환 개념을 탐색하기 위해 이전에 소개했던 데이터세트를 사용할 것이다. 이전 절에서 논의했던 것처럼 배치 변환은 특정 시점에서 데이터세트의 스냅숏을 분석하거나 변경되는 데이터세트가 없는 일회성 분석에 유용하다. 그러나 대부분의 실제 애플리케이션은 그렇지 않다. 로그 파일은 끊임없이 수집되고 많은 소셜 미디어 플랫폼은 24시간 운영되며 전자 상거래 플랫폼은 모든 시간대의 고객에게 서비스를 제공해 거래 데이터 스트림을 생성한다. 여기서 연속 변환이 시작된다.

연속 변환을 사용해 소셜 미디어 사용자가 받는 평균 참여 수준(좋아요와 공유)을 분석하는 방법을 살펴보자.

1. **변환**Transform 마법사로 이동한다. **스택 관리**Stack Management 페이지에서 **데이터**Data 섹션 왼쪽 아래에 보이는 **변환**Transform을 선택한다.

2. 이전 절에서 했던 것처럼 변환 생성을 시작해보자. 소스 인덱스에는 `social-media-feed` 인덱스 패턴을 선택한다. 그림 9.10에서 본 것과 유사한 뷰를 볼 것이다.

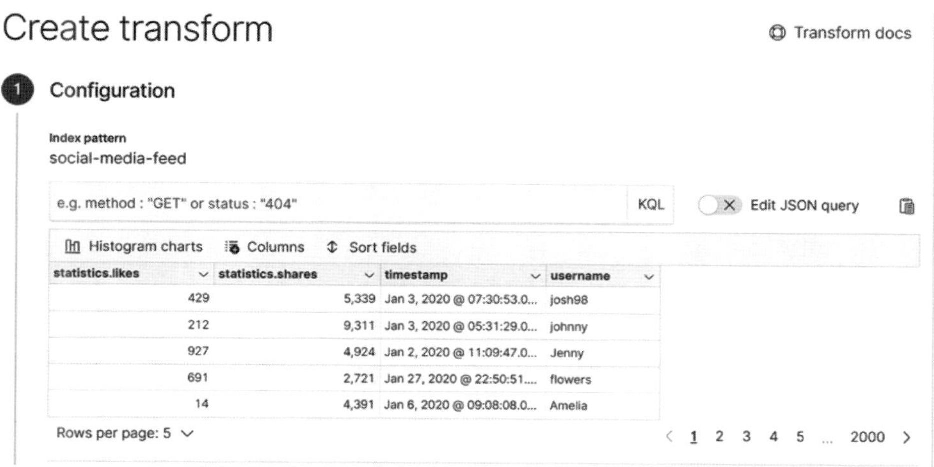

그림 9.10 변환 마법사는 소셜 미디어 피드 인덱스의 샘플을 보여준다.

3. 이 경우, 사용자 이름당 각 게시물의 참여 메트릭 집계를 계산하는 데 관심이 있다. 그러므로 Group by 구성은 사용자 이름을 포함하고, 집계는 사용자당 총 좋아요likes 및 공유shares 수, 사용자당 평균 좋아요 및 공유 수, 각 사용자가 작성한 총 포스트 수를 계산한다. 최종 Group by와 **집계**Aggregations 구성은 그림 9.11과 같아야 한다.

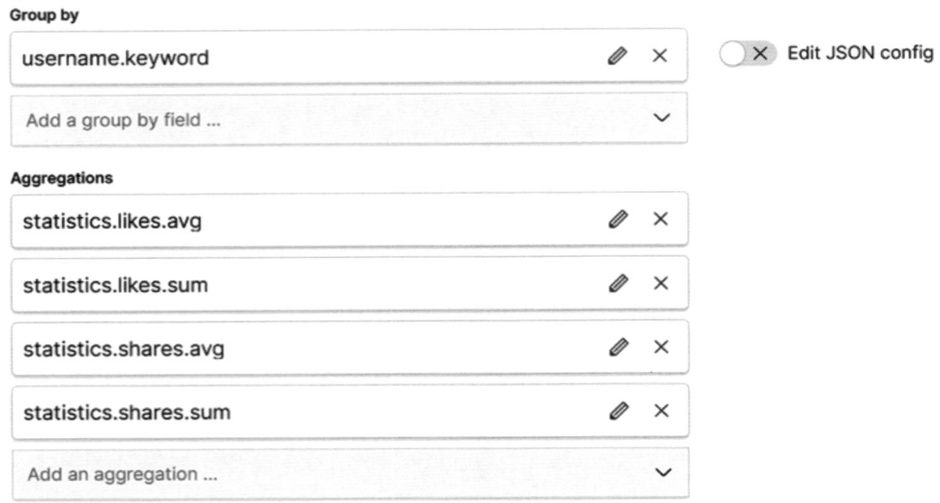

그림 9.11 연속 변환을 위한 Group by와 집계(Aggregations) 구성

4. 마지막으로, 그림 9.12에서 보는 것처럼 **연속 모드**Continuous mode 선택기를 켜고 **날짜 필드**Date field에 `timestamp`가 잘 선택돼 있는지 확인한다.

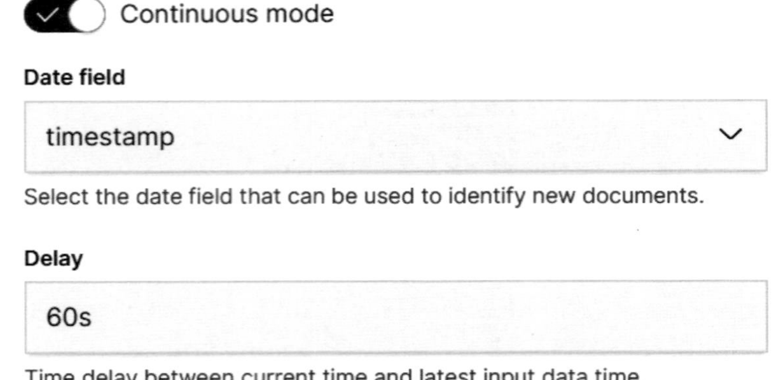

그림 9.12 변환 프로세스가 소스 인덱스를 주기적으로 확인하고 새 도큐먼트를 대상 인덱스에 통합하도록 연속 모드를 선택한다.

5. **생성하고 시작**Create and start을 클릭하고 **변환** 페이지로 되돌아가면 `social-media-feed` 인덱스에 대한 연속 변환 작업이 실행되는 것을 볼 수 있다. 작업 설명에 있는 continuous 태그에 유의하자.

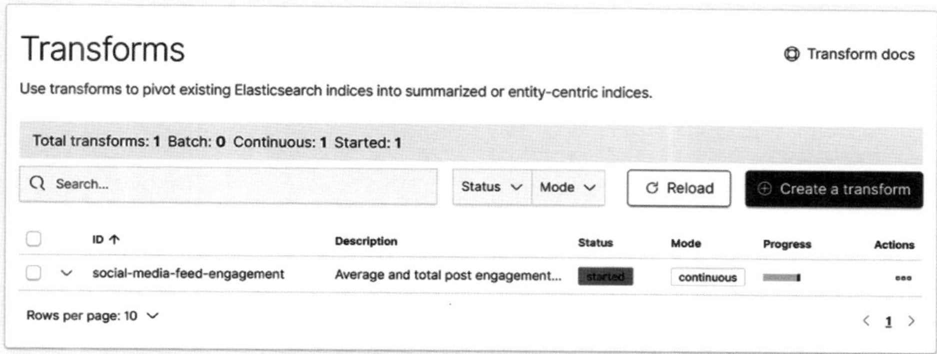

그림 9.13 변환 페이지에 표시된 연속 변환. continuous 태그가 지정된다.

6. `social-media-feed` 인덱스에 새 포스트를 삽입하고 새 도큐먼트가 변환을 위해 소스 인덱스에 추가된 이후에 사용자 Carl에 대한 통계가 어떻게 바뀌는지 확인해보자. 새 포스트를 삽입하려면 **키바나 개발 콘솔**Kibana Dev Console을 열고 다음 REST API 명령을 실행한다(그대로 따라 하려면 키바나 개발 콘솔에 쉽게 복사하고 붙여 넣을 수 있는 이 책의 깃허브 저장소에 있는 Chapter09를 참고한다).

```
POST social-media-feed/_doc
{
  "username": "Carl",
  "statistics": {
    "likes": 320,
    "shares": 8000
  },
  "timestamp": "2021-01-18T23:19:06"
}
```

7. 이제 소스 인덱스 social-media-feed에 새 도큐먼트를 추가했으므로 이 도큐먼트가 지속적인 변환 작업에 의해 선택돼, 변환 대상 인덱스인 social-media-feed-engagement에 통합될 것으로 예상한다. 그림 9.14는 변환된 사용자 Carl에 대한 엔티티를 보여준다.

Expanded document

Table JSON

t	_id	Q_ssi2m7mTLOe294yatDGW4AAAAAAAAA
t	_index	social-media-feed-engagament
#	_score	0
t	_type	_doc
#	statistics.likes.avg	320
#	statistics.likes.sum	640
#	statistics.shares.avg	8,000
#	statistics.shares.sum	16,000
t	username.keyword	Carl

그림 9.14 연속 변환 작업의 대상 인덱스에는 키바나 개발 콘솔을 통해 수동으로 추가한 새 사용자 이름 Carl에 대한 항목이 있다.

앞의 예는 연속 변환이 작동하는 방식과 키바나에서 사용할 수 있는 **변환**Transform 마법사를 사용해 자신만의 연속 변환을 생성하는 방법에 대해 매우 간단한 연습을 제공한다. 13장, '추론'에서는 훈련된 머신러닝 학습 모델, 추론, 변환을 결합하는 방법을 소개할 때 연속 변환 주제를 다시 살펴볼 것이다.

이제 **페인리스 스크립트 언어**의 세계를 잠시 둘러볼 것이다. 변환 마법사와 사전 구축된 수많은 Group by와 **집계**Aggregations 구성은 대부분의 가장 일반적인 데이터 분석 사용 사례에 충분하지만 고급 사용자는 자신의 집계를 직접 정의하기를 원할 것이다. 이를 위한 일반적인 방법은 일래스틱에 임베드된 페인리스 스크립트 언어를 사용하는 것이다.

다음 절에서는 자신만의 고급 변환 구성을 생성할 수 있도록 준비하는 페인리스 세상을 잠시 둘러볼 것이다.

고급 변환 구성에 페인리스 사용

많은 이전 절에서 봤던 것처럼 내장된 피벗 및 집계 옵션을 사용하면 다양한 방식으로 데이터를 분석하고 조사할 수 있다. 그러나 더 많은 사용자 정의나 고급 사용 사례의 경우 내장 기능만으로 충분히 유연하지 않을 수 있다. 이러한 사용 사례의 경우 사용자 정의 피벗과 집계 구성을 작성해야 한다. 일래스틱서치에 내장된 유연한 스크립트 언어인 **페인리스**Painless를 통해 이를 수행할 수 있다.

이 절에서는 페인리스를 소개하고 페인리스로 작업할 때 유용한 몇 가지 도구를 설명한 다음, 페인리스를 적용해 사용자 정의 변환 구성을 만드는 방법을 보여줄 것이다.

페인리스 소개

페인리스는 일래스틱서치에 내장된 스크립트 언어다. 변수, 제어 흐름 구조, 연산, 함수 측면에서 페인리스를 살펴볼 것이다. 변환에 사용할 사용자 정의 스크립트를 개발하는 데 도움되는 기본 빌딩 블록이다. 더 이상 고민하지 않고 서론으로 들어가보자.

이 책의 많은 독자들은 일종의 프로그래밍 언어에 대한 배경을 갖고 있을 것이다. 파이썬으로 데이터 정리 스크립트를 작성했거나 배시bash 스크립트로 리눅스Linux 시스템 프로그래밍을 했거나 자바Java로 엔터프라이즈 소프트웨어를 개발했을 수 있다. 이러한 언어에는 많은 차이점이 있고 서로 다른 목적에 대해 유용하지만 언어에 있어 인간 독자가 이해하는 데 도움되는 공통된 구성 요소가 있다. 프로그래밍 언어를 가르치는 데에는 거의 무한한 수의 접근 방식이 있겠지만, 여기서 취할 접근 방식은 페인리스에 대한 변수, 연산(예를 들어 더하기, 빼기, 다양한 부울 테스트), 제어 흐름(`if-else` 구문, `for` 루프), 함수와 같은 기본 주제에 대한 이해를 기반으로 한다. 이러한 개념 외에도 다양한 실행 컨텍스트처럼 페인리스의 몇 가지 특정한 측면도 살펴볼 것이다.

새로운 프로그래밍 언어를 배울 때 구문을 실험하는 데 사용할 수 있는 놀이터를 갖는 것이 중요하다. 운 좋게도 일래스틱서치 7.10 버전에서는 **개발 도구**Dev Tools 앱에 새로운 **페인리스 랩**Painless Lab 플레이그라운드가 포함돼 있으므로, 9장에서 제공하는 코드 샘플과 직접 작성한 모든 코드 샘플을 여기서 시험해볼 수 있다.

페인리스 랩은 그림 9.15처럼 **개발 도구**로 이동한 다음 개발 도구 페이지의 상단 메뉴에 있는 **페인리스 랩**Painless Lab을 선택해 접근할 수 있다.

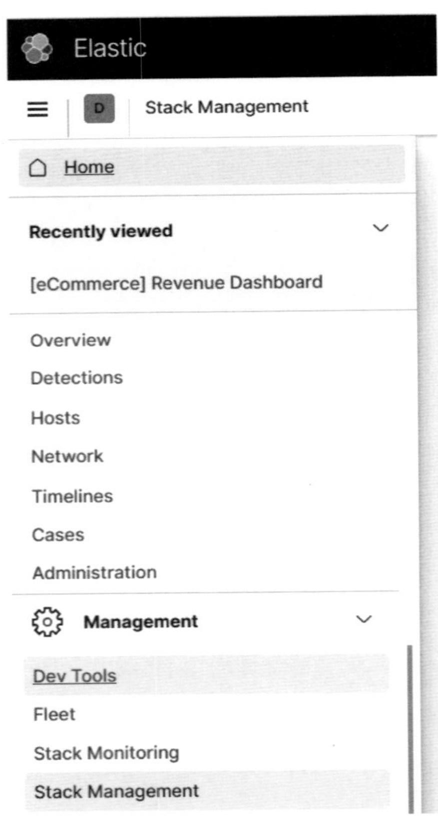

그림 9.15 개발 도구(Dev Tools) 페이지에 대한 링크는 키바나 사이드 메뉴의 하단 섹션에 있다. 대화형 페인리스 랩(Painless Lab) 환경에 접근하려면 이를 선택한다.

그러면 그림 9.16에서 보는 것처럼 내장된 페인리스 코드 편집기가 열릴 것이다.

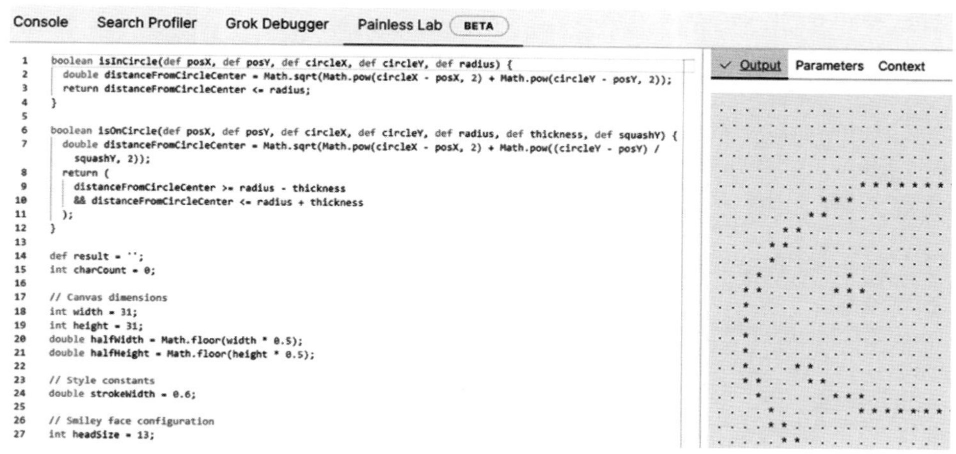

그림 9.16 개발 도구(Dev Tools)의 페인리스 랩(Painless Lab)에는 임베드된 코드 편집기가 있다. 출력창에는 코드 편집기에서 코드의 평가 결과가 표시된다.

페인리스 랩의 코드 편집기는 페인리스를 사용해 그림 9.16의 **출력**Output창에 그림을 그리는 방법을 설명하기 위해 몇 가지 샘플 함수와 변수 선언으로 미리 구성돼 있다. 지금은 이 코드를 삭제해 9장 나머지 부분을 읽으면서 수행할 실험을 위한 공간을 확보할 수 있다.

> **팁**
>
> 페인리스 언어의 전체 사양은 다음 링크(https://www.elastic.co/guide/en/elasticsearch/reference/master/put-transform.html)에서 볼 수 있다.
> 나중에 다룰 주제에 대한 추가 정보를 위한 참조와 리소스로 사용할 수 있다.

변수, 연산자, 제어 흐름

일반적으로 프로그래밍 언어에서 하려는 일은 값을 조작하는 것이다. 이를 효과적으로 수행하기 위해 그 값에 이름이나 변수를 할당한다. 페인리스에는 자료형이 있는데 변수를 할당하기 전에 자료형과 함께 선언해야 한다. 변수 선언 구문은 다음과 같다.

```
type_identifier variable_name ;
```

이 구문을 실제로 사용하는 방법은 다음 코드 블록에 나와 있다. 변수 a와 b를 정수형 값으로 선언하고 my_string은 문자열형, my_float_array는 부동 소수점 배열로 선언했다.

```
int a;
int b;
String my_string;
float[] my_float_array;
```

여기서 변수는 아직 null이 아닌 어떠한 값도 할당하지 않았다. 할당 구문을 준비하기 위해 막 초기화됐을 뿐인데, 적절한 자료형으로 각각의 값을 할당할 것이다. 그래서 이 코드 블록을 페인리스 랩 코드 편집기에 붙여넣는다면, 그림 9.17에서 보는 것처럼 출력창에는 null 출력을 볼 것이다.

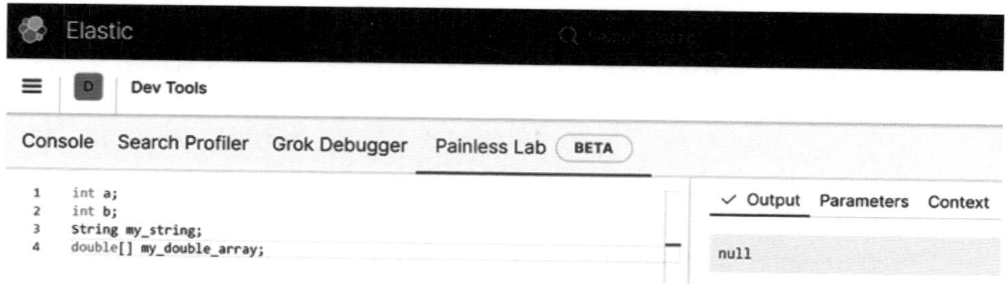

그림 9.17 왼쪽에는 다양한 유형의 페인리스 변수가 초기화돼 있다.
오른쪽에는 이러한 변숫값이 아직 할당되지 않았기 때문에 출력 패널에 null이 표시된다.

> **중요 노트**
>
> 페인리스 랩 코드 편집기는 마지막 구문의 결과만 표시한다.

다음으로, 이러한 변수에 몇 가지 값을 할당해 몇 가지 흥미로운 작업을 수행할 수 있다.

할당은 다음 코드 블록에 표시된다. 첫 두 줄에서는 정수 변수 a와 b에 정수 값을 할당한다. 세 번째 줄에서는 문자열 "hello world"를 문자열 변수 my_string에 할당하고, 마지막 줄에서는 부동 소수점 값으로 새 배열을 초기화한다.

```
a = 1;
b = 5;
my_string = "hello world";
my_double_array = new double[] {1.0, 2.0, 2.5};
```

어떤 연산자를 사용할 수 있는지 설명하기 위해 페인리스에서 이러한 변수로 몇 가지 흥미로운 작업을 수행해보자. 사용 가능한 연산자 몇 가지만 다룰 것이다. 사용 가능한 전체 연산자 목록은 페인리스 언어 사양(https://www.elastic.co/guide/en/elasticsearch/painless/current/painless-operators.html)을 참고한다.

다음 코드 블록은 덧셈, 나눗셈, 곱셈과 같은 기본적인 수학 연산과 모듈러스 연산 또는 나머지를 취하는 방법을 보여준다.

```
int a;
int b;
a = 1;
b = 5;

// 더하기
int addition;
addition = a+b;

// 빼기
int subtraction;
subtraction = a-b;
```

```
// 곱하기
int multiplication;
multiplication = a*b;

// 정수 나누기
int int_division;
int_division = a/b;

// 나머지
int remainder;
remainder = a%b;
```

그림 9.18의 덧셈의 경우처럼 페인리스 랩에서 이러한 코드 예제를 실행하면 그 결과를 볼 수 있을 것이다.

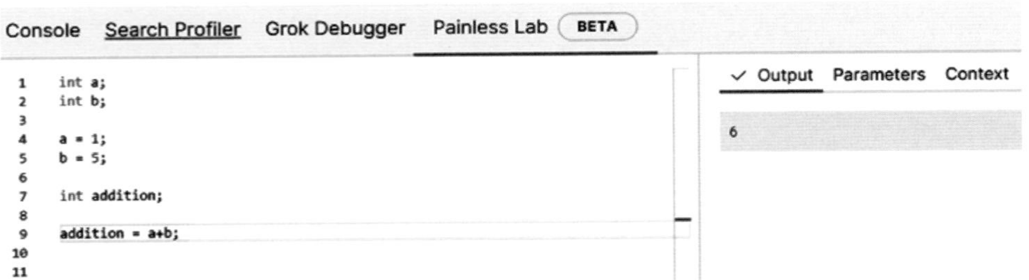

그림 9.18 페인리스에서 덧셈을 실행하기 위해 페인리스 랩 코드 편집기와 콘솔을 사용한다. 왼쪽 코드 편집기에서 "addition" 변수에 저장된 결과가 오른쪽 출력(Output) 탭에 표시된다.

수학 연산 외에도 **부울 연산자**도 살펴볼 것이다. 수많은 페인리스 스크립트와 구성configuration과 이후에 살펴볼 **제어 흐름 구문**에도 중요하다.

다음 코드 조각은 부울(true/false) 값을 저장하는 변수를 선언하는 방법과 비교 연산자를 사용해 값이 작거나, 크거나, 작거나 같거나, 크거나 같은지 여부를 확인하는 방법을 보여준다. 페인리스의 부울 연산자 전체 목록은 다음 링크(https://www.elastic.co/guide/en/elasticsearch/painless/current/painless-operators-boolean.html)에서 제공하는 페인리스 사양을 참고한다.

```
boolean less_than = 4<5;
boolean greater_than = 4>5;
boolean less_than_or_equal = 4 <=5;
boolean greater_than_or_equal = 4 >= 5;
```

연습 삼아 앞의 코드 블록을 페인리스 랩 코드 편집기에 복사해 넣는다. 원한다면 페인리스 랩 코드 편집기의 마지막 줄에 이름과 세미콜론을 차례로 입력해 이러한 각 변수의 내용을 볼 수 있으며 변수에 저장된 값은 그림 9.19와 같이 오른쪽의 **출력**Output창에 인쇄된다.

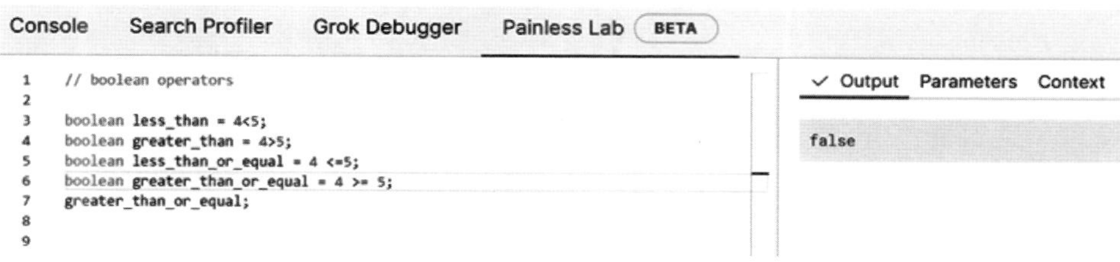

그림 9.19 페인리스 랩 코드 편집기에서 변수 이름 뒤에 세미콜론을 입력하면 출력(Output) 탭에 변수 내용이 출력된다.

여기에 설명한 부울 연산자는 많은 수치 계산에 유용하지만 두 변수가 같은지 여부를 확인하는 등식 연산자 == 및 != 없이는 효과적인 제어 흐름 구문을 작성할 수 없다. 다음 코드 블록은 몇 가지 실용적인 예제와 함께 이러한 연산자를 사용하는 방법을 보여준다.

```
// 동일한지 테스트하기 위한 부울 연산자
boolean two_equal_strings = "hello" == "hello";
two_equal_strings;
```

```
// 동일하지 않은지 테스트하기 위한 부울 연산자
boolean not_equal = 5!=6;
not_equal;
```

페인리스의 부울 연산자 둘러보기의 마지막으로, 주어진 변수가 자료형의 인스턴스인지 확인해서 `true`나 `false`를 반환하는 `instanceof` 연산자를 사용하는 방법을 보여주는 코드 블록을 살펴볼 것이다. 이는 지정된 자료형의 변수에만 작동하는 페인리스 코드를 작성할 때 사용할 수 있는 유용한 연산자다.

```
// 주어진 변수가 특정 타입의 인스턴스인지 테스트하기 위한 부울 연산자 instanceof
// is_integer 변수를 true로 평가한다.
int int_number = 5;
boolean is_integer = int_number instanceof int;
is_integer;
```

이 섹션의 마지막이다. 가장 중요한 빌딩 블록 중 하나인 if-else **구문**과 for **루프**를 살펴보자. `if-else` 구문의 문법은 예제와 함께 다음 코드 블록에서 볼 수 있다.

```
int a = 5;
int sum;

if (a < 6){
  sum = a+5;
}
else {
  sum = a-5;
}

sum;
```

앞의 코드 블록에서 정수형 값 a를 선언하고 정수 값 5를 담도록 할당한다. 그런 다음 또 다른 정수형 변수 sum을 선언한다. 이 값은 if-else 구문에서 취한 실행 분기에 따라 변경된다. 마지막으로, if-else 구문은 먼저 정수형 변수 a가 6보다 작은지 확인하고 그렇다면 변수 sum에 정수 5를 더한 결과를 저장한다. 그렇지 않다면, 변수 sum에 저장된 값은 a에서 5를 뺀 결과다.

페인리스 랩 코드 편집기에 이 코드를 입력하면, **출력**Output 콘솔에는 이전 분석을 바탕으로 예상한 결과인 sum값으로 10을 출력한다(그림 9.20 참고).

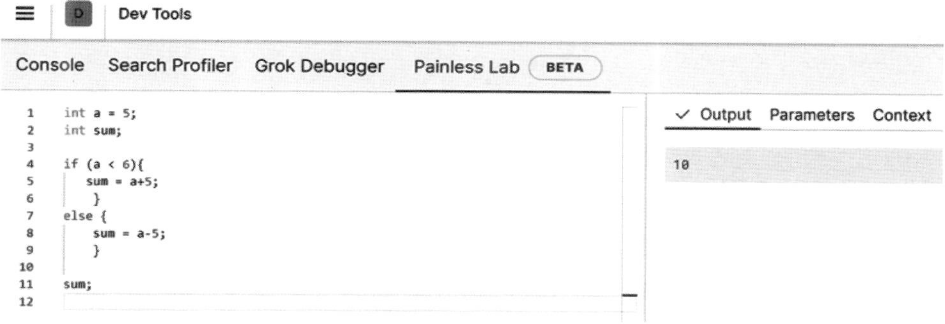

그림 9.20 if-else 구문은 sum 변수를 10으로 설정한다.

마지막으로, 페인리스로 다양한 데이터를 분석하고 데이터를 처리하는 작업에 유용한 for 루프를 작성하는 방법을 알아볼 것이다. for 루프에서 문자열 변수를 반복하면서 문자열에 문자가 얼마나 많이 일치하는지 계산한다. 매우 간단한 예제이지만 자신만의 예제에 적용할 수 있도록 구문을 이해하는 데 도움이 되길 바란다.

```
// 문자열과 counter 변수 초기화

String sample_string = "a beautiful day";
int counter = 0;

for (int i=0;i<sample_string.length( );i++){
```

```
  // substring을 사용해 문자열에서 문자 얻기
  String letter = sample_string.substring(i, i+1);

  // 현재 문자가 a인지 확인하기 위해 if 구문을 사용
  if (letter=="a") {
    // 맞다면 counter 증가
    counter++
  }
}

counter;
```

이 코드 샘플(사본은 이 책의 깃허브 저장소 https://github.com/PacktPublishing/Machine-Learning-with-Elastic-Stack-Second-Edition의 Chapter09 폴더에서 찾을 수 있다)을 페인리스 랩으로 복사하고 붙여넣으면 **출력**Output 패널에 counter 변수에 3이 출력되는 것을 볼 수 있는데, 기대하는 것처럼 "a beautiful day" 문자열에서 "a" 문자가 세 번 나오기 때문이다.

함수

변수, 연산자, 제어 흐름 구문을 살펴봤다. 이제 함수에 대해 잠시 살펴보자. 가끔 여러 스크립트와 구성에서 동일한 코드 줄을 계속해서 작성하는 자신을 발견할 수 있을 것이다. 계속 반복하는 코드 줄을 페인리스 스크립트의 이름으로 참조할 수 있는 재사용 가능한 코드 조각으로 패키징하는 것이 더 경제적일 수 있다.

주어진 문자열에서 문자 "a"의 인스턴스를 계산하기 위해 if문으로 for 루프를 작성한 예제로 돌아가보자. 이 기능을 재사용하고 좀 더 일반적으로 만들고 싶다고 가정하자. 이 코드 조각을 페인리스 함수로 패키징할 수 있는 완벽한 기회다.

페인리스에서 함수를 작성하면 세 부분이 있다. 먼저 함수가 반환하는 값의 자료형과 함수 이름을 지정하는 함수 헤더를 작성한다. 이는 스크립트 또는 **인제스트 파이프라인**Ingest Pipeline에서 사용할 때 함수를 참조하는 데 사용할 텐데 13장, '추론'에서 **추론**Inference을 논의할 때 더 자세하게 알아볼 것이다. letterCounter 함수의 골격은 다음 코드 블록에서 볼 수 있다.

```
int letterCounter(){

}
```

함수 이름 앞에 int는 이 함수가 반환할 값의 자료형을 결정한다. 특정 문자열에서 특정 문자가 일치하는 횟수에 관심이 있으므로 정수형 카운트를 반환할 것이다. letterCounter 이름 다음의 괄호는 함수가 허용하는 매개변수를 포함한다. 지금은 매개변수를 지정하지 않았으므로 괄호 사이에는 아무것도 없다. 마지막으로 두 개의 중괄호는 함수 본문의 위치를 나타낸다. 여기에 함수의 모든 로직이 있다.

이제 기본 함수 헤더를 생성하는 데 필요한 요소를 조사했으므로, 함수 본문을 (중괄호 사이의 공백을 for 루프에 대해 배우던 이전 절에서 썼던 코드로) 채우자. 이제 함수는 다음 코드 블록과 유사할 것이다.

```
int letterCounter(){
  // 문자열과 counter 변수 초기화

  String sample_string = "a beautiful day";
  int counter = 0;

  for (int i=0;i<sample_string.length();i++){
    // substring을 사용해 문자열에서 문자 얻기
    String letter = sample_string.substring(i, i+1);
```

```
    // 현재 문자가 a인지 확인하기 위해 if 구문을 사용
    if (letter=="a") {
      // 맞다면 counter 증가
      counter++
    }
  }

  return counter;
}

letterCounter();
```

함수 본문 끝을 본다면 함수 본문 내부에 있는 for 루프의 유일한 차이점은 이제 return 구문이 추가됐다는 것이다. 이렇게 하면 counter 변수에 저장된 값이 함수를 호출하는 코드로 반환돼 이 값을 다음 질문으로 넘길 수 있다. 이제 첫 번째 페인리스 함수를 작성했고 흥미로운 작업을 수행했다. 이 함수는 어떻게 호출할까?

그림 9.21처럼, 페인리스 랩 환경에서는 단순히 letterCounter()를 입력하면 된다. 이 함수에 의해 반환된 결과는 이전의 코드 샘플을 바탕으로 예상한 대로 3이다.

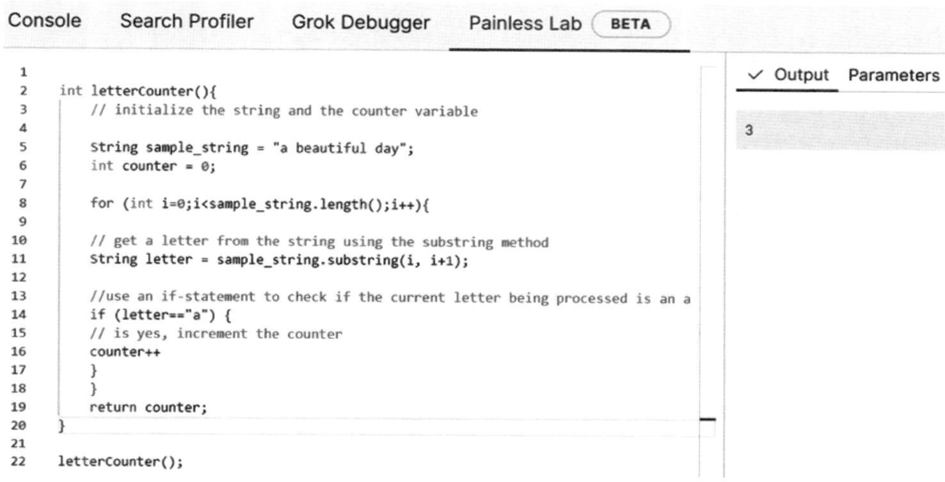


```
int letterCounter(){
  // initialize the string and the counter variable

  String sample_string = "a beautiful day";
  int counter = 0;

  for (int i=0;i<sample_string.length();i++){

  // get a letter from the string using the substring method
  String letter = sample_string.substring(i, i+1);

  //use an if-statement to check if the current letter being processed is an a
  if (letter=="a") {
  // is yes, increment the counter
  counter++
  }
  }
  return counter;
}

letterCounter();
```

그림 9.21 페인리스 랩 환경에서 함수를 호출하는 방법의 예제와 함께 표시된 샘플 함수 letterCounter 정의

작동하는 함수를 작성했다면 이 함수를 좀 더 일반적으로 만드는 방법에 대해 이야기해보자. 이 기능은 9장에서 논의한 변환과 13장, '추론'에서 논의할 다양한 수집 파이프라인 및 스크립트 프로세서로 작업할 때 종종 수행해야 하는 것이다. `letterCounter` 함수는 매우 구체적이다. 이 함수는 "a beautiful day"라는 매우 특정한 문자열에서 문자 a라는 특정한 문자의 발생 횟수만 계산한다.

이 코드 조각을 실제로 유용하게 만들기 위해 그 문자열과 문자를 모두 변경하고 싶다고 가정한다. **함수 매개변수**를 구성해 함수를 사용하면 최소한의 코드 중복으로 이 작업을 수행할 수 있다. 우리는 문자와 문자열 둘 다 변경하고 싶으니 이 둘을 함수 매개변수로 만들어보자. 변경 후 함수 정의는 다음 코드 블록과 같다.

```
int letterCounter(String sample_string, String count_letter){
  // 문자열과 counter 변수 초기화
  int counter = 0;

  for (int i=0;i<sample_string.length();i++){
```

```

    // substring을 사용해 문자열에서 문자 얻기
    String letter = sample_string.substring(i, i+1);

    // 현재 문자가 count_letter 변숫값과 일치하는지 확인하기 위해 if 구문을 사용
    if (letter==count_letter) {
      // 맞다면 counter 증가
      counter++
    }
  }

  return counter;
}
```

이제 함수 헤더의 괄호 사이에 두 개의 매개변수를 정의했다. 두 번째 매개변수 count_letter의 발생 횟수를 계산하려는 문자열을 나타내는 sample_string 매개변수와 count_letter 매개변수다.

이 함수를 호출하려면 문구(이번에도 마찬가지로 "a beautiful day")는 새 phrase 변수에 정의하고 카운트하려는 문자는 letter_of_interest에 정의(이번에는 "a" 대신 "b")할 것이다. 그런 다음 다음 코드 블록에서 보는 것처럼 함수에 이 두 변수를 넣을 것이다.

```
String phrase = "a beautiful day";
String letter_of_interest = "b";
letterCounter(phrase, letter_of_interest);
```

phrase에는 문자 "b"가 단 한 번만 나타나기 때문에 그림 9.22의 경우처럼 이 함수를 실행한 결과는 1이 될 것으로 예상한다.

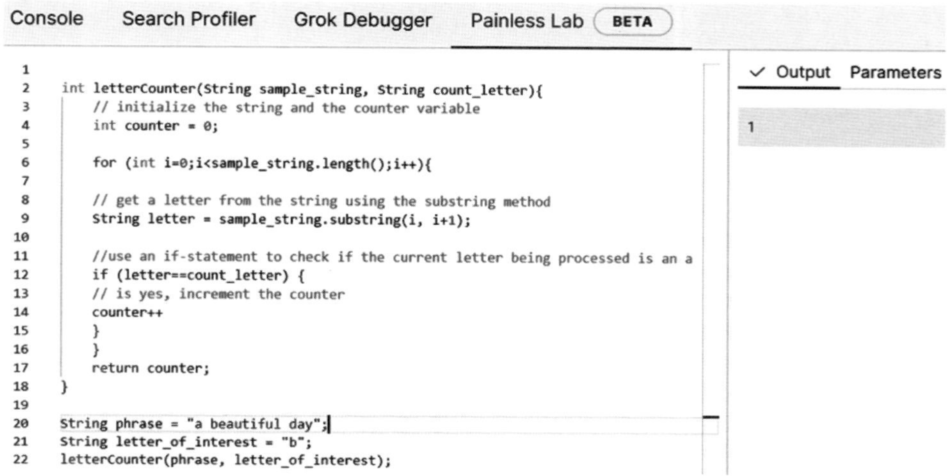

Console Search Profiler Grok Debugger Painless Lab BETA

```
int letterCounter(String sample_string, String count_letter){
    // initialize the string and the counter variable
    int counter = 0;

    for (int i=0;i<sample_string.length();i++){

    // get a letter from the string using the substring method
    String letter = sample_string.substring(i, i+1);

    //use an if-statement to check if the current letter being processed is an a
    if (letter==count_letter) {
    // is yes, increment the counter
    counter++
    }
    }
    return counter;
}

String phrase = "a beautiful day";
String letter_of_interest = "b";
letterCounter(phrase, letter_of_interest);
```

✓ Output Parameters

1

그림 9.22 함수 호출 결과는 오른쪽의 출력(Output) 패널에 표시된다.

이제 나만의 페인리스 코드를 쓸 수 있는 준비가 됐다! 이는 고급 페인리스 기능을 사용해 피처feature 추출을 수행하고 스크립트 프로세서를 작성하는 13장, '추론'에서 유용할 것이다.

파이썬과 일래스틱서치로 작업하기

최근 수년간 파이썬은 많은 데이터 집약적 프로젝트에서 지배적인 언어가 됐다. 사용하기 쉬운 머신러닝과 데이터 분석 라이브러리에 힘입어 많은 데이터 과학자와 데이터 엔지니어는 이제 대부분의 일상 작업에서 파이썬에 크게 의존하고 있다. 그러므로 데이터 분석 전문가가 파이썬과 일래스틱 스택을 사용해 작업할 수 있는 방법을 탐구하지 않고는 일래스틱 스택의 머신러닝에 대한 논의는 완전할 수 없다.

이 절에서는 세 가지 공식 파이썬 일래스틱서치 클라이언트를 살펴보고 이들 간의 차이점을 이해하고 언제 어떤 클라이언트를 사용할 수 있는지 논의할 것이다. 일래스틱서치 클라이언트를 사용해 일래스틱 스택 ML 사용을 자동화하는 방법을 보여줄 것이다. 또한 일래스틱서치가 지원하는 효율적인 메모리 내 데이터 분석을 가능케 하는 새로운 데이터 과학을 위한 네이티브 클라이언트인 **일런드**Eland에 대해 자세히 살펴볼 것이다. 일런드가 어떻게 작동하는지 탐구한 다음, 어떻게 일런드는 오픈 소스 대화형 데이터 분석 환경인 주피터 노트북Jupyter notebook과 결합해 일래스틱서치에 저장된 데이터를 분석할 수 있는지 알아볼 것이다.

파이선 일래스틱서치 클라이언트에 대해 간략하게 둘러보기

누구든지 일래스틱서치와 통신하기 위해 키바나 개발 도구 콘솔을 사용했으며 대부분의 작업이 REST API를 통해 수행된다는 것을 알고 있다. 올바른 매개변수로 올바른 엔드포인트를 호출해 도큐먼트를 삽입하고 업데이트하며 삭제할 수 있다. 당연히 이러한 REST API 엔드포인트를 호출하는 클라이언트 프로그램을 작성할 수 있는 여러 수준의 추상화가 있다. 저수준 클라이언트인 elasticsearch-py(https://elasticsearch-py.readthedocs.io/en/v7.10.1/)는 일반적으로 키바나 개발 콘솔이나 HTTP 요청을 보낼 수 있는 일부 애플리케이션을 통해 실행되는 REST API 호출에 대한 씬thin 파이썬 레퍼를 제공한다. 다음 추상화 수준은 일래스틱서치 DSL 클라이언트(https://elasticsearch-dsl.readthedocs.io/en/latest/)가 차지한다. 마지막으로 가장 추상화된 클라이언트는 여기서 데이터를 표 형식으로 표현하는 데이터 프레임이 일급 객체first-class citizen인 **일런드**(https://eland.readthedocs.io/en/7.10.1b1/)다. 일래스틱서치와 함께 일런드를 사용하고자 하는 데이터 과학자에게 이것이 무엇을 의미하는지 후속 예제에서 살펴볼 것이다.

사용 가능한 일래스틱서치 클라이언트 외에도 파이썬과 일래스틱서치로 작업하려는 데이터 엔지니어나 데이터 과학자가 사용할 수 있는 다양한 실행 환경에 대해 잠시 논의할 것이다. 주피터 노트북과 전체 주피터 노트북 생태계에 대한 소개로 이어진다. 주피터는 머신러닝이나 일래스틱 스택을 사용하려는 모든 사람이 알아야 할 도구다.

파이썬 프로그램을 실행하는 첫 번째이자 아마도 가장 친숙한 방법은 텍스트 파일이나 스크립트에 프로그램 로직을 작성한다. 파이썬 코드가 포함돼 있음을 나타내기 위해 .py 확장자로 저장한 다음 그림 9.23에서 보는 것처럼 명령줄을 사용해 스크립트를 호출하는 것이다.

```
camilla@LAPTOP-MMIGNS8K: $ python sample_python.py
hello world! I am a Python script
camilla@LAPTOP-MMIGNS8K: $ _
```

그림 9.23 파이썬으로 작업하는 한 가지 방법은 프로그램을 텍스트 파일이나 스크립트에 저장하고 명령줄에서 실행하는 것이다.

두 번째 방법은 그림 9.24에서 보는 것처럼 대화형 파이썬 REPL을 사용하는 것이다. 명령줄에서 `python`(또는 `python3`)을 호출하면 함수를 작성하고 변수를 정의하며 모든 종류의 파이썬 코드를 실행할 수 있는 대화형 파이썬 환경이 시작된다. 이 환경은 소규모 또는 빠른 실험에 유용하지만 REPL 환경에서 장기 또는 대규모 협업 데이터 분석을 수행하는 것은 어려울 것이다. 따라서 파이썬, 데이터 분석 및 일래스틱 스택에 관련된 대부분의 프로젝트에서 선택하는 환경은 프로그래밍과 실행을 모두 지원하는 다양한 도구와 함께 코드 편집기를 제공하는 일종의 통합 개발 환경이다.

```
camilla@LAPTOP-MMIGNS8K: $ python3
Python 3.5.2 (default, Oct  8 2019, 13:06:37)
[GCC 5.4.0 20160609] on linux
Type "help", "copyright", "credits" or "license" for more information.
>>> my_string = "hello world"
>>> for letter in my_string:
...     print(letter)
...
h
```

그림 9.24 파이썬 프로그래밍 언어의 빠른 실험에 적합한 파이썬 대화형 쉘 또는 REPL에서 샘플을 보여주는 스크린샷

그림 9.25에서 보는 것처럼 데이터 분석을 염두에 두고 특별히 설계된 개발 환경은 주피터 노트북이다.

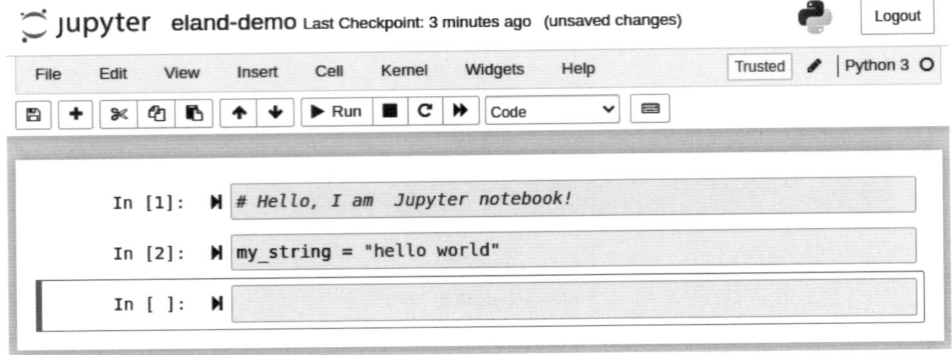

그림 9.25 샘플 주피터 노트북

이 노트북은 pip와 같은 중앙 패키지 관리 서비스를 통해 파이선 환경에서 설치할 수 있고, 명령줄에서 jupyter notebook을 입력해 시작한다. 크롬이나 파이어폭스와 같은 브라우저에서 실행되고 코드 스니펫, 텍스트 단락, 그래프, 시각화(대화형 및 정적 모두)가 동시에 존재하는 환경을 제공한다. 많은 저자들이 주피터 노트북과 그 주변에 존재하는 라이브러리 생태계를 9장에서 다루는 공간이나 시간보다 더 잘 다뤘으므로 데이터 분석, 일래스틱서치, 파이썬은 9장 마지막에 있는 더 읽어보기에 나열된 자료를 살펴보자.

일런드의 개발 목적 이해

이전 절에서 커뮤니티에 이미 선택 가능한 클라이언트가 두 개나 있는데 또 다른 일래스틱서치 파이썬 클라이언트를 개발하게 된 동기가 무엇인지 궁금해할 것이다. 게다가 왜 데이터 프레임 객체의 아이디어를 중심으로 전체 소프트웨어 라이브러리를 구축해야 할까? 두 가지 질문에 대한 답은 이 책 전체를 채울 수 있으므로 여기에 제시된 답변은 필연적으로 일부 미묘하게 탐구하지 않은 채로 남겨둘 것이다. 그럼에도 관심 있는 독자에게 일런드가 어떻게 생겨났고 어떻게 데이터 프레임이라는 아이디어를 중심으로 설계됐는지에 대한 흥미로운 맥락은 전달될 수 있기를 바란다.

비록 오늘날 파이썬이 데이터 분석과 머신러닝의 많은 영역에서 지배적인 힘을 발휘하는 것처럼 보이지만 항상 그랬던 것은 아니다. 특히 2010년대 초 생태계는 통계 처리 언어인 R이 지배적이었다. 이 언어는 테이블과 같은 구조로 데이터 행을 분석할 수 있는 데이터 프레임 객체(엑셀 사용자에게는 의심할 여지가 없는 개념)라는 매우 유용한 구조를 가지고 있었다. 거의 동시에, 뉴욕 금융회사 AQR 캐피탈에서 근무하던 웨스 맥키니Wes McKinney는 파이썬 데이터 분석가의 삶을 더 쉽게 만드는 라이브러리 작업을 시작했다. 이 작업은 수천 명의 데이터 과학자와 데이터 엔지니어가 사용하는 오픈 소스 데이터 분석 라이브러리인 **판다스**pandas의 출시로 절정에 달했다.

pandas를 유용하고 사용하기 쉽게 만든 주요 기능 중 하나는 데이터프레임(`DataFrame`) 객체였다. R 객체와 유사하게 이 객체를 사용하면 데이터를 표 형식으로 쉽게 조작하고 분석할 수 있다. pandas는 매우 강력하고 다양한 내장 함수와 메서드를 포함하고 있지만 분석하려는 데이터세트가 메모리와 맞지 않을 때 한계에 부딪히기 시작했다.

이러한 경우 데이터분석가는 종종 일래스틱서치와 같은 다양한 데이터베이스에서 데이터를 샘플링해 데이터를 저장하고 플랫 파일로 내보낸 다음 파이썬 프로세스로 읽어서 pandas나 다른 라이브러리로 분석할 수 있다. 이 접근 방식은 확실히 효과가 있긴 했지만 pandas가 데이터베이스와 직접 인터페이스하는 경우에 워크플로가 더 원활해진다. `DataFrame` 객체를 일래스틱서치와 투명하게 인터페이스해 데이터 분석가가 연결 관리에 대해 걱정하지 않고 데이터 분석에 집중할 수 있다면 어떨까? 일래스틱서치가 데이터를 내보내야 할까? 이것이 바로 일런드의 기본 아이디어다. 다음 절에서는 이 철학이 이 라이브러리의 설계에서 구체화된 방법을 보여줄 것이다.

일런드와 함께하는 첫걸음

일런드는 제3자 라이브러리이므로, 파이썬 환경에 사용할 수 있도록 먼저 설치해야 한다. 다양한 운영체제에서의 지침은 이 책의 깃허브 저장소(https://github.com/PacktPublishing/Machine-Learning-with-Elastic-Stack-Second-Edition/tree/main/Chapter09)의 Chapter09을 참고한다. 이 절에 있는 자료를 따르고자 하는 독자들이 라이브러리 설치를 완료하기 위해 링크에 있는 지침을 따를 것으로 가정한다. 9장의 예제와 스크린샷은 주피터 노트북 환경을 사용해 설명하지만 독립 실행형 환경(예를 들어 파이썬 REPL이나 파이썬 스크립트)에서도 9장에 제공된 코드 샘플을 실행할 수 있다. 특히 주피터 노트북 환경이 필요한 예제는 명확하게 표시할 것이다.

1. 일런드를 사용하기 위해 가장 먼저 해야 할 일은 우리 환경으로 임포트하는 것이다. 그림 9.26에서 보는 것처럼, `import` 구문을 사용해 이 작업을 수행한다. 일런드 같은 라이브러리를 사용할 때 일반적으로 라이브러리에 별칭을 할당한다. 그림 9.26의 코드 스니펫에서 키워드 `as`를 사용해 `eland`에 `es`라는 별칭을 붙였다. 이렇게 해두면 나중에 객체와 메서드를 접근할 때 라이브러리 이름을 여러 번 호출할 것이기 때문에 앞으로 타이핑을 줄여줄 것이다.

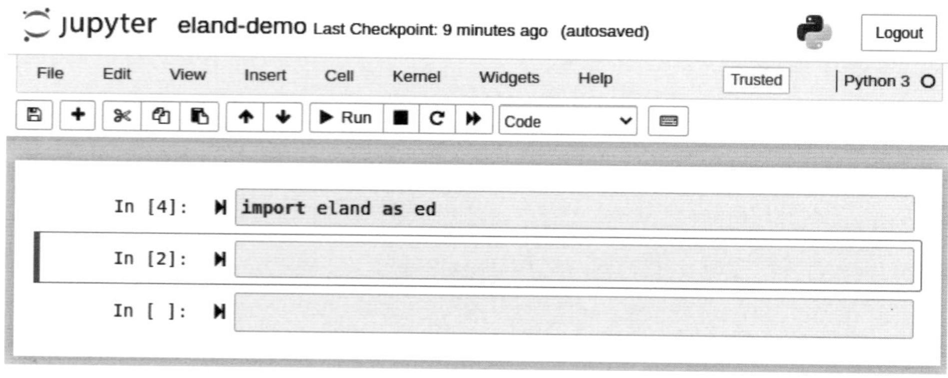

그림 9.26 일런드를 노트북으로 임포트

2. 주피터 노트북으로 코드를 임포트한 다음, 자유롭게 탐색을 시작할 수 있다. 일런드 데이터프레임Eland DataFarme 생성과 같이 일런드로 할 수 있는 가장 기본적인 것부터 시작해보자. `DataFrame`을 생성하려면 일래스틱서치 클러스터의 URL(예를 들어 기본 포트 `9200`에서 로컬에서 실행하는 일래스틱서치라면 `localhost`)과 일래스틱서치 인덱스의 이름을 지정해야 한다. 그림 9.27처럼 이 두 매개변수는 `DataFrame` 생성자에 전달된다.

```
In [4]:  import eland as ed
```

```
In [2]:  INDEX_NAME = "kibana_sample_data_ecommerce"
         ES_URL = "localhost"
```

```
In [ ]:  ed_frame = ed.DataFrame(ES_URL, INDEX_NAME)
```

그림 9.27 일런드에서 DataFrame 생성 시에는 일래스틱서치 클러스터의 URL과 분석하려는 데이터가 있는 인덱스 이름을 포함한다.

3. 새 데이터세트를 검사하기 시작할 때 가장 먼저 하고 싶은 작업 중 하나는 데이터가 어떻게 생겼는지 (일반적으로 데이터의 일반적인 요점을 파악하기 위해 몇 개의 예제 행을 보는 것으로 충분하다) 그리고 데이터세트의 일반적인 통계 속성이다. 그림 9.28에서 보는 것처럼 일런드 DataFrame에서 head 메서드를 호출해 전자를 알 수 있다.

```
In [11]:  ## basic data analysis operations with the data frame

          ed_frame.head()
Out[11]:
```

	category	currency	customer_birth_date	customer_first_name	customer_full_name	customer_gender	customer_id	customer_la
OvVYAXcB9qtQd2Z-nCe1	[Men's Shoes, Men's Clothing]	EUR	NaT	Abdulraheem Al	Abdulraheem Al Carr	MALE	33	
O_VYAXcB9qtQd2Z-nCe1	[Women's Clothing]	EUR	NaT	Selena	Selena Allison	FEMALE	42	
PPVYAXcB9qtQd2Z-nCe1	[Men's Clothing, Men's Accessories]	EUR	NaT	Phil	Phil Foster	MALE	50	
PfVYAXcB9qtQd2Z-nCe1	[Men's Clothing]	EUR	NaT	Fitzgerald	Fitzgerald Mcdonald	MALE	11	M
PvVYAXcB9qtQd2Z-nCe1	[Men's Clothing, Men's Shoes]	EUR	NaT	Sultan Al	Sultan Al Fleming	MALE	19	

5 rows × 46 columns

그림 9.28 일런드 DataFrame 객체에서 head 메서드를 호출하면 데이터 세트의 처음 5개 행이 표시된다.

4. 반면 후자에 대한 지식은 그림 9.29에서 보는 것처럼 describe 메서드를 호출해 얻을 수 있는데 이는 pandas 사용자에게 친숙할 것이다.

In [12]:
```
ed_frame.describe()
```

Out[12]:

	day_of_week_i	products.base_price	products.base_unit_price	products.discount_amount	products.discount_percentage	products.min_price	prod
count	4675.000000	10087.000000	10087.000000	10087.000000	10087.000000	10087.000000	100
mean	3.114866	34.886523	34.774993	0.100922	0.160603	17.337877	
std	1.930189	27.805031	25.691300	1.125216	1.785010	12.841733	
min	0.000000	5.988281	5.988281	0.000000	0.000000	2.759766	
25%	1.000000	16.984375	16.984375	0.000000	0.000000	8.699489	
50%	3.000000	25.844879	25.834470	0.000000	0.000000	13.464828	
75%	5.000000	43.906848	43.958546	0.000000	0.000000	22.500000	
max	6.000000	1080.000000	540.000000	15.000000	20.000000	259.250000	10

그림 9.29 "describe"는 데이터세트의 숫자 열에 대한 통계적 속성을 요약한다.

5. 더욱이 데이터세트의 기본 개요를 얻기 위해 그림 9.30에서 보는 것처럼 필드 이름과 함께 get 명령을 사용해 인덱스에서 지정된 필드의 개별 값에 쉽게 접근할 수 있다.

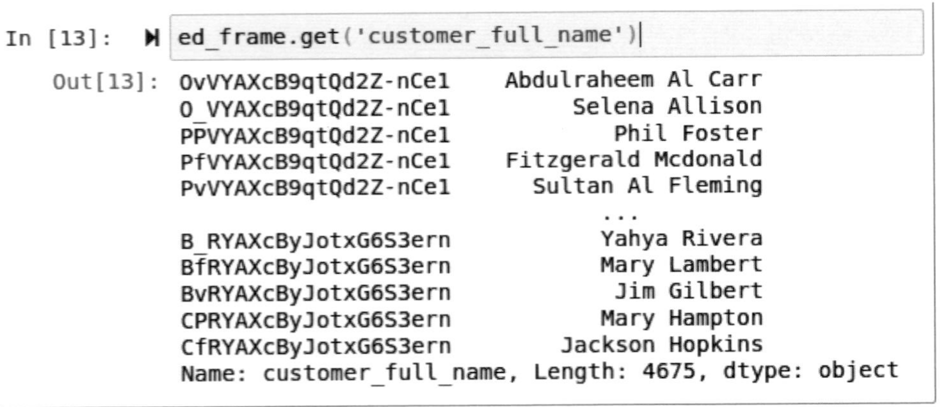

```
In [13]:  ed_frame.get('customer_full_name')

Out[13]: OvVYAXcB9qtQd2Z-nCe1     Abdulraheem Al Carr
         O_VYAXcB9qtQd2Z-nCe1           Selena Allison
         PPVYAXcB9qtQd2Z-nCe1              Phil Foster
         PfVYAXcB9qtQd2Z-nCe1     Fitzgerald Mcdonald
         PvVYAXcB9qtQd2Z-nCe1       Sultan Al Fleming
                                                  ...
         B_RYAXcByJotxG6S3ern             Yahya Rivera
         BfRYAXcByJotxG6S3ern             Mary Lambert
         BvRYAXcByJotxG6S3ern              Jim Gilbert
         CPRYAXcByJotxG6S3ern             Mary Hampton
         CfRYAXcByJotxG6S3ern          Jackson Hopkins
         Name: customer_full_name, Length: 4675, dtype: object
```

그림 9.30 get 메서드를 사용해 인덱스의 개별 필드 값으로 작업할 수 있다.

6. 마지막으로, 집계aggregate 메서드를 사용해 숫자 열에 대한 집계를 계산할 수 있다. 그림 9.31에 나와 있는 예제에서 두 개의 숫자 열 `total_unique_products`와 `taxful_total_price`를 선택하고 인덱스의 모든 도큐먼트에서 이러한 필드 값의 합계, 최솟값과 최댓값을 계산한다.

```
In [22]: ## perform aggregations on numerical columns
         ed_frame[['total_unique_products', 'taxful_total_price']].aggregate(['sum', 'min', 'max'])
Out[22]:
```

	total_unique_products	taxful_total_price
sum	10087	350884.128906
min	1	6.988281
max	4	2250.000000

그림 9.31 일런드에서 집계(aggregate) 메서드를 사용해 선택된 가능한 열에 집계를 계산

여기에 설명한 단계는 비교적 단순하지만 파이썬에서 작동하는 일래스틱서치와 주피터 노트북과 같은 데이터 분석 환경을 하나의 원활한 데이터 분석 워크플로로 통합하는 것이 얼마나 매끄러울 수 있는지 보여줬기를 바란다. 13장, '추론'에서 더 발전된 사용 사례를 살펴볼 때 일런드와 함께 이 기반을 구축할 것이다.

요약

9장에서는 일래스틱서치에 저장한 데이터를 사용해 문제를 해결할 수 있는 강력한 방법을 제공하는 완전히 새로운 머신러닝과 데이터 변환 도구인 데이터프레임 분석의 세계에 발을 담갔다. 이후 장에서 다룰 새로운 비지도와 지도 머신러닝 기술에 대한 개요를 제공하는 것 외에도 변환, 페인리스 스크립트 언어 사용, 파이썬과 일래스틱서치 사이의 통합이라는 세 가지 중요한 주제를 연구했다. 이러한 주제는 10장에서 이후 작업의 기초가 될 것이다.

변환에 대한 설명에서 변환을 구성하는 두 가지 구성 요소인 피벗과 집계와 변환을 실행할 수 있는 두 가지 가능한 모드인 배치batch 변환과 연속continuous 변환에 대해 배웠다. 배치 변환은 한 번만 실행되며 특정 시점에 소스 인덱스의 스냅숏에 대한 변환을 생성한다. 이는 변경이 많지 않거나 특정 시점에만 데이터 변환을 수행해야 하는 경우에 완벽하게 작동한다. 로깅이나 친숙한 전자 상거래 상점 예제와 같은 많은 실제 사용 사례의 경우 모니터링과 분석되는 시스템은 지속적으로 변경된다. 애플리케이션은 사용자의 활동을 지속적으

로 기록하고 전자 상거래 상점은 지속적으로 새 거래를 기록한다. 연속 변환은 이러한 스트리밍 데이터세트를 분석하기 위해 선택하는 도구다.

예제에서 보여준 변환 마법사에서 사용 가능한 사전 구성된 옵션은 대부분의 상황에 적합하지만 고급 사용자는 자체 집계를 구성하기를 원할 수 있다. 이를 수행하려면 (그리고 일반적으로 10장에서 논의할 많은 고급 구성을 수행하려면) 사용자는 일래스틱서치에 포함된 스크립트 언어인 페인리스에 익숙해야 한다. 특히 페인리스에서 변수 선언하는 방법, 연산자로 이러한 변수를 조작하는 방법, 제어 흐름 구문을 사용해 고급 프로그램을 구성하는 방법, 마지막으로 유용한 코드 스니펫을 함수로 패키징하는 방법을 살펴봤다. 이 모든 내용은 10장에서 탐색할 때 유용할 것이다!

마지막으로, 일래스틱서치에 저장된 데이터를 분석할 때 파이썬을 사용하는 방법에 대해 간단하게 살펴봤다. 일래스틱서치를 위한 두 개의 기존 파이썬 클라이언트인 `elasticsearch-py`와 `elasticsearch-dsl`을 살펴보고 세 번째이자 최신 클라이언트인 일런드 개발의 동기를 설명했다.

10장에서는 일래스틱 스택에 추가된 세 가지 새로운 머신러닝 학습 방법 중 첫 번째 방법인 아웃라이어 탐지에 대해 알아볼 것이다.

더 읽어보기

주피터 생태계, 특히 주피터 노트북에 대한 자세한 내용은 다음 링크(https://jupyter.org/documentation)에서 주피터 프로젝트의 포괄적인 문서를 참조한다.

파이썬 개발이 처음이고 사용 가능한 언어 생태계와 다양한 도구에 대한 개요를 알고 싶다면 다음 링크에서(https://docs.pythonguide.org/) '파이썬을 여행하는 히치하이커를 위한 안내서'를 살펴보길 바란다.

pandas 프로젝트에 대해 자세히 알아보려면 다음 링크(https://pandas.pydata.org/)에서 공식 문서를 참조한다.

페인리스 임베디드 스크립트 언어에 대한 자세한 내용은 다음 링크(https://www.elastic.co/guide/en/elasticsearch/painless/current/painless-langspec.html)에서 공식 페인리스 언어 사양을 참조한다.

10

아웃라이어 탐지

1부에서는 비지도unsupervised 방식으로 시계열 데이터에 대한 비정상적인 행위를 감지할 수 있는 기능인 이상 탐지에 대해 자세히 설명했다. 이는 애플리케이션 중 하나가 특정 시간에 비정상적인 레이턴시latency가 있는지 또는 회사 네트워크의 호스트가 비정상적인 바이트를 전송하는지 여부를 탐지할 때 적합하다.

10장에서는 일래스틱스택의 두 번째 비지도 학습 기능인 시계열 기반 인덱스에서 비정상적인 항목을 탐지할 수 있는 아웃라이어 탐지에 대해 배운다. 아웃라이어 탐지에 대한 흥미로운 적용 대상은 예를 들어 세포 조직 샘플에서 비정상적인 세포를 탐지하고, 지역 부동산 시장에서 특이한 집이나 지역을 조사하거나, 컴퓨터에 설치된 비정상적인 바이너리를 잡아내는 것과 관련이 있을 수 있다.

일래스틱스택의 아웃라이어 탐지 기능은 앙상블 또는 네 가지 다른 아웃라이어 탐지 기술의 그룹화를 기반으로 한다. 이러한 두 가지 기술은 밀도 기반, 즉, 인덱스의 어떤 데이터 포인트가 대부분의 데이터에서 멀리 떨어져 있는지 확인하려고 시도한다. 다른 두 가지 기술은 거리 기반인데, 어느 포인트가 다른 모든 포인트로부터 멀리 있는지 확인하려고 시도한다. 개별적으로 네 가지 알고리듬 각각에는 강점과 약점이 있으며, 앙상블(또는 그룹화)로 함께 취하면 강력한 아웃라이어 탐지를 수행한다. 10장 후반부에서 이러한 각 알고리듬이 개념적 수준에서 수행하는 것을 설명한다.

아웃라이어를 강화하는 기술을 탐구하는 것 외에도 아웃라이어 탐지가 이상 탐지와 어떻게 다른지, 일래스틱서치에서 아웃라이어 탐지를 구성하는 방법, 아웃라이어 탐지 결과를 해석하고 특정 포인트가 아웃라이어로 선언되는 원인을 이해하는 방법을 살펴볼 것이다. 10장에서는 다음과 같은 주제를 탐구해볼 것이다.

- 아웃라이어 탐지의 내부 작동 이해
- 실제 아웃라이어 탐지 적용
- 평가evaluate API로 아웃라이어 평가
- 아웃라이어 탐지를 위한 하이퍼파라미터hyperparameter 조정

기술 요구 사항

10장의 자료는 일래스틱서치 7.9 버전 이상의 기능에 의존한다. 10장의 그림은 일래스틱서치 7.10 버전을 사용해 작성했다. 10장에서 사용된 코드 스니펫과 예제는 이 책의 깃허브 저장소(https://github.com/PacktPublishing/Machine-Learning-with-Elastic-Stack-Second-Edition)의 Chapter10 폴더 아래에 있다.

아웃라이어 탐지의 내부 작동 이해

아웃라이어 탐지는 서로 다르거나 비정상적인 포인트를 찾아내 데이터세트에 대한 통찰력을 제공할 수 있다. 그런데 일래스틱 스택에서 아웃라이어 탐지는 어떻게 작동할까? 아웃라이어 탐지 기능을 구성하는 방법을 이해하기 위해 이 알고리듬을 어떻게 설계할 것인지에 대해 개념적으로 생각하는 것부터 시작한 다음, 개념적 아이디어를 일래스틱서치에서 어떻게 아웃라이어 탐지 앙상블을 구성하는 4개의 개별 알고리듬으로 공식화할 수 있었는지 알아보자.

호박의 무게와 둘레를 측정한 값에 대한 2차원 집합이 있고 이 모집단에서 어떤 호박이 아웃라이어인지 알아내고자 한다고 가정하자(이러한 정보를 이용해 우리는 아마 왜 그 결과가 아웃라이어인지 알아내고 싶을 것이다). 첫 발걸음으로 하기 좋은 방법은 데이터를 그려 다른 것과 멀리 떨어져 있는 것처럼 보이는 데이터 포인트가 있는지 확인하는 것이다.

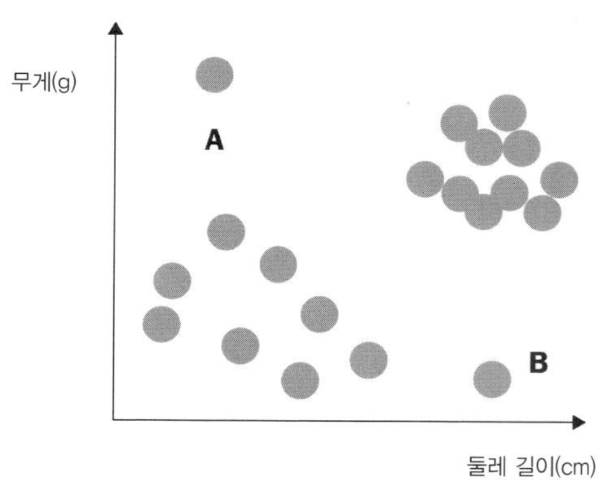

그림 10.1 점 A와 B는 일반적으로 데이터 군집에서 멀리 떨어져 있기 때문에 이 데이터세트에서 아웃라이어로 드러난다.

인간의 눈은 패턴을 포착하는 데 매우 뛰어나 그림 10.1에 있는 그래프를 간단히 살펴보면 점 A와 B가 아웃라이어로 보인다는 것을 알 수 있다. 우리가 이 결론에 이르게 하는 근본적이고 직관적인 이유는 무엇일까? 이 시각화 시스템은 점 A와 B가 어떤 의미에서는 2차원 공간의 다른 두 점들의 그룹으로부터 멀리 떨어져 있는 것처럼 보인다고 이야기하고 있다. 이 관찰과 형식화는 일래스틱 스택에서 사용하는 아웃라이어 탐지 기술의 기반이 되는 핵심이다.

아웃라이어 탐지에 사용하는 4가지 기술 이해

이전 절에서 언급한 것처럼 일래스틱 스택의 이 아웃라이어 탐지 알고리듬은 4개의 아웃라이어탐지 기술에 대한 앙상블 또는 그룹화다. 이러한 기술은 두 가지 범주, 즉 **거리 기반**distance-based **기술**과 **밀도 기반**density-based **기술**로 더 세분화할 수 있다. 다음 절에서 각각 알아볼 것이다.

거리 기반 기술

이전 절에서 봤던 것처럼 인간의 시각 시스템은 2차원 이미지에서 아웃라이어를 찾아내는 데 놀라울 정도로 능숙하며 이 방법의 요지는 일반적인 데이터 덩어리에서 멀리 떨어져 있는 것처럼 보이는 점을 선택하는 것이다. 이 관찰은 두 개의 거리 기반 기술 즉, **k번째 가장 가까운 이웃까지의 거리**와 **k번째 가장 가까운 이웃까지의 평균 거리**를 잡아내는 게 목표다.

그림 10.2처럼 공간적으로 분포된 2차원 데이터세트가 있고 k 값으로 3을 선택한다고 가정하자. 여기서는 설명을 위해 임의로 낮은 k값을 선택하고 있다. 그림 10.2에서 점 A에 대해 세 번째로 가까운 점[1]을 찾아 점 A까지의 거리를 계산한다는 것을 의미한다(그림 10.2에서 화살표 선으로 표시). 이 접근 방법은 간단하지만 노이즈가 발생하기 쉽다. 좀 더 견고하게 만들기 위해 **k번째로 가장 가까운 이웃까지의 거리에 대한 평균값**[2]을 계산할 수도 있다(그림 10.2 참조).

---

1 왼쪽 그래프에서 가장 왼쪽 화살표 선이 가리키는 점이 세 번째로 가까운 점이다. – 옮긴이

2 점 A에서 가장 가까운 세 점에 대한 평균 거리를 의미한다. – 옮긴이

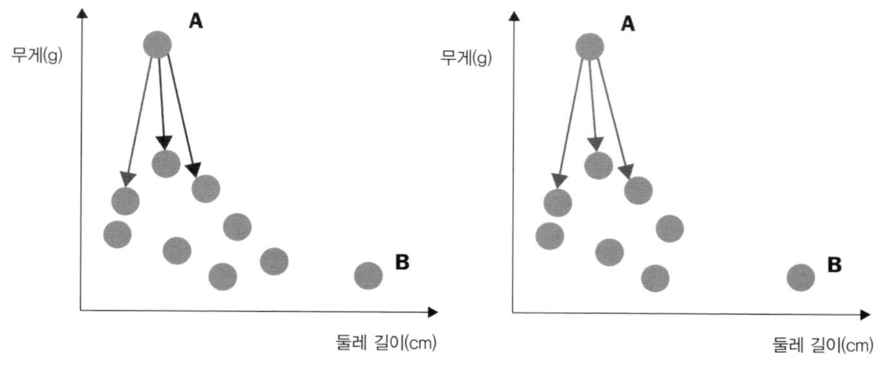

그림 10.2 k=3일 때 점 A에서 k번째 가장 가까운 이웃까지의 거리와 점 A에 대한 k번째 가장 가까운 이웃까지의 평균 거리

거리 기반 방법은 단순성과 해석력 측면에서 뛰어나지만, 특히 각 데이터 포인트에 대한 이웃이 얼마나 희박하거나 밀집돼 있는지와 같이 데이터가 희박하게 분포된 경우에는 다소 미묘한 것은 잡아내지 못한다. 이러한 속성을 잡아내려면 밀도 기반 기술을 살펴봐야 한다.

밀도 기반 기술

거리 기반 기술 방법이 완전히 잡아내지 못하는 한 가지 요인은 관심 지점 주변과 이웃 지점 주변 지점 사이의 밀도 차이다. 점에 대한 **로컬 아웃라이어 펙터**LOF, Local Outlier Factor를 계산하면 주어진 점의 이웃이 이웃한 다른 점들과 얼마나 다른지 정확하게 알 수 있다.

그림 10.3은 k=3에 대해 이 기술의 기본적인 아이디어를 설명한다. 이 경우, 점 A의 이웃을 이와 가장 가까이 이웃한 3개의 점과 비교한다(그림 10.3의 다이어그램에서 점선으로 그려진 원). 로컬 아웃라이어 펙터에 대한 값이 1이면 점 A의 이웃이 이웃의 이웃과 비교가 희박하지도 밀집하지도 않음을 의미한다. 1 보다 큰 값은 A의 이웃이 이웃의 이웃보다 희소하고 잠재적으로 이상치가 될 수 있음을 의미한다. 반대로 1보다 작은 값은 점이 이웃에 밀

집돼 있어 아웃라이어가 아닐 가능성이 있음을 의미한다.

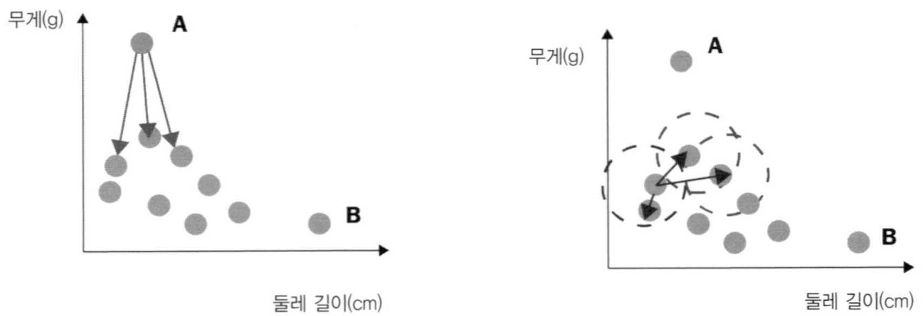

그림 10.3 로컬 아웃라이어 펙터는 점 A의 이웃을 k번째로 가장 가까운 이웃의 이웃과 비교한다.

네 가지 중 마지막 방법은 **로컬 거리 기반 아웃라이어 펙터**LDOF, Local Distance-based Outlier Factor다. **로컬 아웃라이어 펙터**LOF와 유사하게 LDOF의 목표는 주어진 점 A의 이웃을 그와 인접한 이웃들과 비교하는 것이다. 이 경우, k의 고정값 avg(A)에 대해 A의 k번째 가장 가까운 이웃까지의 평균 거리를 계산한다. 그런 다음 k번째 가장 가까운 이웃 각각에 대해 쌍을 만들고 그 쌍 사이의 거리를 계산해 그 평균값인 avgkk(a)를 취한다.

마지막으로, avg(A)/avgkk(A) 비율을 검사해 값 1에 얼마나 가까운지 확인한다. 비율이 1에 가까워지면 A 지점이 다른 지점의 로컬 밀도로 둘러싸여 있으므로 아웃라이어가 아닐 가능성이 높다.

각 데이터 포인트에 할당되는 종합 아웃라이어 점수는 파생된 값의 조합이다. 위 네 가지 방법 중 값이 1에 가까울수록 그 점이 아웃라이어일 가능성이 높아진다.

단순히 데이터 세트의 어떤 점이 아웃라이어인지 파악하고 싶어 하면서도 이 아웃라이어 탐지 알고리듬이 특정 포인트를 아웃라이어라고 제안하는 이유를 알고 싶을 것이다. 이 포인트를 비정상으로 만드는 특정 피처, 필드 값, 값의 그룹이 있는가? 이것이 바로 다음 절에서 다룰 주제다.

피처 영향력 이해

잠시 10장의 시작 부분에 있는 가상의 호박 데이터세트로 돌아가보자. 이 데이터세트에 아웃라이어 탐지를 사용해 분석한다고 가정하자. 분석이 완료된 후 각 호박에 대해 0에서 1까지의 비정상성을 측정한 점수를 얻는다. 이 점수와 함께 호박의 무게나 둘레 길이가 비정상성에 기여한 것을 이해하는 데 관심이 있을 수 있다.

이것이 바로 **피처 영향력**feature influence이 해결하고자 하는 문제다. 간단히 말하면, 피처 영향력은 각 피처(또는 일래스틱서치 도큐먼트를 설명하기 위해 일반적으로 사용하는 용어의 관점에서 생각하는 필드)에 데이터 포인트가 아웃라이어임을 결정하는 데 그 피처가 얼마나 중요한 역할을 했는지 설명하기 위해 0에서 1 사이의 점수를 할당한다. 모든 피처에 대한 피처 영향력 점수의 총 합은 최대 1이다.

그림 10.4에 있는 가상의 호박 데이터세트를 사용해 피처 영향력을 자세히 살펴보자. 아웃라이어 탐지 알고리듬이 이 데이터세트에서 아웃라이어로 점 A와 점 B를 식별했다고 가정한다. 이제, 호박의 무게와 둘레 길이의 피처 영향력 값이 점 A와 B에서 서로 어떻게 관련되는지 고려해보자.

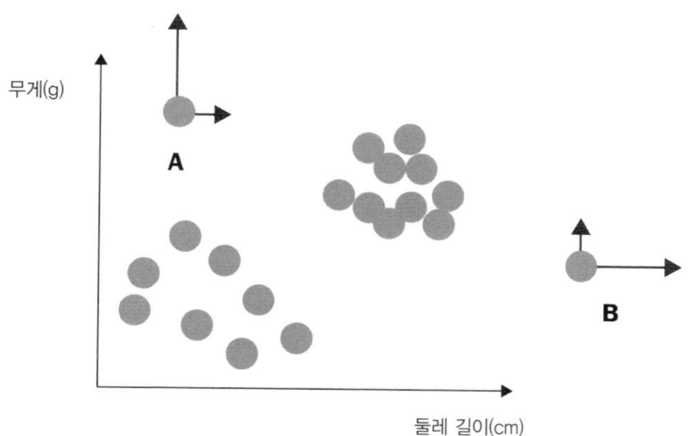

그림 10.4 피처 영향력 점수는 데이터 포인트의 비정상성을 결정하는 데 주어진 피처가 얼마나 영향력을 미치는지 측정한다.

호박 A는 정상 범위를 훨씬 벗어난 무게이지만, 그 둘레 길이는 왼쪽 클러스터의 호박의 중간 정도에 있다. 따라서 점 A에 대해서는 호박 무게에 대한 피처 영향력 값이 높지만, 둘레 길이에 대한 피처 영향력 값은 낮을 것으로 예상할 수 있다.

이제 반대의 상황인 아웃라이어 호박 B를 살펴보자. 호박 B의 무게는 데이터세트에서 중간 범위에 속하지만 호박 B의 둘레 길이는 거의 모든 다른 데이터 포인트보다 훨씬 높은 값이다. 따라서 호박 B의 경우 둘레 길이의 피처 영향력 값이 무게의 값보다 더 높을 것이다.

각 점에 대한 피처 영향력은 어떻게 계산하는가?

이러한 피처 영향력 점수를 해석할 때, 이 계산이 정확하게 어떻게 진행되는지 아는 것이 종종 도움된다. 피처 영향력 계산에 들어가는 단계를 설명하기 위해 잠시 2차원 호박 데이터세트로 돌아가보자. 우리가 원하는 것은 특정 피처 X가 최종 아웃라이어 점수에 얼마나 영향을 미치는지에 대한 입증이다. 이 영향을 시도하고 정량화하는 자연스러운 방법은 아웃라이어 계산에서 이 피처를 전혀 포함하지 않는다고 상상하는 것이다. 그림 10.5는 호박을 사용하는 이 예제에서 이것이 실제로 어떻게 보일지 보여준다. 각 호박 데이터 포인트에 대해 **가중치**weight 피처 값을 0으로 설정하고 각 데이터 포인트의 비정상성이 얼마나 바뀌는지 확인한다.

그림 10.5에서 점 A 가중치 값을 제거하거나 0을 설정하면 궁극적으로 점 A가 인라이어inlier가 된다는 것을 알 수 있다. 따라서 가중치 특성이 점 A의 비정상성에 큰 영향을 미친다는 결론을 내릴 수 있다. 반면 그림 10.5의 오른쪽 다이어그램에서 점 B를 보면, 가중치 피처를 0으로 설정한 결과 비정상성에 변화가 없음을 알 수 있다. 따라서 이 가중치 피처 값은 점 B의 비정상성과 큰 관련이 없으므로 피처 영향력 값이 낮을 것이라 결론내릴 수 있다.

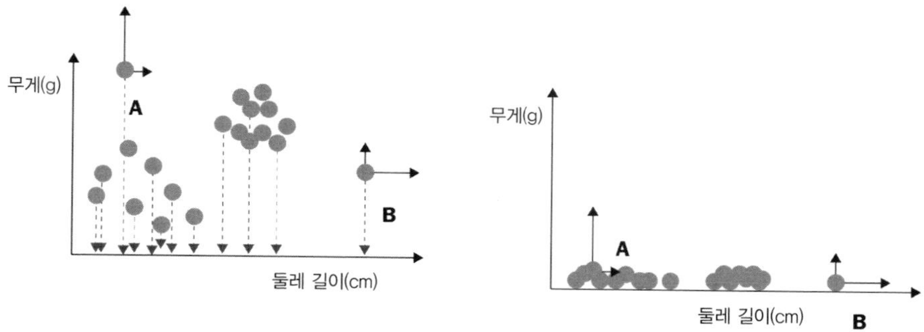

그림 10.5 주어진 피처가 고정된 값으로 설정되거나 제거되는 경우 주어진 데이터 포인트의 비정상성이 얼마나 변할 것인지 질문해 피처 영향력을 계산한다.

아웃라이어 탐지는 이상 탐지와 어떻게 다른가?

10장의 내용을 읽는 동안, 아웃라이어 탐지와 이상 탐지가 모두 비정상적이거나 경계 밖의 데이터 포인트를 찾는다는 유사한 목표를 달성하기 위한 비지도 학습 방법이라는 것을 눈치챘을 수도 있다. 그렇다면 '이상 탐지와 아웃라이어 탐지가 어떻게 다른가?'라는 질문은 자연스러울 것이다. 이 절에는 둘 사이의 개요와 주요 차이점을 설명할 것이다. 주요 포인트에 대한 요약은 곧 보게 될 그림 10.6에 있다.

확률 모델 기반 대 인스턴스 기반

이상 탐지와 아웃라이어 탐지 사이의 구분을 더 명확하게 하기 위해, 먼저 사용 가능한 이상 탐지 방법을 간략하게 살펴보자. 이상 탐지 기능을 사용하면, 시계열 기반 데이터에서 비정상적인 피처를 탐지할 수 있다. 시계열을 **버킷**이라고 하는 개별 시간 단위로 분할한 다음 평균이나 합계와 같은 탐지기 함수를 버킷의 개별 값에 적용해 이를 수행한다. 그런 다음, 각 버킷 값은 이상 탐지기가 점점 더 많은 데이터를 볼 때 지속적으로 업데이트되는 확률 분포의 개별적인 데이터처럼 사용된다. 확률 분포에서 발생할 확률이 낮은 버킷은 이상 징후로 플래그가 지정된다.

시간에 따라 데이터 변화를 추적하는 확률 모델 구축 대신, 아웃라이어 탐지는 10장 앞부분에서 다뤘던 네 가지 기술인 두 개의 거리 기반 기술과 두 개의 밀도 기반 기술의 앙상블(또는 그룹)을 사용한다. 어떤 데이터 포인트가 이 데이터세트에서 데이터의 일반적인 군집에서 멀어질수록 아웃라이어일 가능성이 높아진다. 이 데이터세트를 위한 확률 모델을 구축하지는 않는다.

점수화

결과적으로 두 기술의 이러한 주요 차이점은 점수를 매기는 방식의 차이로 이어진다. 이상 탐지에서는 이상 탐지기가 데이터로부터 학습한 모델에서 발생 가능성이 얼마나 낮은지에 따라 버킷의 비정상성이 결정된다. 확률이 낮을수록 버킷이 더 비정상적이다.

대조적으로 아웃라이어 탐지에서는 확률 대신 아웃라이어 점수를 계산한다. 이 아웃라이어 점수는 주어진 데이터 포인트가 전체 데이터세트의 일반적인 군집으로부터 얼마나 멀리 떨어져 있는지 측정한 요약에서 잡아낸 0에서 1 범위의 연속 측정값이다. 10장 앞부분에서 봤던 것처럼, 이 측정값은 네 가지 다른 기술을 사용해 계산된다. 아웃라이어 점수가 높을수록 데이터세트에서 그 데이터 포인트가 더 비정상적이고 특이한 것이다.

데이터 특성

점수화 외에도 두 기술의 또 다른 주요 차이점은 의도하는 데이터 유형이다. 이상 탐지는 시계열 데이터에만 적합하지만 아웃라이어 탐지는 시간 기반 컴포넌트를 포함 여부에 무관하게 단일 또는 다차원 데이터세트에 사용할 수 있다.

온라인 대 배치(batch)

마지막으로 두 가지의 비지도 학습 기술 간의 주요 차이점은 새 데이터가 인덱스에 수집되는 경우 업데이트에 대한 것이다. 이상 탐지에 익숙한 사용자는 이 기술이 스트리밍에 적합하다는 사실을 이미 알 것이다. 새 데이터 버킷이 클러스터에 도착하고 처리되는 즉시 새 데이터를 반영해 확률 모델을 업데이트할 수 있다.

반면에 아웃라이어 탐지는 이상 탐지와 같은 방식인 온라인 업데이트를 수행할 수 없다. 새 데이터 포인트 그룹이 소스 인덱스에 수집되면 소스 인덱스에서 아웃라이어 탐지 작업을 다시 한 번 실행해야 한다. 그 이유는 아웃라이어 탐지가 데이터 포인트의 공간과 밀도 분포를 사용해 정상 유무를 결정하는 인스턴스 기반 방법이기 때문이다. 소스 인덱스에 수집된 새 포인트는 이전에 아웃라이어로 분류된 포인트가 더 이상 아웃라이어가 아니게 데이터의 공간 분포가 변경될 수 있기 때문에, 새 데이터를 다시 평가하려면 아웃라이어 점수도 배치로 전체 데이터세트를 다시 계산해야 한다(다음 표에 배치 절 참조).

표 10.6 이상 탐지와 아웃라이어 탐지 사이의 주요 차이점 요약

이상 탐지	아웃라이어 탐지
모델 기반: 낮은 발생 확률의 버킷을 탐지하기 위해 데이터의 확률 모델에 적합	**인스턴스 기반**: 확률 모델에 부적합, 대신 전체 데이터세트에서 거리와 밀도 기반 측정
점수화: 확률 기반, 데이터 포인트에 대해 더 낮은 확률은 이상 징후에 더 근접	**점수화**: 데이터 포인트가 일반적인 데이터 군집에서 떨어진 정도, 높은 아웃라이어 점수는 더 비정상적이라는 의미
데이터: 데이터세트에 시간 컴포넌트가 필수	**데이터**: 데이터세트가 단일 또는 다차원, 시간 기반 컴포넌트가 없거나 있을 수 있다.
온라인: 모델이 점점 더 많은 데이터를 보고 예측을 지속적으로 업데이트해서 확률 모델은 진화한다.	**배치**: 새 데이터 포인트가 인덱스에 추가되면, 새로 추가되는 데이터 포인트가 공간 분포를 바꿀 수 있기 때문에 아웃라이어 점수는 전체 데이터세트에 대해 다시 계산돼야 한다.

실제 아웃라이어 탐지 적용

이 절에서는 와인의 물리화학적 성질을 설명하는 공개된 데이터세트를 사용해 아웃라이어 탐지에 대한 실질적인 예제를 살펴볼 것이다. 이 데이터세트는 **캘리포니아어바인대학**[UCI] 저장소(https://archive.ics.uci.edu/ml/datasets/wine+quality)에서 다운로드할 수 있다.

이 와인 데이터세트는 두 개의 CSV 파일로 구성돼 있다. 하나는 와인의 물리화학적 특성

을 설명하고, 다른 하나는 레드 와인의 특성을 설명한다. 이 연습에서는 화이트 와인 데이터세트에 중점을 두겠지만, 10장에서 설명하는 대부분의 단계가 두 가지 모두 적용 가능해야 하므로 레드 와인에 대한 데이터도 사용할 수 있다.

먼저 키바나의 **머신러닝**Machine Learning 앱에서 찾을 수 있는 **데이터 시각화**Data Visualizer 도구를 사용해 데이터세트를 일래스틱서치로 가져오자. `winequality-white`라는 화이트 와인 데이터세트에 대한 인덱스를 만들 것이다.

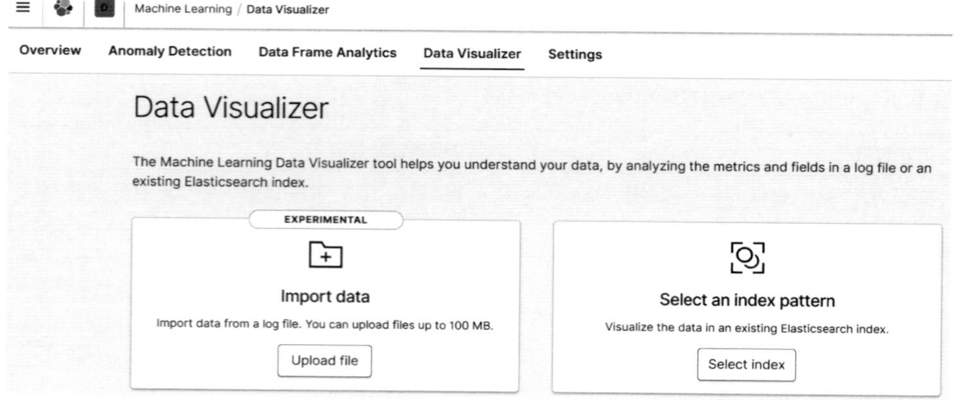

그림 10.7 실험에 사용할 수 있는 작은 데이터 파일을 가져오는 데 유용한 데이터 시각화 도구는 키바나의 머신러닝 앱에서 찾을 수 있다.

디스커버Discover 탭에서 간략하게 데이터를 살펴보면 단일 와인이 입력된 각 도큐먼트에는 알코올 함량, 산도, pH, 당도, 기타 화학적 측정치에 대한 정보와 품질에 대한 정성적 점수가 포함돼 있다. 이 조사의 목표는 아웃라이어 탐지를 사용해 화학적 구성 측면에서 아웃라이어인 와인을 탐지한 다음 이것이 인간 시음가로부터 받은 품질 점수와 상관관계가 있는지 그 여부를 확인하는 것이다. 여기서 가설은 화학적 구성 측면에서 특이한 와인도 품질 측면에서 아웃라이어가 될 것이라는 것이다. 이 가설을 탐색하기 위해 여기에 설명한 단계를 따라간다.

1. 그림 10.8에서 보는 것처럼, **데이터 프레임 분석**Data Frame Analytics 마법사를 사용해 아웃라이어 탐지 작업 생성을 시작해보자.

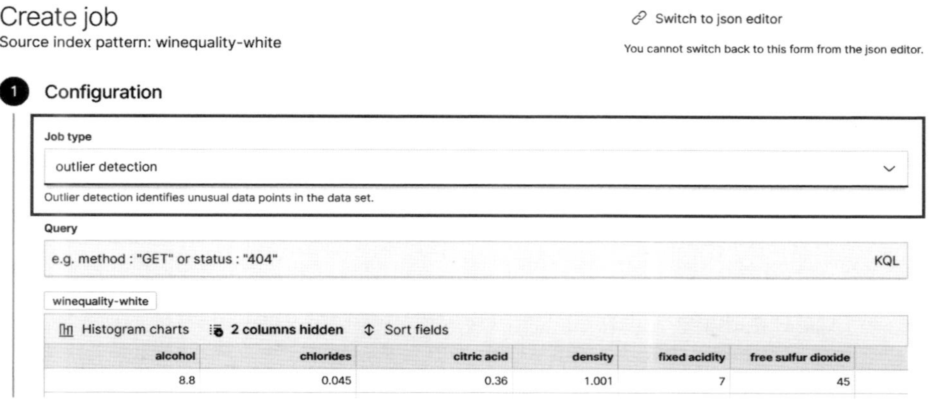

그림 10.8 아웃라이어 탐지 작업을 생성하기 위해 데이터 프레임 분석 마법사를 사용한다.

2. 화학 성분이 아웃라이어인 와인과 품질 점수가 아웃라이어인 와인을 비교하는 데 관심이 있으므로, 그림 10.9에서 보는 것처럼 이 아웃라이어 탐지 작업에서 품질 점수를 제외할 것이다.

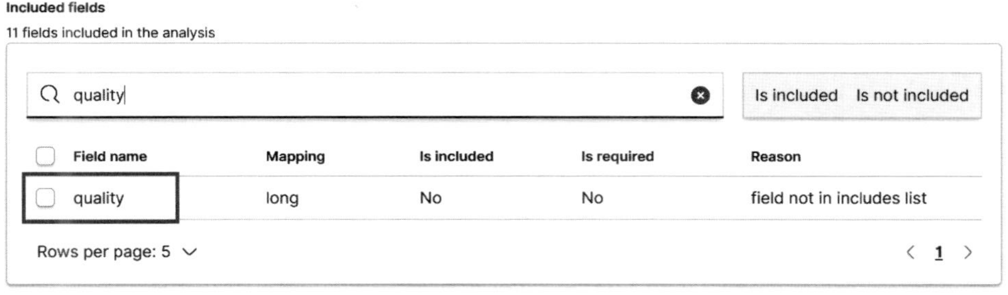

그림 10.9 필드 이름 옆에 있는 상자를 선택 취소해 아웃라이어 탐지 작업에서 품질 점수를 제외한다.

3. 나머지 구성 옵션에는 기본 설정을 사용한다. 작업이 완료되면 **데이터 프레임 분석**Data Frame Analytics 결과 뷰어를 사용해 결과를 검사할 수 있다.

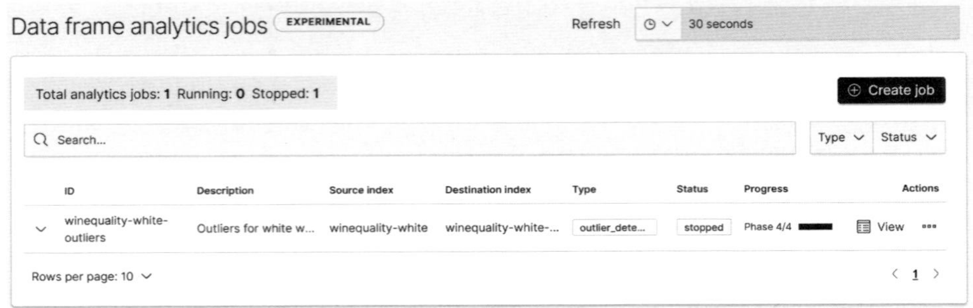

그림 10.10 아웃라이어 탐지 작업이 완료됐는지 알아보기 위해 데이터 프레임 분석 작업 관리 UI를 사용한다.

4. **데이터 프레임 분석** 결과 UI 뷰는 그림 10.11에 나와 있다. 이 UI는 어떤 데이터 포인트(백포도주 샘플 중)가 아웃라이어이고 비정상성을 결정한 주요 피처가 무엇인지 발견하는 데 도움된다. 자, 차례로 하나씩 살펴보자.

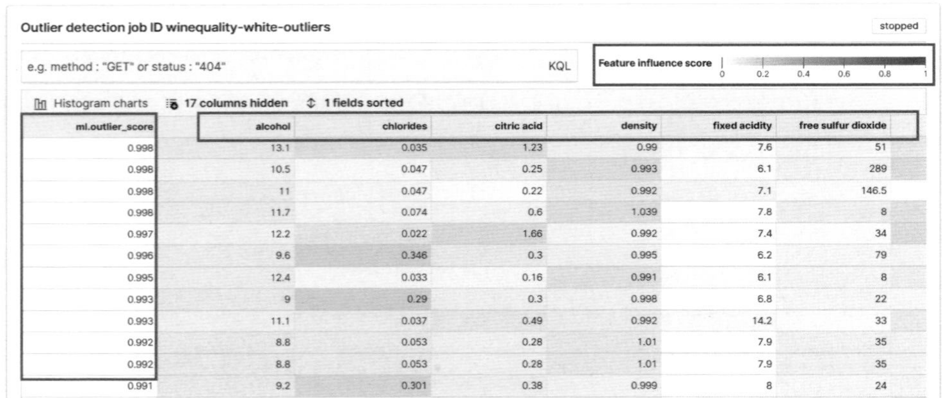

ml.outlier_score	alcohol	chlorides	citric acid	density	fixed acidity	free sulfur dioxide
0.998	13.1	0.035	1.23	0.99	7.6	51
0.998	10.5	0.047	0.25	0.993	6.1	289
0.998	11	0.047	0.22	0.992	7.1	146.5
0.998	11.7	0.074	0.6	1.039	7.8	8
0.997	12.2	0.022	1.66	0.992	7.4	34
0.996	9.6	0.346	0.3	0.995	6.2	79
0.995	12.4	0.033	0.16	0.991	6.1	8
0.993	9	0.29	0.3	0.998	6.8	22
0.993	11.1	0.037	0.49	0.992	14.2	33
0.992	8.8	0.053	0.28	1.01	7.9	35
0.992	8.8	0.053	0.28	1.01	7.9	35
0.991	9.2	0.301	0.38	0.999	8	24

왼쪽에 있는 UI는 `ml.outlier_score` 수량을 표시한다. 데이터세트와 관련해 주어진 데이터 포인트가 얼마나 경계를 벗어났는지를 잡아내는 아웃라이어 점수는 0과 1 사이의 부동 소수점 값이다. 주어진 포인트의 점수가 1에 가까울수록 더 경계를 벗어나며 0에 가까울수록 그 반대다.

테이블의 나머지 열은 데이터세트에서 선택한 다른 필드의 값을 보여준다. 각 셀은 0에서 1까지의 그래디언트 값에 따라 음영 처리되며 이는 피처 영향력 즉, 피처가 데이터 포인트의 비정상성을 결정하는 데 얼마나 중요한지를 잡아낸다. 주어진 셀의 파란색 음영이 짙을수록 데이터 포인트의 특이성에 대해 이 피처가 더 중요하다.

예를 들어 그림 10.11의 `ml.outlier_score` 열에 있는 값을 보면 데이터세트에서 4개의 가장 특이한 와인은 각각 0.998의 아웃라이어 점수를 기록했다.

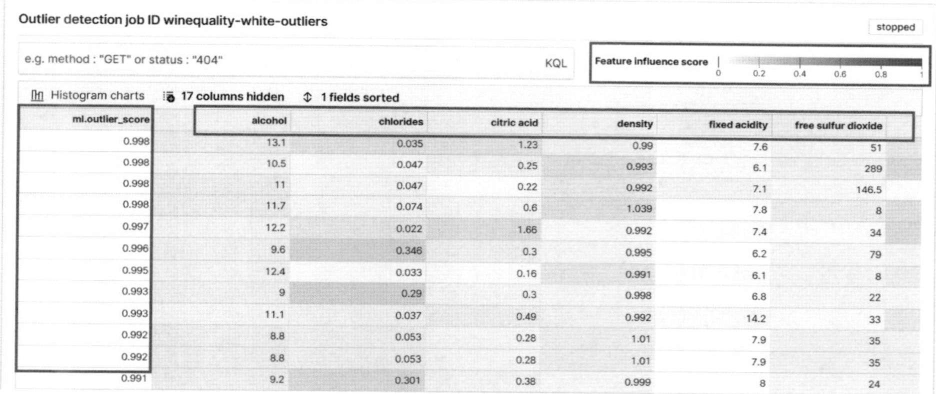

Outlier detection job ID winequality-white-outliers

stopped

e.g. method : "GET" or status : "404" KQL

Feature influence score 0 0.2 0.4 0.6 0.8 1

Histogram charts 17 columns hidden 1 fields sorted

ml.outlier_score	alcohol	chlorides	citric acid	density	fixed acidity	free sulfur dioxide
0.998	13.1	0.035	1.23	0.99	7.6	51
0.998	10.5	0.047	0.25	0.993	6.1	289
0.998	11	0.047	0.22	0.992	7.1	146.5
0.998	11.7	0.074	0.6	1.039	7.8	8
0.997	12.2	0.022	1.66	0.992	7.4	34
0.996	9.6	0.346	0.3	0.995	6.2	79
0.995	12.4	0.033	0.16	0.991	6.1	8
0.993	9	0.29	0.3	0.998	6.8	22
0.993	11.1	0.037	0.49	0.992	14.2	33
0.992	8.8	0.053	0.28	1.01	7.9	35
0.992	8.8	0.053	0.28	1.01	7.9	35
0.991	9.2	0.301	0.38	0.999	8	24

그림 10.11 각 데이터 포인트의 아웃라이어 점수와 피처 영향력 점수로 색상으로 구분된 필드 선택(알파벳 순)을 잡아내는 요약 테이블을 표시하는 아웃라이어 탐지에 대한 결과 UI

중요 노트

이 시점에서 물어볼 흥미로운 질문은 아웃라이어로 선언하는 임곗값이 얼마인가?라는 것이다. 점수가 0.5 이상인 모든 점이 아웃라이어라 해야 할까? 아니면 보다 보수적인 임곗값을 설정해서 0.9를 초과하는 점만 아웃라이어라고 해야 할까? 정상 또는 아웃라이어로 각 데이터 포인트를 판별하기 위해 연속된 점수에 대한 임곗값 설정 절차를 이진화라고 하며 사용자에게 있는 도메인 지식과 결합돼 결정된다. 그러나 레이블 지정된 데이터세트(예를 들어 각 데이터 포인트에 이미 정상/아웃라이어 정답 값으로 레이블 지정된 데이터세트)가 있는 경우 임곗값을 선택하기 위해 약간 더 체계적인 프로세스를 수행할 수 있다. 다음 절에서 Evaluate API를 다룰 때 다시 이 주제를 살펴볼 것이다.

5. 다음으로 어떤 요인이 특정 와인을 특이하게 만드는지에 대한 흥미로운 정보를 얻을 수 있는지 보기 위해 결과 UI로 돌아가 음영이 칠해진 셀을 살펴보자. UI에서 숨겨진 컬럼을 토글하고 나머지 피처를 모두 추가해서 그림 10.12처럼 가장 경계를 벗어나는 데이터 포인트에 대한 피처 영향력에 대한 전체 그림을 볼 수 있다.

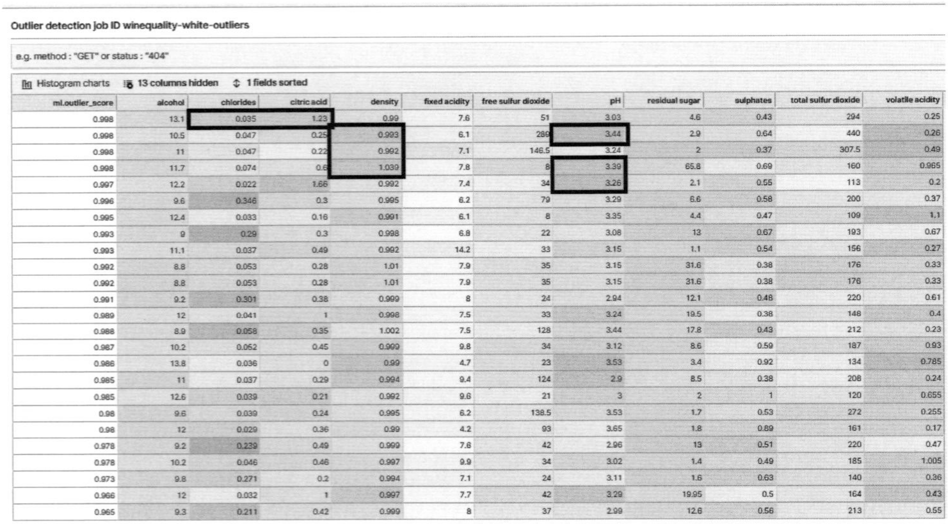

Outlier detection job ID winequality-white-outliers

e.g. method : "GET" or status : "404"

Histogram charts | 13 columns hidden | 1 fields sorted

ml.outlier_score	alcohol	chlorides	citric acid	density	fixed acidity	free sulfur dioxide	pH	residual sugar	sulphates	total sulfur dioxide	volatile acidity
0.998	13.1	0.035	1.23	0.99	7.6	51	3.03	4.6	0.43	294	0.25
0.998	10.5	0.047	0.25	0.993	6.1	289	3.44	2.9	0.64	440	0.26
0.998	11	0.047	0.22	0.992	7.1	146.5	3.24	2	0.37	307.5	0.49
0.998	11.7	0.074	0.6	1.039	7.8	8	3.39	65.8	0.69	160	0.965
0.997	12.2	0.022	1.66	0.992	7.4	34	3.26	2.1	0.55	113	0.2
0.996	9.6	0.346	0.3	0.995	6.2	79	3.29	6.6	0.58	200	0.37
0.995	12.4	0.033	0.16	0.991	6.1	8	3.35	4.4	0.47	109	1.1
0.993	9	0.29	0.3	0.998	6.8	22	3.08	13	0.67	193	0.67
0.993	11.1	0.037	0.49	0.992	14.2	33	3.15	1.1	0.54	156	0.27
0.992	8.8	0.053	0.28	1.01	7.9	35	3.15	31.6	0.38	176	0.33
0.992	8.8	0.053	0.28	1.01	7.9	35	3.15	31.6	0.38	176	0.33
0.991	9.2	0.301	0.38	0.999	8	24	2.94	12.1	0.48	220	0.61
0.989	12	0.041	1	0.998	7.5	33	3.24	19.5	0.38	148	0.4
0.988	8.9	0.058	0.35	1.002	7.5	128	3.44	17.8	0.43	212	0.23
0.987	10.2	0.052	0.45	0.999	9.8	34	3.12	8.6	0.59	187	0.93
0.986	13.8	0.036	0	0.99	4.7	23	3.53	3.4	0.92	134	0.785
0.985	11	0.037	0.29	0.994	9.4	124	2.9	8.5	0.38	208	0.24
0.985	12.6	0.039	0.21	0.992	9.6	21	3	2	1	120	0.655
0.98	9.6	0.039	0.24	0.995	6.2	138.5	3.53	1.7	0.53	272	0.255
0.98	12	0.029	0.36	0.99	4.2	93	3.65	1.8	0.89	161	0.17
0.978	9.2	0.239	0.49	0.999	7.6	42	2.96	13	0.51	220	0.47
0.978	10.2	0.046	0.46	0.997	9.9	34	3.02	1.4	0.49	185	1.005
0.973	9.8	0.271	0.2	0.994	7.1	24	3.11	1.6	0.63	140	0.36
0.966	12	0.032	1	0.997	7.7	42	3.29	19.95	0.5	164	0.43
0.965	9.3	0.211	0.42	0.999	8	37	2.99	12.6	0.56	213	0.55

그림 10.12 와인 품질 데이터세트에서 모든 필드에 대해 표시되는 피처 영향력

주석이 달린 영역에서 알 수 있듯이 경계를 벗어난 와인은 다양한 이유로 특이하다. 첫 데이터 포인트에서 가장 높은 피처 영향력 필드는 염화물과 구연산 함량이고, 다음 세 건의 데이터 포인트에서 와인의 밀도와 pH가 특이성을 결정하는 가장 중요한 피처인 것 같다.

6. 마지막으로, 이 절 시작 부분에서 제기했던 질문으로 돌아갈 수 있다. 특이한 와인은 시음자가 와인에 부여한 정량적 품질 점수와 상관관계가 있을까? 어떤 상관관계가 있는지 빠르게 살펴보기 위해 데이터세트에 아웃라이어 점수(그림 10.13)를 추가한다.

ml.outlier_score	quality
0.998	6
0.998	3
0.998	3
0.998	6
0.997	6
0.996	5
0.995	4
0.993	4
0.993	6
0.992	6

그림 10.13 시음자가 부여한 질적인 품질 점수와 함께 아웃라이어 점수로 내림차순 정렬한 가장 특이한 화이트 와인

보는 것처럼 상위 10개의 아웃라이어 값이 나온 화이트 와인은 최고의 카테고리(품질 점수 9점)에는 없음을 알 수 있다. 대신 대부분 3~6 범위의 낮은 점수를 얻는다. 이것이 결정적인 증거는 아니지만, 화학적으로 가장 특이한 와인은 일반적으로 가장 맛이 좋은 것은 아니라는 힌트를 얻었다!

Evaluate API로 아웃라이어 탐지 평가

이전 절에서 사용자가 데이터세트의 데이터 포인트를 정상 및 아웃라이어 범주로 그룹화하기 위해 아웃라이어 점수에 대한 임곗값을 설정하는 방법을 알기 어려울 수 있다는 사실을 알았다. 이 절에서는 각 포인트에 대해 아웃라이어 여부를 기록하는 정답 값을 포함하는 레이블이 지정된 데이터세트가 있는 경우 이 문제에 접근하는 방법을 보여줄 것이다. 아웃라이어 탐지 알고리듬의 성능을 평가하는 데 사용하는 몇 가지 주요 성능 메트릭에 대해 잠시 이해하고 실제 데모로 들어가자.

이 알고리듬의 성능을 측정할 수 있는 가장 간단한 방법 중 하나는 아웃라이어로 올바르

게 예측했던 데이터 포인트의 수, 즉 **참양성**TPs, True Positive의 수를 계산하는 것이다. 또한 정상으로 올바르게 예측된 정상normal 데이터 포인트의 수, 즉 **참음성**TNs, True Negative의 수도 알고 싶다. 이를 확장하면, 아웃라이어 탐지 알고리듬이 만드는 실수 중 하나인 정상 포인트 중 아웃라이어로 잘못 레이블 지정(거짓양성FPs, False Positive)된 개수나 그 반대(거짓음성FNs, False Negative)도 기록하고 싶다.

이 네 가지 측정값은 **혼동 행렬**confusion matrix이라는 표에 편리하게 요약할 수 있다. 혼동 행렬의 예는 그림 10.14에서 볼 수 있다.

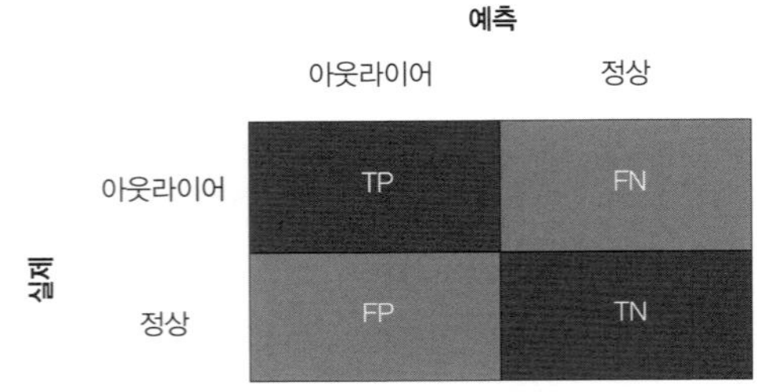

그림 10.14 참양성, 참음성, 거짓양성, 거짓음성 비율을 표시하는 혼동 행렬

다음과 같은 **정밀도**precision와 **재현율**recall이라는 두 가지 측정값은 방금 설명한 네 가지 측정 항목을 바탕으로 구축할 수 있다.

정밀도는 양성이나 아웃라이어로 예측된 모든 포인트 중에서 참양성의 비율이다. 반면 재현율은 실제로 양성인 모든 점 중에서 참양성의 비율이다. 이러한 값은 다음과 같은 수식으로 요약할 수 있다.

$$precision = tp \,/\, (tp + fp)$$
$$recall = tp \,/\, (tp + fn)$$

이전 단락에서 제공한 정의에 따르면 참양성, 참음성 등의 수를 계산하려면 대상 인덱스의 각 지점에 분류 레이블class label을 할당해야 한다.

그러나 앞서 몇 개의 절에서 설명했던 것처럼 아웃라이어 탐지 작업의 결과는 각 포인트를 아웃라이어나 정상으로 할당하는 바이너리 분류 레이블이 아니며, 대신 0에서 1 사이의 숫자로 된 아웃라이어 점수다.

의사결정decision 및 특정 컷오프 포인트를 만들어야 하기 때문에 원하는 메트릭을 계산하려고 할 때 이는 골칫거리를 제공한다. 컷오프 포인트보다 높은 점수를 받은 모든 항목은 아웃라이어 분류, 컷오프 포인트 아래의 점수를 받은 모든 항목은 정상normal 분류에 할당된다. 이를 **이진화 임곗값**이라고 부를 것이다.

설정할 이 임곗값을 정확히 아는 것은 어려울 수 있다. 따라서 10장의 원래 목표로 돌아가서 평가Evaluate API를 사용해 다양한 임곗값에서 다양한 성능 메트릭을 이해해 정보에 근거해서 선택할 수 있다.

이제 실용적인 연습을 통해 이 지식을 실제로 어떻게 적용하는지 살펴볼 수 있다.

1. 이 절에서 사용할 공개 데이터세트를 살펴보자. 원본 데이터세트의 소스는 UCI 저장소(https://archive.ics.uci.edu/ml/datasets/Breast+Cancer+Wisconsin+%28Diagnostic%29)다. 이 연습의 목적에 더 적합하도록 주어진 데이터 포인트가 아웃라이어인지 여부를 기록하는 Outlier라는 추가 필드를 만들어 데이터세트를 약간 수정했다. 수정한 데이터세트는 breast-cancer-wisconsin-outlier.csv라는 파일에 있으며, 이 책의 깃허브 저장소(https://github.com/PacktPublishing/Machine-Learning-with-Elastic-Stack-Second-Edition/tree/main/Chapter10)에서 다운로드 가능하다.
   이 데이터세트를 다운로드하면 데이터 비주얼라이저Data Visualizer의 데이터 가져오기 기능을 사용해 데이터세트를 가져올 수 있다. 데이터 비주얼라이저와 데이터 가져오기 방법에 대한 정보는 실제 아웃라이어 탐지 적용 절을 참조하자.
   이 데이터세트는 악성 및 양성 유방암 조직에서 측정된 피처를 설명하며 2(양성) 또는 4(악성) 값이 있는 Class 필드를 포함한다. 이 절의 목적에 맞게 악성으로 레이블이 지정된 데이터 포인트를 아웃라이어로 취급할 것이다.

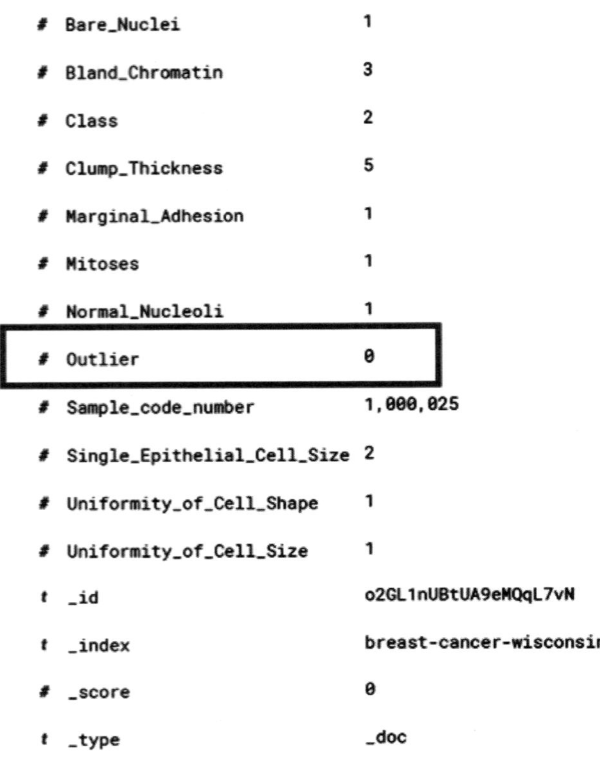

그림 10.15 데이터세트의 각 데이터 포인트에는 Class 레이블이 지정된다. Class 레이블을 부울 레이블로 변환하고 Outlier라는 새 필드에 저장했다.

이 시점에서 아웃라이어 탐지 알고리듬이 정답 레이블에 대해 얼마나 잘 수행되는지 이해하는 데 사용할 평가Evaluate API(https://www.elastic.co/guide/en/elasticsearch/reference/current/evaluate-dfanalytics.html)는 정답 레이블이 부울boolean 0(정상 데이터 포인트의 경우)이어야 하고 아웃라이어 데이터 포인트의 경우 1이다. 그러므로 평가 API에 적합한 형식으로 Class 필드를 변환한 Outlier라 불리는 필드를 추가해 원본 데이터세트를 약간 조정했다. 데이터세트의 샘플 도큐먼트는 그림 10.15에 표시한다.

2. 이 데이터세트로 아웃라이어 탐지 작업을 생성하기 위해 **데이터 프레임 분석**Data Frame Analytics 마법사를 사용하자. 그림 10.16에서 보는 것처럼 Class 레이블 필드, 정답 레이블이 포함된 필드, 샘플 코드 번호는 제외한다.

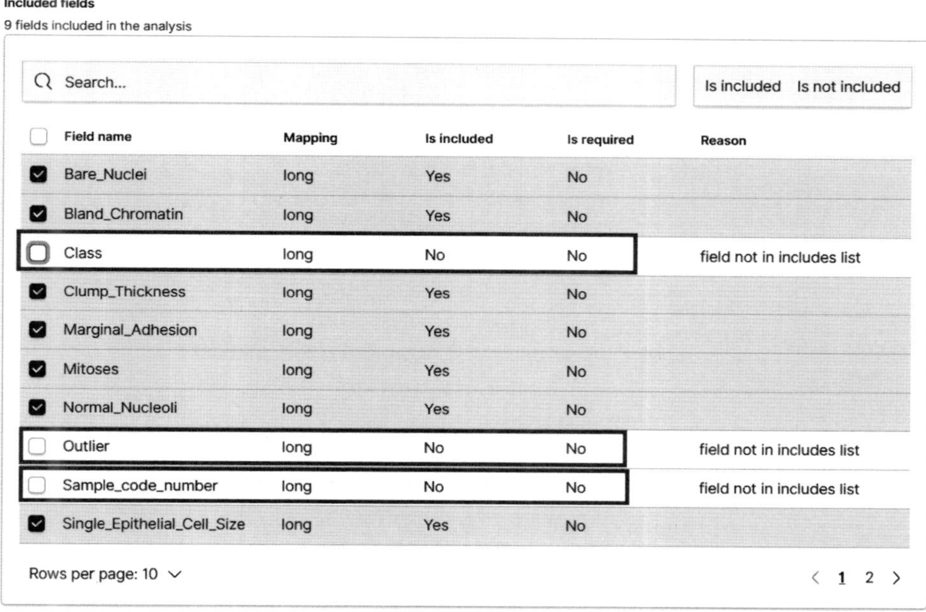

Included fields
9 fields included in the analysis

Search...

Is included | Is not included

	Field name	Mapping	Is included	Is required	Reason
☑	Bare_Nuclei	long	Yes	No	
☑	Bland_Chromatin	long	Yes	No	
☐	Class	long	No	No	field not in includes list
☑	Clump_Thickness	long	Yes	No	
☑	Marginal_Adhesion	long	Yes	No	
☑	Mitoses	long	Yes	No	
☑	Normal_Nucleoli	long	Yes	No	
☐	Outlier	long	No	No	field not in includes list
☐	Sample_code_number	long	No	No	field not in includes list
☑	Single_Epithelial_Cell_Size	long	Yes	No	

Rows per page: 10

‹ 1 2 ›

그림 10.16 아웃라이어 탐지 작업에서 Class, Outlier, Sample_code_number 필드를 제외했다.

3. 작업이 완료되면 정답 레이블과 비교할 때 아웃라이어 탐지 알고리듬이 얼마나 잘 작동했는지 계산하기 위해 평가 API와 함께 아웃라이어 탐지 작업 결과를 포함하는 대상 인덱스를 사용할 수 있다.

4. 키바나의 **개발 도구 콘솔**을 통해 평가 API와 상호작용한다. 이 필요한 부분을 이해하기 위해 샘플 평가 API 호출을 살펴보자.

```
POST _ml/data_frame/_evaluate
{
  "index": "breast-cancer-wisconsin-outlier",
```

```
  "evaluation": {
    "outlier_detection": {
      "actual_field": "Outlier",
      "predicted_probability_field": "ml.outlier_score",
      "metrics" : {
        "confusion_matrix" : {"at": [0.25, 0.5, 0.75]},
        "precision" : {"at": [0.25, 0.5, 0.75]},
        "recall" : {"at": [0.25, 0.5, 0.75]}
      }
    }
  }
}
```

첫 번째 정보는 아웃라이어 작업의 대상 인덱스다. 이 인덱스는 알고리듬의 예측을 포함하기 때문에 필요하다. 두 번째 필요한 구성 부분은 actual_field다. 이는 데이터에 대한 정답 레이블을 포함하고 있는 필드다. 여기서는 Outlier라 부르는 필드다. 마지막으로 API가 반환할 메트릭과 이를 계산해야 하는 임곗값을 정의한다.

성능 메트릭을 계산할 다양한 임곗값이나 컷오프 지점을 REST API 호출에 있는 이 매개변수에 지정할 수 있다. 앞의 예에서는 평가 API에 서로 다른 세 가지 이진화 임곗값인 0.25, 0.5, 0.75에 대해 성능 메트릭을 반환하도록 요청했지만 마찬가지로 다른 값 집합을 직접 선택할 수도 있다.

5. 다음에는 평가 API에서 반환된 결과를 조사할 것이다. 이 응답은 다음과 같다.

```
{
  "outlier_detection" : {
    "confusion_matrix" : {
      "0.25" : {
        "tp" : 0,
```

```
        "fp" : 15,
        "tn" : 429,
        "fn" : 239
      },
      "0.5" : {
        "tp" : 0,
        "fp" : 5,
        "tn" : 439,
        "fn" : 239
      },
      "0.75" : {
        "tp" : 0,
        "fp" : 1,
        "tn" : 443,
        "fn" : 239
      }
    },
    "precision" : {
      "0.25" : 0.0,
      "0.5" : 0.0,
      "0.75" : 0.0
    },
    "recall" : {
      "0.25" : 0.0,
      "0.5" : 0.0,
      "0.75" : 0.0
    }
  }
}
```

보다시피 평가 API는 각 메트릭이 REST API 호출에 지정된 각 임곗값에 대해 한 번씩 세 번 계산된 응답을 반환했다.

이 혼동 행렬confusion matrix에 있는 서로 다른 값은 이 특정 데이터세트와 관련해 아웃라이어 탐지 알고리듬이 제대로 수행되지 않았음을 나타낸다. 임곗값 중 어느 것도 참양성을 나타내지는 않는데, 이는 기본 설정으로는 아웃라이어를 탐지할 수 없다는 의미다. 다음 절에서는 더 나은 아웃라이어 탐지를 돕기 위해 **하이퍼파라미터**hyperparameter를 조정하는 방법을 살펴볼 것이다.

아웃라이어 탐지를 위한 하이퍼파라미터 조정

고급 사용자를 위해 **데이터 프레임 분석**Data Frame analytics 마법사는 아웃라이어 탐지 알고리듬의 작동 방식을 미세 조정하는 다양한 노브와 다이얼에 해당하는 **하이퍼파라미터**hyperparameter를 구성하고 조정할 수 있는 기회를 제공한다. 사용 가능한 하이퍼파라미터는 그림 10.17에서 볼 수 있다. 예를 들어 앙상블에서 계산에 사용되는 가장 인접한 이웃의 수에 대해 특정 값을 사용하기 위해 아웃라이어 탐지 작업이 앙상블 대신 특정 유형의 아웃라이어 탐지 방법만 사용하고 데이터의 특정 부분이 아웃라이어라고 가정하도록 지시할 수 있다.

이러한 설정을 사용해 실험하고 최종 결과에 어떤 영향을 주는지 알아보는 게 좋겠지만, 프로덕션 사용 사례에 대해 이러한 설정을 사용자 정의하려면 데이터의 특성을 주의 깊게 연구하고 이러한 특성이 선택한 하이퍼파라미터 설정과 어떻게 상호작용하는지 알고 있어야 한다. 각 하이퍼파라미터에 대한 자세한 내용은 이 링크(https://www.elastic.co/guide/en/elasticsearch/reference/current/put-dfanalytics.html)에서 확인할 수 있다.

여기서는 데이터세트에 약 30%의 악성 샘플이 포함돼 있음을 알고 있다. 그러므로 아웃라이어의 수도 이 값에 가깝다. 그림 10.17에서 보는 것처럼 Outlier fraction에 이 값을 구성하고 작업을 다시 실행할 수 있다.

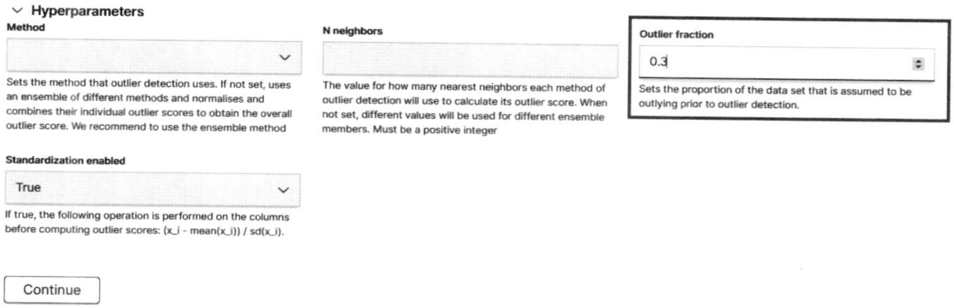

Hyperparameters
Method
Sets the method that outlier detection uses. If not set, uses an ensemble of different methods and normalises and combines their individual outlier scores to obtain the overall outlier score. We recommend to use the ensemble method
N neighbors
The value for how many nearest neighbors each method of outlier detection will use to calculate its outlier score. When not set, different values will be used for different ensemble members. Must be a positive integer
Outlier fraction
0.3
Sets the proportion of the data set that is assumed to be outlying prior to outlier detection.
Standardization enabled
True
If true, the following operation is performed on the columns before computing outlier scores: (x_i - mean(x_i)) / sd(x_i).
Continue

그림 10.17 데이터 프레임 분석 마법사를 통해 하이퍼파라미터를 조정해 아웃라이어 탐지 작업의 동작을 미세 조정할 수 있다.

새로운 이 하이퍼파라미터로 아웃라이어 탐지 작업을 다시 생성하고 그 결과를 그림 10.17에 있는 결과와 비교하자.

1. 평가 API로 아웃라이어 탐지 평가 절에서 첫 아웃라이어 탐지 작업 생성 시 설명한 단계에 따르되 그림 10.17에서 보는 것처럼 Hyperparameters 대화창 아래에 있는 Outlier fraction 설정만 조정하자.

2. 작업 실행이 완료되면, 새 결과 인덱스에 대해 평가 API 명령을 다시 실행할 수 있다. 조정된 하이퍼파라미터가 있는 작업 결과를 포함하는 대상 인덱스 이름으로 `breast-cancer-wisconsin-outlier-fraction`을 사용했다. 따라서 새 평가 API 호출은 다음과 같다.

```
POST _ml/data_frame/_evaluate
{
  "index": "breast-cancer-wisconsin-outlier-fraction",
  "evaluation": {
    "outlier_detection": {
      "actual_field": "Outlier",
```

```
      "predicted_probability_field": "ml.outlier_score",
      "metrics" : {
        "confusion_matrix" : {"at": [0.25, 0.5, 0.75]},
        "precision" : {"at": [0.25, 0.5, 0.75]},
        "recall" : {"at": [0.25, 0.5, 0.75]}
      }
    }
  }
}
```

3. 서로 다른 임곗값에 세 개에 대해 혼동 행렬이 얼마나 많이 변했는지 보자.

```
{
  "outlier_detection" : {
    "confusion_matrix" : {
      "0.25" : {
        "tp" : 239,
        "fp" : 210,
        "tn" : 234,
        "fn" : 0
      },
      "0.5" : {
        "tp" : 86,
        "fp" : 48,
        "tn" : 396,
        "fn" : 153
      },
      "0.75" : {
        "tp" : 0,
        "fp" : 13,
```

```
        "tn" : 431,
        "fn" : 239
      }
    },
    "precision" : {
      "0.25" : 0.532293986636971,
      "0.5" : 0.6417910447761194,
      "0.75" : 0.0
    },
    "recall" : {
      "0.25" : 1.0,
      "0.5" : 0.3598326359832636,
      "0.75" : 0.0
    }
  }
}
```

혼동 행렬의 값에서 알 수 있듯이 참양성true positive, 참 아웃라이어true outlier의 탐지 측면에서 약간 더 나은 결과가 나왔지만 거짓음성false negative 탐지 측면에서는 약간 나빠졌다.

이전의 아웃라이어 탐지 작업과 평가 API로 아웃라이어 탐지 평가 절에서 생성했던 아웃라이어 탐지 작업의 평가 메트릭을 비교하면 하이퍼파라미터 선택이 아웃라이어 탐지 작업의 결과에 상당한 영향을 미칠 수 있음을 알 수 있다. 그렇다면 적합한 하이퍼파라미터를 선택하려면 어떻게 해야 할까?

하이퍼파라미터를 선택할 때 깊게 들어가 볼 수 있는 많은 미묘하고 고급의 주제가 있으나, 여기서는 이 프로세스의 반복적인 특성을 기억하는 것이 좋다. 레이블이 지정된 데이터세트로 시작하면서 기본 설정을 사용하는 결과 품질을 시도하는 것이 좋다(즉, 데이터 프레임 분석 마법사의 **하이퍼파라미터** 대화 상자에 아무것도 조정하지 않는).

기본값은 일반적으로 다양한 데이터세트에서 합리적으로 선택되고 테스트된 것이다. 결과 품질이 만족스럽지 않으면 다양한 하이퍼파라미터 설정을 미세 조정 하는 계획을 세울 수 있다. 예를 들어 유방암 데이터세트에는 데이터의 약 30% 또는 0.3 정도의 아웃라이어가 포함돼 있어 이 설정을 조정해서 다소 나은 참양성true positive률을 달성할 수 있었음을 이전 경험에서 알았다.

요약

10장을 마치기 위해 일래스틱 스택의 두 번째 비지도 학습 기능인 아웃라이어 탐지의 주요 기능을 상기해보자. 아웃라이어 탐지는 비정상적인 데이터 포인트를 탐지하는 데 사용할 수 있다.

이 알고리듬은 4개의 개별 측정 앙상블을 기반으로 하는데, k번째 인접한 이웃을 기반으로 하는 거리 기반 측정 2개와 밀도 기반 측정 2개다. 이러한 측정값의 조합은 주어진 데이터 포인트가 인접 데이터 포인트와 데이터 세트의 일반적인 데이터 군집으로부터 얼마나 멀리 떨어져 있는지를 잡아낸다. 0에서 1 사이의 숫자 아웃라이어 점수로 이 비정상성을 잡아낸다. 주어진 데이터 포인트 점수가 1에 가까울수록 이 데이터 포인트는 데이터 세트에서 더 비정상적이 된다.

아웃라이어 점수 외에도 포인트의 각 피처나 필드에 대해 피처 영향력을 계산한다. 주어진 필드에 대한 피처 영향력이 높을수록 그 필드는 주어진 포인트를 비정상적으로 만드는 책임이 더 커진다. 이러한 피처 영향력 점수는 특정 아웃라이어 점수를 받은 이유를 이해하는 데 사용할 수 있다.

일래스틱 스택의 다른 비지도 학습 기능인 이상 탐지anomaly detection와 달리 아웃라이어 탐지는 데이터에 시간 컴포넌트가 꼭 필요하지는 않다. 또한 아웃라이어 탐지는 이상 탐지와 달리 어떤 데이터 포인트가 발생할 확률이 낮은지 이해하기 위한 확률 모델을 학습하지 않는다. 대신 거리와 밀도 기반 측정을 사용해 비정상성을 계산한다. 이러한 방법론의 차이로 인해 아웃라이어 탐지는 소스 인덱스에 새 데이터를 추가할 때 아웃라이어를 즉시 계산하고 업데이트하는 온라인 방식으로 작동할 수 없다. 대신 새 포인트에 대한 비정상성을 예측하려면 배치 모드로 전체 소스 인덱스에 대해 아웃라이어 탐지 계산을 다시 실행해야 한다.

11장에서는 비지도 학습 방법을 떠나서 분류classification부터 시작해 지도 학습의 흥미진진한 세계로 들어가 볼 것이다.

11

분류 분석

머신러닝 분야, 특히 머신러닝 알고리듬 유형을 이야기할 때 지도 학습, 비지도 학습, 강화 학습이라는 세 가지 분류의 알고리듬을 언급하는 경향이 있다. 세 번째 알고리듬은 이 책과 일래스틱 스택에서 사용 가능한 현재의 기능 범위를 벗어나지만, 두 번째 알고리듬은 아웃라이어 탐지에 대한 10장뿐만 아니라 이상 탐지에 대한 장 전체에서 살펴본 주제였다. 11장에서는 비로소 지도 학습의 세계에 발을 담그기 시작할 것이다. 일래스틱 스택은 분류classification와 회귀regression라는 두 가지 종류의 지도 학습을 제공한다. 11장에서는 분류를 이해하는 데 전념하고 12장에서는 회귀를 다룰 것이다.

지도 학습의 목표는 레이블이 지정된 데이터세트를 가져와 패턴을 추출하고, 데이터세트에서 얻은 지식을 모델이라 부르는 구조에 인코딩한 다음, 이렇게 훈련된 모델을 이용해 이전에 본 적이 없는 데이터 표본을 예측하는 것이다. 이는 분류와 회귀 모두에 공통적이다. 분류는 이산 레이블이나 분류를 예측하는 데 사용하는 반면, 회귀는 연속된 값에 대해 사용한다.

분류 문제는 모두 우리 주변에 있다. 환자 샘플을 살펴보는 조직 병리학자는 샘플 각각에 대해 악성 또는 양성으로 분류하는 임무를 맡고, 기계 부품을 살펴보는 조립 라인 작업자는 부품의 결함 여부를 분류하는 임무를 담당하며, 고객 이탈 데이터를 보고 있는 비즈니스 분석가는 고객이 서비스 등의 구독을 갱신하거나 취소 예측을 시도한다.

분류에 대해 학습하는 과정과 일래스틱 스택에서 작동하는 방식을 통해 여러 다른 주제와 긴밀하게 접촉하게 된다. 이러한 주제에는 피처 엔지니어링, 데이터세트를 훈련 및 테스트 세트로 분할, 분류기의 성능을 측정하는 방법 및 훈련 세트에 적용된 동일한 성능 메트릭이 훈련 세트와 테스트 세트가 다른 이유의 이해, 각 피처가 분류 레이블에 데이터 포인트에 할당된 모델에 어떻게 기여했는지 이해하기 위해 피처 중요도를 사용하는 방법 및 11장의 대부분에서 논의할 많은 내용을 포함한다.

11장에서는 다음 주제를 다룰 것이다.

- 분류: 데이터에서 훈련된 모델로
- 분류의 첫 걸음
- 분류의 내부 구조: 그래디언트 부스트 의사결정 트리
- 하이퍼파라미터
- 결과 해석

기술 요구 사항

11장의 자료는 일래스틱서치 7.9 이상의 버전이 필요하다. 예제는 일래스틱서치 7.10.1 버전을 사용해 테스트했지만, 7.9 버전 이후 모든 일래스틱서치에서 작동해야 한다. 11장의 예제를 실행하려면 플래티넘 라이선스가 필요하다. 특정 예제나 절에서는 이후 버전의

일래스틱서치가 필요하다면 본문에 이를 언급할 것이다.

분류: 데이터에서 훈련된 모델로

소스 데이터세트에서 분류 모델 학습 과정은 여러 단계를 포함하는 작업이다. 이 절에서 레이블이 지정된 훈련 데이터세트(그림 11.1 A 부분)로 시작하는 전체 프로세스의 조감도(그림 11.1 참조)를 살펴볼 것이다.

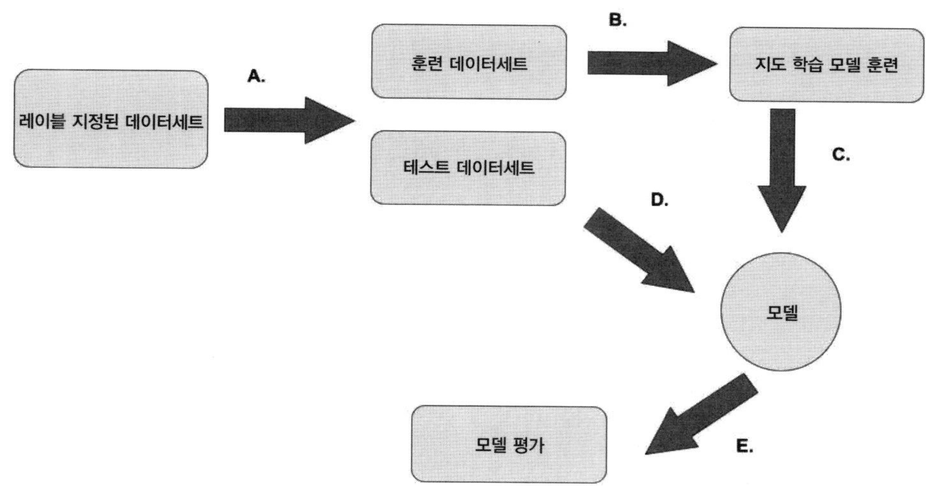

그림 11.1 레이블이 지정된 데이터 세트를 사용하고 훈련된 모델을 출력하는 지도 학습 프로세스의 개요

이 훈련 데이터세트는 일반적으로 훈련 알고리듬에 공급할 훈련 부분으로 분할된다(그림 11.1 B 부분). 훈련 알고리듬의 출력은 훈련된 모델이다(그림 11.1 C 부분). 그런 다음 훈련된 모델을 사용해 원래의 전체 데이터세트와 별도로 설정한 테스트 데이터세트(그림 11.1 D 부분)를 분류한다. 테스트 데이터세트에 대한 모델의 성능은 이전에 본적 없는 표본에 대해 충분히 일반화됐는지 여부를 결정하는데 사용할 수 있는 평가 메트릭 세트를 일련의 평가로 얻을 수 있다.

이러한 각 단계는 11장에서 제공하는 실제 연습에서 더욱 명확해질 것이다. 실제 예제를 머신러닝의 보다 이론적인 측면과 관련시키기 위해 지도 학습이 무엇인지에 대한 개념적 이해도 제시할 것이다. 이는 '피처란 무엇이고 분류기의 성능에 어떤 영향을 미치는가?'라는 피처 엔지니어링에 대한 논의로 이어질 것이다. 마지막으로, 분류기의 성능을 평가하는 방법과 데이터를 훈련 세트와 테스트 세트로 분할하는 것이 서로 다른 두 종류의 성능을 측정하는 데 어떻게 도움되는지 살펴볼 것이다.

데이터에서 분류 모델 학습

머신러닝 커뮤니티에서 일반적인 격언은 머신러닝 분류기가 데이터에서 학습하는 소프트웨어 부산물artifact이라는 것이다. 소프트웨어 부산물을 데이터에서 학습한다는 것은 정확히 무엇을 의미할까? 모델이 점점 더 많은 데이터를 보거나 경험함에 따라 분류(분류 모델의 경우)가 점점 더 좋아질 때 학습이 일어난다는 것이다. 그러나 머신러닝 모델은 결국 생명체가 아니므로 모델이 데이터에서 학습한다고 말할 때 정확히 무엇을 의미할까?

이 질문에 대한 답이 **결정 경계**decision boundary를 중요한 개념으로 우리를 이끌 것이다. 다양한 품종의 호박에 대한 측정값을 포함하는 데이터세트가 있고, 호박의 무게와 둘레 길이를 바탕으로 호박 품종을 분류하기 위한 이 분류 모델을 학습시키는 것이 목표라고 가정하자.

호박 데이터세트를 2차원으로 그려보면 그림 11.2와 같이 보일 것이다.

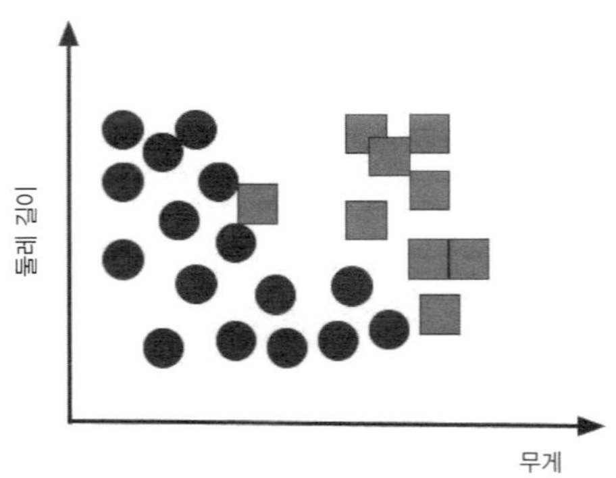

그림 11.2 원과 사각형으로 표시한 두 가지 서로 다른 유형의 호박에서 둘레와 무게 측정을 묘사하는 가상의 2차원 데이터세트

무게는 가로축에 둘레 길이는 세로축에 있다. 어떤 데이터 포인트를 원으로 표시하면, 이는 첫 번째 호박 품종이 된다. 사각형으로 표시하면 다른 호박 품종이 된다. 잠시 시간을 내어 그림 11.2의 사각형과 원의 분포를 살펴보고 간단한 규칙을 만들어야 한다고 상상해보자. 사각형 호박 품종과 원형 호박 품종을 구별하고 다른 사람이 나중에 이 그림을 이용해 두 가지 품종 중 방금 측정한 새 호박이 어디에 속할 것인지 결정할 수 있도록 이 간단한 규칙을 기록한다.

이 작업을 수행하는 매우 간단한 방법은 앞에 있는 2차원 표현을 검사하고 펜으로 그리는 것이다. 예를 들어 그림 11.3에서처럼 사각형 품종과 원형 품종을 대략적으로 구분하는 선을 그린다.

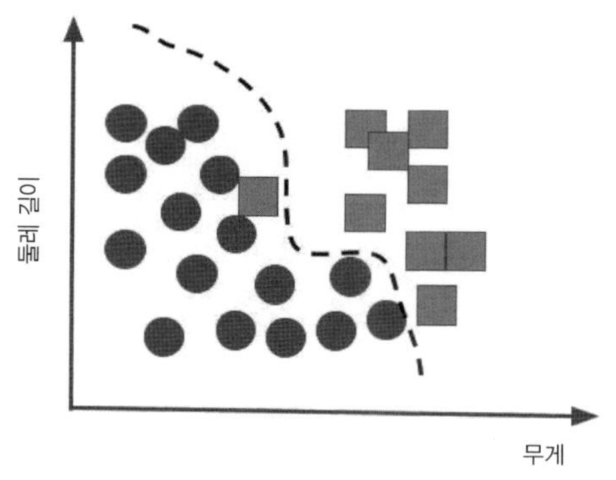

그림 11.3 결정 경계는 2차원 공간에서 데이터 포인트로 표현되는 두 종류의 호박을 서로 분리한다.

몇 가지 데이터 포인트가 잘못된 선에 놓이게 되지만 이는 분류기를 설계하는 데 있어 불가피한 특성일 뿐이며, 완벽하게 구분하는 분류는 거의 없다! 즉, 한 분류의 구성원을 다른 분류와 구분하는 선 또는 초차원 평면hyperdimensional plane(여러 변수가 있는 데이터세트에서 작업하는 경우)이다. 이제 새로 측정된 호박을 분류하려는 사람은 다이어그램을 선택하고 다이어그램에 자신의 호박 측정을 표시해 그림 11.4처럼 데이터 포인트가 결정 경계의 어느 쪽에 속하는지 확인할 수 있다.

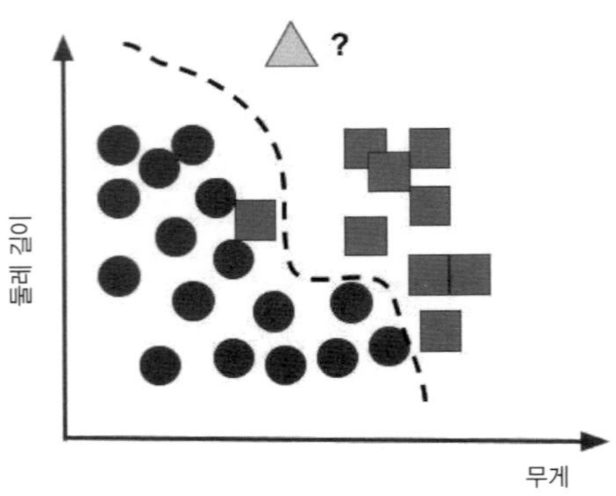

그림 11.4 삼각형으로 표시한 새로운 데이터 포인트는 결정 경계의 오른쪽에 있으므로 사각형 품종의 일부일 가능성이 높다.

이는 분류 알고리듬이 취하는 개념적인 과정에 가깝다. 일련의 훈련 데이터(원래의 호박 측정값과 측정된 호박이 속한 품종)를 가져온 다음 다양한 테스트와 변환을 적용해 결정 경계를 학습한다. 훈련 데이터로부터 학습하는 이 과정을 **훈련**이라고 부르며, 분류 알고리듬뿐만 아니라 회귀 알고리듬에도 다음처럼 잘 적용된다 이 경계는 **훈련된 모델**에서 인코딩된 다음 이전에 보지 못한 미래의 데이터 포인트를 예측하는 데 사용할 수 있다.

앞의 가상의 예제에서 주목해야 할 한 가지는 우리가 운이 꽤 좋았다는 것이다. 호박 무게 대 호박 둘레 길이 데이터의 2차원 플롯이 불완전하지만 대부분의 데이터 포인트에 대해 좋은 결과를 제공하는 결정 경계를 쉽게 그릴 수 있는 그림이 나왔다. 하지만 현실 세계에서 머신러닝 분석에 적합한 데이터세트는 거의 없으며 데이터 포인트를 나타내기 위해 선택한 속성은 데이터 세트가 얼마나 분리 가능한지 분류 모델이 데이터 세트에서 얼마나 잘 수행되는지 큰 영향을 미칠 수 있다.

호박의 무게와 둘레 길이 **피처**를 사용하는 대신 호박에서 발견된 화합물 X의 비율과 성장하는 동안 물을 주기 위해 사용된 물의 양을 선택했다고 가정하자. 이 경우 이러한 피처를 사용하는 데이터 포인트의 2차원 플롯(그림 11.5 참조)은 어떤 종류의 결정 경계를 그리는 것도 쉽지 않다.

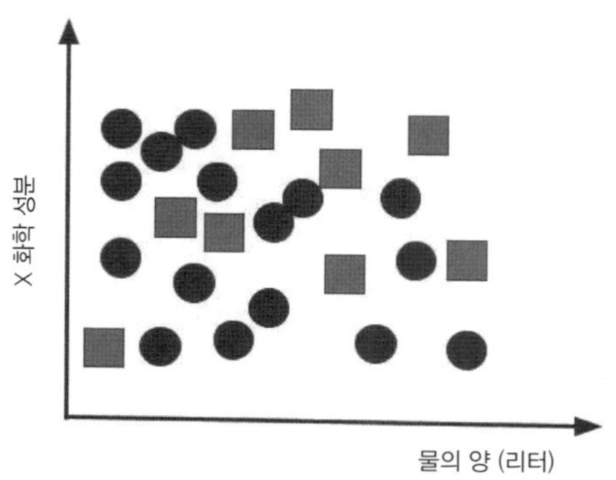

그림 11.5 이러한 피처는 두 분류를 의미 있게 구분하지 못한다.

다음 절에서 볼 **피처 엔지니어링**feature engineering은 그 자체로 큰 주제이고, 주요한 사전 처리 단계이며, 일래스틱 스택 내부든 외부든 머신러닝 프로젝트를 시작할 때 고려해야 한다.

피처 엔지니어링

이전 절에서 가상의 호박 데이터세트를 사용하는 데이터로부터 학습하는 분류기의 산출물인 결정 경계에 대한 개념을 설명했다. 다음 주제인 보다 현실적인 예제인 멀웨어 분류를 사용해 분류에 적합하도록 피처를 선택하고 조작하는 과정을 살펴볼 것이다. 매일 수백만 개의 새로운 멀웨어 변종이 나타나기 때문에 기존 규칙 기반 접근 방식으로는 악성 바이너리와 양성 바이너리를 분류하고 그 효과를 유지하기 어렵다. 융통성 없는 규칙으로 잡아낼 수 없는 방대한 양의 데이터와 다양한 입력을 처리하기 때문에 머신러닝은 이에 대한 완벽한 솔루션을 제공한다. 머신러닝 알고리듬이 데이터를 이해할 수 있으려면 훈련 데이터(여기서는 악성과 양성 바이너리)를 정확히 어떻게 전처리해야 할까? 이 질문과 답은 피처 엔지니어링으로 알려진 머신러닝의 하위 분야로 우리를 안내한다.

피처 엔지니어링 프로세스에는 해당 문제에 대해 도메인 전문가가 갖고 있는 지식을 학습 데이터에 적용하는 작업이 포함된다. 예를 들어 멀웨어 분석가는 일반 바이너리 문자열이 악성 바이너리 문자열보다 일반적으로 길다고 말할 수 있으며, 이는 둘을 구별하는 데 유용한 피처가 될 수 있다. 그런 다음 피처 엔지니어링 프로세스의 일부로 훈련 데이터의 각 바이너리에서 평균 문자열 길이를 계산하고 이를 피처로 사용하는 방법을 개발할 것이다.

문제에 대한 도메인 전문가가 가진 지식과 최신 결과를 달성하기 위해 사용한 피처를 이해하는 데 시간을 할애하는 것이 좋다. 앞의 가상 호박 예제에서 봤듯이 이는 피처 선택에 따라 모델이 두 분류의 구별되는 피처를 학습할 수 있는지 여부가 결정되기 때문에 중요하다. 예를 들어 바이너리 크기(바이트)와 바이너리 이름 문자 a를 피처로 사용하도록 멀웨어 분류 모델을 훈련했다고 가정하자. 악성 바이너리와 양성 바이너리가 모두 비슷한 크기의 바이트를 나타내고 둘 다 이름에 a 문자를 포함하고 있는 것으로 판명되면 결과 분류기는 악성 바이너리를 양성 바이너리와 구별할 때 아무런 차이가 없는 피처를 보기 때문에 쓸모가 없다.

피처 엔지니어링은 종종 반복을 포함한다. 어떤 피처가 좋은 결과를 얻을 수 있는지 추정하는 것으로 시작하고, 모델을 훈련하고, 테스트 세트에서 평가한 다음 원하는 결과의 품질에 도달할 때까지 피처를 점진적으로 추가, 축소, 조작하는 작업을 반복해야 한다. 11장 뒷부분에서 모델의 성능을 정확하게 측정하는 방법과 일래스틱 스택에서 머신러닝을 사용해 이를 달성하는 방법을 살펴볼 것이다.

모델 평가

분류 소개 절에서 다룰 마지막 주제는 평가다. 모델이 잘 수행됐는지 어떻게 아는가? 모델 성능을 정량화하는 다양한 방법이 있고 11장의 후반부에서 이러한 기술과 그 의미를 자세히 살펴볼 것이다. 모델 성능 측정과 관련된 중요한 개념은 성능을 측정할 데이터가 어떤 데이터인가이다.

모델이 얼마나 잘 작동하는지 측정하려면 레이블이 지정된 데이터세트에 대해 예측을 수행하는 모델을 사용해야 하므로, 이 모델이 예측한 클래스 레이블을 정답 레이블과 비교해서 이 모델이 얼마나 틀렸는지 계산할 수 있다. 이러한 데이터세트 중 하나는 훈련 데이터이지만 이 모델의 성능을 평가하기 위해 사용한다면 기본적으로 이 모델은 훈련할 때와 같은 결과를 보여줄 것이다. 이렇게 하면 **훈련 오차**training error의 평가 결과가 좋아지겠지만 이전에 본 적이 없는 데이터를 예측하기 위해 모델이 얼마나 잘 일반화가 됐는지 알 수가 없다.

이전에 본 적이 없는 데이터에 대한 모델의 성능을 평가하려면 훈련 데이터의 일부를 따로 보관해야 한다. **테스트 데이터세트**로 부르는 이 데이터세트는 모델의 학습에 사용하지 않는다. 그 대신 훈련 과정이 완료된 후 테스트 데이터세트를 모델에 사용해 예측을 수행하고 얼마나 많은 데이터 포인트가 테스트 데이터세트에서 잘못 분류됐는지 확인한다. 이 측정은 이전에 본 적이 없는 데이터 포인트의 예측을 수행하기 위해 모델이 얼마나 일반화가 잘 됐는지에 대한 아이디어를 준다. 이렇듯 데이터세트에 대해 예측할 때 모델이 만드는 실수를 **일반화 오차**generalization error라고 한다.

정확도accuracy, **정밀도**precision, **재현율**recall과 같은 몇 가지 측정 항목(일부는 10장, '아웃라이어 탐지'에서 봤다)을 사용해 이러한 오차를 측정할 것이다. 기본 개념을 빠르게 상기하려면 10장에 있는 평가Evaluate API로 아웃라이어 평가 절을 참조한다.

위에서 탐구한 각각의 아이디어에 대해 이후 장에서 더 자세히 논의하겠지만 지금은 이러한 개념이 실제로 어떻게 작용하는지 살펴볼 것이다. 위스콘신 유방암 공개 데이터세트를 사용해 샘플 분류 데이터 프레임 분석 작업을 생성할 것이다.

분류의 첫 걸음

이 절에서는 위스콘신 유방암 공개 데이터세트를 사용해 샘플 분류 작업을 생성할 것이다. 원본 데이터세트는 이 링크(https://archive.ics.uci.edu/ml/datasets/breast+cancer+wisconsin+(original))를 참조한다.

이 연습에서는 분류 작업을 생성하는 기본 사항에 집중하기 위해 데이터 클리닝cleaning 작업(머신러닝 프로젝트 수명 주기에 있어 중요한 단계지만 이 책에서 논의할 여유가 없다)을 제거한 다소 정리된 데이터세트 버전을 사용할 것이다.

1. 이 책의 깃허브 저장소 Chapter11 폴더(https://github.com/PacktPublishing/Machine-Learning-with-Elastic-Stack-Second-Edition/tree/main/Chapter11)에 있는 정리된 데이터세트 파일인 breast-cancer-wisconsin-outlier.csv를 다운로드하고 로컬 컴퓨터에 저장한다. 키바나 인스턴스의 왼쪽 메뉴에서 머신러닝Machine Learning 앱으로 이동하고 **데이터 비주얼라이저**Data Visualizer 탭을 클릭한다. **파일 업로더**File Uploader로 넘어가서 **파일 업로드**Upload file를 클릭하고 다운로드한 CSV 파일을 선택한다.

업로드가 성공하면(**디스커버**Discover 아래에서 인덱스 패턴을 확인하고 몇 가지 도큐먼트를 간단히 탐색해 모든 데이터세트가 올바른지 확인한다) **머신러닝**Machine Learning 앱으로 되돌아가 **데이터 비주얼라이저**Data Visualizer 탭을 선택하는 대신 **데이터 프레임 분석**Data Frame Analytics을 선택하면 그림 11.6처럼 표시돼야 한다.

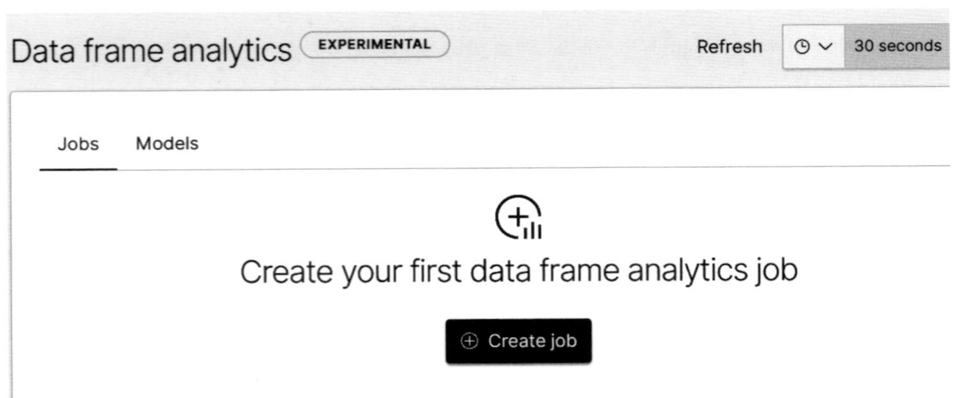

그림 11.6 이 데이터 프레임 분석 작업 개요는 현재 비어 있다.

2. **작업 만들기**Create job 버튼을 클릭하면 9장, '데이터 프레임 분석 소개'에서 소개했던 **변환**Transforms 마법사와 다소 유사한 **데이터 프레임 분석**Data frame analytics 마법사로 이동해 분류, 회귀, 아웃라이어 탐지 작업을 쉽게 만들 수 있다. 여기서는 그림 11.7의 드롭다운에서 분류를 선택한다.

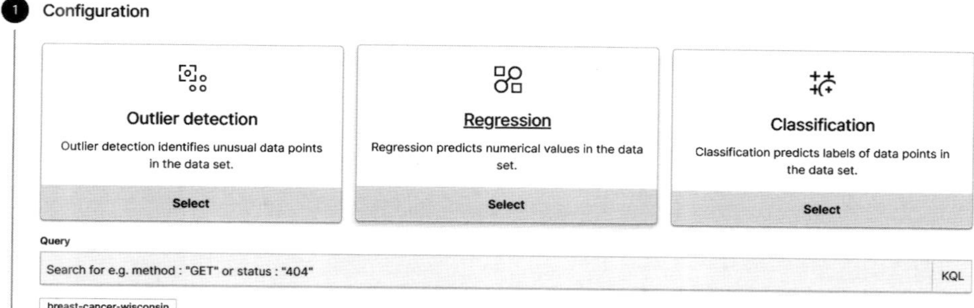

그림 11.7 데이터 프레임 분석 마법사는 세 가지 작업 유형 생성을 지원한다. 여기서는 분류를 선택한다.

3. 다음은 종속변수 선택에 대해 알아볼 것이다. 이전 논의를 상기시켜 본다면 분류의 목표는 이전에 본 적이 없는 데이터 포인트가 속한 주어진 분류class를 예측하는 방법을 학습하는 것이다. 이 분류를 나타내는 변수를 **종속변수**dependent variable라고 하는데, 이 종속변수는 분류기가 다른 데이터 포인트에서 만드는 일반화에 의존한다. 이를 위해 먼저 분류기는 훈련 데이터에서 학습해야 하므로 마법사에게 클래스 레이블이 포함된 변수를 알려야 한다. 이 데이터세트에서 분류 레이블은 `Class` 변수에 저장되므로 드롭다운에서 선택한다.

   선택하면 마법사가 포함included과 제외excluded 필드 목록을 표시할 것이다. 여기를 주목하자. **종속변수의 프록시 역할**을 할 수 있는 데이터세트에 기존 필드가 있는 경우 데이터세트에서 실제로 학습하는 대신 프록시 필드 값을 확인하는 것으로 기본 설정되는 분류기를 얻을 가능성이 높다.

   이것이 구체적으로 어떤 의미인지 보자. 이 경우, 악성 샘플이 먼저 나오고 양성 샘플이 뒤에 나오는 방식으로 구성돼 있는 암 샘플을 가정하자. 이는 샘플 번호가 사실상 `Class`에 대한 프록시가 될 것이라는 의미가 된다. 샘플 수가 30개 미만이면 악성을 예측하게 되고 그렇지 않은 경우 양성을 예측하게 된다. 따라서 사전에 자신의 데이터를 검토하고 종속변수를 예측하는 데 도움이 되는 의미 있는 정보를 전달할 것으로 예상되지 않는 모든 변수를 제거하는 것이 좋다.

   샘플 번호를 나타내는 변수가 이러한 프록시 부산물을 전달하지 않더라도 종속

변수를 추론하는 데 도움될 의미 있는 정보를 많이 전달할 것으로 기대하지 않으며, 따라서 작업의 메모리 공간을 차지하게 할 뿐 시작부터 제거하는 게 좋다. 그림 11.8에서 보는 것처럼 체크박스 선택을 취소해 `Sample_code_number` 변수를 작업에서 제외했다.

	Field name	Mapping	Is included	Is required	Reason
☑	Clump_Thickness	long	Yes	No	
☑	Uniformity_of_Cell_Size	long	Yes	No	
☑	Bare_Nuclei	long	Yes	No	
☑	Bland_Chromatin	long	Yes	No	
☑	Class	long	Yes	Yes	
☑	Marginal_Adhesion	long	Yes	No	
☑	Mitoses	long	Yes	No	
☑	Normal_Nucleoli	long	Yes	No	
☑	Outlier	long	Yes	No	
☐	Sample_code_number	long	Yes	No	

Rows per page: 10 ∨ 〈 1 2 〉

그림 11.8 프록시 효과 도입을 피하기 위해 분류 작업에서 Sample_code_number 필드를 제거한다.

4. 구성의 다음 부분인 **훈련 비율**Training percentage을 선택하는 뷰로 이동할 준비가 됐다. 이 절의 시작 부분에서 분류기의 성능이 상위 데이터세트에서 파생된 두 개의 개별 데이터 세트인 훈련과 테스트 데이터세트에서 어떻게 평가될 수 있는지에 대한 논의를 상기하자. 일래스틱서치 내에서 이 분할을 수동으로 만드는 것은 특히 대규모 데이터세트를 다뤄야 할 때 번거로울 수 있다. 이를 쉽게 하기 위해 데이터 프레임 분석Data Frame Analytics 작업 마법사에는 모델의 학습을 위해 확보하려는 데이터세트의 양과 모델의 테스트를 위해 확보하려는 데이터세트의 양을 설정할 수 있는 옵션이 있다. 이러한 수량은 그림 11.9에 표시된 슬라이더를 사용해 마법사에서 설정한다.

Training percent

1 —— 60 —— 100

Defines the percentage of eligible documents that will be used for training.

Continue

그림 11.9 훈련 비율 슬라이더

훈련 비율은 어떻게 결정해야 할까? 머신러닝 프로그램을 구축하는 여러 단계와 마찬가지로 이에 대한 대답은 데이터세트의 크기와 훈련 데이터세트 또는 테스트 데이터세트 중 어느 데이터세트의 성능에 대한 정확한 추정치를 얻는 데 더 관심이 있는지 여부에 따라 크게 달라진다. 이 두 성능 측정의 차이점에 대해서는 나중에 더 자세히 논의하겠지만, 지금은 테스트 데이터세트에 대한 모델의 성능이 모델을 적용하기 시작하면 모델이 얼마나 잘 수행될지에 대한 추정치를 제공한다고 말하는 것으로 충분하다. 이전에는 볼 수 없었던 예이므로 대부분의 경우 모델을 프로덕션에 배포한 후 모델이 얼마나 잘 수행될지 추정하기 위해 데이터의 일부를 할애하는 데 확실히 비용이 든다.

다른 측면은 데이터세트의 크기다. 일반적으로 데이터세트에 100,000개 이상의 도큐먼트가 포함된 경우 10% 또는 15% 정도의 더 작은 훈련 비율로 시작한 다음 결과의 품질에 따라 반복한다.

이 경우, 전체 데이터세트에 700개 미만의 도큐먼트가 포함돼 있으므로 훈련 비율을 60%로 설정한다.

5. 훈련 비율을 선택한 다음 그림 11.10에서 보는 것처럼 마법사는 **추가 옵션**Additional options으로 이동하도록 안내한다.

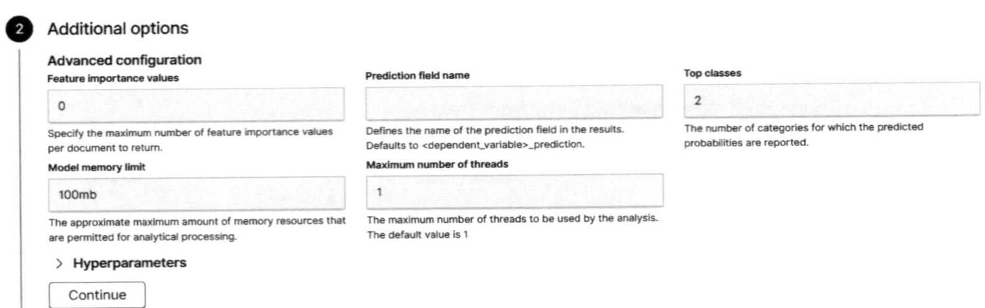

그림 11.10 분류 데이터 프레임 분석 작업을 위한 추가 옵션

6. 마지막으로 **계속**Continue을 클릭한 다음 작업 ID를 설정하고 나머지는 모두 기본값으로 둔다. **즉시 시작**Start immediately을 선택하고 **생성**Create 버튼을 클릭해서 이 작업을 생성하고 시작한다.

   데이터 프레임 분석 Data frame analytics 메인 페이지로 돌아간다. 그림 11.11처럼 작업 관리 패널에 방금 생성한 작업이 표시돼야 한다.

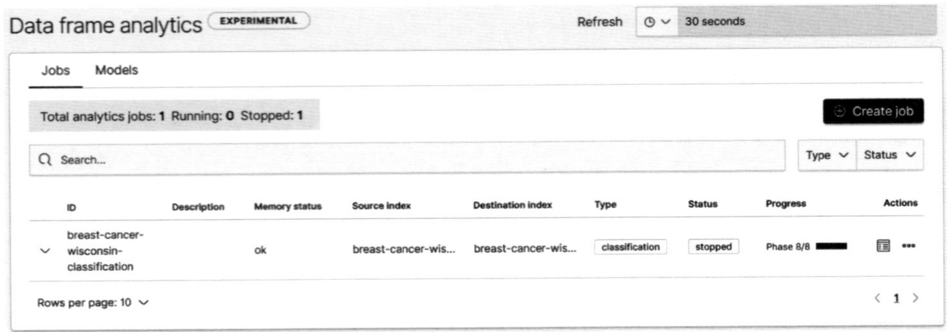

그림 11.11 이 데이터 프레임 분석 작업 개요에서는 현재 데이터 프레임 분석 작업의 요약을 보여준다.

이 작업 상태가 **중지됨**stopped으로 그리고 **진행**Progress 바 표시가 작업의 모든 단계가 완료됐다는 것을 표시하면, 결과로 이동하기 위해 **액션**Actions 메뉴의 **보기**View를 클릭한다.

7. 결과 페이지는 데이터세트에 대해 훈련한 분류기가 수행된 방식을 이해하는 데 중요한 많은 정보를 표시한다. 샘플 결과 페이지는 그림 11.12에 나와 있다.

   이 그림에서 보는 것처럼 오른쪽 상단 모서리에 있는 **테스트**Testing와 **훈련**Training 버튼에 주목한다. 이 토글 버튼은 메트릭, 시각화, 테이블에 대해 어떤 데이터세트 부분을 계산할 것인지를 제어한다. 결과 보기가 처음 로드되면 훈련 데이터세트와 테스트 데이터세트가 모두 포함된 전체 데이터세트에 대해 이러한 메트릭이 계산된다.

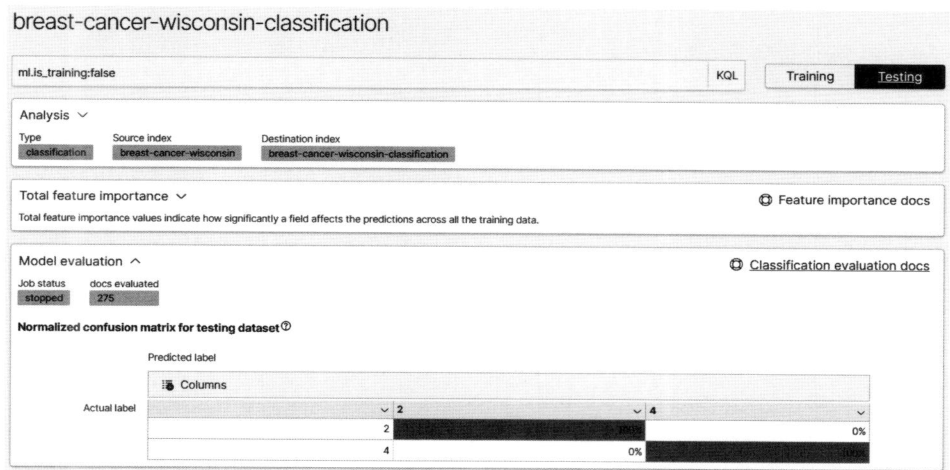

그림 11.12 분류 작업의 결과 페이지는 혼동 행렬을 표시한다.

테스트Testing 데이터 결과를 보기 위해 이 표시를 토글하고 혼동 행렬confusion matrix을 확인한다. 이 연습의 목표는 주어진 세포 조직 샘플이 악성인지 양성인지 예측하는 방법을 배우기 위한 것임을 기억하자. 이들은 악성의 경우 4등급, 양성의 경우 2등급으로 표시된다. 이는 각 샘플에 대한 정답 레이블이 포함된 데이터세트이므로 결과 인덱스의 각 샘플은 **실제 클래스 레이블**Actual label과 **예측 클래스 레이블**Predicted label의 두 가지 클래스 레이블이 있다.

혼동 행렬은 실제 클래스 레이블(그림 11.12에서 혼동 행렬의 왼쪽에 표시)이 예측한 클래스 레이블(이 행렬을 수평으로 가로질러 표시)과 일치하는 경우의 수와 불일치하는 경우의 수를 요약한다.

10장, '아웃라이어 탐지'를 다시 상기해보면 혼동 행렬을 자세히 조사하면서 행렬의 양을 나타내는 어휘를 얻었다. 실제 클래스 레이블이 예측한 레이블과 일치하는 경우를 참양성true positive 및 참음성true negative이라고 하고, 불일치가 있는 경우를 거짓양성false positive 및 거짓음성false negative이라고 한다.

그림 11.12에 있는 혼동 행렬을 보며 뭔가 이상한 일이 발생하는지 본다. 여기는 거짓양성도 거짓음성도 없다. 대신 분류기가 테스트 데이터세트를 완벽하게 수행한 것으로 보인다.

이 시점에서 성공을 축하하기보다는 결과에 회의적으로 접근해야 한다. 참true이 되기에 어떤 결과는 너무 좋은데, 잠시 후 알아보겠지만 여기서는 확실히 그렇다. 테스트 세트에서 완벽한 결과를 얻은 경우(이는 분류 모델이 훈련 중에 볼 수 없었던 데이터 포인트이며 따라서 사전에 완벽하게 분류하는 방법을 배우는 것이 불가능했을 것이다) 일반적으로 종속변수에 대한 프록시 역할을 하는 데이터세트의 피처이므로 분류기가 게으르거나[1] 단순히 기본적으로 할당할 클래스를 결정할 때 프록시 값을 확인하는 기본 설정이 범인이다.

이 경우, 작업 세부 정보를 살펴보고 어떤 값이 포함됐는지 확인해 진행 상황에 대한 단서를 제공할 수 있다. 데이터 프레임 분석Data Frame Analytics 작업 관리 페이지로 돌아가서 왼쪽의 작업 이름 근처에 있는 아래쪽 화살표를 클릭한다. 그림 11.13처럼 표시되는 패널에서 JSON 탭으로 이동한다.

1 lazy, 즉, 능동적으로 일반화된 모델을 만들지 않은 경우

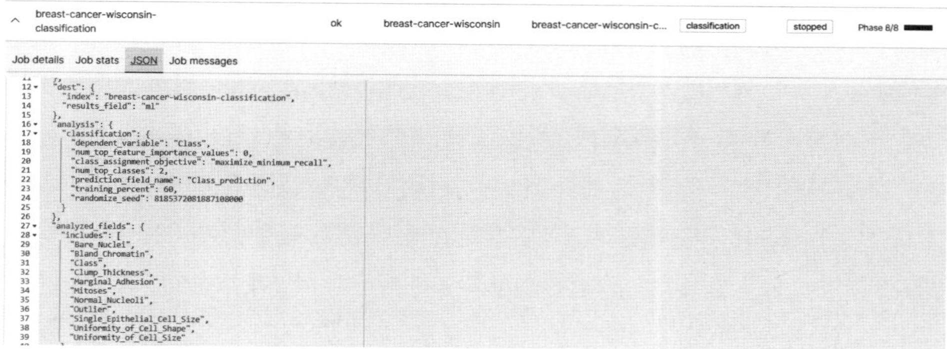

그림 11.13 분류 작업의 JSON 구성

8. analyzed_fields 값을 자세히 살펴보면 Outlier라는 필드가 있음을 알 수 있다. 이 작업이 완료되면 테스트 데이터세트의 새 결과는 그림 11.14와 같다.

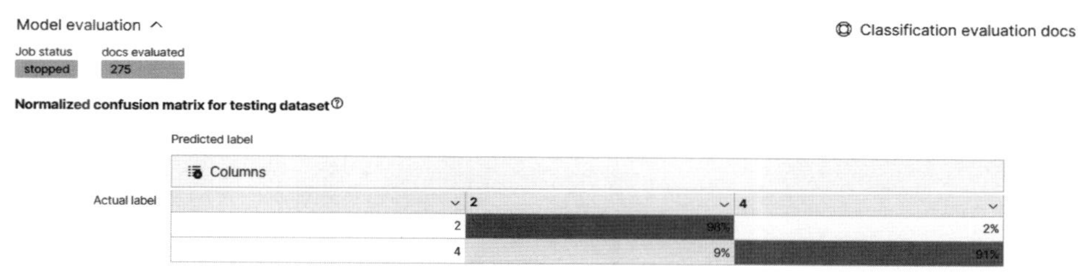

그림 11.14 혼동 행렬은 Outlier 변수를 제외한 후 분류 작업 결과를 표시한다.

그림 11.14의 결과처럼 Sample_code_number 변수와 함께 Outlier 변수를 제외하면 완벽했던 이전의 분류 점수에 비해 더 현실적인 98%의 참양성 비율과 일부 거짓양성 및 거짓음성이 나왔다.

더 진행하기 전에 분류 문제에 대해 더 자세히 알아보려면 분류 모델을 훈련할 때 일래스틱 머신러닝 스택의 내부에 있는 내용을 정확히 이해하는 것이 좋다. 이는 다음 절인 '의사결정 트리의 내부 작동 이해하기'에서 다룰 것이다.

분류의 내부 구조: 그래디언트 부스트 의사결정 트리

이전에 보지 못한 데이터 포인트를 가져와 여러 가지의 가능한 클래스 중에서 어느 클래스에 속하는지 추론하는 문제를 해결하는 것이 분류 작업의 궁극적인 목표다. 대표적인 수의 데이터 포인트를 포함하는 레이블이 지정된 훈련 데이터세트를 가져오고 결정 경계를 학습할 수 있도록 하는 관련 피처를 추출한 다음 이 결정 경계에 대한 지식을 분류 모델로 인코딩해 이를 달성한다. 모델은 이를 수행하기 위해 어떻게 학습할까? 이는 이 절에서 대답할 질문이다.

이 책 전반에 걸쳐 인간이 습관에 따라 일련의 복잡한 결정을 탐색하는 데 사용하는 도구를 개념적으로 탐구하는 것으로 시작해보자. 복잡할 수 있는 여러 요인이 관련돼 있을 때 의사결정을 돕기 위해 많은 사람들이 이전에 사용한 친숙한 도구는 순서도flowchart다. 그림 11.15는 그날의 날씨 조건을 고려해 어떤 유형의 재킷을 입을지 결정할 수 있도록 구성한 샘플 순서도를 보여준다.

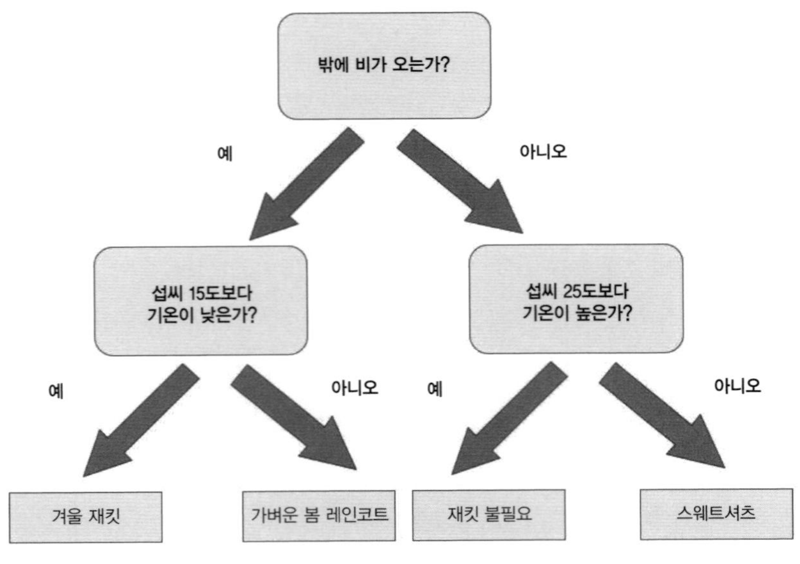

그림 11.15 기본 순서도

각 단계에서 순서도는 질문(예를 들어 날씨가 얼마나 따뜻한지, 추운지, 밖에 비가 오는지 여부)을 묻고 답변에 따라 순서도의 다른 부분과 새로운 질문 세트로 이동한다. 결국 순서도의 질문에 답하고 흐름을 따르면 의사결정decision 또는 분류 레이블에 도달한다.

일래스틱 스택에서 훈련 프로세스의 일부로 생성된 모델은 개념적으로 매우 유사한 작업을 수행한다. 머신러닝 분야에서 알고리듬은 의사결정 트리로 알려져 있다. 일래스틱 ML 스택에 사용된 버전은 여기에서 설명한 것보다 훨씬 더 복잡하긴 해도 기본 개념은 적용된다.

의사결정 트리에 대해 자세히 살펴보자.

의사결정 트리 소개

의사결정 트리는 어떻게 구축할까? 특정 피처와 특정 임곗값을 사용해 데이터세트를 두 그룹으로 분할하는 것으로 시작한다. 이 피처와 임곗값을 결정하는 방법은 사용 가능한 모든 피처(또는 일래스틱서치 용어를 사용하는 경우 필드)를 살펴본 다음 가장 순수한 분할을 생성하는 하나의 피처 임곗값 쌍을 찾는 것이다. 가장 순수한 분할이란 무엇을 의미할까? 노드 순도node purity의 개념과 이것이 의사결정 트리의 구조에 미치는 영향과 이전에 보지 못한 새로운 데이터 포인트를 분류하기 위한 의사결정 트리 사용법을 이해하려면 한걸음 뒤로 물러나서 전체 그림을 살펴봐야 한다.

아마도 기억하겠지만 본질적으로 알려지지 않은 새로운 데이터 포인트를 분류해야 할 때 의사결정 순서도를 설계하는 것이 우리의 목표다. 순서도에서 분류를 결정하는 방법은 트리를 순회하며 마지막 노드를 보는 것이다. 의사결정 트리에서 이 마지막 노드를 리프 노드leaf node라고 부르며, 특정 피처와 특정 임곗값을 사용해 수행된 연속적인 분할의 결과로 끝나는 훈련 데이터의 모든 데이터 포인트로 구성된다. 분류 절차는 일반적으로 불완전하기 때문에 단말 리프terminal leaf에는 한 클래스에만 속하는 데이터 포인트가 포함되지 않고 그 대신 혼합될 수밖에 없다. 이 혼합의 양은 다양한 측정으로 정량화할 수 있으며 노드 순도 또는 리프 순도라고 한다. 한 분류의 데이터 포인트만 포함하는 리프 또는 노드가 가장 순수한 것이다.

의사결정 트리에서 순수 노드가 있다는 것은 “순서도”의 단말 노드에 도달하면 현재 분류하려는 데이터 포인트가 단말 노드에 있던 기존 데이터 포인트와 동일한 클래스에 속한다고 상당히 확신할 수 있다는 의미다.

실제로 순수 노드에 대한 최적화는 의사결정 트리에서 너무 많은 분할로 이어질 수 있으므로(결국 단순히 데이터 포인트 수만큼 리프 노드를 생성해 이 메트릭을 측정할 수 있는데, 이런 식으로 각 리프는 하나의 클래스에 정확히 하나의 데이터 포인트를 포함하므로 완벽한 순도를 갖는다), 리프 노드는 항상 혼합될 것이다.

주어진 분류에 속하는 리프 노드의 데이터 포인트 비율을 계산하면 분류하려는 데이터 포인트가 해당 분류에 속할 확률을 추정할 수 있다. 예를 들어 데이터 포인트를 A 분류와 B 분류로 분류하는 의사결정 트리가 있다고 가정하자. 단말 노드 중 하나에는 A 분류의 표본 80개와 B 분류의 표본 20개가 있다면, 노드에서 A 분류일 확률은 0.8이다.

이는 물론 내부에서 실제로 일어나는 일을 단순화한 표현이지만, 의사결정 트리가 작동하는 방식에 대한 개념적 이해가 제공됐기를 희망한다.

그래디언트 부스트 의사결정 트리

보통 단일 의사결정 트리 자체가 강력한 분류기를 만들지는 않을 것이다. 그렇기 때문에 수년 동안 데이터 과학자와 머신러닝 실무자들은 트리 기반 분류기가 반복적으로 개선하는 특수 훈련 계획과 결합하면 강력해질 수 있다는 것을 발견했다. 그러한 계획 중 하나가 부스팅boosting으로 알려져 있다.

기술적인 세부 사항들로 들어가는 대신 설명하자면, 부스팅 프로세스는 일련의 의사결정 트리를 훈련하고 각 의사결정 트리는 이전의 트리를 개선한다. 부스팅 절차는 의사결정 트리의 이전 반복에 의해 잘못 분류된 데이터 포인트를 가져와 이러한 데이터 포인트에 대한 분류를 개선하기 위해 새로운 의사결정 트리를 다시 훈련해 이를 수행한다.

하이퍼파라미터

이전 절에서 의사결정 트리가 구성되는 방식에 대한 개념적 개요를 살펴봤다. 특히 의사결정 트리를 분할해야 하는 위치(즉, 개념적 순서도에 새 경로를 추가해야 하는 시점)를 결정하는 기준 중 하나가 결과 노드의 순도를 살펴보는 것이라고 설정했다. 또한 알고리듬이 의사결정 트리를 구성하기 위한 기준으로 노드 순도에만 집중하도록 허용하면 트리가 훈련 데이터에 과적합으로 빠르게 이어질 수 있다는 점에 주목했다. 이러한 의사결정 트리는 훈련 데이터에 맞게 조정돼 주어진 데이터 포인트를 분류하기 위한 가장 두드러진 피처를 잡아낼 뿐만 아니라 데이터의 노이즈를 실제 신호인 것처럼 모델링한다. 그러므로 특정 메트릭에 대해 제한 없이 최적화가 가능한 이러한 종류의 의사결정 트리는 훈련 데이터에서 실제로 잘 수행되지만, 테스트 데이터 세트에서는 잘 수행되지 않으며, 이 모델을 훈련하는 궁극적인 목표인 이전에 본 적이 없는 데이터 포인트를 분류하는 데에도 일반화되지 않는다.

이러한 함정을 완화하기 위해 훈련 데이터세트에서 의사결정 트리를 생성하는 훈련 절차에는 여러 하이퍼파라미터가 있다. **하이퍼파라미터**는 모델 훈련을 위한 최적의 설정을 찾을 때까지 비틀고 조정할 수 있는 일종의 노브knob 또는 고급 구성 설정이다. 이 노브는 부스팅 시퀀스에서 훈련된 트리의 수, 각 트리가 얼마나 깊이 자라는지, 트리를 훈련하는 데 사용되는 피처의 수 등을 제어한다.

분류를 위해 데이터 프레임 분석 API가 제공하는 하이퍼파라미터에는 `eta`, `feature_bag_fraction`, `gamma`, `lambda`, `max_trees`가 있다. 이를 차례로 살펴보겠지만, 각각이 의미하는 바와 데이터세트에서 훈련된 의사결정 트리의 결과에 어떤 영향을 미치는지 살펴보기 전에 잠시 시간을 내어 **하이퍼파라미터 최적화**에 대해 논의해볼 것이다.

고급 사용자이고 다른 프레임워크를 사용해 **그래디언트 부스트 트리**를 훈련한 경우, 특정 훈련 데이터세트와 문제에 대해 이들 각각에 대한 최적의 값이 무엇인지 알 수 있다. 그러나 처음부터 시작하는 경우 이러한 값은 어떻게 설정할까? 하이퍼파라미터에 대한 최상의 값을 찾는 체계적인 프로세스를 하이퍼파라미터 최적화라고 한다. 이 프로세스에서 훈련 데이터세트는 그룹이나 교차 검증 폴드cross-validation fold로 분할된다. 각 교차 검증 폴드가 전체 훈련 데이터세트를 대표하는지 확인하기 위해 이러한 폴드를 생성하는 샘플링 절차는 각 클래스의 구성원 비율이 전체 데이터세트에서와 마찬가지로 각 교차 검증 폴드에서 거의 동일하도록 한다.

데이터세트가 이러한 폴드로 계층화되면 하이퍼파라미터 최적화의 다음 부분으로 진행할 수 있다. 각각 큰 범위의 값을 취할 수 있는 하이퍼파라미터 5개가 있다. 최적의 하이퍼파라미터 조합을 찾기 위한 체계적인 방법은 어떻게 고안할까? 한 가지 옵션은 그리드의 각 점이 하이퍼파라미터 값의 특정 조합에 해당하는 다차원 그리드를 만드는 것이다. 예를 들어 `eta` 0.5, `feature_bag_fraction` 0.8, `gamma` 0.7, `lambda` 0.6, `max_trees` 50값을 가질 수 있다. 이 매개변수를 선택하면 K 교차 검증 폴드를 취하고 K번째 폴드를 테스트용으로 남겨두면서 폴드의 K−1에서 모델을 훈련한다. 그런 다음 동일한 매개변수 세트에 대해 이 절차를 K번 반복 수행해 매번 테스트를 위해 다른 K번째 폴드를 생략한다.

그런 다음 보류된 테스트 세트에서 가장 잘 수행되는 값의 조합을 찾을 때까지 다음 하이퍼파라미터 값 세트에 대해 이 절차를 반복한다. 아마도 상상이 가능하듯이, 이 절차를 반복하는 것은 소수의 하이퍼파라미터 조합에 대해서도 시간과 계산 측면에서 상당한 비용이 들 수 있다. 따라서 실제로는 잠재적인 계산 비용을 염두에 두고 충분한 하이퍼파라미터 집합에 도달하기 위해 다양한 최적화 기술을 사용한다.

하이퍼파라미터 최적화를 사용하는 모델에 어떤 하이퍼파라미터가 선택됐는지 궁금하다면, **데이터 프레임 분석**Data Frame Analytics 페이지로 이동해 **작업 관리**Manage Jobs를 클릭한다. 그러면 **데이터 프레임 분석** 작업 관리 페이지로 이동할 것이다. 검사하려는 분류의 작업 ID를 찾아 작업 ID 왼쪽 옆에 있는 아래쪽 화살표를 클릭한다. 그러면 작업에 대한 세부 정보가 포함된 드롭다운이 표시될 것이다. 그림 11.17처럼 **작업 통계**Job stats 패널을 클릭한다. 그러면 분석 통계와 함께 작업에 대한 정보가 표시될 것이다.

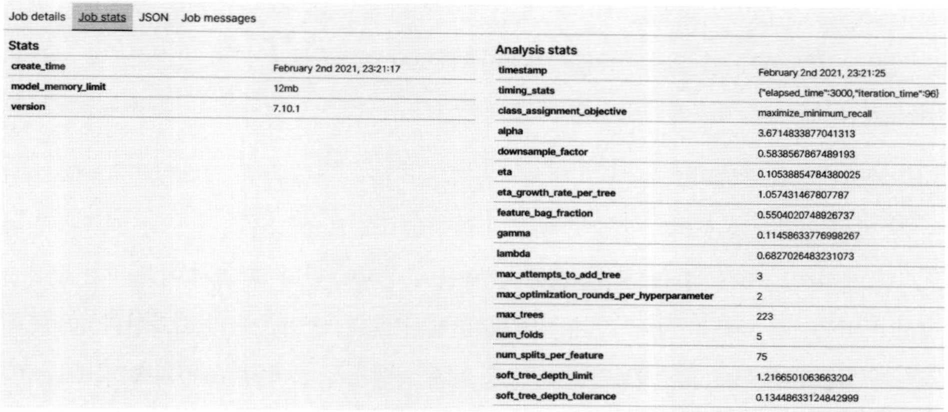

Job details Job stats JSON Job messages

Stats

create_time	February 2nd 2021, 23:21:17
model_memory_limit	12mb
version	7.10.1

Analysis stats

timestamp	February 2nd 2021, 23:21:25
timing_stats	{"elapsed_time":3000,"iteration_time":96}
class_assignment_objective	maximize_minimum_recall
alpha	3.6714833877041313
downsample_factor	0.5838567867489193
eta	0.10538854784380025
eta_growth_rate_per_tree	1.057431467807787
feature_bag_fraction	0.5504020748926737
gamma	0.11458633776998267
lambda	0.6827026483231073
max_attempts_to_add_tree	3
max_optimization_rounds_per_hyperparameter	2
max_trees	223
num_folds	5
num_splits_per_feature	75
soft_tree_depth_limit	1.2166501063663204
soft_tree_depth_tolerance	0.13448633124842999

그림 11.16 작업 통계 패널은 분류 작업에 대한 기본 정보와 하이퍼파라미터 최적화에 의해 결정된 하이퍼파라미터에 대한 정보를 표시한다.

마지막으로, 이 절을 마무리하기 전에 앞서 언급했던 하이퍼파라미터 5개(eta, feature_bag_fraction, gamma, lambda, max_trees)가 각각 의미하는 바와 이들이 제어하는 의사결정 트리 훈련 프로세스의 어떠한 측면에 대한 느낌을 얻기 위해 이를 간략하게 살펴보자. 이들 각각이 의미하는 바를 알아내는 과정을 살펴보기 전에 그래디언트 부스트 의사결정 트리가 어떻게 구성되는지 간단히 살펴본다. 이렇게 하면 맥락상 이러한 하이퍼파라미터 정의를 설정하는 데 도움이 되며, 각 하이퍼파라미터가 그래디언트 부스팅의 결과로 생성되는 의사결정 트리 시퀀스의 최종 형태에 어떻게 영향을 미치는지 더 명확해진다.

이전 절에서 기억하듯 그래디언트 부스트 의사결정 트리의 기본 빌딩 블록은 간단한 의사결정 트리다. 의사결정 트리는 특정 피처의 임곗값을 기반으로 데이터세트를 재귀적으로 더 작은 섹션으로 분할해 구성한다. 예를 들어 다양한 붓꽃 측정값을 나타내는 데이터 포인트를 분류하는 경우 데이터세트를 꽃잎 길이로 분할하기로 결정할 수 있다. 꽃잎 길이가 2cm 미만인 모든 데이터 포인트는 왼쪽 노드로 분할되고, 나머지는 오른쪽 노드로 분할된다. 이 피처(여기서는 꽃잎 길이)를 선택하는 방법은 데이터세트에서 가능한 모든 피처를 살펴보고 해당 피처를 사용해 분할을 만드는 노드의 순도를 검사하는 것이다. 상상 가능하듯이, 다차원 데이터세트에서 각 피처를 살펴보고 그 피처에 대한 분할 결과 노드가 얼마나 순수한지 테스트하는 데 계산적으로 매우 오랜 시간이 걸릴 수 있다. 필요한 계산 시간을 줄이기 위해 피처의 일부만 테스트하도록 선택할 수 있으며, 이 부분은 feature_bag_fraction 매개변수에 의해 제어된다.

훈련 데이터세트를 기반으로 첫 번째 의사결정 트리를 훈련한 다음 부스팅 프로세스에서는 첫 번째 의사결정 트리에서 잘못 분류된 데이터 포인트를 가져와서 첫 번째 의사결정 트리를 개선하는 것을 목표로 하는 반복[iteration]을 구성해야 한다. 따라서 이 절차가 끝나면 일련의 의사결정 트리를 갖게 되며, 일부 문헌에서는 포레스트[forest]라고도 한다. 이 포레스트가 성장하는 속도, 즉 의사결정 트리의 최종 시퀀스가 얼마나 오래 지속되는지는 매개변수 eta에 의해 제어된다. eta값이 적을수록 포레스트는 더 커지고 이 포레스트는 이전에 볼 수 없는 데이터 포인트로 일반화될 것이다.

의사결정 트리를 소개하는 절에서 훈련 데이터세트에 맞게 최적화하기만 하면 트리가 훈련 데이터에 완벽하게 맞을 때까지 트리가 어떻게 성장할 수 있는지 논의했다. 이것이 바람직하게 들릴 수 있지만, 실제로는 트리가 훈련 데이터세트에 과적합되도록 허용하면 일반화되지 않는 최종 모델이 생성된다. 따라서 개별 의사결정 트리의 성장을 제어하기 위해 두 개의 하이퍼파라미터인 gamma와 lambda가 있다. gamma값이 높을수록 훈련 프로세스는 더 작은 트리를 선호하므로 과적합을 완화하는 데 도움이 된다. gamma와 마찬가지로 lambda값이 높을수록 의사결정 트리는 작아진다.

실제로는 이러한 각 매개변수에 대해 좋은 값을 선택하기 위해 항상 하이퍼파라미터 최적화 프로세스에 의존할 수 있지만, 이러한 각 매개변수가 의미하는 것과 최종 훈련된 모델에 미치는 영향을 최소한 개념적 수준에서 인식하는 것이 좋다.

결과 해석

마지막 절에서는 의사결정 트리의 이론적 토대를 살펴보고, 의사결정 트리가 어떻게 구성되는지 개념적으로 살펴봤다. 이 절에서는 11장의 앞부분에서 살펴본 분류 예제를 살펴보고 결과 형식과 해석 방법을 자세히 살펴본다.

11장의 앞부분에서 주어진 유방 세포 조직 샘플이 악성인지 양성인지 예측하는 훈련된 모델을 만들었다(이 데이터세트에서 악성은 클래스 2, 양성은 클래스 4로 표시한다). 이 모델에 대한 일부 분류 결과는 그림 11.18에 나와 있다.

```
# ml.Class_prediction          4
◑ ml.is_training               false
# ml.prediction_probability    0.814
# ml.prediction_score          0.814
{…} ml.top_classes             {
                                 "class_name": 4,
                                 "class_probability": 0.8136328521395665,
                                 "class_score": 0.8136328521395665
                               },
                               {
                                 "class_name": 2,
                                 "class_probability": 0.1863671478604335,
                                 "class_score": 0.14323736037702758
                               }
```

그림 11.17 위스콘신 유방암 데이터세트의 샘플 데이터 포인트에 대한 분류 결과

이 훈련된 모델을 사용하면 이전에 보지 못한 데이터 포인트를 가져와 예측할 수 있다. 이러한 예측은 어떤 형태일까? 가장 단순한 형태에서, 데이터 요소는 클래스 레이블(그림 11.18처럼 ml.Class_prediction 필드)은 2(악성)과 4(양성)의 두 값 중 하나를 사용할 수 있다.

그러나 데이터 포인트를 분류하는 이러한 방식은 예측 과정에서 특정 문제를 감춘다. 매일 일기 예보와 같은 일상적인 것을 생각한다면 예측과 관련된 불확실성을 정량화하는 것이 중요하다는 것을 알 수 있다. 수요일에 80%의 확률로 비가 올 것이고, 목요일에 16% 확률로 비가 올 것이라고 예측할 수 있다. 두 날 모두 "비오는 날"이라는 레이블이 지정됐지만, 목요일보다 수요일에 우산을 잊어버릴 가능성이 적다. 이 모든 것은 머신러닝 분류기를 평가할 때 주어진 데이터 포인트에 할당된 레이블뿐만 아니라 모델이 해당 레이블

에 대해 얼마나 확신하는지에 대해서도 신경을 쓴다는 것을 의미한다. 일래스틱 스택에는 분류 모델이 할당된 클래스 레이블에 대해 얼마나 확신하는지 측정하는 두 가지 지표인 분류 확률과 분류 점수가 있다. 우리는 이후 이 두 가지에 대해 더 자세히 논의할 것이다.

모델이 주어진 예측에 대해 얼마나 확신하는지 아는 것 외에도 데이터 포인트의 어떤 피처가 다른 클래스보다 한 분류로 데이터 포인트의 분류를 밀어넣는 데 중요한지 아는 것은 매우 유용할 수 있다.

분류 확률

앞에서 언급했듯이 일반적으로 머신러닝 분류기가 데이터 포인트에 할당한 레이블을 검사하는 것만으로는 충분하지 않다. 또한 할당될 확률이 얼마인지도 알아야 한다. 그림 11.18에서 분류 2와 분류 4의 확률은 `ml.top_classes` 필드 아래에 중첩 구조로 표시된다. 그림 11.18에서 보는 것처럼 데이터 포인트에 할당된 분류 레이블은 4이고, 이 분류에 속하는 데이터 포인트의 확률은 0.814(반올림)이다. 모델은 이 데이터 포인트가 실제로 분류 4에 속한다고 확신한다.

분류 점수

대부분의 경우 더 높은 확률을 받는 분류를 기반으로 분류 레이블을 할당하는 것이 좋다는 것이 규칙이지만, 모든 데이터세트에 대해 좋은 선택은 아니다. 분류 불균형이 심한 데이터세트의 경우 분류 점수를 사용하는 것이 더 나은 옵션이 될 수 있다. 이 값은 그림 11.18에서 `ml.prediction_score`에 기록되고, 분류 레이블 및 분류 확률의 중첩 분석에서 보다 정확한 `ml.top_classes.class_score`에 기록된다.

이 분류 점수는 분류 확률에서 계산되지만, 정확도를 최대화하려는지 또는 재현율을 최소화하려는지 여부를 고려하는 방식이다. 다시 말하면 훈련 데이터세트에서 덜 나타나는 분류의 오분류misclassification에 얼마나 관대한가이다.

> **노트**
>
> 분류 점수 계산 방법에 대한 자세한 설명은 일래스틱 문서(https://www.elastic.co/guide/en/machine-learning/current/ml-dfa-classification.html#ml-dfanalytics-classification-evaluation)를 참조한다. 더 자세한 연습을 하려면 주피터 노트북(https://github.com/elastic/examples/blob/master/Machine%20Learning/Class%20Assigment%20Objectives/classification-class-assignment-objective.ipynb)을 참조한다.

피처 중요도

머신러닝 모델의 예측을 검토할 때 예측된 분류 레이블, 해당 분류 레이블의 확률, 잠재적으로 분류 점수뿐만 아니라 일반적으로 모델이 특정 결정을 내리는 데 기여한 피처가 무엇인지도 알기를 원한다. 이는 피처 중요도로 잡아낸다. 훈련 프로세스에 사용된 각 필드(분류의 첫 걸음 절에서 **분류**Classification 작업을 구성하는 동안 Included로 선택했던 필드)에는 잠재적인 피처 중요도 값이 할당될 수 있지만 일반적으로 가장 중요한 피처, 즉 피처 중요도 값이 가장 높은 필드에 대해서만 알고 싶다.

따라서 각 머신러닝 작업의 결과로 클러스터에 작성된 일래스틱서치 결과 인덱스를 복잡하게 만드는 것을 피하기 위해 **분류** 작업 구성을 통해 분류된 각 데이터 포인트에 대해 기록될 최상위 피처 중요도 값의 개수를 선택할 수 있다. 이 구성은 그림 11.19에 표시된 예제에서 4로 설정된다.

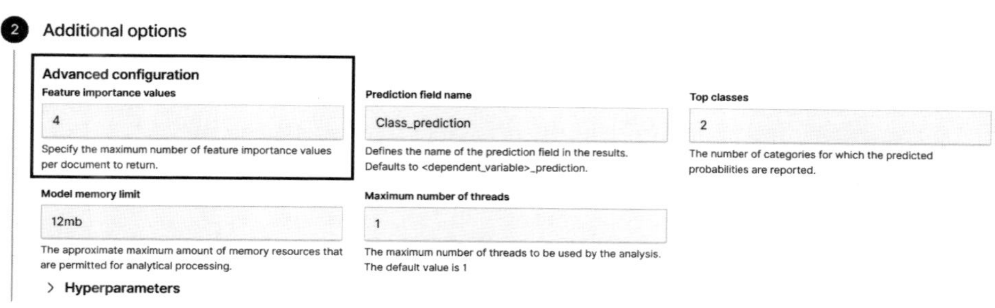

그림 11.18 이 구성은 각 도큐먼트에 대해 4개의 피처 중요도 값을 작성할 것이다.

분류 작업이 완료되면 결과 인덱스의 각 도큐먼트에는 예측된 분류 외에도 분류 확률 분석, 분류 점수, 주어진 데이터 포인트에 대한 상위 4개의 피처 중요도 값 각각에 대한 항목이 있다. 그림 11.20에 샘플 데이터 포인트에 대한 피처 중요도 값의 요약된 내용이 있다.

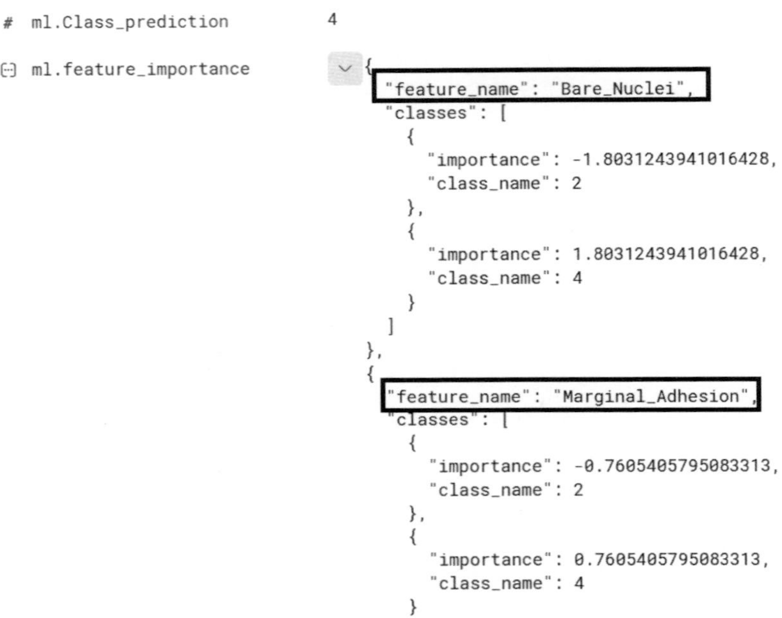
```
# ml.Class_prediction          4

ml.feature_importance          {
                                 "feature_name": "Bare_Nuclei",
                                 "classes": [
                                   {
                                     "importance": -1.8031243941016428,
                                     "class_name": 2
                                   },
                                   {
                                     "importance": 1.8031243941016428,
                                     "class_name": 4
                                   }
                                 ]
                               },
                               {
                                 "feature_name": "Marginal_Adhesion",
                                 "classes": [
                                   {
                                     "importance": -0.7605405795083313,
                                     "class_name": 2
                                   },
                                   {
                                     "importance": 0.7605405795083313,
                                     "class_name": 4
                                   }
```

그림 11.19 샘플 데이터 포인트에 대한 두 가지 피처 중요도 값

이 데이터 포인트에는 분류 레이블 4가 할당된다. 이 예측 레이블에 기여한 피처 중에는 이 데이터 포인트가 `Bare_Nuclei` 필드에 대해 가진 값과 `Marginal_Adhesion` 필드에 대해 가진 값이 있다.

개별 데이터 포인트에 대한 피처 중요도 값을 검사하는 것 외에도 데이터 세트 전체에서 분류에 중요한 피처를 검사할 수도 있다. 그림 11.21에 표시된 이 차트는 데이터 프레임 분석의 결과 보기(Data Frame Analytics 작업 관리 페이지로 이동해서, 작성해야 하는 주요 피처 중요도 값의 개수를 구성한 작업을 선택한 다음, View를 클릭해 이 뷰에 접근할 수 있다)에서 사용할 수 있다.

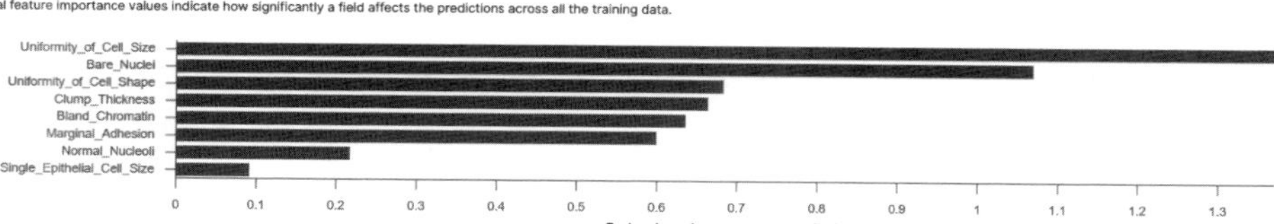

그림 11.20 전체 데이터세트에 대한 전체 피처 중요도 값

요약

11장에서는 지도 학습에 대해 자세히 알아봤다. 지도 학습의 의미와 모델을 구성하는 데 훈련 데이터의 역할, 지도 학습 모델을 훈련한다는 것의 의미, 최적의 성능을 얻기 위한 피처가 무엇이며 어떻게 설계해야 하는지, 모델이 어떻게 구성되는지, 또한 어떻게 평가하고 다양한 모델 성능 측정이 의미하는 바를 조사했다.

일반적으로 지도 학습의 기본 사항에 대해 학습한 후 분류를 자세히 살펴보고 일래스틱 스택에서 분류 작업을 생성하고 실행하는 방법과 이러한 작업에서 생성한 훈련된 모델을 평가하는 방법을 조사했다. 혼동 행렬 같은 기본 개념을 살펴보는 것 외에도 사실이라고 보기에는 너무 좋은 결과에 대해 회의적으로 봐야 하는 상황과 분류 결과가 때때로 완벽해 보일 수 있는 잠재적이고 근본적인 이유와 이것이 기본적으로 훈련된 모델이 좋다는 것을 의미하지 않는 이유도 조사했다.

또한 일래스틱 스택에서 분류 기능을 구동하는 엔진인 그래디언트 부스트 의사결정 트리에 대해 자세히 살펴봤다. 의사결정 트리가 내부에서 어떻게 작동하는지 자세히 알아보기 위해 개별 의사결정 트리가 구성되는 방식, 결정 트리의 맥락에서 순수성이란 무엇을 의미하는지, 제약 없는 의사결정 트리가 훈련 데이터 세트에 과적합되고 제대로 일반화되지 않는 훈련된 모델로 이어질 수 있는 방법도 알아봤다. 데이터세트에서 의사결정 트리를 성장시키는 프로세스를 조정하기 위해 훈련 절차는 여러 고급 구성 매개변수나 하이퍼파라미터를 노출한다. 기본적으로 이들은 하이퍼파라미터로 최적화로 알려진 절차에 의해 설정되지만, 고급 사용자는 수동으로 조정하도록 선택할 수도 있다.

마지막 절에서는 결과 형식과 분류 확률의 의미, 분류 점수, 피처 중요도를 사용해 어떤 피처가 데이터 포인트를 특정 분류에 할당하는 데 기여하는지 결정하는 방법을 추가로 알아보기 위해 원래의 유방암 분류 데이터 세트로 돌아갔다.

12장에서는 11장의 기초를 바탕으로 예측하려는 종속변수가 분류의 경우와 같이 이산 값이 아니라 연속 값으로 된 문제를 해결하기 위해 어떻게 의사결정 트리를 사용하는지 배울 것이다.

더 읽어보기

분류 점수 계산 방법에 대한 더 자세한 내용은 주피터 노트북의 텍스트와 코드 예제 링크(https://github.com/elastic/examples/blob/master/Machine%20Learning/Class%20Assignment%20Objectives/classification-class-assignment-objective.ipynb)를 참조한다.

12

회귀

11장에서는 일래스틱 스택에서 사용 가능한 두 가지 지도 학습 기법 중 하나인 분류를 연구했다. 그러나 지도 학습의 모든 실제 적용이 분류가 필요로 하는 형식에 적합한 것은 아니다. 예를 들어 인근 아파트 매매 가격을 예측하고 싶다면? 또는 고객이 온라인 상점에서 지출할 금액은? 여기서 관심 있는 값은 이산 클래스가 아니라 어떤 범위 내에서 다양한 연속된 값을 취할 수 있는 값이다.

이것이 바로 회귀 분석으로 해결되는 문제다. 주어진 데이터 포인트가 속한 분류를 예측하는 대신 연속되는 값을 예측할 수 있다. 회귀 분석의 최종 목표는 분류의 목표와는 다소 다르지만 회귀에 사용되는 기본 알고리듬은 11장에서 분류에 대해 조사했던 알고리듬과 동일하다. 따라서, 앞선 11장에서 구축했던 기반에서 회귀가 작동하는 방식에 대해 우리는 이미 많은 것을 알고 있다.

회귀 결과는 분류에서의 이산적인 분류 레이블이 아닌 연속적인 값이기 때문에 회귀 모델의 성능을 평가하는 방법은 11장에서 분류를 위해 조사한 방법과 다소 다르다. 혼동 행렬과 올바르고 잘못된 레이블 표본의 수로부터 계산된 다양한 메트릭을 사용하는 대신, 데이터세트에 대해 연속된 예측 값이 데이터세트의 실제 값과 얼마나 멀리 떨어져 있는지를 잡아내는 집계 메트릭을 계산한다. 실제로 어떻게 작동하는지 살펴보고 12장 후반에는 어떻게 평가하는지 자세히 살펴볼 것이다.

12장에서는 다음 주제를 다룰 것이다.

- 회귀를 사용해 지리적 위치의 주택 가격 예측
- 회귀 모델을 생성하기 위해 의사결정 트리를 적용하는 방법 이해

기술 요구 사항

12장의 자료에는 일래스틱서치 클러스터 7.10.1 버전 이상이 필요하다. 일부 예제에는 이후 버전의 일래스틱서치에서만 사용할 수 있는 세부 정보에 대한 스크린샷 또는 지침이 포함될 수 있다. 이러한 경우 예제를 실행하는 데 필요한 최신 버전을 텍스트에 명시적으로 언급할 것이다.

회귀 분석을 사용해 주택 가격 예측

11장에서는 일래스틱 스택의 두 가지 지도 학습 방법 중 첫 번째 방법인 분류를 살펴봤다. 분류 분석의 목표는 이전에 본 적이 없는 데이터 포인트에 대해 분류 레이블을 예측할 수 있는 모델을 훈련하기 위해 레이블이 지정된 데이터세트를 사용하는 것이다. 예를 들어 세포가 악성인지 여부에 대한 정보와 결합된 세포 샘플의 과거 측정에 대한 모델을 훈련하고 이를 사용해 이전에 본 적이 없는 세포의 악성 여부를 예측할 수 있다. 분류에서 우

리가 예측하는 데 관심이 있는 분류나 **종속변수**는 항상 **불연속적인 양**discrete quantity이다. 반면 회귀에서는 연속변수를 예측하는 데 관심이 있다.

회귀의 이론적 토대를 좀 더 자세히 살펴보기 전에 일래스틱서치에서 회귀 모델을 훈련하는 방법에 대해 본격적으로 살펴보자. 우리가 사용할 데이터세트는 캐글(Kaggle, https://www.kaggle.com/harlfoxem/housesalesprediction)에서 사용 가능하며, 2014년에서 2015년 사이의 미국 워싱턴 주 지역에서 판매된 주택 가격을 설명한다. 원본 데이터세트를 일래스틱서치로 더 쉽게 수집할 수 있도록 약간 수정했으며, 이 책의 깃허브 저장소(https://github.com/PacktPublishing/Machine-Learning-with-Elastic-Stack-Second-Edition/blob/main/Chapter12/kc_house_data_modified.csv)에서 사용 가능하다. 다음과 같이 시작할 것이다.

1. 선호하는 방법을 사용해 일래스틱서치에 데이터세트를 수집한다. 원한다면 그림 12.1처럼 **머신러닝**Machine Learning 앱의 **데이터 비주얼라이저**Data Visualizer에서 **파일 업로드**Upload file를 사용할 수 있다.

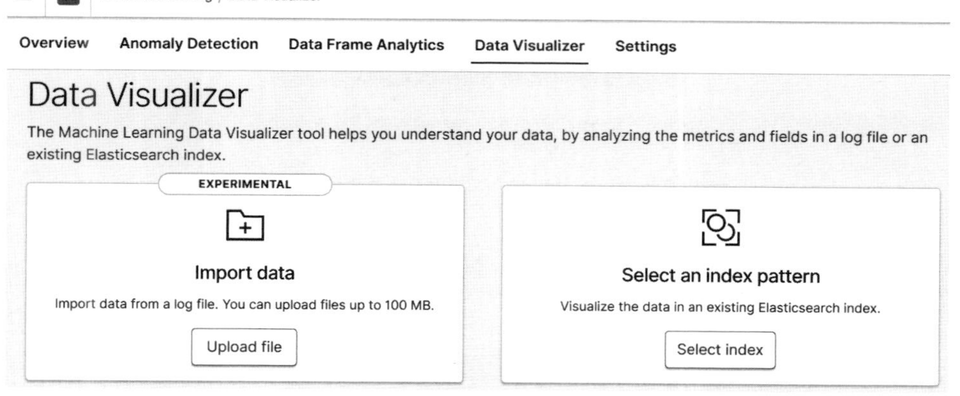

그림 12.1 머신러닝 앱의 데이터 비주얼라이저에 있는 파일 업로드 기능

2. 이 데이터를 수집했다면 잠시 시간을 내어 **머신러닝**Machine Learning 앱의 **데이터 비주얼라이저**Data Visualizer에서 살펴볼 것이다. 이 뷰에서는 데이터에 어떤 필드가 있고

각 필드에 대한 값의 분포가 무엇인지 한눈에 볼 수 있다. 예를 들어 그림 12.2에 있는 주택 가격 데이터세트의 경우 가격에 대한 히스토그램 시각화에서 이 데이터세트에 있는 대부분의 주택 가격이 200,000달러에서 900,000달러 사이이며, 소수의 주택이 900,000달러 이상에 판매되는 것을 볼 수 있다.

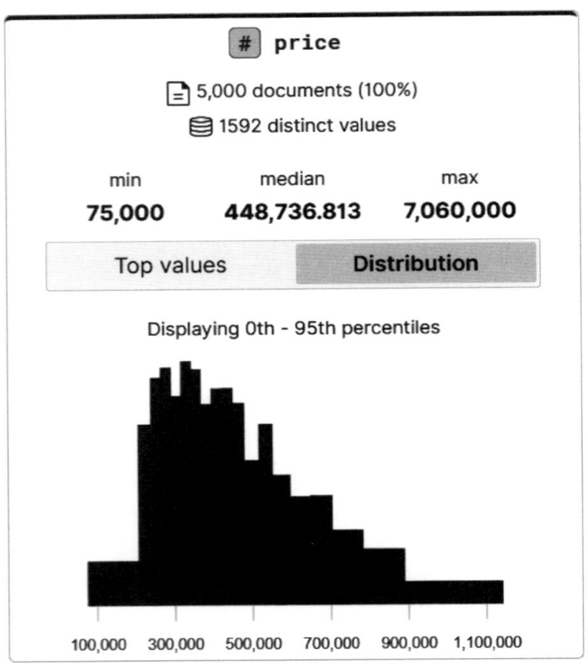

그림 12.2 데이터 비주얼라이저에 표시된 가격 필드 값의 분포

데이터 비주얼라이저 Data Visualizer에서 데이터 값과 분포를 보면 데이터세트에서 주어진 필드가 유효하지 않거나 누락된 값과 같은 잠재적인 문제를 빠르게 인지할 수 있다.

다음은 **데이터 프레임 분석**Data Frame Analytics 마법사로 이동하자. 키바나 왼쪽 슬라이딩 메뉴에서 **머신러닝**Machine Learning을 클릭해 Machine Learning 앱의 기본 페이지로 이동한다. 이 페이지의 Data Frame Analytics 작업 섹션에서 아직 데이터 프레임 분석 작업을 생성하지 않은 경우 **작업 생성**Create job 버튼을 클릭한다. 이미 있다면 **작업 관리**Manage jobs 버튼을 클릭한다. 기존 데이터 프레임 분석 작업 목록(예를 들어 11장의 안내에 따라 작업을 만들었을 경우)과 **Create job** 버튼이 있는 Data Frame Analytics 페이지로 이동한다.

그렇게 하면 10장, '아웃라이어 탐지'와 11장, '분류 분석'에서 이미 봤던 데이터 프레임 분석 마법사로 이동할 것이다.

3. 소스 인덱스 패턴을 선택했다면(1단계에서 데이터를 가져오거나 업로드할 때 선택한 인덱스 패턴의 이름과 일치해야 한다) 그림 12.3처럼 데이터 프레임 분석 마법사의 작업 유형 선택기에서 **회귀**Regression를 선택한다.

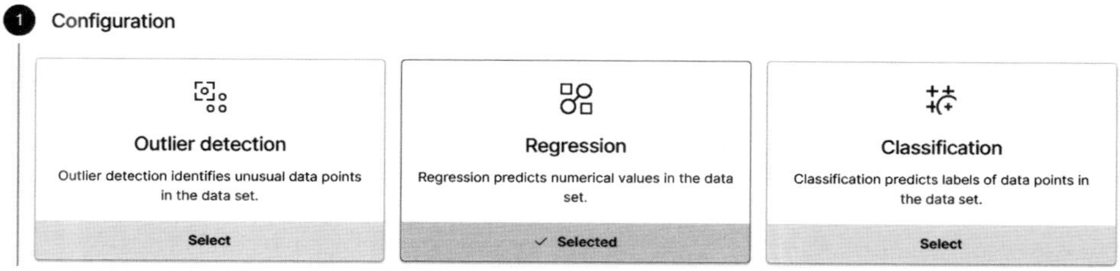

Configuration

Outlier detection	Regression	Classification
Outlier detection identifies unusual data points in the data set.	Regression predicts numerical values in the data set.	Classification predicts labels of data points in the data set.
Select	✓ Selected	Select

그림 12.3 데이터 프레임 분석 작업 마법사 선택기에서 작업 유형으로 회귀를 선택

4. 다음으로, **종속변수**Dependent Variable 선택기와 분석에 포함될 필드를 구성한다. 11장 내용에서 상기할 수 있듯이 종속변수는 지도 모델을 훈련하는 데 사용하려는 레이블이 포함된 필드를 나타낸다. 분류 문제처럼 이 필드는 주어진 데이터 포인트가 속한 분류의 레이블을 포함하는 필드다(자세한 내용은 11장, '분류 분석' 참조). 회귀의 경우 이 필드는 예측을 위한 모델을 훈련하려는 연속된 값이 포함된다. 이 경우, 주택 가격을 예측하기를 원하므로 `price` 필드를 선택한다. 종속변수를 선택한 후 분석에 포함하거나 제외할 필드를 선택하는 단계로 넘어가보자. 데이터 세트의 많은 필드가 종속변수(`price`) 값을 예측하는 데 유용한 정보를 제공하지만 처음부터 가격과 상관관계가 없으므로 제거해야 하는 몇 가지 필드가 있다. 첫 번째는 데이터 포인트의 ID다. 단순히 원본 데이터 파일에서 데이터 포인트의 위치를 나타내는 행 번호이므로 유용한 정보를 전달할 것으로 예상되지 않는다. 사

실, 이를 포함하게 되면 득보다 실이 많을 수 있다. 예를 들어 원본 데이터 파일이 낮은 id 번호의 파일 시작 부분에 저가 주택이 위치하고 파일 끝에 고가 주택이 모두 위치하는 방식으로 구성된 경우 모델은 이것이 데이터세트의 부산물artifact에 불과하다는 것을 알고 있음에도 불구하고 주택 가격을 결정하는 데 `id` 데이터 포인트를 중요하게 고려할 수 있다. 이는 결과적으로 아직 보지 못한 미래의 데이터 포인트에 대한 모델 성능에 해로울 것이다. 데이터 포인트의 `id` 값이 증가하고 있다고 가정하면 데이터세트에 추가된 새 데이터 포인트는 자동으로 훈련 데이터의 모든 데이터 포인트보다 더 높은 `id` 번호를 가지므로 새로운 데이터 포인트의 가격이 더 높다고 가정하는 모델로 이어진다.

추가적으로, 주택 위치의 위도와 경도에 대한 정보도 제외할 텐데 이러한 변수는 머신러닝 알고리듬에 의해 지리적 위치로 해석될 수 없고 따라서 단순히 숫자로 해석되기 때문이다. 최종 구성은 그림 12.4처럼 될 것이다.

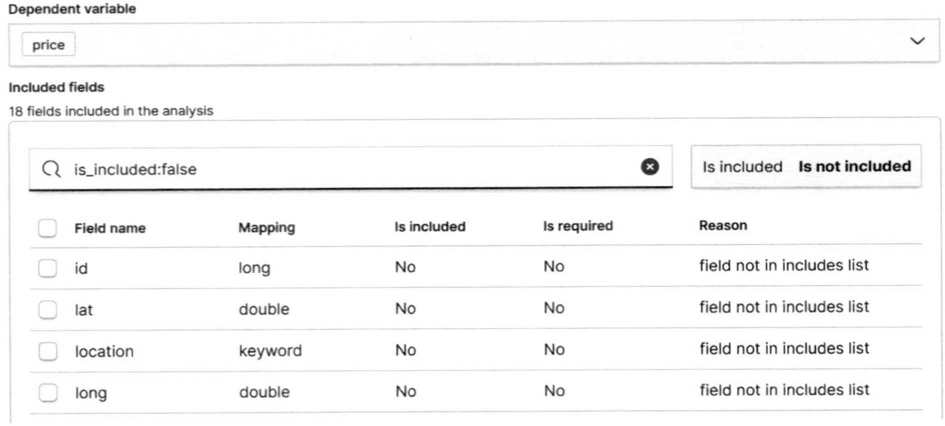

그림 12.4 분석에 포함되지 않는 필드

5. 종속변수와 included 및 excluded 필드를 구성하면 추가적인 구성 항목으로 이동할 수 있다. 이 섹션에 있는 대부분의 값을 기본값으로 설정하는 동안 **피처 중요도 값**Feature importance values를 0에서 4로 변경한다. 0으로 설정하면 피처 중요도

값이 기록되지 않는다. 4로 설정하면 각 데이터 포인트에 대해 가장 중요한 피처 값 4개가 기록된다. 11장, '분류 분석'에서 간략하게 논의했던 것처럼, 피처 중요도 값은 각 도큐먼트에 대해 별도로 작성되며 모델이 특정 도큐먼트를 특정 방식으로 분류한 이유를 결정하는 데 도움이 된다. 12장 후반부에서 이 부분에 대해 다시 설명할 것이다.

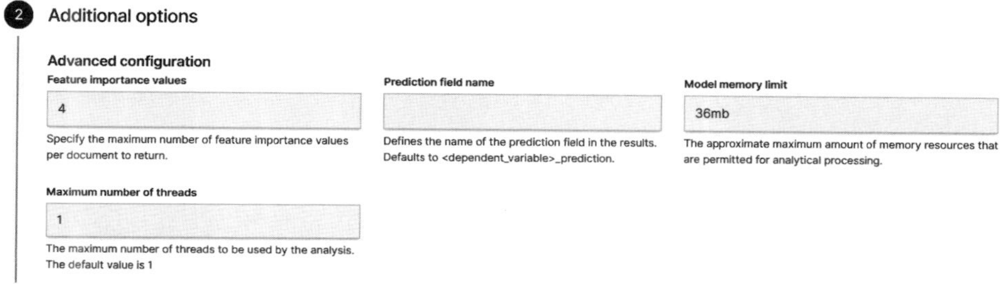

그림 12.5 피처 중요도 값 구성

나머지 설정은 기본값으로 두고 마법사 맨 아래로 스크롤해서 **생성 및 시작**Create and start 버튼을 클릭해 작업을 시작한다.

6. 마법사 단계를 완료하고 작업을 만들고 시작한 후 **데이터 프레임 분석**Data Frame Analytics 페이지로 다시 이동한다. 그러면 이전 단계에서 생성한 회귀 작업을 포함해 생성한 모든 데이터 프레임 분석 작업에 대한 개요가 표시된다. 작업이 완료되면 오른쪽에 있는 메뉴를 클릭하고 그림 12.6처럼 **보기**View를 클릭한다.

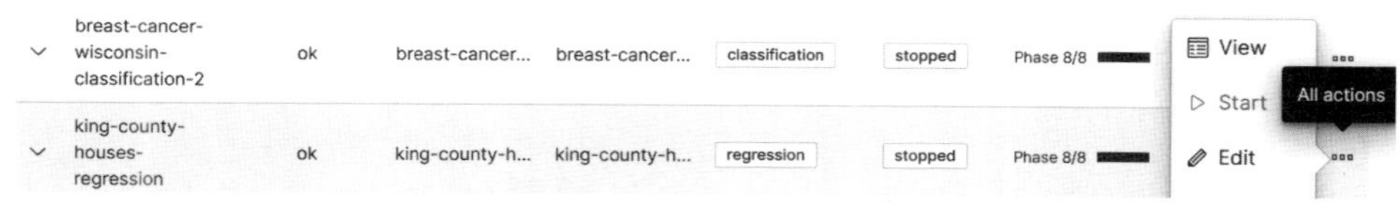

그림 12.6 데이터 프레임 분석 작업에 대한 결과를 보기 위해 보기(View) 선택

그러면 새로 훈련된 회귀 모델의 다양한 메트릭을 탐색할 수 있는 **탐색**Exploration 페이지로 이동한다. 이 페이지에서 주의가 필요한 첫 번째 사항은 그림 12.7에 표시

된 **훈련**Training과 **테스트**Testing 데이터세트 토글이다.

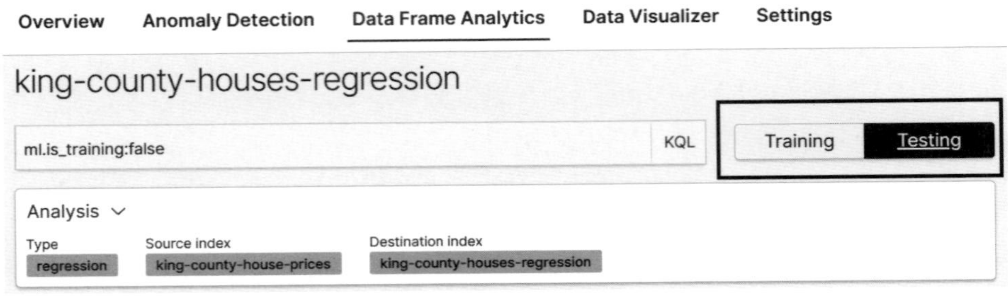

그림 12.7 데이터 프레임 분석 결과 뷰어에 있는 Training과 Testing 토글

선택한 메트릭에 따라 모델의 평가 메트릭은 다른 의미를 가지므로, **탐색**Exploration 페이지에서 메트릭을 볼 때 이 토글을 염두에 둬야 한다. 여기서는 이전에 보지 못한 데이터 포인트에 대한 예측을 시도할 때 모델이 어떻게 수행되는지에 관심이 있다. 이에 가장 근접한 데이터세트는 훈련 과정에서 사용되지 않은 데이터세트인 테스트 데이터세트다.

7. 아래로 스크롤해 그림 12.8에 표시된 테스트 데이터세트에 대한 **모델 평가**Model evaluation 메트릭을 살펴보자.

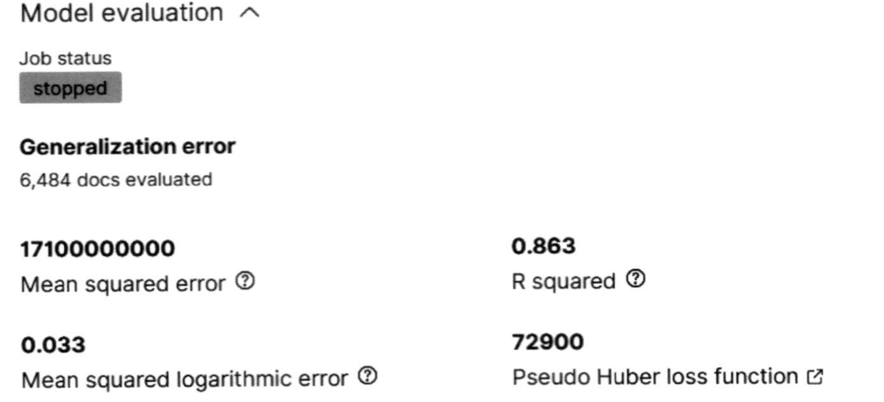

그림 12.8 일반화 오차

12장의 뒷부분에서 각 측정 항목의 의미에 대해 더 자세히 살펴보겠지만, 지금은 모델의 주택 가격 예측이 실제 주택 가격과 얼마나 가까운지에 대한 집계된 측정값으로 여길 수 있다.

8. 마지막으로 많은 사용자가 관심을 가질 수 있는 것은 데이터세트의 필드 중 모델의 최종 예측을 결정하는 데 가장 중요한 필드다. 그림 12.9처럼 **탐색**Exploration 페이지의 **전체 피처 중요도**Total feature importance 섹션을 보면 이를 확인할 수 있다.

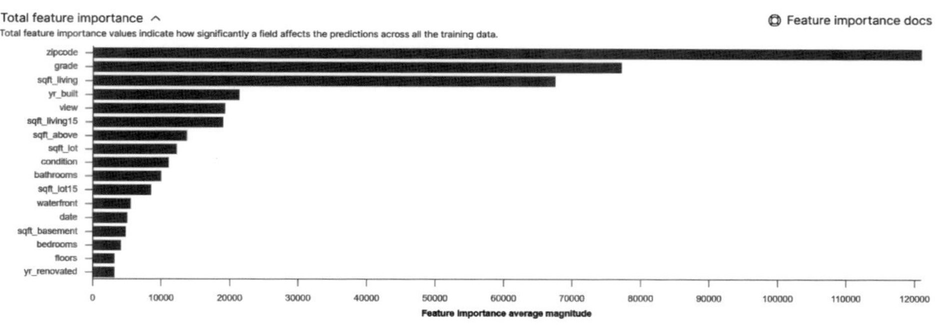

그림 12.9 전체 피처 중요도

이 그림에서 볼 수 있듯이, 워싱턴 주의 킹 컨트리King Country 주택의 매매 가격을 결정하는 가장 중요한 피처 요소는 우편번호나 주택의 위치다. 가장 덜 중요한 요소 중 하나는 주택이 개수된 연도(`yt_renovated`)와 층 수(`floors`)다.

이 다이어그램이 표시하는 피처는 전체 데이터세트에서 가장 중요한 피처라는 점을 염두에 두는 게 좋다. 그러나 데이터세트에 있는 개별 데이터 포인트의 판매 가격을 결정하는 피처는 매우 다를 수 있다. 이 연습에 앞서 **데이터 프레임 분석**Data Frame Analytics 마법사에서 작업을 생성하는 동안 **피처 중요도 값**Feature importance values 을 4로 구성했다. 즉, 모델이 훈련된 후 가장 중요한 네 가지 피처 중요도 값이 결과 인덱스에 기록된다. 결과 인덱스인 `king-county-houses-regression`의 샘플 도큐먼트를 살펴보자. 이 도큐먼트는 그림 12.10에 나와 있다.

```
ml.feature_importance    {
                           "feature_name": "grade",
                           "importance": -49697.953304322975
                         },
                         {
                           "feature_name": "sqft_living",
                           "importance": -29824.77907346486
                         },
                         {
                           "feature_name": "yr_built",
                           "importance": -10351.602066855963
                         },
                         {
                           "feature_name": "zipcode",
                           "importance": -194892.77601876782
                         }
```

그림 12.10 결과 인덱스에 있는 샘플 도큐먼트에 대한 피처 중요도 값

그림 12.10에서 볼 수 있듯이 특정 주택에 대해 네 가지 피처 값은 grade, sqft_living(평방피트로 측정한 주택의 생활 공간 크기), yr_built(주택이 지어진 연도), zipcode(숫자로 표현된 주택 위치)다. 한 가지 주목해야 할 점은 여기에 있는 모든 피처 중요도 값이 음수라는 것이다. 즉, 주택 가격을 낮추는 데 기여한다는 의미다.

결과 인덱스에서 다른 도큐먼트(그림 12.11 참조)에 있는 상위 네 가지 피처 중요도 값을 살펴보고 이전 피처 중요도 값과 비교해 얼마나 많은 차이가 있을 수 있는지 확인한다.

```
ml.feature_importance    {
                           "feature_name": "sqft_living",
                           "importance": 43226.39584919779
                         },
                         {
                           "feature_name": "sqft_lot15",
                           "importance": 37270.72453155121
                         },
                         {
                           "feature_name": "yr_built",
                           "importance": 36016.55250544813
                         },
                         {
                           "feature_name": "zipcode",
                           "importance": 179641.80964027002
                         }
```

그림 12.11 이 주택의 가격을 결정하는 데 가장 중요한 네 가지 피처

그림에서 보는 것처럼 그림 12.11의 도큐먼트에 표시된 이 주택은 그림 12.10에 있는 주택과 일부 피처를 공유하지만 고유한 피처도 일부 있다. 또한 이 주택의 피처 중요도 값은 가격에 긍정적인 영향을 미친다.

이제 회귀 모델을 훈련하고 그 결과를 평가하는 방법을 간략하게 살펴봤으므로 자연스럽게 물어봐야 할 질문은 다음과 같다. 킹 카운티나 다른 지리적 위치에서 아직 팔리지 않은 주택에 대한 잠재적 주택 가격을 예측하는 것처럼 실 사용 사례에 이 모델을 사용하는 경우 추론을 사용해 이 모델을 시험하고 배포할 수 있다. 이는 13장, '추론'에서 더 자세히 다룰 것이다. 다음 절에서는 11장에서 시작한 의사결정 트리에 대한 논의로 돌아가 관련 장에서 개발했던 아이디어가 회귀 문제에 어떻게 적용될지 확인할 것이다.

회귀를 위한 의사결정 트리 사용

11장에서 논의한 것처럼 회귀는 지도 학습 기법이다. 앞서 논의한 것처럼 지도 학습의 목표는 레이블이 지정된 데이터세트(예를 들어 종속변수인 주택의 피처와 판매 가격)를 가져와 이 데이터의 지식을 훈련된 모델인 하나의 부산물artifact로 만드는 것이다. 이 훈련된 모델은 모델이 이전에 본 적이 없는 주택의 판매 가격을 예측하는 데 사용할 수 있다. 우리가 예측하려는 종속변수가 연속변수인 경우 분류 영역인 이산변수와 달리 회귀를 다루고 있다.

실세계에서 관찰하거나 데이터가 제공하는 정보를 정제하는 작업인 회귀Regression는 일래스틱서치의 머신러닝에 사용되는 의사결정 트리 기술보다 훨씬 광범위한 기술을 포함하는 머신러닝 분야다. 그러나 여기서는 의사결정 트리(일래스틱 스택 내부에서 발생하는 프로세스의 단순화된 버전)를 사용해 회귀를 수행하는 방법을 개념적인 논의 수준으로 제한할 것이다. 회귀에 대해 더 알고 싶다면 문헌을 참고한다. 예를 들어 『머신러닝을 위한 수학Mathematics for Machine Learning(https://mml-book.github.io/)』(2020)에는 회귀에 대해 잘 소개돼 있다.

11장에서 소유한 주택의 판매 가격이 얼마일지 추론하고 싶은 경우 순서도를 개념적으로 도입해 분류 문제에 적용할 때 의사결정 트리에 대한 논의를 시작했다. 가상의 순서도 예제는 그림 12.12에 나와 있다.

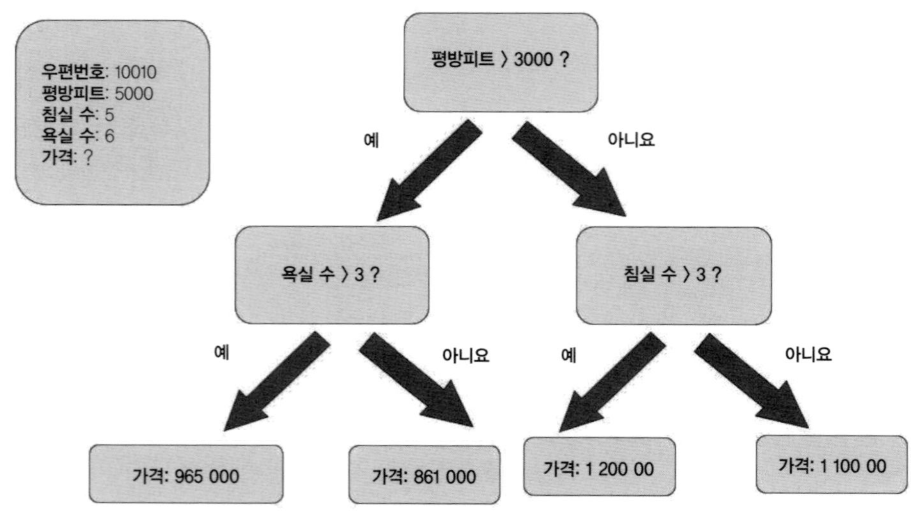

그림 12.12 주택 판매 가격을 예측하기 위해 시도할 수 있는 결정을 보여주는 샘플 순서도

그림 12.12에 있는 가상의 순서도에는 왼쪽 상단 모서리에 상자로 표시된 샘플 주택이 있다. 이 주택은 5,000평방피트의 생활 공간, 5개의 침실, 5개의 욕실이 있다. 이러한 속성을 기반으로 주택의 최종 판매 가격을 예측하고 이를 위해 순서도를 사용할 것이다. 실제로 이 작업을 수행하는 방법은 순서도 상단(또는 의사결정 트리의 루트)에서 시작해 단말 노드(다운스트림 노드에 연결된 노드가 없는)을 향해 아래쪽으로 진행하는 것이다. 샘플로 사용하는 주택의 거실 면적이 5,000평방피트이므로 첫 번째 노드에 대해 "예"로 응답하고 두 번째 자식 노드에 대해 다시 "예"로 응답한다. 이는 주택의 예상 가격인 956,000달러를 포함하는 단말 노드 또는 리프 노드로 이어진다.

자연스럽게 물어볼 수 있는 질문은 그림 12.12처럼 어떻게 순서도를 만들까? 라는 질문이다. 이 순서도(또는 의사결정 트리)를 만드는 데 필요한 두 가지 구성 요소인 각 주택의 피처와 판매 가격이 있는 레이블 지정된 데이터세트와 이 데이터세트를 가져와 이전에 본 적이 없는 주택에 대한 가격 예측을 하는 데 사용할 수 있는 채워진 순서도나 의사결정 트리를 구축하는 데 사용하기 위한 훈련 알고리듬이 있다(13장, '추론'에서 상세하게 설명된 추론을 사용해 수행한다).

레이블이 지정된 데이터세트를 기반으로 의사결정 트리를 훈련하는 프로세스에는 그림 12.12에 묘사된 것과 같은 노드를 생성하는 과정을 포함한다. 이러한 노드는 각 하위 집합이 특정 기준을 충족하는 상황에 도달할 때까지 데이터세트를 점진적으로 더 작은 하위 집합으로 나눈다. 분류의 경우 하위 집합이 특정 순도에 도달하면 학습 데이터세트를 점진적으로 분할하는 프로세스가 중지된다. 이는 노드의 특정 클래스에 속하는 데이터 포인트의 비율을 잡아내는 여러 다른 메트릭을 사용해 판단할 수 있다. 가장 순수한 노드는 특정 클래스에 속하는 데이터 포인트만 포함하는 유형이다.

회귀는 지속적인 값을 다루기 때문에 데이터세트를 재귀적으로 분할하는 작업을 중지할 시기를 결정하기 위한 척도로 순도purity를 사용할 수 없다. 대신 손실함수loss function로 알려진 또 다른 측정값이 있다. 이 측정은 각 노드에 떨어지는 점에 대해 예측된 값이 실제 오류에서 얼마나 멀리 떨어져 있는지를 잡아낸다.

마지막으로 데이터세트를 재귀적으로 여러 번 분할하면 그림 12.13처럼 단순화된 의사결정 트리를 얻는다.

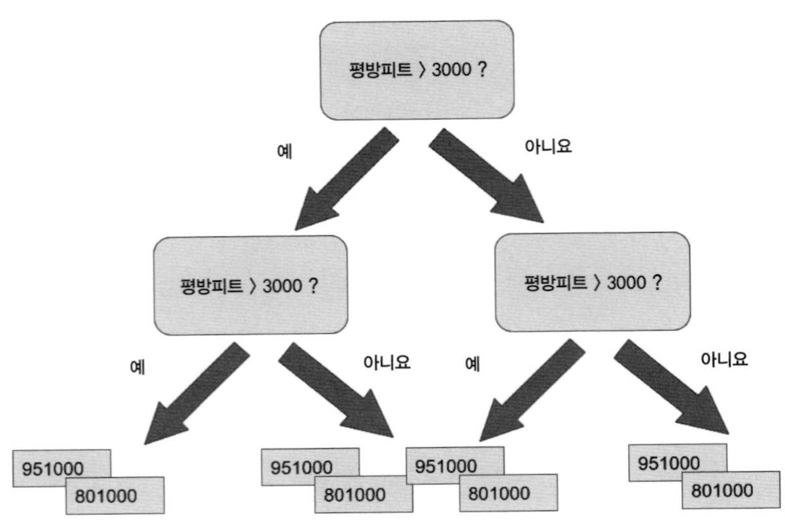

그림 12.13 단순화한 훈련된 의사결정 트리. 리프 노드는 몇 개의 데이터 포인트를 포함한다.

그림 12.13에서 보듯이 훈련 과정의 끝에 있는 단말 노드는 각각 몇 개의 데이터 포인트를 남긴다.

▌요약

회귀는 일래스틱 스택의 두 가지 지도 학습 방법 중 두 번째다. 회귀의 목표는 훈련된 데이터세트(예측하려는 일부 피처와 종속변수가 포함된 데이터세트)를 가져와 훈련된 모델로 추출하는 것이다. 회귀에서 종속변수는 연속된 값이므로 이산 값을 처리하는 분류와 구별된다. 12장에서는 회귀를 위해 일래스틱 스택의 머신러닝 기능을 사용해 주택의 위치와 침실 수와 같은 여러 속성을 기반으로 주택의 판매 가격을 예측했다. 사용 가능한 회귀 기술이 많이 있지만, 일래스틱 스택은 그래디언트 부스트 의사결정 트리를 사용해 모델을 훈련한다.

13장에서는 지도 학습 모델을 추론 프로세서inference processor와 인제스트 파이프라인ingest pipeline을 함께 사용해 강력한 머신러닝 기반 분석 파이프라인을 만드는 방법을 살펴볼 것이다.

▌ 더 읽어보기

피처 중요도 값을 계산하는 방법에 대한 자세한 내용은 일래스틱 머신러닝을 활용한 데이터 프레임 분석의 피처 중요도Feature importance for data frame analytics with Elastic machine learning 블로그 포스트(https://www.elastic.co/blog/feature-importance-for-data-frame-analytics-with-elastic-machine-learning)를 참조하길 바란다.

회귀에 대한 좀 더 수학적인 소개를 찾고 있다면『머신러닝을 위한 수학Mathematics for Machine Learning(https://mml-book.github.io/)』(2020)을 참조하길 바란다.

13

추론

13장에서는 일래스틱 스택에서 훈련된 지도 모델을 사용해 할 수 있는 모든 매력적인 작업을 자세히 살펴볼 것이다. 먼저 훈련된 모델[Trained Model] API를 사용해 클러스터에서 사용 가능한 모델에 대한 정보를 조회하고, 개별 모델에 대한 세부 정보를 조회하며, 다른 일래스틱서치 클러스터로 이식할 수 있도록 모델을 내보내는 방법을 알아볼 것이다. 또한 일런드[eland]를 사용해 제3자 머신러닝 라이브러리에서 훈련된 것과 같은 외부 모델을 일래스틱서치로 가져오는 방법도 간략하게 살펴볼 것이다.

13장에서는 다음 주제를 다룰 것이다.

- 훈련된 모델 API 및 파이썬을 사용해 훈련된 머신러닝 모델을 검사하고 가져오며 내보내기
- 추론 프로세서 및 인제스트 파이프라인의 이해와 구성 및 사용 방법

- 일런드를 사용해 외부 모델을 일래스틱서치로 가져오기

기술 요구 사항

13장의 자료에는 7.10 버전 이상의 일래스틱서치 클래스터가 필요하고, `elasticsearch-py`와 `scikit-learn` 라이브러리가 설치된 파이썬 3.7 이상이 설치돼 있어야 한다. 13장에서 작동하도록 파이썬 설치를 구성하는 방법은 이 책의 깃허브 저장소(https://github.com/PacktPublishing/Machine-Learning-with-Elastic-Stack-Second-Edition/tree/main/Chapter13)에 있는 Chapter13 폴더 README를 참조한다.

훈련된 모델 API 및 파이썬을 사용해 훈련된 머신러닝 모델을 검사하고 가져오며 내보내기

데이터세트를 준비하고 분류나 회귀 모델을 훈련하며 그 성능을 확인하고 프로덕션 데이터세트를 강화하기 위해 모델을 사용했다. 인제스트 파이프라인ingest pipeline, 추론 프로세서inference processor, 훈련된 모델을 사용하도록 구성할 수 있는 다양한 다른 컴포넌트를 살펴보기 전에 모델에 대한 정보를 찾고 다른 클러스터로 모델을 내보내는 데 사용할 수 있는 REST API 엔드포인트 세트인 **훈련된 모델 API**(https://www.elastic.co/guide/en/elasticsearch/reference/7.10/get-trained-models.html)에 익숙해지는 것이 좋다. 이 API를 살펴보면서 우리 모델에 대해 무엇을 알려줄 수 있는지 알아보자.

훈련된 모델 API 살펴보기

이 절에서는 키바나 개발 콘솔Kibana Dev Console을 사용해 훈련된 지도 모델에 대해 조사하는 방법을 실제로 살펴볼 것이다.

1. 키바나 개발 콘솔에서 시작해보자. 간단히 말하면 아직 이 도구가 익숙하지 않은 사람들을 위해 왼쪽 슬라이드 아웃 메뉴를 클릭하고 **관리**Management 메뉴로 스크롤해 접근할 수 있는 키바나 개발 콘솔Kibana Dev Console은 고급 사용자에게 REST API 명령을 실행할 수 있는 쉬운 그래픽 환경을 제공한다. 이 기능을 활용해 추론Interfence API와 대화하고 다양한 REST API 엔드포인트를 쿼리할 때 일래스틱서치에서 받는 응답을 조사해볼 것이다.
키바나 개발 콘솔에서 다음 REST 요청을 실행한다.

```
GET _ml/trained_models/
```

현재 클러스터에 얼마나 많은 훈련된 모델이 있는지에 대한 요약 정보와 각 모델에 대한 세부 정보가 일래스틱서치에서 받은 응답에 포함돼 있다. 물론 수신한 정확한 응답은 훈련된 모델에 따라 클러스터별로 다르므로 그림 13.1에 표시된 응답 스니펫은 단지 하나의 예일 뿐이다.
그림 13.1의 응답을 보면 일래스틱서치로부터 클러스터에 있는 훈련된 모델의 수와 모델을 설명하는 수많은 속성을 포함하는 모델 객체 목록을 수신한 것을 볼 수 있다. 모델 객체 대부분의 필드는 한 번쯤 유용할 수는 있지만, 이 단계에서 주목해야 할 중요한 필드는 `model_id`다. 클러스터에 저장된 각 모델에 할당되는 이 필드는 나중에 추론 프로세서와 인제스트 파이프라인에서 사용할 때 모델을 참조하기 위해 사용하는 고유 식별자다.
훈련된 모델 API가 제공하는 또 다른 정보 부분은 포함includes하거나 배제excludes할 필드 목록을 정의한 `analyzed_fields` 딕셔너리dictionary다. 훈련에 사용하려는 필드만 훈련에 포함돼 있는지 확인하는 세니티 체크sanity check로 다시 확인하는 것이 좋다.

```
{
  "count" : 3,
  "trained_model_configs" : [
    {
      "model_id" : "breast-cancer-wisconsin-classification-1612270856116",
      "created_by" : "_xpack",
      "version" : "7.10.1",
      "create_time" : 1612270856116,
      "estimated_heap_memory_usage_bytes" : 2272,
      "estimated_operations" : 17,
      "license_level" : "platinum",
      "description" : "",
      "tags" : [
        "breast-cancer-wisconsin-classification"
      ],
      "metadata" : {
        "analytics_config" : {
          "max_num_threads" : 1,
          "model_memory_limit" : "12mb",
          "create_time" : 1612270847492,
          "allow_lazy_start" : false,
          "description" : "",
          "analyzed_fields" : {
            "excludes" : [ ],
            "includes" : [
              "Bare_Nuclei",
              "Bland_Chromatin",
              "Class",
              "Clump_Thickness",
              "Marginal_Adhesion",
              "Mitoses",
              "Normal_Nucleoli",
              "Outlier",
```

그림 13.1 클러스터에서 훈련된 모델의 수와 모델 중 하나의 정보를 보여주는 추론 API 응답 스니펫

2. 우리 데모 클러스터는 훈련된 모델이 3개뿐이므로 API가 반환하는 정보의 양이 압도적이지 않지만, 수십 또는 수백 개의 모델이 있는 클러스터에서 작업하는 경우 한 번에 하나의 모델에 대한 세부 정보를 보는 것이 도움될 것이다. 참고로 특정 키바나 인스턴스에서 API 호출을 실행하려면, 클러스터에 있는 모델의 model_id를 찾아 이를 사용해야 한다.

```
GET _ml/trained_models/breast-cancer-wisconsin-
classification-1612270856116
```

또는 다음과 같이 와일드카드[wildcard]와 함께 API 호출을 사용한다.

```
GET _ml/trained_models/breast-cancer-wisconsin-classification-*
```

_cat API를 통해 좀 더 간결한 요약을 확인할 수 있다. 다음 API 호출을 사용해 사용 가능한 모델의 간략한 요약을 볼 수 있다.

```
GET _cat/ml/trained_models
```

클러스터에서 받은 응답은 그림 13.2에 나와 있다. 유방암 데이터세트에 대해 훈련된 두 가지 모델과 식별자가 `lang_ident_model_1`인 세 번째 모델이 있음을 알 수 있다. 이는 기본적으로 일래스틱서치와 함께 제공되는 언어 식별 모델이며 식별하는 데 사용할 수 있다. 이 언어 식별 모델이 어떻게 작동하고 어떻게 사용하는지 13장 뒷부분에서 살펴볼 것이다.

```
breast-cancer-wisconsin-classification-1612270856116   2.2kb  17    2021-02-02T13:00:56.116Z 0 breast-cancer-wisconsin-classification
breast-cancer-wisconsin-classification-2-1612308085417 11.2kb 90    2021-02-02T23:21:25.417Z 0 breast-cancer-wisconsin-classification-2
lang_ident_model_1                                     1mb    39629 2019-12-05T12:28:34.594Z 0 __none__
```

그림 13.2 _cat API 응답

이제 클러스터에서 사용 가능한 훈련된 모델에 대한 정보를 검사하고 추출하는 방법에 대해 간략히 살펴보았으므로 `trained_models` API의 마지막 강력한 기능인 일래스틱서치 클러스터에서 모델을 내보내는 기능에 대해 자세히 살펴보자. 내보내는 기능은 최종 절차에 몇 개의 절차가 더 포함되므로 다음 절에 이 절차에 대한 설명을 할애했다.

훈련된 모델 API와 파이썬을 사용해 훈련된 모델 내보내기와 가져오기

왜 일래스틱서치에서 훈련된 모델을 내보내기를 원할까? 외부에 모델을 저장하거나 동료와 공유하거나 나중에 다른 일래스틱서치 클러스터로 가져오기 위해 모델을 내보내고 싶을 수 있다. 머신러닝 모델 훈련은 리소스 집약적일 수 있으므로 훈련을 위해 하나의 임시 일래스틱서치 클러스터를 준비해 이 클러스터에서 모델을 훈련하고 평가한 다음, 더 작은 다른 클러스터로 내보내고 다시 가져와서 리소스를 덜 소모하는 추론을 수행할 수 있다.

파이썬을 사용해 모델을 내보내는 이 단계를 따르기 위해 3.7 버전 이상의 파이썬과 7.10.1 버전의 `elasticsearch-py` 라이브러리가 필요하다. 파이썬 환경을 구성하고 필요한 의존성을 설치하는 자세한 지침과 추가적인 리소스는 이 책의 깃허브 저장소에 있는 README 파일(https://github.com/PacktPublishing/Machine-Learning-with-Elastic-Stack-Second-Edition/tree/main/Chapter13)을 참조한다. 일래스틱서치 클러스터에서 모델을 내보내는 데 필요한 모든 단계와 로직은 이 책의 깃허브 저장소에 있는 `export_model.py` 파이썬 스크립트(https://github.com/PacktPublishing/Machine-Learning-with-Elastic-Stack-Second-Edition/tree/main/Chapter13/model_import_export)에 있다. 이 절에서는 모델을 내보내는 데 필요한 구성 요소를 이해하기 위해 스크립트 각 단계를 살펴볼 것이다. 이러한 처리가 파이썬에서 `elasticsearch-py` 클라이언트를 사용해 나만의 머신러닝 워크플로를 구축할 수 있는 빌딩 블록이 되기를 바란다.

1. 일래스틱서치 클러스터와 상호작용하는 거의 모든 파이썬 스크립트의 빌딩 블록은 일래스틱서치 클라이언트 객체의 클래스는 우선 다음과 같은 라이브러리에서 임포트한다.

    ```
    from elasticsearch import Elasticsearch
    ```

    이 클래스를 임포트하면 객체의 인스턴스를 생성하고 `es_client` 변수에 할당할 수 있다.

    ```
    es_client = Elasticsearch(es_url, http_auth=(ES_USERNAME, ES_PASSWORD))
    ```

    객체 생성자에 일래스틱서치 인스턴스 URL이 저장된 변수를 전달한다는 것에 유의하자. 일래스틱서치 인스턴스가 로컬 머신에 실행되고 있다면, `localhost:9200` 같은 값일 것이고, 클라우드 기반 배포라면 더 긴 URL일 수 있다. 또한 일래스틱서치 인스턴스의 사용자 이름과 비밀번호를 저장하는 두 변수 `ES_USERNAME`, `ES_PASSWORD`를 전달한다. 개발 목적으로 로컬에서 보호되지 않는 일래스틱서치 클러스터가 실행되는 경우에는 필요하지 않겠지만, 프로덕션에서는 보호되지 않는 일래스틱서치 클러스터를 실행하는 것이 매우 위험하다는 사실에 유의하자.

2. 머신러닝 API와 상호작용하려면 MlClient 클래스를 임포트해야 한다.

```
from elasticsearch.client import MlClient
```

그런 다음 인스턴스를 만든다.

```
ml_client = MlClient(es_client)
```

클라이언트 두 개를 생성했다면 모델 내보내기를 진행할 수 있다. 이를 위해 get_trained_models 메서드를 사용할 것이다. 이 메서드에 관한 문서는 https://elasticsearch-py.readthedocs.io/en/v7.13.0/api.html#x-pack에 있는데, 이 라이브러리를 사용하면서 매개변수와 구성 옵션의 의미를 재확인해야 할 경우 편리하다. 이 메서드에 전달하는 매개변수 3개가 중요한데, 내보내려는 모델의 이름을 정의하는 model_id, False로 설정한 decompress_definition 플래그, True로 설정한 include_model_definition 플래그가 있다.

```
model_id = breast-cancer-wisconsin-classification-1612270856116
```

```
compressed_model = ml.client.get_trained_models(model_
id, decompress_definition=False, include_model_
definition=True, for_export=True)
```

> **팁**
>
> 앞의 코드를 7.11 버전 및 그 이후의 일래스틱서치 클러스터에서 실행하는 경우, API에서 수신하는 응답을 다른 일래스틱서치 클러스터로 가져오기에 적절한 형식으로 만들기 위해 추가적인 매개변수인 exclude_generated를 True로 설정한다. 7.10 버전이 실행 중인 경우 표시된 대로 for_export를 사용하자.

앞의 코드를 실행하면 API는 그림 13.3 스니펫에서 표시된 것처럼 모델에 대한 정보와 `compressed_definition` 필드가 포함된 파이썬 딕셔너리가 반환돼 `compressed_model` 변수에 저장될 것이다.

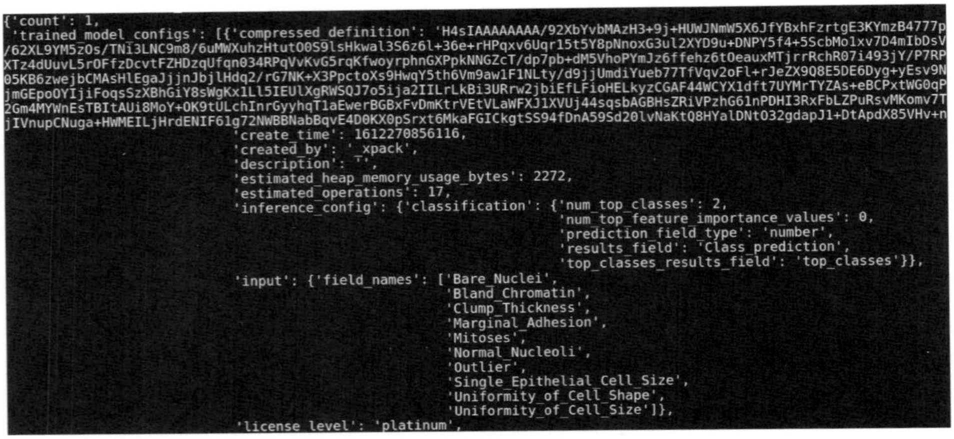

```
{'count': 1,
 'trained_model_configs': [{'compressed_definition': 'H4sIAAAAAAAA/92XbYvbMAzH3+9j+HUWJNmW5X6JfYBxhFzrtgE3KYmzB4777p
/62XL9YM5zOs/TNi3LNC9m8/6uMWXuhzHtutO0S9lsHkwal3S6z6l+36e+rHPqxv6Uqr15t5Y8pNnoxG3ul2XYD9u+DNPY5f4+5ScbMo1xv7D4mIbDsV
XTz4dUuvL5rOFfzDcvtFZHDzqUfqn034RPqVvKvG5rqKfwoyrphnGXPpkNNGZcT/dp7pb+dM5VhoPYmJz6ffehz6tOeauxMTjrrRchR07i493jY/P7RP
05KB6zwejbCMAsHlEgaJjjnJbjlHdq2/rG7NK+X3PpctoXs9HwqY5th6Vm9aw1F1NLty/d9jjUmdiYueb77TfVqv2oFl+rJeZX9Q8E5DE6Dyg+yEsv9N
jmGEpoOYIjiFoqsSzXBhGiY8sWgKx1Ll5IEUlXgRWSQJ7o5ija2IILrLkBi3URrw2jbiEfLFioHELkyzCGAF44WCYX1dft7UYMrTYZAs+eBCPxtWG0qP
2Gm4MYWnEsTBItAUi8MoY+OK9tULchInrGyyhqT1aEwerBGBxFvDmKtrVEtVLaWFXJ1XVUj44sqsbAGBHsZRiVPzhG61nPDHI3RxFbLZPuRsvMKomv7T
jIVnupCNuga+HWMEILjHrdENIF61g72NWBBNabBqvE4D0KX0pSrxt6MkaFGICkgtSS94fDnA59Sd20lvNaKtQ8HYalDNtO32gdapJ1+DtApdX85VHv+n
                            'create_time': 1612270856116,
                            'created_by': '_xpack',
                            'description': '',
                            'estimated_heap_memory_usage_bytes': 2272,
                            'estimated_operations': 17,
                            'inference_config': {'classification': {'num_top_classes': 2,
                                                                     'num_top_feature_importance_values': 0,
                                                                     'prediction_field_type': 'number',
                                                                     'results_field': 'Class_prediction',
                                                                     'top_classes_results_field': 'top_classes'}},
                            'input': {'field_names': ['Bare_Nuclei',
                                                     'Bland_Chromatin',
                                                     'Clump_Thickness',
                                                     'Marginal_Adhesion',
                                                     'Mitoses',
                                                     'Normal_Nucleoli',
                                                     'Outlier',
                                                     'Single_Epithelial_Cell_Size',
                                                     'Uniformity_of_Cell_Shape',
                                                     'Uniformity_of_Cell_Size']},
                            'license_level': 'platinum',
```


그림 13.3 모델의 compressed_definition과 메타데이터가 포함된 파이썬 딕셔너리 스니펫

3. 이 모델의 정의를 `compressed_model` 변수에 저장하면, 딕셔너리를 버전 관리 시스템에 저장하거나 다른 일래스틱서치 클러스터로 가져올 수 있는 JSON 형식 문자열로 변환해 파일로 쓸 수 있다.

   이 딕셔너리를 JSON 형식으로 변환하려면 파이썬 json 내장 라이브러리를 임포트해야 한다.

   ```
   import json
   ```

   그런 다음, 내보낼 모델의 파일 경로를 `filename` 변수에 저장해 다음처럼 파일에 쓸 수 있다.

   ```
   with open(filename, 'w') as handle:
     handle.write(json.dumps(compressed_model))
   ```

앞의 모든 단계는 이 책의 깃허브 저장소(https://github.com/PacktPublishing/Machine-Learning-with-Elastic-Stack-Second-Edition/tree/main/Chapter13/model_import_export)에 있다.

1. 이 절차에 있어서 많은 단계는 이전에 단계별로 자세하게 진행했던 내보내기 스크립트와 다르지 않다. 특히 일래스틱서치와 `MlClient` 객체 생성과 명령줄 인수의 파싱은 앞의 스크립트와 유사한 단계를 따르므로 자세히 설명하지는 않을 것이다. 따라서 첫 번째 단계는 모델 파일을 읽고 json 내장 라이브러리의 `loads` 메서드를 사용해 모델 파일을 읽어 문자열 내용을 파이썬 딕셔너리로 변환하는 것이다.

```
with open(filename, 'r') as handle:
  model_definition = json.loads(handle.read())
```

2. 압축된 `model_definition`과 필수 메타데이터를 파이썬 딕셔너리에 로드하면 `put_trained_model` 메서드를 사용해 클러스터에 업로드할 수 있다.

3. 마지막으로 클러스터의 키바나 인스턴스로 이동해 훈련된 모델 API를 사용해 모델이 실제로 클러스터로 잘 가져왔는지 다시 확인한다.

이제 모델에 대한 세부 정보를 보는 방법과 모델을 내보내고 가져오는 방법을 배웠다. 모델 없이 더 복잡한 머신러닝 인프라를 구축할 준비가 돼 있다. 훈련된 모델이 있으면, 인제스트 시점에서 데이터를 풍부하게 하기 위해 모델을 변환해서 결합하고 이를 사용하는 등 모델의 가능성은 거의 무한하다. 이러한 인프라의 빌딩 블록은 추론 프로세서와 인제스트 파이프라인이다. 13장에서 이 두 가지를 각각 자세히 살펴보고 자체 머신러닝 인프라 구축을 준비해 볼 것이다.

추론 프로세서와 인제스트 파이프라인 이해하기

훈련된 머신러닝 모델이 있고 그래서 이제 어떻게 할까? 11장, '분류 분석'과 12장, '회귀'에서 머신러닝 모델에 있어 흥미로운 점 중 하나는 레이블이 지정된 훈련 데이터세트에서 훈련한 다음 이전에 본 적이 없는 데이터포인트에 대한 예측을 수행하는 데 사용할 수 있도록 지식을 인코딩한다는 것이다. 이처럼 이전에 본 적이 없는 데이터포인트에 대해 레이블을 지정하거나 예측하는 프로세스를 **추론**이라고 한다.

일래스틱 스택에서는 실제로 어떻게 일어날까?

일래스틱서치에서 추론을 사용하기 위해 구축할 수 있는 다양한 아키텍처가 있지만 모든 아키텍처의 기본 빌딩 블록은 추론 프로세서와 인제스트 파이프라인이다. 이는 13장에서 탐구할 주요 주제다.

인제스트 파이프라인은 일래스틱서치 인덱스에 쓰기 전에 다양한 방식으로 데이터를 조작하고 변환할 수 있는 특수 구성 요소다. 인제스트 파이프라인은 일반적으로 수집하는 데이터에 대해 단일 유형의 조작 또는 변환을 수행하는 하위 단위나 구성 가능한 작업인 다양한 프로세서로 구성한다. 인제스트 파이프라인은 수집돼 들어오는 데이터 도큐먼트 각각에 대해 순차적으로 수행하는 여러 프로세서로 구성될 수 있다.

예를 들어 일반적인 인제스트 파이프라인 아키텍처에는 파이프라인을 통해 수집된 각 도큐먼트에 대해 페인리스[Painless] 스크립트를 실행할 수 있는 스크립트 프로세서가 포함될 수 있으며, 추론 프로세서의 다른 스크립트 프로세서가 뒤따른다. 13장의 뒷부분에서 살펴볼 것과 같은 많은 머신러닝 애플리케이션의 경우, 인제스트 파이프라인은 피처 엔지니어링을 수행하거나 머신러닝 모델에서 사용하기에 적합한 형식으로 피처를 변환하거나 도큐먼트가 일래스틱서치로 수집되기 전에 불필요한 필드를 제거하기 위한 완벽한 장소다.

복잡한 데이터 변환 파이프라인을 생성하기 위해 결합과 사용자 정의가 가능한 내장 프로세서가 있다. 예를 들어 GeoIP 프로세서는 IP 주소에 대한 지리적 정보를 추가하고, 스크립트 프로세서는 사용자가 사용자 페인리스 코드를 작성해 기존 도큐먼트 필드에서 계산과 조작을 수행할 수 있도록 하며, CSV 프로세서는 구문 분석과 CSV 값에서 데이터 추출을 통해 필드를 생성할 수 있도록 한다. 전체 프로세서 목록은 일래스틱서치 문서(https://www.elastic.co/guide/en/elasticsearch/reference/master/processors.html)에 있다. 이러한 목록으로 구축할 수 있는 가능한 데이터 아키텍처 종류를 알아보는 것을 권장한다.

우리의 목적을 위해 머신러닝을 탐구하는 측면에서 연구해야 할 가장 중요한 프로세서는 추론 프로세서다. 도큐먼트가 이 프로세서를 통과하면 프로세서 구성에서 참조하는 머신러닝 모델에 의해 예측으로 주석이 추가된다. 실제 예제를 통해 추론 프로세서를 구성하고 인제스트 파이프라인에서 사용하는 방법을 살펴보자.

이 예제에서는 9장에서 처음 조사했던 가상의 소셜 미디어 데이터세트를 사용할 것이다. 이번에는 언어 식별 모델을 사용해 이러한 가상의 마이크로블로그 사이트 게시물에 있는 텍스트가 어떤 언어로 작성돼 있는지 식별할 것이다. 자, 시작해보자!

1. 12장 시작 부분에서 논의했던 훈련된 모델 API를 사용한다면 특정 일래스틱서치 클러스터에서 모델을 훈련하지 않았더라도 여전히 클러스터에서 사용 가능한 단일 모델인 `lang_ident_model_1`을 볼 수 있음을 알 것이다. 훈련된 모델 API가 반환하는 이 모델과 관련된 메타데이터는 그림 13.4에 나와 있다.

```
{
  "model_id" : "lang_ident_model_1",
  "created_by" : "_xpack",
  "version" : "7.6.0",
  "create_time" : 1575548914594,
  "estimated_heap_memory_usage_bytes" : 1053992,
  "estimated_operations" : 39629,
  "license_level" : "basic",
  "description" : "Model used for identifying language from arbitrary input text."
  ,
  "tags" : [
    "lang_ident",
    "prepackaged"
  ],
  "input" : {
    "field_names" : [
      "text"
    ]
  }
}
]
```

그림 13.4 언어 식별 모델 lang_ident_model_1

이 모델은 일래스틱서치 클러스터에 기본적으로 설치돼 있으며 일래스틱서치 클러스터에서 여러분이 직접 훈련시킬 수 있는 다른 모델과 마찬가지로 추론 프로세서와 인제스트 파이프라인에서 사용할 수 있다!

2. 다음에는 이 언어 식별 모델을 참조하는 추론 프로세서로 인제스트 파이프라인 구성을 생성하는 방법을 살펴보자. 프로세서는 각 도큐먼트가 파이프라인에 들어갈 때와 일래스틱서치 인덱스에 기록되기 전에 처리하는 인제스트 파이프라인 내의 서브 유닛sub-unit이라는 것을 기억하자. 일래스틱서치에서 항상 파이프라인의 일부여야 하며 추론 프로세서를 독립된 기능성 유닛처럼 사용할 수는 없지만 우선 프로세서의 구성을 격리된 상태로 시험해본 다음 어떻게 인제스트 파이프라인에 적용하는지 살펴보자.
   다음 코드 스니펫은 계획된 언어 식별 텍스트 파이프라인을 위한 추론 프로세서의 구성을 보여준다.

```
{
  "inference": {
    "model_id": " lang_ident_model_1",
    "target_field": "text_language_prediction",
    "field_map": {
      "post": "text"
    },
    "inference_config": { "classification": {} }
  }
}
```

가장 중요한 구성 매개변수와 그 의미를 살펴보는 시간을 가져보자. 추론 프로세서에 사용 가능한 모든 구성 옵션에 대한 전체 API 참조는 일래스틱서치 문서(https://www.elastic.co/guide/en/elasticsearch/reference/master/inference-processor.html)를 참조한다.

모든 추론 프로세서의 핵심 부분은 텍스트 도큐먼트에 대한 예측을 수행하는 데 사용되는 훈련된 머신러닝 모델이다. 추론 프로세서는 model_id 구성 필드를 통해 들어오는 도큐먼트를 분류하는 데 사용해야 하는 모델을 알게 된다. 여기서 model_id(훈련된 모델 API를 사용해볼 수 있는 모델의 메타데이터에 포함된)는 lang_ident_model_1이다.

팁

훈련된 모델 API를 사용하면 여러분의 지도(supervised) 머신러닝 모델의 model_id를 언제나 조회할 수 있다는 것을 기억하자.

다음 구성 항목은 target_field이다. 추론 프로세서가 인제스트 파이프라인을 통해 들어오는 도큐먼트를 처리하면 훈련된 머신러닝 모델의 결과를 기반으로 도큐먼트에 대한 예측을 생성한다는 점을 기억하자. 사용자가 이 예측을 보려면 도큐먼트의 필드에 작성해야 한다. 이는 target_field 구성에서 선택적으로 지정할 수 있는 필드다. 머신러닝 모델의 예측을 포함할 필드 이름에 대한 특정 기본 설정이 없는 경우 이 필드를 비워 둘 수 있으며 그런 경우 기본 이름이 할당된다.
마지막으로, 분류기의 실제 구성으로 넘어가기 전에, field_map 구성 매개변수를 이해하는 시간을 가져보자. 11장, '분류 분석'과 12장, '회귀'에 있는 이전 논의에서 지도 머신러닝 모델이 피처와 종속 변수를 포함하는 레이블이 지정된 데이터세트에서 훈련된다는 것을 상기한다. 이러한 피처는 종속 변수에 대한 의미 있는 정보를 인코딩해야 한다. 이러한 피처는 모델 훈련에 중요하기 때문에 훈련된 모델을 사용해 이전에 본 적이 없는 데이터 포인트에 대한 예측 또는 추론을 수행할 때도 필요하다.
그러나 머신러닝 모델을 훈련하는 과정은 추론 과정과 분리돼 있기 때문에, 훈련 데이터세트에서 모델의 피처에 사용한 필드 이름이 추론에 사용하려는 새 데이터의 피처 필드 이름과 동일하지 않을 수 있다.

이 경우, 언어 식별 모델은 사용자를 위해 사전에 훈련되므로 최종 사용자인 우리는 모델에서 피처로 사용된 필드의 이름이 무엇이고 모델이 작동하기 위해 추론에 사용하려는 도큐먼트 필드를 무엇이라고 불러야 하고 어떻게 알아내는지가 자연스러운 질문이다. 이 질문에 대한 답변은 훈련된 모델 API가 반환한 모델에 대한 메타데이터에 있으며 그림 13.4에 표시돼 있다. 이 메타데이터 하단을 살펴보고 input 필드와 그 아래에 있는 중첩된 구성 블록을 확인한다.

```
"input" : {
  "field_names" : [
    "text"
  ]
}
```

모델의 메타데이터에 있는 field_names 아래에 나열된 필드 이름은 모델에 사용된 피처 필드 이름이 text로 명시돼 있는데, 추론 도큐먼트에서 사용하려는 이 피처는 언어 식별을 희망하는 text를 포함하는 필드 이름이 있어야 한다.

모델의 훈련은 추론 과정과 분리되기 때문에 피처에 대해 선택한 필드 이름이 추론 프로세서를 통과하려는 데이터에서 사용할 수 없을 가능성이 있다. 이 경우 데이터의 필드 이름을 변경하는 것이 불가능하거나 바람직하지 않은 경우 추론 프로세서의 field_map 구성 블록을 사용해, 지도 모델이 예상하는 필드 이름을 추론하는 데 사용할 데이터에 있는 필드 이름에서 매핑할 수 있다. 아래는 가상의 마이크로블로그 소셜 미디어 데이터세트의 텍스트를 포함하는 post 필드 이름과 모델이 기대하는 text 필드 이름 간의 매핑을 구성했다.

```
"field_map": {
  "post": "text"
},
```

마지막으로, 구성의 마지막 부분인 inference_config 블록까지 왔다. 이 블록에 대한 구성 옵션은 분류 또는 회귀를 사용할지 여부를 결정한다. 언어 식별의 경우 다중 클래스 분류로 작업하므로 분류를 선택하고 다른 구성 옵션은 기본 설정으로 둔다. 이 절의 약간 뒷부분에서 inference_config에서 사용 가능한 필드와 이를 조정해 결과의 최종 형식을 결정하는 방법을 자세히 살펴보자.

3. 이제 추론 프로세서 구성의 일부를 살펴봤으니, 인제스트 파이프라인 구성으로 넘어가자. 이는 최상위 컨테이너(원한다면)거나 추론 프로세서와 잠재적으로 다른 프로세서를 수용할 컴포넌트다.

   구성한 추론 프로세서가 포함된 인제스트 파이프라인의 구성은 다음과 같다.

```
PUT _ingest/pipeline/language-identification-pipeline
{
  "description": "Pipeline for classifying language in social media
posts",
  "processors": [
  {
    "inference": {
      "model_id": " lang_ident_model_1",
      "target_field": "text_language_prediction",
      "field_map": {
        "post": "text"
      },
      "inference_config": { "classification": {} }
      }
    }
  ]
}
```

4. 대부분의 구성은 이전에 자세히 연구했던 추론 프로세서의 사양이 차지한다. 인제스트 파이프라인 구성에서 주목할 만한 유일한 추가 기능은 REST API 엔드포인트의 일부인 파이프라인 이름과 구성 본문에 있는 `processors` 배열이다. 여기서는 `language-identification-pipeline` 파이프라인을 호출하도록 선택했다. 이 `processors` 배열은 프로세서에 대한 구성 사양configuration specification을 포함한다.

   다음 구성을 복사해 키바나 개발 콘솔에 붙여넣거나 그림 13.5와 같이 키바나의 **스택 관리**Stack Management 패널에 있는 인제스트 파이프라인Ingest Pipelines 마법사를 사용할 수 있다.

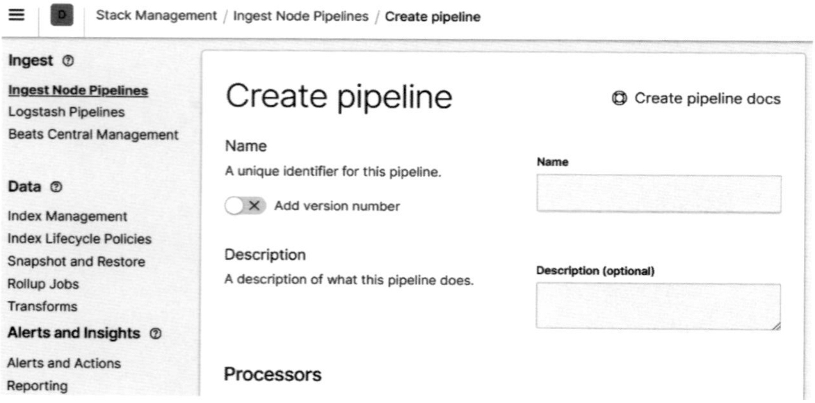

그림 13.5 파이프라인 생성 마법사

5. 개발 콘솔Dev Console 또는 마법사를 통해 파이프라인을 구성하고 나면 가상 소셜 미디어 마이크로블로그 플랫폼 포스트에서 언어를 식별하는 데 사용할 준비가 됐다. 일반적으로 패킷비트packetbeat와 같은 비트 또는 변환Transform과 함께 인제스트 파이프라인을 사용하지만 우리가 원하는 개념을 더 쉽게 설명하기 위해 여기서는 키바나 개발 콘솔Kibana Dev Console을 사용해 도큐먼트를 인덱스로 수집할 것이다. 13장 뒷부분에서는 더 발전되고 현실적인 예제를 살펴볼 것이다.

파이프라인을 통해 첫 번째 도큐먼트를 인덱싱해보겠다. 이를 달성한 REST API 명령은 다음과 같다.

```
POST social-media-feed-inference/_doc?pipeline=language-
identification-pipeline
{
  "username": "Sanna",
  "statistics": {
    "likes": 320,
    "shares": 8000
  },
  "timestamp": "2021-01-20T23:19:06",
  "post" : "Terveisiä Suomesta! Täällä olen talvilomalla!"
}
```

요청 본문에서 도큐먼트를 인덱싱하기 위해 POST 요청을 보내고 이전 단계에서 생성한 파이프라인 이름을 선택적인 pipeline 매개변수에 인수로 전달한다. 여기서는 사용자 "Sanna"가 업데이트(post 필드에 핀란드어로 표시)를 작성했다. 수집된 도큐먼트가 어떻게 생겼는지 알아보기 위해 social-media-feed-inference 인덱스를 조사해보자.

아직 생성하지 않은 경우 social-media-feed-inference 인덱스 패턴을 만들고 키바나에 있는 디스커버리 앱Discovery app으로 찾아본다. 이제 social-media-feed-inference 인덱스에는 이전에 표시된 REST API 호출을 사용해 인덱싱한 도큐먼트 하나만 포함된다. 이 도큐먼트는 그림 13.6에 나와 있다.

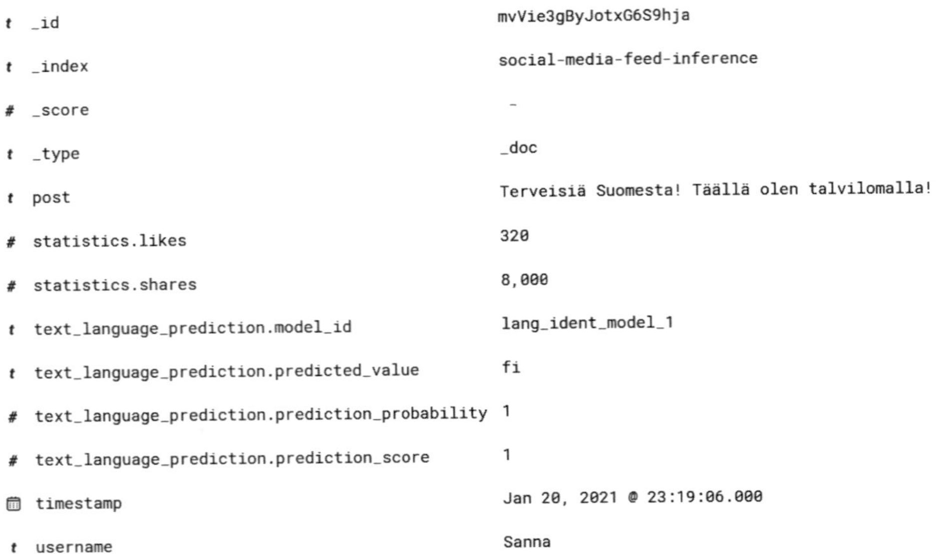

t	_id	mvVie3gByJotxG6S9hja
t	_index	social-media-feed-inference
#	_score	-
t	_type	_doc
t	post	Terveisiä Suomesta! Täällä olen talvilomalla!
#	statistics.likes	320
#	statistics.shares	8,000
t	text_language_prediction.model_id	lang_ident_model_1
t	text_language_prediction.predicted_value	fi
#	text_language_prediction.prediction_probability	1
#	text_language_prediction.prediction_score	1
	timestamp	Jan 20, 2021 @ 23:19:06.000
t	username	Sanna

그림 13.6 social-media-feed-inference 인덱스에 있는 수집된 도큐먼트

그림 13.6의 도큐먼트에서 볼 수 있듯이, 추론 프로세서는 도큐먼트의 원래 필드와 함께 4개의 새 필드를 추가했다. 이 모든 필드에는 추론 프로세서 구성에서 구성한 `text_language_prediction_model`이라는 이름이 접두어로 붙는다. 보다시피 필드는 예측을 수행하는 데 사용된 모델의 `model_id`, 모델이 게시물로부터 예측하는 언어의 식별자가 있는 `predicted_value`, `prediction_probability`와 `prediction_score`가 포함된다. 이는 11장, '분류 분석'에서 다뤘다.
보는 것처럼 여기서는 모델은 원본 포스트가 핀란드어로 작성됐음을 정확하게 판단했다.

6. 이전의 예제에서 추론 프로세서와 인제스트 파이프라인 구성을 생성하고 파이프라인을 통해 도큐먼트를 인덱스에 직접 인덱싱했다. 인덱싱 전에 파이프라인에 대해 몇 가지 모의 실행[dry run]을 먼저 하려면 `_simulate` 엔드포인트를 사용할 수 있다.

```
POST _ingest/pipeline/language-identification-pipeline/_simulate
{
  "docs": [{
    "_source": {
      "username": "Sanna",
      "statistics": {
        "likes": 320,
        "shares": 8000
      },
      "timestamp": "2021-01-20T23:19:06",
      "post" : "Terveisiä Suomesta! Täällä olen talvilomalla!"
    }
  }]
}
```

API 호출에 대해 반환한 응답은 다음 코드 스니펫에서 볼 수 있듯이 모델의 예측 결과를 포함한다.

```
{
      "doc" : {
        "_index" : "_index",
        "_type" : "_doc",
        "_id" : "_id",
        "_source" : {
          "post" : "Terveisiä Suomesta! Täällä olen talvilomalla!",
          "text_language_prediction" : {
            "prediction_score" : 0.9999995958245499,
            "model_id" : "lang_ident_model_1",
            "prediction_probability" : 0.9999995958245499,
            "predicted_value" : "fi"
```

```
        },
        "username" : "Sanna",
        "statistics" : {
          "shares" : 8000,
          "likes" : 320
        },
        "timestamp" : "2021-01-20T23:19:06"
      },
      "_ingest" : {
        "timestamp" : "2021-03-29T01:35:07.492629377Z"
      }
    }
  }
 ]
}
```

7. 마지막으로, 모든 것이 의도하는 대로 작동하는지 확인하기 위해 인제스트를 시작하기 전에 인제스트 파이프라인 UI를 사용해 도큐먼트를 테스트할 수도 있다. 불행하게도 UI에서는 기존 인제스트 파이프라인이 아닌 새 인제스트 파이프라인을 만드는 동안에만 수행할 수 있으므로 이 데모의 목적을 위해 마법사를 사용해 이전에 만들었던 `language-identification-pipeline`의 복제본을 만들어 시작할 수 있다.

   그런 다음 그림 13.7처럼 마법사에 있는 **프로세서**Processors 선택기 오른쪽에서 **테스트 파이프라인**Test pipeline 텍스트를 찾고 **도큐먼트 추가**Add documents 링크를 클릭한다.

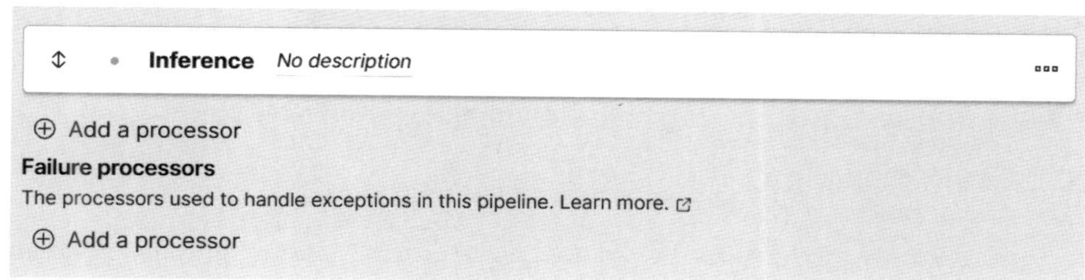

그림 13.7 인제스트 파이프라인 생성 마법사

이렇게 하면 인덱스에 도큐먼트를 추가하거나 제공된 텍스트 상자에서 수동으로 지정할 수 있는 메뉴가 마법사의 오른쪽에 표시된다. 여기서는 그림 13.8처럼 핀란드어 테스트 도큐먼트를 텍스트 상자에 수동으로 추가한다.

Test pipeline

Documents Clear all

```
[
  {
    "_source": {
      "username": "Sanna",
      "statistics": {
        "likes": 320,
        "shares": 8000
      },
      "timestamp": "2021-01-20T23:19:06",
      "post": "Terveisiä Suomesta! Täällä olen talvilomalla!"
    }
  }
]
```

Use JSON format: `[{"_index":"index","_id":"id","_source":{"foo":"bar"}}]`

▷ Run the pipeline

그림 13.8 인제스트 파이프라인의 샘플 도큐먼트

도큐먼트를 구성한 후 **파이프라인 실행**Run the pipeline 버튼을 클릭하면 도큐먼트가 추론 파이프라인을 통과한 후 도큐먼트의 미리보기가 표시돼야 한다.

인제스트 파이프라인에서 누락되거나 손상된 데이터 처리

대부분의 실제 애플리케이션에는 깔끔한 데이터세트가 없다. 대신 누락되거나 레이블이 잘못 지정되며 잠재적으로 손상될 수도 있다. 여러분의 파이프라인에서 이러한 문제를 인식하고 완화할 수 있도록 추론 프로세서에서 이러한 경우 어떤 일이 발생하는지 잠시 살펴보는 것이 중요하다.

1. 이전에 예제로 사용했던 가상의 마이크로블로그 플랫폼을 계속 사용하고 잘못된 구성 오류로 인해 감지하려는 언어의 텍스트 문자열을 포함하는 post 필드의 이름을 다음처럼 post_text로 바꾼다고 가정해보자.

```
POST social-media-feed-inference/_doc?pipeline=language-identification-
pipeline
{
  "username": "Sanna",
  "statistics": {
    "likes": 320,
    "shares": 8000
  },
  "timestamp": "2021-01-20T23:19:06",
  "post_text" : "Terveisiä Suomesta! Täällä olen talvilomalla!"
}
```

   language-identification-pipeline을 통해 이 텍스트를 전송하면 어떤 일이 발생할까? 이전 절에서 했던 것처럼 이전에 표시된 REST API 호출을 수행한 다음 수집한 도큐먼트를 **디스커버리**Discovery 탭에서 살펴보자.

2. 그림 13.9에서 보는 도큐먼트에서 보듯이 모델은 post_text 필드에 있는 텍스트를 작성한 언어에 대해 올바른 예측을 할 수 없었다.

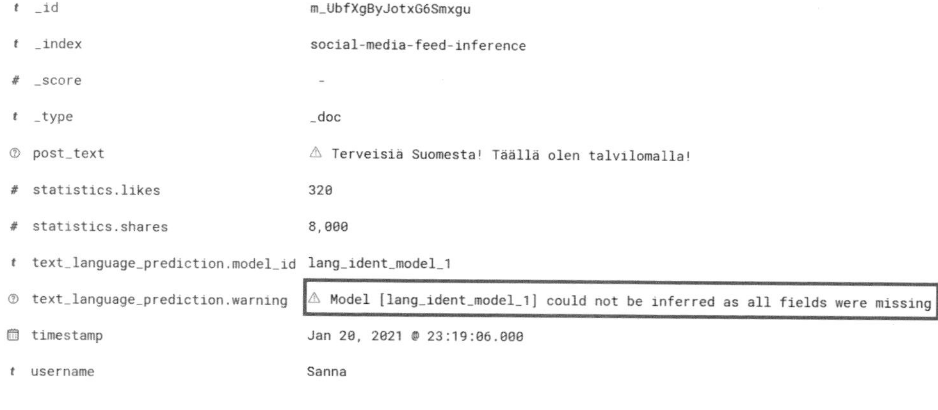

그림 13.9 수집한 도큐먼트의 경고 메시지

실제 사용 사례와 데이터 세트는 종종 지저분하고 담고 있는 데이터가 없거나 손상되므로 추론 설정에서 잠재적인 오류를 찾고 수정하려면 이 메시지를 확인하자!

이 메시지가 나타나는 원인을 해결하는 첫 번째 단계는 인제스트 파이프라인을 통해 수집하려는 도큐먼트의 필드를 모델의 메타데이터에 저장된 분석된 필드와 비교하는 것이다. 모델의 메타데이터를 보는 방법에 대한 팁은 13장의 훈련된 모델 API 및 파이썬을 사용해 훈련된 머신러닝 모델을 검사하고 가져오며 내보내기 절을 다시 참조한다.

예측에 대한 더 많은 통찰력을 얻기 위한 추론 프로세서 구성 옵션 사용하기

이전 절에서는 이 프로세서에서 처리하는 도큐먼트가 이 도큐먼트의 예측 분류 레이블, 예측 확률, 예측 점수, 모델 ID와 같이 네 개의 필드만 포함했다. 그러나 모델이 잘못된 예측을 했다는 것을 알 수 있거나 모델이 다른 잠재적인 분류에 할당된 확률에 대해 더 많은 정보를 알고 싶다면 어떻게 해야 할까? 이는 디버깅에 유용할 수 있다.

더 많은 정보를 제공하기 위해 추론 프로세서를 어떻게 구성할까? 한번 살펴보자.

1. 먼저 이전 절에서 살펴본 추론 프로세서 구성으로 돌아가서 비워 뒀던 inference_config 구성 블록을 자세히 살펴보자. 여기서는 다양한 확률에 대한 더 자세한 분석을 보고 싶기 때문에 구성 블록에 num_top_classes 필드를 추가하려고 한다. 이 구성 매개변수는 확률이 기록되는 분류의 수를 제어한다. 예를 들어 이를 3으로 설정하면 각 도큐먼트는 속할 가능성이 가장 높은 상위 3개 분류에 대한 확률을 포함한다.

```
PUT _ingest/pipeline/language-identification-pipeline-v2
{
  "description": "Pipeline for classifying language in social media
posts",
  "processors": [
    {
      "inference": {
        "model_id": " lang_ident_model_1",
        "target_field": "text_language_prediction",
        "field_map": {
          "post": "text"
        },
        "inference_config": { "classification": {"num_top_classes": 3}
}
      }
    }
  ]
}
```

2. 다음으로, 다음 REST API 호출을 사용해 새 파이프라인인 language-identification-pipeline-v2를 통해 도큐먼트를 수집해보자.

```
POST social-media-feed-inference/_doc?pipeline=language-identification-pipeline-v2
{
  "username": "Sanna",
  "statistics": {
    "likes": 320,
    "shares": 8000
  },
  "timestamp": "2021-01-20T23:19:06",
  "post" : "Terveisiä Suomesta! Täällä olen talvilomalla!"
}
```

그림 13.10과 같이 결과적으로 추론 프로세서가 포스트가 속할 가능성이 있는 언어(또는 분류 용어를 사용한다면 classes)에 대한 자세한 분석을 작성하는 것을 볼 것이다. 가능한 후보는 fi 키워드로 표시되는 핀란드어, sv 키워드로 표시되는 스웨덴어, eo 키워드로 표시되는 에스토니아어다.

```
t text_language_prediction.predicted_value              fi
# text_language_prediction.prediction_probability       1
# text_language_prediction.prediction_score             1
⑦ text_language_prediction.top_classes                  {
                                                          "class_name": "fi",
                                                          "class_probability": 0.9999995958245499,
                                                          "class_score": 0.9999995958245499
                                                        },
                                                        {
                                                          "class_name": "sv",
                                                          "class_probability": 3.9416092337365036e-7,
                                                          "class_score": 3.9416092337365036e-7
                                                        },
                                                        {
                                                          "class_name": "eo",
                                                          "class_probability": 7.273861126196253e-9,
                                                          "class_score": 7.273861126196253e-9
                                                        }
  timestamp                                             Jan 20, 2021 @ 23:19:06.000
t username                                              Sanna
```

그림 13.10 연관 확률과 함께 주어진 도큐먼트가 속한 잠재적 분류의 세부 분석

이제, 일런드[eland]를 사용해 모델을 가져오는 방법으로 넘어갈 것이다.

일런드를 사용해 외부 모델을 일래스틱서치로 가져오기

이미 다른 프레임워크 중 하나를 사용해 훈련된 모델이 있다고 가정하자. 외부에서 훈련된 모델을 배포하기 위해 이전 절에서 논의했던 그 빌딩 블록을 재사용할 수 있을까? 몇 가지 제한은 있지만 대답은 "그렇다"이다. 이 절에서는 외부의 머신러닝 모델을 생성 및 훈련하고 추론을 위해 일래스틱서치로 가져오기 위한 또 다른 머신러닝 라이브러리인 scikit-learn과 함께 **일런드**[eland] 라이브러리를 사용하는 방법을 살펴볼 것이다.

일런드에서 지원하는 외부 모델에 대해 알아보기

아쉽게도 일래스틱 스택에 있는 추론 기능은 어떤 라이브러리에서도 외부의 훈련된 머신러닝 모델을 가져올 수 있는 기능을 아직 지원하지 않는다(미래의 어느 시점에는 가능하더라도!). 대신, 일런드 도큐먼트(https://eland.readthedocs.io/en/7.10.1b1/reference/api/eland.ml.MLModel.import_model.html#eland.ml.MLModel.import_model)에는 지원되는 모델을 생성하는 제3자 라이브러리 목록이 있다. 현재 지원되는 모델 유형은 다음과 같다.

- `sklearn.tree.DecisionTreeClassifier`
- `sklearn.tree.DecisionTreeRegressor`
- `sklearn.ensemble.RandomForestRegressor`
- `sklearn.ensemble.RandomForestClassifier`
- `lightgbm.LGBMRegressor`
- `lightgbm.LGBMClassifier`
- `xgboost.XGBClassifier`
- `xgboost.XGBRegressor`

> **노트**
>
> 선택한 목적 함수 유형이나 기능에 강제되는 인코딩 유형과 관련돼 이전 라이브러리로 생성된 모델에는 몇 가지 추가적인 제한 사항이 있으므로, 지원되는 제3자 모델의 최신 정보는 일런드 설명서를 확인하길 바란다.

scikit-learn의 DecisionTreeClassifier로 훈련하고 일런드를 사용해 일래스틱서치로 가져오기

지금까지 중요한 예비 과정을 배웠으니 이제 본격적으로 scikit-learn 라이브러리를 사용해 외부의 머신러닝 모델을 훈련하는 방법을 살펴보자. 이 연습에 사용된 모든 코드 예제는 이 책의 깃허브 저장소(https://github.com/PacktPublishing/Machine-Learning-with-Elastic-Stack-Second-Edition/tree/main/Chapter13/external_models)에 있는 주피터 노트북Jupyter notebook에 있다.

1. 외부 모델을 일래스틱서치로 가져오기 위한 프로젝트의 첫 번째 단계는 훈련 데이터 일부를 검색하고 이를 사용해 의사결정 트리 모델을 훈련하는 것이다. scikit-learn 라이브러리에는 학습과 빠른 프로토타이핑에 사용 가능한 훌륭한 내장 데이터세트 컬렉션이 있다. 11장, '분류 분석'과 13장에서 개발한 동일한 데이터 테마를 계속 유지하기 위해 내장된 위스콘신 유방암 데이터세트(우리가 사용하던 데이터세트의 변형)를 사용할 것이다.
   시작하기에 앞서 필요한 함수와 라이브러리를 파이썬 스크립트(또는 주피터 노트북)에 모두 임포트하도록 하자.

```
# 12장에서 사용한 변형된 유방암 데이터세트 가져오기
from sklearn.datasets import load_breast_cancer

# DecisionTreeClassifier를 훈련시키는 함수 가져오기
```

```
from sklearn.tree import DecisionTreeClassifier

# 테스트/훈련 분할을 생성하기 위한 도우미 함수 가져오기
from sklearn.model_selection import train_test_split
```

2. 이제 임포트를 했으므로 load_breast_cancer 함수를 호출해 데이터세트를 로드해보자.

```
# 데이터세트를 적재하고 변수 X에 데이터포인트(datapoint)를 저장하고 변수 y에 분류 레이블을 저장하자.
X, y = load_breast_cancer(return_X_y=True)
```

이 함수는 변수 X와 y에 저장한 두 개의 값을 반환한다. 일래스틱서치가 훈련 데이터를 구성하는 방식은 scikit-learn의 규칙과 다르다. 일래스틱서치에서 훈련 데이터는 단일 일래스틱서치 인덱스에 저장됐다. 인덱스의 각 도큐먼트는 하나의 데이터 포인트를 나타내며 피처를 나타내는 필드와 종속변수를 나타내는 필드의 조합이다(종속변수와 종속변수가 지도 학습에 중요한 이유에 대한 추가적인 정보는 11장, '분류 분석'과 12장, '회귀'를 참조한다.).

일래스틱서치의 접근 방식과 달리 scikit-learn은 모든 피처 값을 포함하는 벡터를 사용해 각 데이터 포인트를 나타낸다. 이 벡터는 변수 X에 저장된 행렬을 구성한다. 파이썬의 슬라이스 구문을 사용해 샘플 데이터 포인트가 어떻게 생겼는지 확인할 수 있다. 그림 13.11에 그 예가 나와 있다.

```
In [6]: # in contrast with Elasticsearch, features and labels are stored in separate variables not the same document
        # a sample entry in the matrix represented by variable X
        X[0]

Out[6]: array([1.799e+01, 1.038e+01, 1.228e+02, 1.001e+03, 1.184e-01, 2.776e-01,
               3.001e-01, 1.471e-01, 2.419e-01, 7.871e-02, 1.095e+00, 9.053e-01,
               8.589e+00, 1.534e+02, 6.399e-03, 4.904e-02, 5.373e-02, 1.587e-02,
               3.003e-02, 6.193e-03, 2.538e+01, 1.733e+01, 1.846e+02, 2.019e+03,
               1.622e-01, 6.656e-01, 7.119e-01, 2.654e-01, 4.601e-01, 1.189e-01])
```

그림 13.11 데이터 포인트는 필드 값 벡터로 표현된다.

종속 변수는 별도의 변수 y에 저장된다. 이전 예제와 유사한 방식으로 파이썬의 슬라이스 구문을 사용해 어떤 분류가 피처 값(또는 **피처 벡터**)이 표시된 데이터 포인트가 속한 분류를 확인할 수 있다. 이는 그림 13.12에 나와 있다.

```
In [7]: # a sample entry in the matrix represented by the variable y
        y[0]
Out[7]: 0
```

그림 13.12 첫 번째 데이터 포인트의 분류 레이블은 0이다.

3. 이제 데이터세트를 가져오고 사용하기에 적합한지 확인했으므로 의사결정 트리 모델을 훈련하는 다음 단계로 넘어갈 수 있다. 일래스틱서치가 훈련 데이터를 훈련 데이터세트와 테스트 데이터세트로 자동으로 분할했지만 scikit-learn에서는 이 단계를 수동으로 수행해야 한다. 여기서는 모델 성능을 체계적으로 측정하는 데 크게 관심이 없기 때문에 꼭 필요한 과정은 아니지만 자신의 프로젝트에서 이 작업을 수행하고 싶은 관심 있는 독자를 위해 계속 설명할 것이다.

```
# 일래스틱서치가 scikit-learn 훈련 과정에서 훈련/테스트 분할을 수행하기 위해 train_test_split 함수를 사용해 이 단계를 수동으로 수행해야 한다.
X_train, X_test, y_train, y_test = train_test_split(X,y, random_state=12345)
```

앞의 코드 스니펫에서 보듯이 모든 데이터 포인트에 대한 피처 벡터를 포함하는 변수와 종속 변숫값 또는 분류 레이블을 포함하는 변수를 scikit-learn의 train_test_split 함수에 전달하고 이 함수는 훈련 세트(X_train, y_train)와 테스트 세트(X_test, y_test)에 해당하는 피처 벡터와 종속 변수를 각각 반환한다.

4. 이제 훈련 및 테스트 데이터세트가 생성돼 의사결정 트리 분류기를 훈련할 수 있다. 첫 번째 단계는 DecisionTreeClassifier 클래스의 인스턴스를 만들고 여기에 훈련 데이터세트의 피처 벡터 및 분류 레이블을 피팅[fit]하는 것이다.

```
# 이제, 의사결정 트리 분류기를 생성해보자.
dec_tree = DecisionTreeClassifier(random_state=12345).fit(X_train, y_
train)
```

훈련된 모델은 dec_tree 변수에 의해 참조된다. 이는 이 튜토리얼의 뒷부분에서 일런드를 사용해 직렬화하고 일래스틱서치에 업로드할 변수다. 그러나 우선 그림 13.13처럼 테스트 데이터 세트의 데이터 포인트(이는 모델이 이전에 훈련 단계에서 본 적이 없는 데이터 포인트라는 것을 기억하자)를 분류하도록 요청해 모델에 대한 빠른 검사를 실행해보자.

```
In [10]: # we can now use this trained model to predict which class the datapoints in our X_test set belong to
         # for example,

         dec_tree.predict([X_test[0]])

Out[10]: array([1])
```

그림 13.13 훈련된 의사결정 트리 모델의 예측

이 모델은 테스트 데이터세트의 첫 번째 데이터 포인트가 분류 1에 속한다고 예측한다. 그림 13.14처럼 y_test 변수의 첫 번째 요소를 확인해 이것이 데이터 포인트의 실제 레이블과 일치하는지 재확인할 수 있다.

```
In [11]: # let's check to see if this matches the actual class label

         y_test[0]

Out[11]: 1
```

그림 13.14 테스트 세트에의 첫 번째 데이터 포인트에 대한 종속 변수의 값

여기서 모델의 예측은 데이터세트의 실제 레이블과 일치한다.

5. 마지막으로, 일런드를 사용해 이 모델을 일래스틱서치 클러스터에 업로드할 준비를 하자. 먼저 다음 코드 샘플처럼 필요한 ML.Model 클래스를 임포트해야 한다.

```
# 필요한 일런드 클래스 가져오기
from eland.ml import MLModel
```

스크립트나 주피터 노트북에 이 클래스가 있으면 원본 scikit-learn 데이터세트에서 피처 이름을 검색하는 다음 단계로 진행할 수 있다. 이를 수행하는 데 필요한 단계는 다음 코드 샘플에 나와 있다.

```
data = load_breast_cancer()
feature_names = data.feature_names
```

관심 있는 독자는 어떤 종류의 피처가 포함돼 있는지 확인하기 위해 feature_names 변수를 인쇄(또는 이 연습과 함께 제공되는 주피터 노트북을 확인)할 수 있다. 지면을 절약하기 위해 피처 이름 목록은 생략할 것이다.

6. 마지막으로 다음 코드 스니펫과 같이 ML.Model 클래스에서 import_model 메서드를 호출한다.

```
es_model = MLModel.import_model(
  es_client,
  model_id=model_id,
  model=dec_tree,
  feature_names=list(feature_names),
  es_if_exists='replace'
)
```

보는 것처럼 상당히 많은 매개변수가 필요한 메서드다. 첫 번째 매개변수인 es_client는 일래스틱서치 클러스터에 연결하는 방법을 지정하는 일래스틱서치 클라이언트 객체의 인스턴스다. 이는 13장의 훈련된 모델 API와 파이썬을 사용해 훈련된 모델 내보내기와 가져오기 절에서 더 자세히 설명했다.

두 번째 매개변수는 model_id인데, 일래스틱서치 클러스터에 업로드된 모델을 식별하는 데 사용할 식별자다. 여기서는 코드 스니펫처럼 model_id 변수를 설정했다.

```
model_id = "external-model_breast-cancer-decision-tree"
```

그러나 물론 여러분이 원하는 것으로 이 식별자를 설정할 수 있다. 마지막으로 훈련된 모델에 대한 참조가 포함된 변수 이름인 dec_tree, 원본 데이터세트에서 검색한 feature_names 목록을 전달하고, es_if_exists 플래그에는 'replace'를 설정한다. 즉, 코드 스니펫을 실행하면 동일한 model_id를 가진 기존 모델을 몇 번이고 덮어쓴다. 원하는 동작이 아닐 수 있지만 프로토타이핑 중인 여기서는 설정 시 유용한 플래그다.

7. 이전 절에서 설명한 명령이 실행되면 훈련된 모델 API를 사용해 이 모델을 클러스터로 성공적으로 가져왔는지 여부를 확인할 수 있다. 이를 위해 다음 명령을 실행한다.

```
GET _ml/trained_models/external-model_breast-cancer-decision-tree
```

보는 것처럼 반환된 API 응답에 근거해, 이 모델은 실제로 클러스터로 성공적으로 가져왔고 이제 인제스트 파이프라인에서 사용할 준비가 됐다.

> **리마인드**
>
> 그림에 사용된 모든 코드 샘플은 이 책의 깃허브 저장소(https://github.com/PacktPublishing/Machine-Learning-with-Elastic-Stack-Second-Edition/blob/main/Chapter13/external_models/importing-external-models-into-es-using-eland.ipynb)에 링크된 주피터 노트북에 있다.

요약

13장에서는 일래스틱서치에서 훈련된 지도 모델supervised model과 `scikit-learn`과 같은 외부 라이브러리를 사용하기 위해 가능한 옵션을 살펴봤다. 일래스틱서치 클러스터에서 훈련된 지도 학습 모델을 관리하고 검사할 때 유용한 훈련된 모델Trained Models API와 추론 프로세서 및 인제스트 파이프라인의 도움으로 이러한 모델을 사용해 이전에 볼 수 없던 사례를 예측하는 방법에 대해 배웠다. 13장의 다음에 있는 부록에는 일래스틱 머신러닝 스택을 더 쉽게 사용할 수 있는 몇 가지 팁과 트릭을 제공한다.

부록

이상 탐지 팁

책 내용을 정리하면서 다른 장의 절에 맞지 않는 좋은, 아주 작은 분량의 설명, 예제, 조언이 너무 많다는 생각이 들었다. 따라서 부록에 공간을 만들어 이러한 내용을 수록하는 게 적절했다. 여기서 팁, 트릭, 조언을 즐겨보자!

부록에서는 다음 주제를 다룬다.

- 분할 작업 대 비분할 작업의 인플루언서 이해하기
- 단측함수one-sided function를 유리하게 사용하기
- 기간time period 무시하기
- 사용자 정의 규칙과 필터 유리하게 사용하기
- 이상 탐지 작업 처리량에 관한 고려 사항
- 사용 사례의 과도한 엔지니어링 방지하기

- 런타임 필드에서 이상 탐지 사용하기

기술 요구 사항

부록의 내용은 일래스틱 스택 7.12 버전을 사용할 것이다.

분할 작업 대 비분할 작업의 인플루언서 이해하기

필드로 분석을 분할해야 할지 의문을 제기하거나 문제가 되는 엔티티 식별을 인플루언서 사용으로 그 효과를 기대할지도 모른다.

인플루언서의 목적과 작업 분할의 목적 간의 차이를 떠올려보자. 엔티티는 이상 징후의 존재에 크게 기여한 경우 이상 탐지 작업에 의해 인플루언서로 식별한다. 영향력 있는 엔티티를 결정하는 이 개념은 작업이 분할되는지 여부와 완전히 독립적이다. 엔티티는 우선 이상 징후가 발생한 경우에만 이상 징후에 영향을 미치는 것으로 간주할 수 있다. 이상 징후가 탐지되지 않으면 인플루언서가 있는지 여부를 파악할 필요가 없다. 그러나 작업이 여러 시계열로 분할됐는지 여부에 따라 작업에서 비정상적인 무언가를 발견하거나 그렇지 못할 수 있다. 작업을 여러 개로 분할할 때, 분할을 위해 선택한 필드의 각 엔티티에 대해 모델링(분할 분석을 생성)을 수행한다.

일래스틱 ML 개발 팀이 선호하는 데모 데이터세트 중 하나인 farequote(이 책의 깃허브 저장소에 farequote-2021.csv 파일 이름으로 있으며, **데이터 비주얼라이저**Data Visualizer에 있는 일래스틱 ML의 파일 업로드로 쉽게 업로드할 수 있다)를 살펴보자. 이 데이터세트는 여행 포털 애플리케이션을 실행한 실제 고객으로부터 비롯된 것이다. 애플리케이션 접근 로그에는 항공사 요금 견적을 위해 제3자 항공사에 연락할 때 미들웨어 호출 횟수가 기록돼 있다. JSON 도큐먼트는 다음과 같다.

```
{
  "@timestamp": "2021-02-11T23:59:54.000Z",
  "responsetime": 251.573,
  "airline": "FFT"
}
```

responsetime 필드는 해당 항공사의 운임 견적 웹 서비스에 대한 개별 요청의 응답 시간이며, 단위 시간당 이벤트 수는 이 견적 웹 서비스의 요청 수에 해당한다.

다음의 경우를 살펴보자.

- **사례 1**: 항공사로 분할하는 대신 인플루언서로 사용해 시간 경과에 따른 카운트 분석. 다음처럼 구성된 **다중 메트릭**Multi-metric 마법사를 사용해 수행할 수 있다.

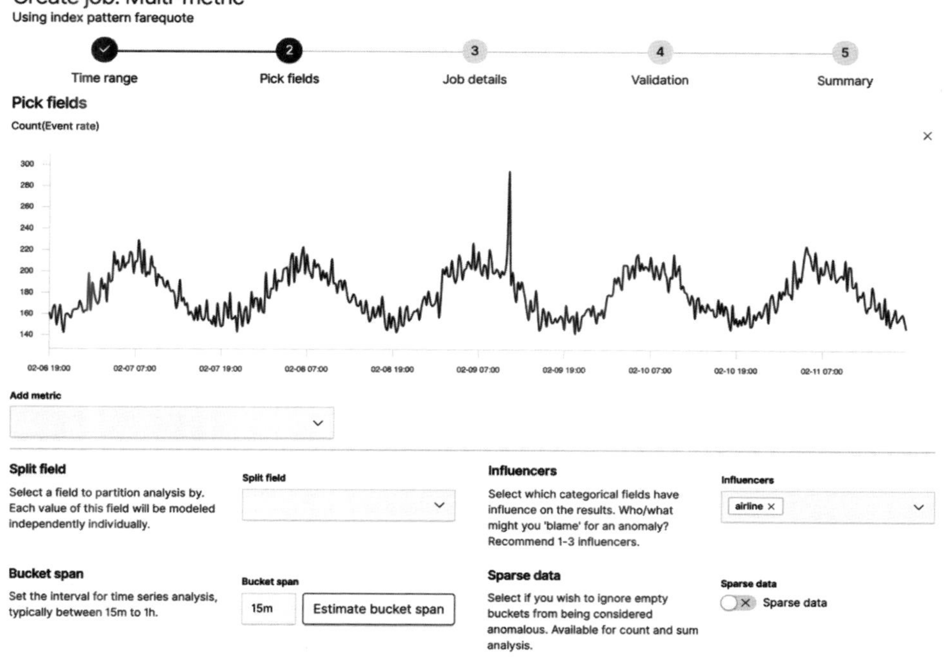

그림 A.1 분할 없이 인플루언서를 설정한 작업

이 분석을 실행한 후, 실제로 27점 이상 징후 플래그가 지정되고 AAL 항공사가 인플루언서 플래그가 지정된 데이터 중간 부분(그림 A.1에서 작업 구성 미리 보기 화면 참조)에 스파이크가 보였다.

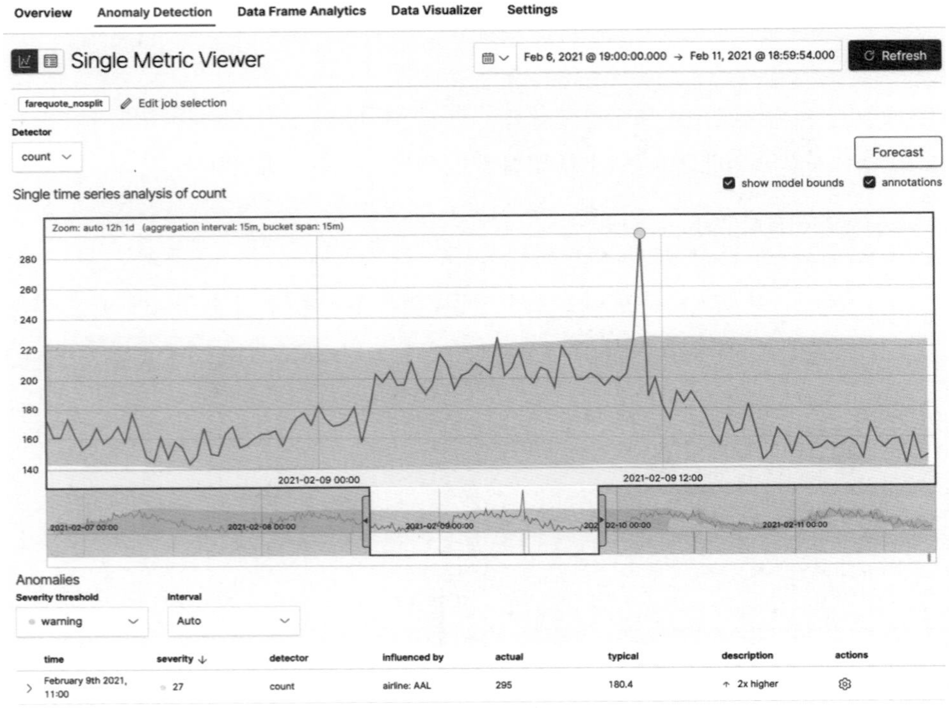

그림 A.2 분할이 없는 카운트 작업 결과지만 인플루언서를 발견

지금 이 결과를 다음 사례와 비교해보자.

- **사례 2**: 시간 경과에 따른 카운트 분석, `airline`으로 분할, `airline`을 인플루언서로 사용

  그림 A-1의 구성을 그대로 반복하되 이번에는 `airline`으로 분할하도록 선택하면 AAL 항공사가 여전히 가장 정상이 아니고, 사례 1보다 AAL에 대한 이상 징후 점수가 훨씬 높다는 것을 확실히 알 수 있다.

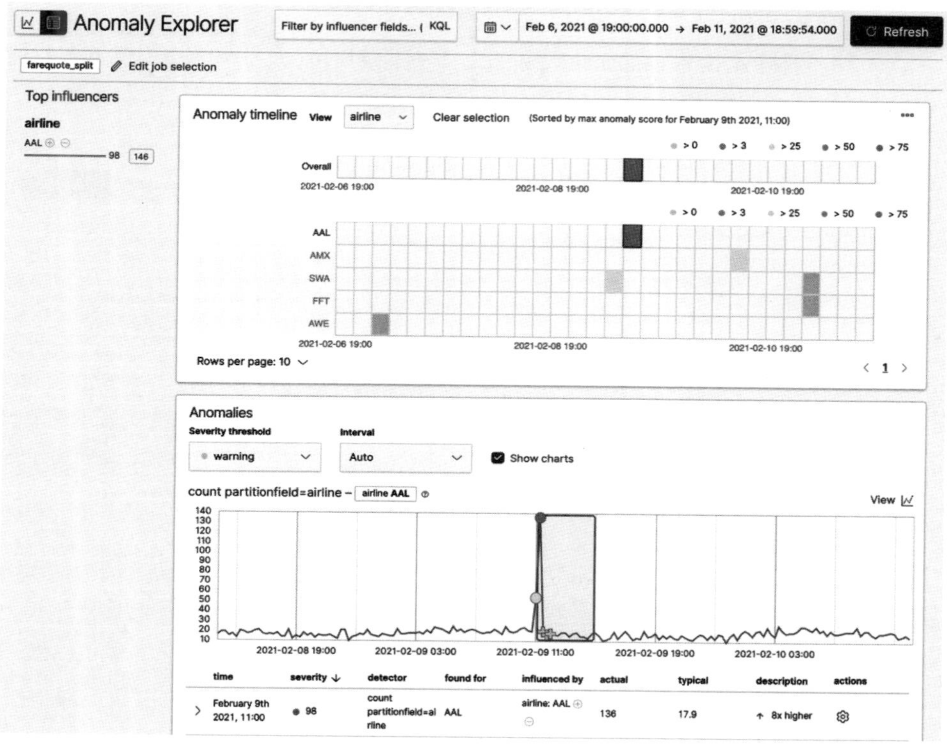

그림 A.3 분할이 있는 카운트 작업 결과와 인플루언서 발견

다시 말하면 AAL의 비정상적인 행위는 각 항공사를 개별적으로 모델링하기 위해 작업을 분할했을 때 훨씬 더 두드러졌다. 그렇지 않으면 모든 도큐먼트 수가 혼합될 때 AAL의 비정상적인 행위가 다소 가려졌다. 이는 다음 두 경우에서 `responsetime` 필드 분석을 볼 때 분할을 할 때와 그렇지 않을 때의 차이가 더욱 두드러진다.

- **사례 3**: airline으로 분할한 responsetime 필드의 평균 분석

  여기에서 AAL은 responsetime 필드 분석과 관련해 가장 비정상적인 항공사이기도 하다.

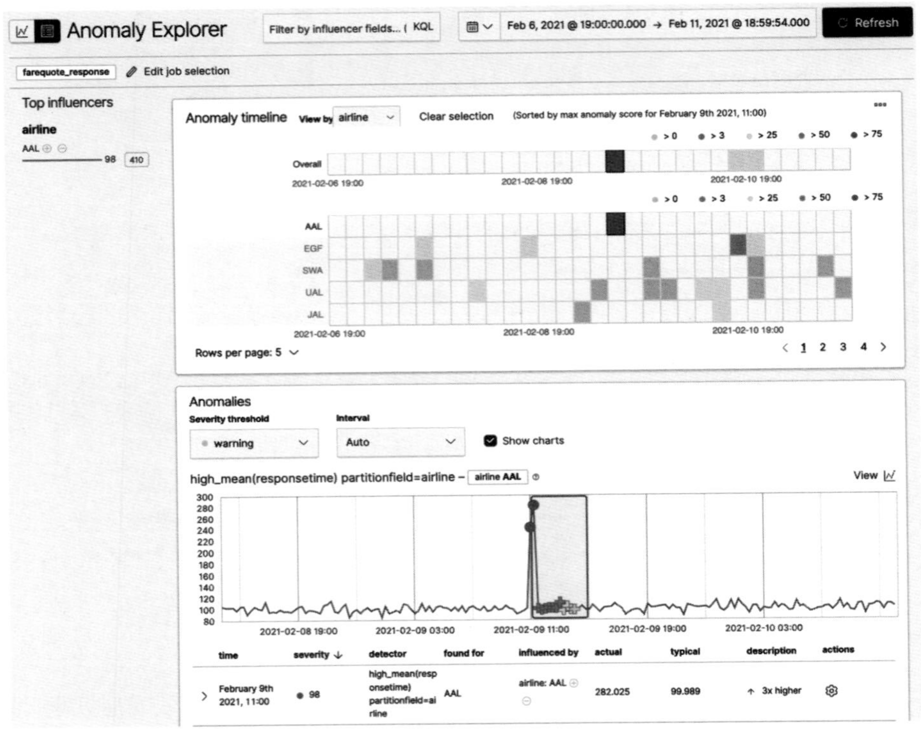

그림 A.4 분할이 있는 응답 시간 작업의 결과와 인플루언서 발견

이제 이 결과와 이 작업을 분할하지 않을 다음 사례와 비교해보자.

- **사례 4**: responsetime 필드의 평균 분석, 분할이 없고, 여전히 airline을 인플루언서로 사용

  이 경우 결과는 다음과 같다.

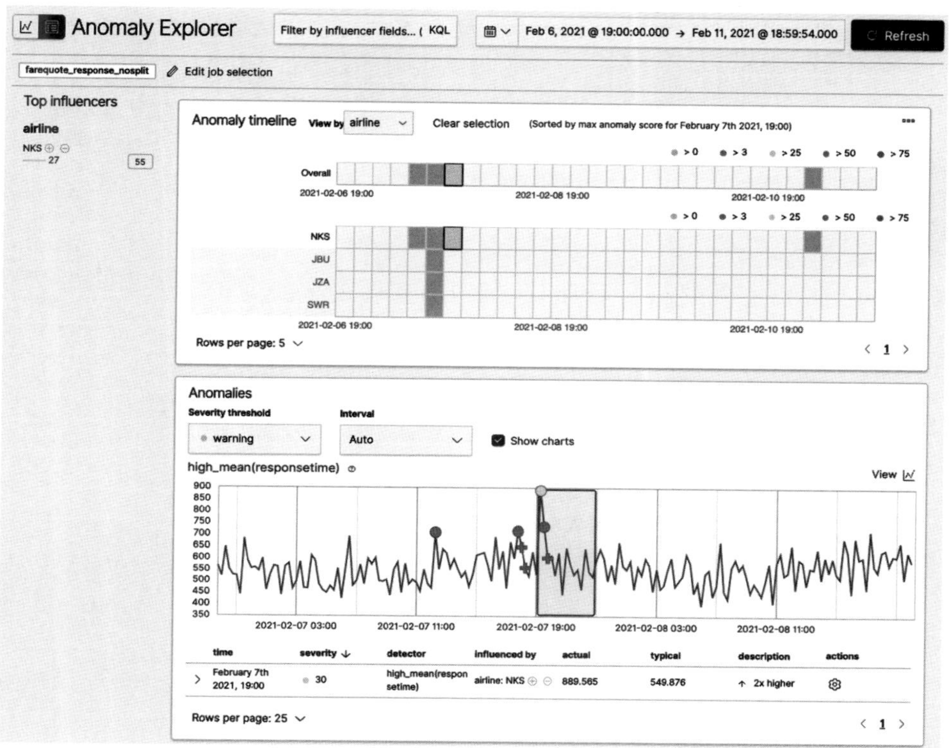

그림 A.5 분할이 없는 응답 시간 작업 결과와 인플루언서 발견

알고 있는 가장 비정상적인 항공사(AAL)는 더 이상 발견되지 않음을 알 수 있다. 이 경우, 작업이 분할되지 않기 때문에 항공사의 모든 응답 시간이 각 버킷 범위에서 함께 평균화된다. 이제 가장 눈에 띄는 이상 징후(정상보다 상대적으로 변동이 작음에도 불구하고)가 표시되고, `airline=NKS`의 영향을 받은 것으로 간주된다. 그러나 이는 오해할 가능성이 있다. 보는 것처럼, `airline=NKS`는 이 기간 동안 매우 안정적인 응답 시간을 보여주지만, 정상 작동 범위는 나머지 그룹보다 훨씬 높다는 것에 주목하자.

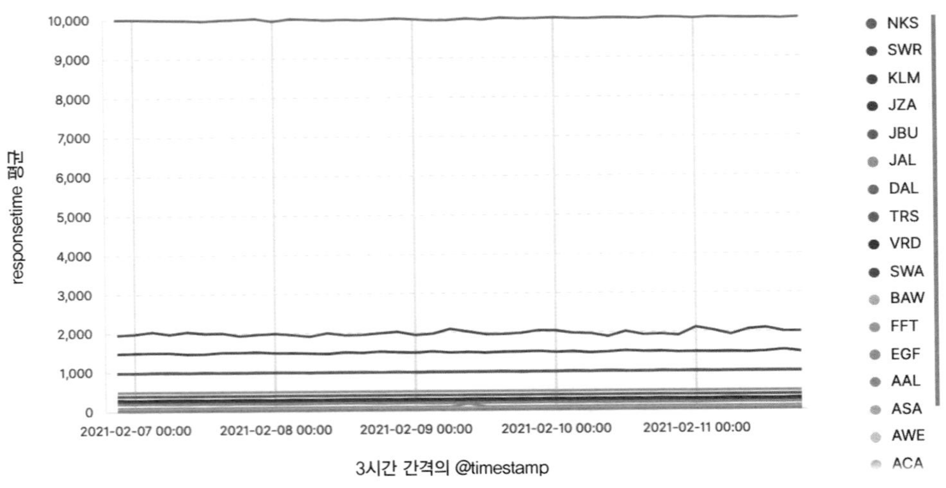

그림 A.6 각 항공사의 평균 응답 시간

> 전체 항공사의 전체 집계된 응답 시간에 대한 NKS의 기여는 다른 항공사보다 더 중요하다. 그러므로 ML은 NKS를 가장 두드러진 인플루언서로 식별한다.

바로 그거다. 여기에서 교훈은 단순히 인플루언서에 의존해 여러 엔티티의 데이터세트 내에서 비정상적인 엔티티를 찾는 경우 신중해야 한다는 것이다. 각 엔티티를 개별적으로 모델링하는 게 더 합리적일 수 있다!

단측함수를 유리하게 사용하기

많은 사람이 ML에서 낮은 쪽 또는 높은 쪽에서만 이상 징후를 탐지할 수 있는 `low_count`, `high_mean` 같은 단측함수one-sided function의 유용성을 깨닫는다. 이는 수익의 감소나 응답 시간의 급증에 관해 관심이 있는 경우에는 유용하다.

그러나 양방향 편차deviation에 관심이 있는 경우 일반함수(`count`나 `mean` 같은)만 사용하는 경향이 있다. 그러나 일부 데이터세트에서는 높은 버전과 낮은 버전 함수 두 개를 개별 탐지

기로 사용하는 것이 더 적합하다. 어떤 조건에서 왜 이런 경우가 발생할까?

이해 가능한 조건은 편차의 동적 범위dynamic range가 비대칭일 경우다. 즉, 데이터의 잠재적인 스파이크의 크기는 잠재적인 감소의 크기보다 훨씬 크다. 아마도 무언가의 카운트나 합계가 0보다 작을 수 없기 때문일 수 있다. 다음 스크린샷을 살펴보자.

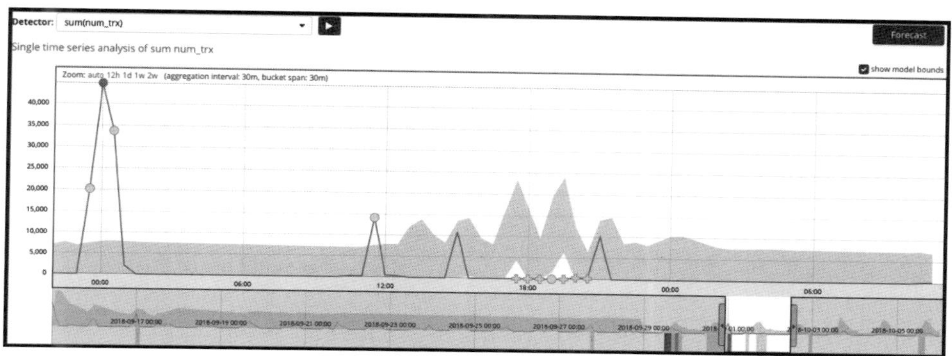

그림 A.7 양측(two-sided) "sum" 함수를 사용하는 분석

여기서 양측two-sided `sum` 함수는 왼쪽에 심각한 이상[1]이 있는 큰 스파이크를 적절하게 식별하지만 중간에 예상되는 이중 범프가 없는 것은 경고warning 수준의 이상 징후로만 식별한다. 다시 말하자면, 이는 양측 함수를 사용해 정규화 프로세스에서 모든 이상 징후의 순위를 지정하기 때문이다. 스파이크의 규모(따라서 가능성이 없음)는 18:00시경 데이터 부족보다 훨씬 크므로 이상 징후 점수도 상대적으로 할당된다.

그러나 이 데이터세트가 고급 작업을 사용하는 두 개의 개별 탐지기인 `low_sum(num_trx)`, `high_sum(num_trx)`으로 분석한다면, 그 결과는 매우 다르게 보일 것이다. `high_sum`쪽 결과는 다음과 같다.

1 감지된 이상은 심각도가 색상과 함께 원으로 표시되는데, 그림에서 보듯 00:00 지점에는 왼쪽부터 파란색 – 빨간색 – 노란색이며, 12:00 지점에는 노란색 점을 볼 수 있다. 18:00 지점에는 모두 파란색이다. 즉, 양측 함수 때문에 18:00 지점에 이상 징후 점수가 상대적으로 낮게 할당됐음을 알 수 있다. – 옮긴이

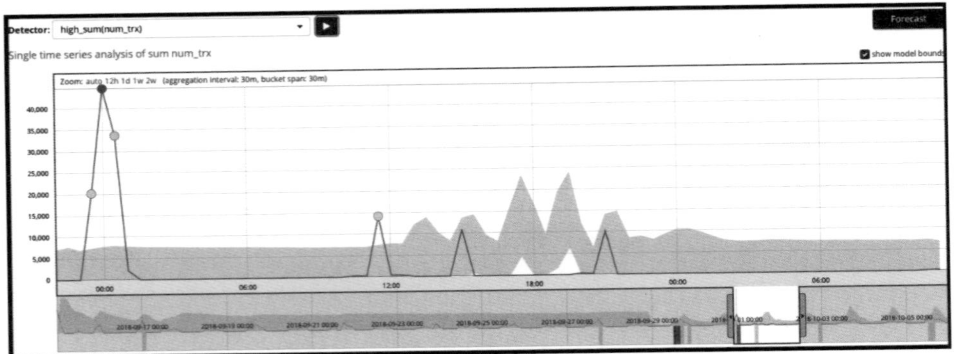

그림 A.8 단측 "high_sum" 함수를 사용하는 분석

그리고 다음은 `low_sum`쪽 결과다.

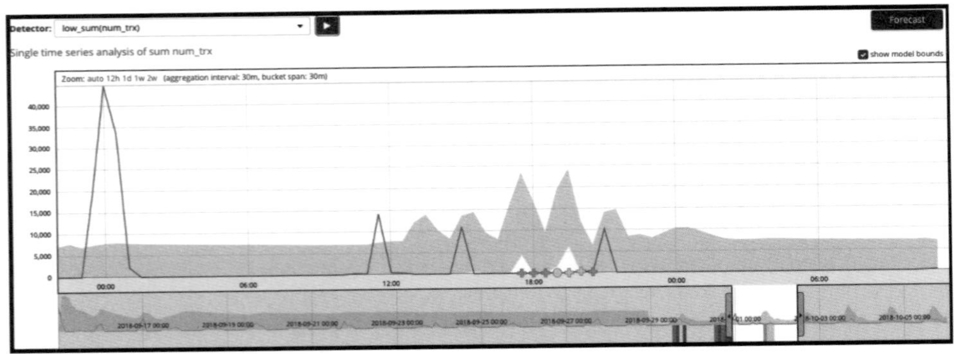

그림 A.9 단측 "low_sum" 함수를 사용하는 분석

이제 가운데 있는 이상 징후 점수가 훨씬 더 높아졌다[2](이 경우 노란색으로 최대 점수가 47점이다).

이제 두 개의 단측 탐지기가 동일한 작업에서 함께 실행하면, 각 탐지기에 대한 동적 범위를 최적화할 수 있다(마치 정규화 테이블이 있는 것처럼).

2 양측 함수와 달리 단측 함수 두 개를 사용하는 경우 그림에서 보듯 18:00 지점도 비교적 높은 이상 징후 점수가 할당되었다. 그림에서는 파란색 십자 모양 3개와 노란색 원 및 십자 모양 3개 및 파란색 십자 모양 1개 순으로 표시됐다. – 옮긴이

기간 무시하기

사람들은 종종 ML이 특정 이벤트가 발생했다는 사실을 무시하게 만드는 방법에 대해 질문한다. 예상된 정비maintenance 기간이거나 데이터 인제스트 파이프라인에 발생한 문제 때문에 잠시 동안 데이터가 손실됐을 수 있다. ML이 이 기간을 무시하도록 할 수 있는 몇 가지 방법이 있는데 두 그룹으로 구분할 것이다.

- 알려진 예정된 시간 윈도
- 사후에야 발견되는 예상치 못한 시간 윈도

이를 설명하기 위해 2월 9일에 이상 징후가 있는 `farequote`(요금 견적) 데이터세트에서 단일 메트릭 계산 작업(그림 A.1 참조)을 사용할 것이다.

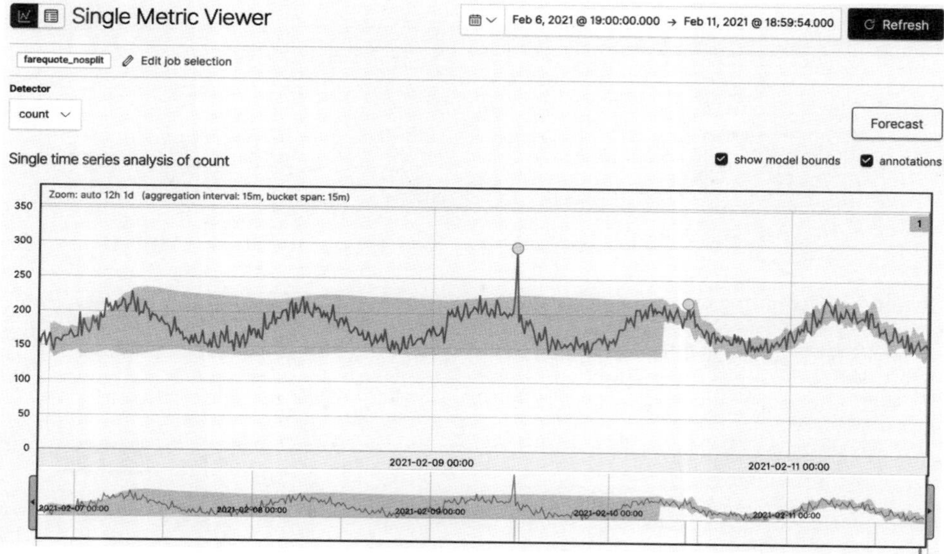

그림 A.10 무시하려는 이상 징후가 있는 요금 견적 데이터세트에 대한 분석

이제 다른 상황을 사용해 2월 9일에 있던 이상 징후를 무시할 수 있는 방법을 살펴보자.

예정된 (알려진) 시간 윈도 무시하기

다음 하위 절에서 설명하는 것처럼 두 가지 방법을 사용해 예정된 시간 윈도를 무시할 수 있다. 하나는 특별한 캘린더 이벤트를 만드는 방법이고, 다른 하나는 데이터피드가 실행되는 시간을 조작하는 방법이다.

캘린더 이벤트 생성

설정Settings을 클릭하고 **캘린더**Calendar 섹션 아래에 있는 **생성**Create을 클릭하면 이벤트를 쉽게 생성할 수 있다. 여기서는 2월 9일에 대한 캘린더 항목을 만들었다.

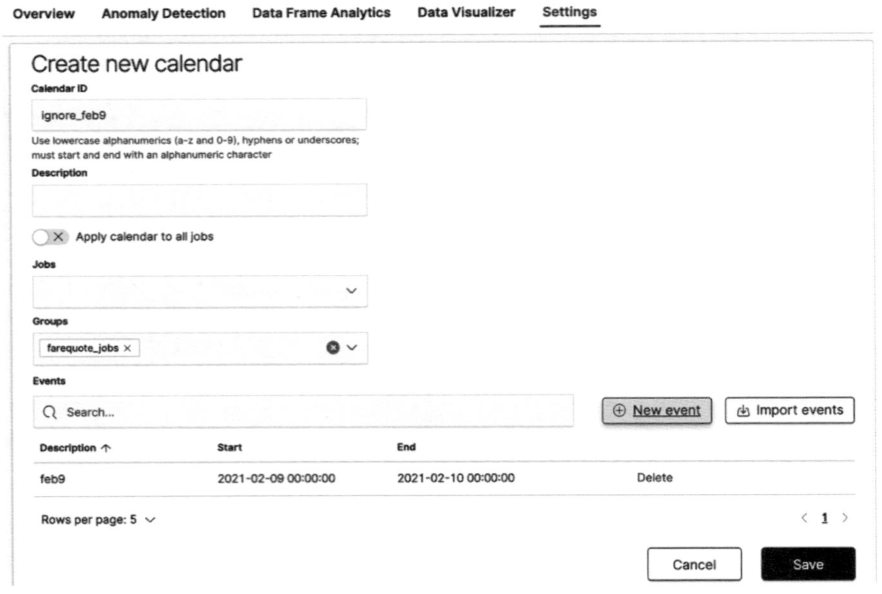

그림 A.11 특정 기간을 무시하기 위한 캘린더 생성

새 작업이 생성되고(이 경우에는 이 캘린더를 준수하도록 farequote_jobs 그룹에 속하도록 생성) 데이터에 대해 작업이 실행되면, 2월 9일 전체가 완전하게 무시된다.

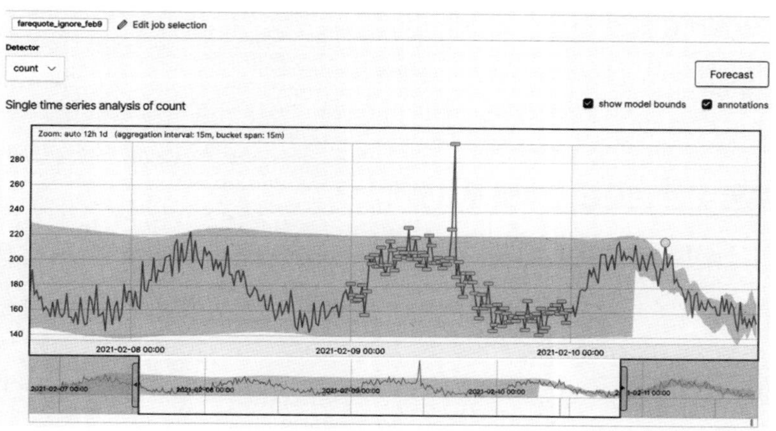

그림 A.12 달력 이벤트를 통해 무시된 기간

보는 것처럼, 이상 징후 스파이크 시간을 포함해 하루 종일 가려졌다.

원하는 타임프레임을 무시하기 위해 데이터피드 중지 및 시작

단순히 적절한 시간에 이상 탐지 작업의 데이터피드를 중지했다가 다시 시작하면 분석에 공백이 생길 수 있다. 여기에서 데이터피드는 2월 9일 자정에 중지됐고 2월 10일 자정에 다시 시작됐다.

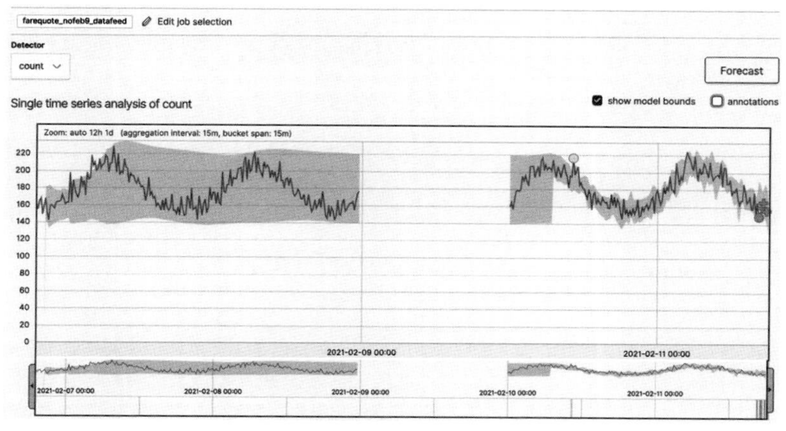

그림 A.13 데이터피드 조작을 통해 무시된 기간

이는 마치 2월 9일은 어떤 일도 발생하지 않았다고 하는 것 같다! 이제 사후에 시간 윈도를 무시하기 위해 무엇을 할 수 있는지 논의해보자.

예기치 못한 시간 윈도를 사후에 무시하기

발생한 시간 윈도에 대해 잊고 되돌리기 위해 두 가지 방법을 사용할 수 있다. 첫 번째는 과거 데이터를 단순히 복제하고 재실행하는 방법이고, 두 번째는 모델 스냅숏을 사용하는 방법이다.

작업의 복제와 과거 데이터의 재실행

이전 절과 유사하게 그림 A.13 결과처럼, 새로운 복제 작업을 생성하고 데이터피드가 무시하려는 시간 윈도를 피하도록 할 수 있다. 윈도 시작 시점에서 중단하고 윈도 종료 시점에서 다시 시작한다. 이 방법은 기존 (여전히 사용 가능한) 과거 데이터로 모델을 다시 작성하는 것이 그리 부담스럽지 않은 경우 잘 작동한다. 그러나 더 이상 접근할 수 없는 데이터(이 데이터가 만료돼 클러스터에서 삭제됐기 때문에)에서 수집한 데이터의 행위를 요약한 성숙한 모델이 있다면 대신 다음에 설명하는 모델 스냅숏 기술을 사용해야 한다.

작업을 이전 모델 스냅숏으로 되돌리기

과거 데이터에 대한 작업 복제와 재훈련이 바람직하지 않거나 현실적이지 않은 경우, 실행 중인 작업에 의해 주기적으로 모델 스냅숏이 생성된다는 사실을 활용해 시간 윈도를 효과적으로 제거할 수 있다. 스냅숏은 기본적으로 대략 3~4시간마다 캡처된다. 작업을 생성하거나 업데이트할 때 이 간격(`background_persist_interval`)을 변경할 수 있다.

> **노트**
>
> 이러한 스냅숏 보존은 몇 가지 다른 매개변수(daily_model_snapshot_retention_after_days, model_snapshot_retention_days 같은)에 의해 제어된다. 이상 탐지 API 문서(https://www.elastic.co/guide/en/machine-learning/current/ml-api-quickref.html)를 참조한다.

이상 탐지 작업을 이전 스냅숏으로 되돌리는 기본 절차는 다음과 같다.

1. 실행 중인 경우 작업의 데이터피드를 중지한다.
2. 키바나에서 **작업 관리**Job Management 페이지의 **모델 스냅숏**Model snapshots 탭을 사용해 삭제하려는 시간 윈도 이전에 만든 가장 최근 모델 스냅숏을 찾는다.

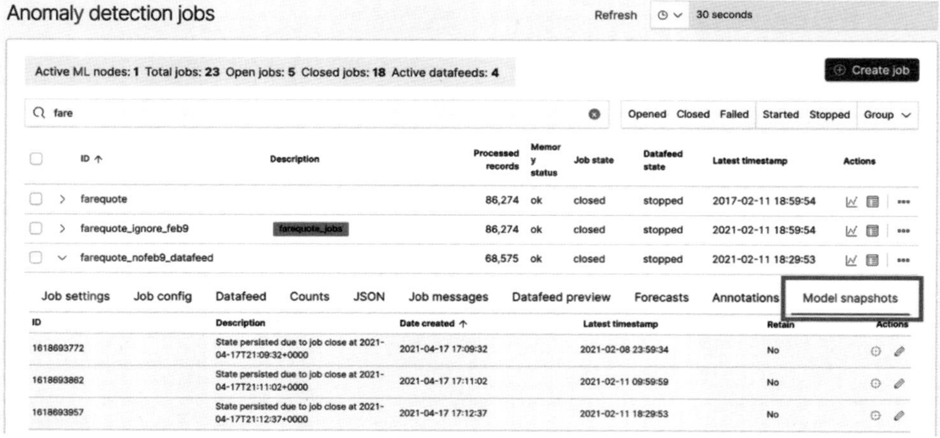

그림 A.14 작업 관리의 모델 스냅숏 UI

또는 이 링크(https://www.elastic.co/guide/en/elasticsearch/reference/current/ml-get-snapshot.html)에 문서화돼 있는 스냅숏 가져오기get snapshots API 호출을 사용할 수 있다.

3. 되돌리기 아이콘(⊙)을 클릭해 그 스냅숏으로 작업을 되돌리거나 API를 사용한다면 `_revert` 명령을 사용한다. 키바나 UI에서 **캘린더**Calendar 이벤트를 사용해 문제가 있는 시간 구간을 마스킹하는 기능을 포함해 스냅숏 시간 이후의 데이터를 삭제하고 과거 데이터의 분석을 반복하는 방법에 대한 옵션이 표시된다.

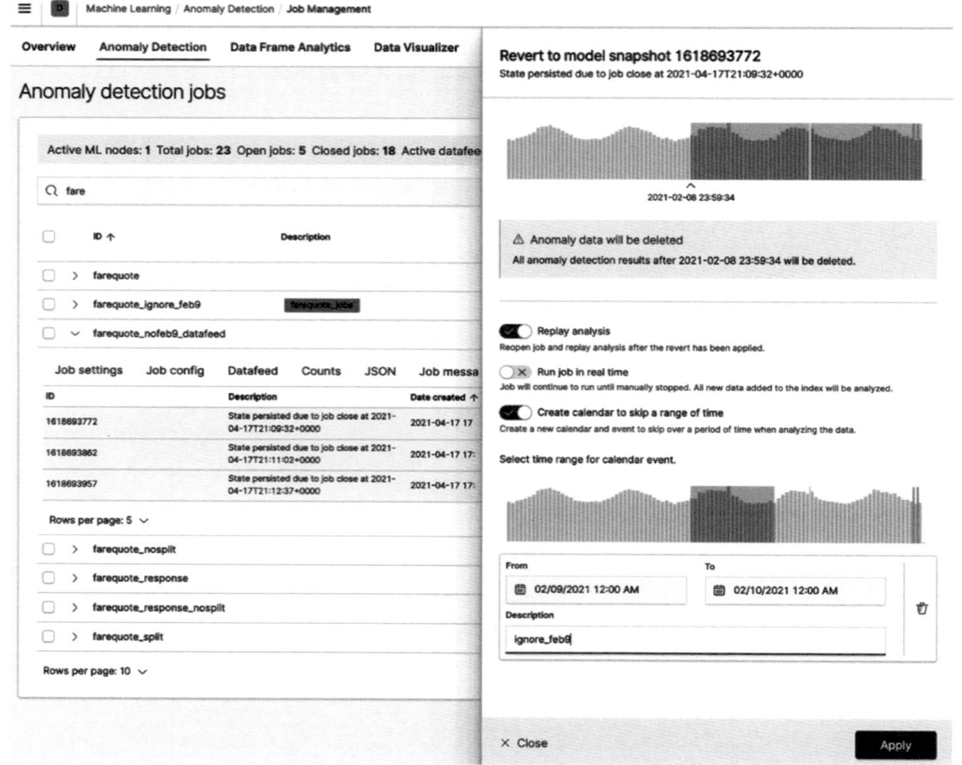

그림 A.15 시간 구간을 마스킹하는 기능과 함께 이전 모델 스냅숏으로 되돌리기

4. 원한다면 무시된 기간에 따라 실시간으로 데이터피드 실행을 계속한다.

이러한 유용한 모든 옵션을 사용하면, 시간 간격을 무시하고 문제가 있는 운영 이슈나 원치 않는 이벤트 때문에 이상 탐지 작업이 오염되지 않도록 하는 올바른 접근 방식을 쉽게 결정할 수 있다.

사용자 정의 규칙과 필터 유리하게 사용하기

이상 탐지 작업은 매우 유용하지만 도메인과 원시 데이터의 관련성과도 무관하다. 즉, 비지도 머신러닝 알고리듬은 CPU 사용률 10배 증가(예를 들어 1%에서 10%로 증가)가 통계적으로 비정상적이거나 불가능한 시나리오라 할지라도 애플리케이션의 적절한 작동에 그다지 영향이 없을 수 있다는 사실을 모른다. 마찬가지로, 이상 탐지 작업은 분석된 모든 엔티티를 동등하게 취급하지만 사용자는 이러한 엔티티에 대해 발견된 이상 징후가 바람직하지 않거나 유용하지 않다는 사실을 알고 있기 때문에 특정 IP 주소나 사용자 ID에 대한 결과를 거부하려 할 수 있다. 사용자 정의 규칙과 필터를 사용하면 사용자가 도메인 지식을 이상 탐지 작업 구성에 주입할 수 있다.

사용자 정의 규칙 만들기

사용자 정의 규칙을 정의하려면 이상 징후 탐색기Anomaly Explorer UI의 **액션**actions 메뉴에서 **규칙 구성**Configure rules 메뉴 옵션을 사용해 작업 생성 시(그러나 작업 생성Create job API를 사용하는 경우에만)나 특정 이상 징후를 드러낸 후에 수행할 수 있다.

Anomalies

Severity threshold: warning

Interval: Auto

time	severity ↓	detector	found for	influenced by	actual	typical	description	actions
February 9th 2017	98	mean(responsetime) partitionfield=airline	AAL	airline: AAL	282.025	100.025	↑ 3x higher	⚙
February 10th 2017	68	mean(responsetime) partitionfield=airline	EGF	airline: EGF	207.765	199.833	↑ Unusually high	

View series
Configure rules

그림 A.16 이상 징후 탐색기 UI의 규칙 구성(Configure rules) 메뉴 항목

대부분의 규칙 정의는 따로 설명할 필요가 없다. 여기서는 응답 시간이 282.025ms(그림 A.16 참조)인 이상 징후에도 불구하고 이는 그다지 흥미롭지 않고 응답 시간이 여전히 1초(1,000 ms) 미만인 경우 이상 징후를 무시하고 싶다고 결정할 수 있다. 다음처럼 규칙을 정

의할 수 있다.

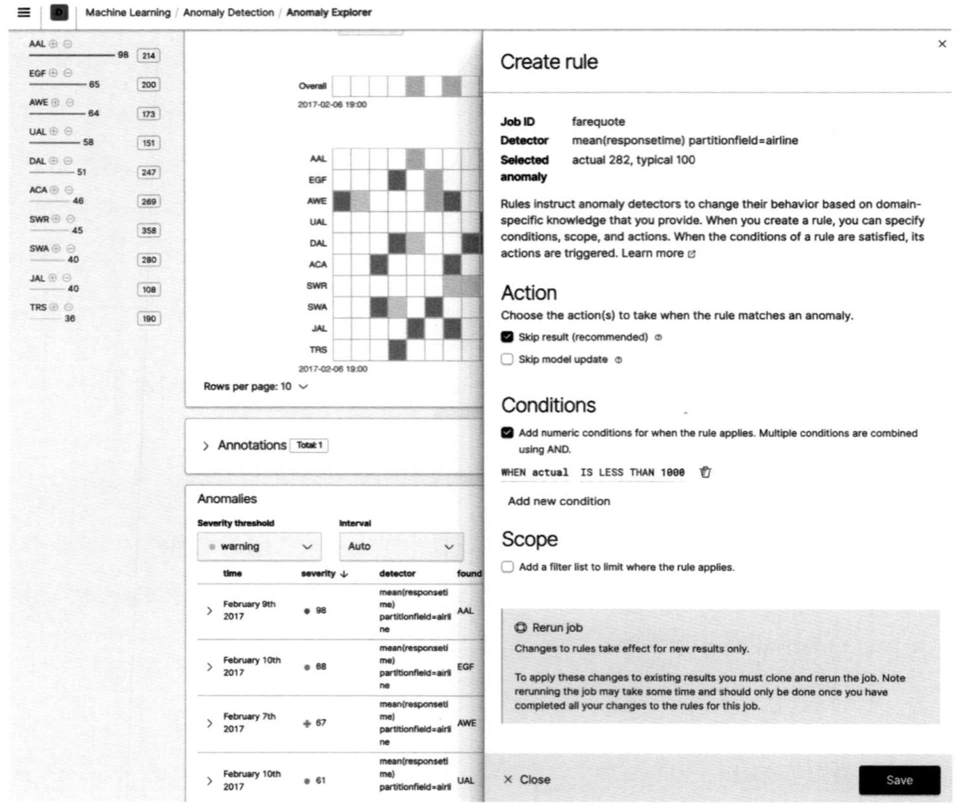

그림 A.17 규칙 생성 UI

모델링에서 값을 제외하고 규칙의 범위를 특정 필터 목록으로 제한해 규칙이 특정 엔티티(예를 들어 특정 위치에 있는 서버)에만 적용되도록 하는 추가 옵션이 있다. **필터 목록**은 UI에서 **설정**의 필터 목록에서 정의할 수 있다.

규칙 정의는 미래의 분석(규칙 정의 시점부터 이후로)에 적용되며 과거 이상 징후에는 적용되지 않는다. 규칙을 과거 이상 징후에 적용하려면 기존 작업을 복제 (규칙을 정의한 후)한 다음 과거 원시 데이터에 대한 분석을 다시 실행해야 한다.

따라서 사용자는 규칙과 필터를 사용해 궁극적으로 무엇을 이상 징후로 보고(또는 얼럿)할지에 대해 많은 제어를 할 수 있다. 이를 통해 수십 년 동안 IT 운영에 존재해온 상향식 얼럿 생성 철학의 전통적인 접근 방식에 대한 상당한 패러다임 전환이 가능하다. 다른 접근 방식은 다음 하위 절에 설명한다.

"하향식" 얼러팅 철학에 대한 사용자 지정 규칙의 장점

"수집하는 데이터 중 몇 퍼센트에 주의를 기울이고 있는가?"라고 물으면 현실적인 대답은 10% 미만, 심지어 1% 미만일 가능성이 높다. 그 이유는 데이터를 사전 예방적으로 만드는 전통적인 접근 방식이 처음부터 시작해 시간 경과에 따라 임곗값이나 규칙 기반 얼럿을 구축하는 것이기 때문이다. 이는 각 시계열의 예상 동작에 대한 사전 지식(또는 최소한 추측)이 필요한 벅차고 지루한 작업일 수 있다. 그런 다음 얼럿을 구성하면 성가신 오탐지와 얼럿 민감도의 균형을 맞추는 오랜 조정 과정이 있을 수 있다. 또한 정적 임곗값으로 절대 포착할 수 없는 비정상적인 행위를 가진 메트릭이 있을 수도 있다.

이 도전 과제를 규모와 결합해보자. 서버당 10개의 메트릭과 100개의 서버가 있는 경우 1,000개의 개별 메트릭이 있다. 이들 각각에 대해 개별 얼럿을 만드는 것은 비현실적이다.

그러나 이 데이터에 대해 단일 이상 탐지 작업을 1분 이내에 생성할 수 있다. 시간이 매우 적게 소요되는 일래스틱 ML의 자체 학습은 각 시계열의 고유한 특성에 독립적으로 적응해 오탐을 최소화한다. 그러나 이상 탐지를 통해 신경 쓰지 않아도 되는 이벤트로 밝혀지면 사용자 지정 규칙을 사용해 간단히 제외할 수 있다.

(모든 것을 적용한 다음 원하지 않는 것을 제외하기 시작하는) 이 하향식 접근 방식은 (처음부터 임곗값 경고를 생성하는) 상향식 접근 방식보다 더 빠르고 광범위한 사전 예방적 데이터 적용 범위를 제공한다.

이상 탐지 작업 처리량에 관한 고려 사항

일래스틱 ML은 멋지고 의심할 여지 없이 매우 빠르고 확장 가능하지만 몇 가지 다른 요인에 따라 여전히 모든 이상 탐지 작업이 처리하는 초당 이벤트의 현실적인 상한선이 있을 것이다.

- 데이터가 알고리듬에 전달될 수 있는 속도(즉, 쿼리 성능)
- 원하는 분석이 주어질 때 알고리듬이 데이터를 처리하는 속도

후자의 경우 대부분 성능은 다음을 기반으로 한다.

- 분석을 위해 선택한 함수, 즉, `count`가 `lat_long`보다 빠르다.
- `bucket_span` 값 선택(단위 시간당 분석된 버킷이 많을수록 결과를 작성하는 버킷당 처리 오버헤드를 악화시키므로 더 긴 버킷 범위는 더 작은 버킷 범위보다 빠르다).

그러나 정의된 분석 설정이 있고 다른 이유로 변형할 수 없다면, 창의력을 발휘해서 데이터를 여러 작업으로 분할하지 않는 한 할 수 있는 일은 많지 않다. 이는 ML 작업(적어도 현재까지는)이 현재 분석 비트(autodetect로 부르는 실행 중인 C++ 프로세스)에 대해 단일 CPU에 묶여 있기 때문이다. 따라서 몇 개의 개별 ML 작업으로 분할해 최소한 여러 CPU를 활용하는 것이 선택지가 될 수 있다. 그러나 그 전에 다음처럼 다양한 실현 가능한 방법이 있는 쿼리 성능에 관한 전자에 집중하자.

- 네트워크를 통한 데이터 전송을 제한하기 위해 클러스터 간 검색 수행을 피한다.
- 데이터피드 매개변수를 조정해 성능을 최적화한다.
- 일래스틱서치 쿼리 집계를 사용해 데이터 정제 작업을 더 작은 ML 알고리듬 세트로 분산한다.

첫 번째는 뻔한 이야기다. 원시 데이터와 가까운 곳에서 분석을 실행해야만 성능이 향상된다.

두 번째는 약간의 실험이 필요하다. 각 스크롤 크기를 제어하는 `scroll_size` 같은 매개변수가 있다. 기본값이 1,000인데, 적당한 클러스터 규모에서는 10,000까지 안전하게 늘릴 수 있다. 다양한 스크롤 크기로 몇 가지 테스트를 해보고 쿼리와 클러스터 성능에 어떤 영향을 미치는지 확인하자.

개인적으로 마지막 것이 성능에 가장 큰 영향을 미칠 것 같다. 그러나 분명히 ML이 제대로 작동하도록 ES 집계를 수정하는 것은 다소 까다롭고 오류가 발생하기 쉽지만 그렇게 나쁜 것은 아니다. 더 자세한 정보는 이 링크(https://www.elastic.co/guide/en/machine-learning/current/ml-configuring-aggregation.html) 문서를 참조하길 바란다. 일반적으로 ML과 함께 집계를 사용할 때 단점은 인플루언서가 될 수 있는 데이터의 다른 필드에 접근할 수 없다는 것이다.

이러한 몇 가지가 대체로 ML 작업 성능을 최적화할 때 고려해야 하는 것이다.

사용 사례의 과도한 엔지니어링 방지하기

언젠가 어떤 고객과 함께 일하면서 이상 탐지에 대한 다양한 사용 사례에 대해 논의한 적이 있다. 특히 이 고객은 **관리형 보안 서비스 공급자**MSSP, Managed Security Service Provider 비즈니스의 일부로 호스팅된 보안 운영 센터를 구축하고 있었기 때문에, ML이 도움될 수 있는 사용 사례에 대해 생각하고 싶었다.

상위 수준 주제의 사용 사례는 사용자의 행위를 살펴보고 예상치 못한 행위를 찾는 것이었다. 논의했던 한 가지 예는 밥Bob이 우크라이나에서 방금 로그인했지만, 보통 그곳에서 로그인하지 않는다는 것처럼 비정상적/희귀한 위치에서의 로그인 활동이었다.

구현을 생각하는 과정에서 클라이언트가 여러 개 있고 각 클라이언트에는 여러 사용자가 있다는 이야기가 있었다. 따라서 그들은 모든 클라이언트의 모든 사용자에 대해 `rare by country`를 실행할 수 있도록 데이터를 분할/파티션하는 방법을 생각하고 있었다.

나는 그들에게 한 발 물러서라고 말했고, "밥뿐만 아니라 우크라이나에서 누군가가 로그인하는 것이 비정상적인가?"라고 말했고, 대답은 "그렇다"였다.

따라서 이러한 경우 사용자별로 분석을 나누는 것은 의미가 없다. 아마도 클라이언트 수준에서 파티션을 유지하고 각 클라이언트의 모든 사용자 위치를 관찰된 국가의 단일 풀로 묶을 수 있다. 이는 실제로 더 나은 시나리오다. 더 많은 전체 데이터가 있으며 아는 바와 같이 rare 함수는 새로운 관찰과 대조할 일상적인[routine] 데이터가 많을 때 가장 잘 작동한다.

런타임 필드에서 이상 탐지 사용하기

경우에 따라 인덱스 매핑에는 없지만 다른 필드 값에서 동적으로 계산할 수 있는 필드 값을 분석해야할 수 있다. 필드 값을 동적으로 정의하는 이 기능은 일래스틱서치의 **스크립트 필드**[script field]로 꽤 오랫동안 존재했지만, 7.11 버전부터 스크립트 필드는 **런타임 필드**[runtime field]라는 업데이트된 개념으로 대체됐다. 요컨대, 런타임 필드는 일래스틱서치 매핑(그곳에 정의된)에서 일급 객체[first-class citizen]처럼 취급되며 결국 사용자가 런타임 필드를 인덱싱된 필드로 승격할 수 있다.

사용자는 매핑이나 검색 요청에서만 런타임 필드를 정의할 수 있다. 글을 쓰는 시점에는 이상 탐지 작업의 데이터피드에서 런타임 필드 정의가 지원되지 않는다는 점에 유의하는 것이 좋다. 그러나 런타임 필드가 매핑에 정의돼 있으면 이상 탐지 작업에서 이를 원활하게 활용할 수 있다.

> **노트**
>
> 런타임 필드에 대한 자세한 내용은 이 링크(https://www.elastic.co/guide/en/elasticsearch/reference/current/runtime.html)의 일래스틱 문서를 참조한다.

런타임 필드에 관한 세부 설명은 이 책의 범위를 벗어나지만, 이상 탐지 작업이 이러한 동적 필드를 일반 필드인 것처럼 활용할 수 있음을 아는 것이 중요하다. 인위적일지라도 흥미로운 예제를 살펴보자.

그림 A.1에 있는 `farequote` 예제로 되돌아가서 이 인수argument를 위해 2월 9일이 항공사 AAL에 대한 특정 유형의 특별한 날(블랙프라이데이, 사이버 먼데이 같은 날이 될 수도 있고 또는 알려진 양만큼 정상에서 약간 벗어나는 어느 날이 될 수도 있다)이라고 선언한다고 가정하자. AAL이 정상보다 20% 더 느릴 수 있다는 예측이 가능하도록 더 높은 응답 시간을 경험할 것이라는 시나리오를 고안할 것이다(즉, `responsetime` 측정값은 밀리초 단위로 20% 더 높아야 한다는 의미). 런타임 필드로 이를 수행할 수 있다.

1. 가장 먼저 할 일은 `responsetime_adjusted`라는 인덱스 매핑에 새 런타임 필드를 정의하는 것이다.

```
PUT farequote/_mapping
{
  "runtime": {
    "responsetime_adjusted": {
      "type": "double",
      "script": {
        "source": "emit(params._source.responsetime * 1.0)"
      }
    }
  }
}
```

   이 필드 (현재)는 모든 항공사의 `responsetime` 필드와 정확하게 동일하며, 단순히 필드 값에 상수 `1.0`을 곱하는 작업을 수행한다.

2. 다음에는 `responsetime_adjusted` 필드에 `high_mean` 탐지기를 사용해 작업을 구성하고, 이 `airline` 필드에 이 분석을 분할도 할 것이다.

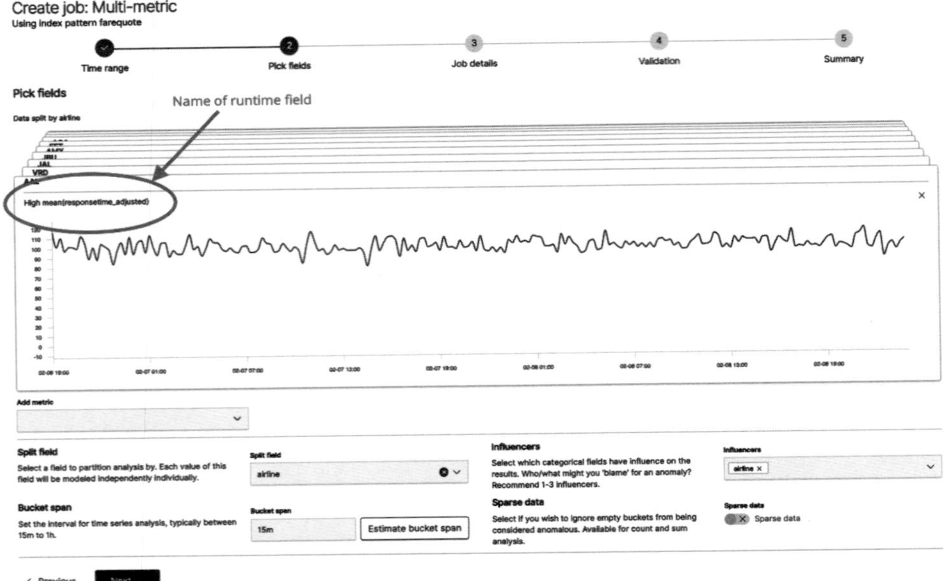

그림 A.18 런타임 필드를 분석하기 위한 작업 구성

3. 2월 9일 자정까지 데이터피드를 실행하고 분석을 중지한다. 그런 다음 AAL 데이터에 대한 응답 시간을 20% 낮추기 위해 (그러나 다른 항공사 데이터는 그대로 둔다) 다음 명령을 실행한다.

```
PUT farequote/_mapping
{
  "runtime": {
    "responsetime_adjusted": {
      "type": "double",
      "script": {
      "source": "if(doc['airline'].value.equals('AAL'))
{emit(params._source.responsetime * 0.8)} else
{emit(params._source.responsetime * 1.0)}"
```

```
            }
          }
        }
      }
```

4. 다음으로 특별한 날(2월 9일에 시작해 2월 10일 자정에 중지한다)을 분석하기 위해 작업의 데이터피드를 계속한다.

5. 2월 9일자 데이터가 분석되면 1단계에서 실행한 명령을 다시 호출해 AAL 데이터에 대한 응답 시간을 정상으로 되돌릴 것이다.

6. 나머지 데이터는 평소처럼 분석을 계속한다.

   최종 결과는 AAL의 응답 시간 값을 20%까지 성공적으로 억제했지만(두 주석 사이의 내려앉은 값으로 입증) AAL에 대한 특별 처리에도 불구하고 여전히 중요한 이상 징후를 발견할 수 있었다.

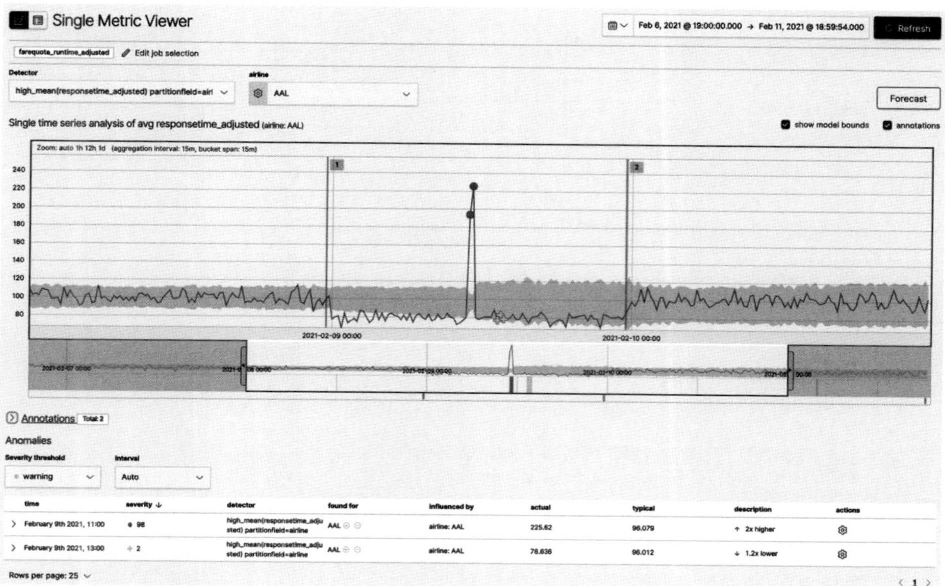

그림 A.19 동적으로 변경된 런타임 필드를 분석한 작업의 결과

이 기술은 향상된 분석을 위해 또는 인덱스의 기본 필드 매핑에서 사용할 수 없는 데이터 측면의 분석을 지원하기 위해 즉석에서 데이터를 동적으로 변경해서 어떤 수치 값을 가져올 때 유용할 수 있다.

요약

일래스틱 ML은 강력하고 유연하면서 사용하기 쉬운 기능으로 데이터 과학자가 아닌 사람이 방대한 양의 데이터에 대한 통찰력을 얻을 수 있도록 데이터 과학의 힘을 제공한다. 이 책 전체에 걸쳐 사용자가 기술을 활용해 IT의 실제적인 문제를 해결할 수 있는 다양한 방법이 있다. 이 책에서 얻은 지식을 활용해 자신만의 훌륭한 사용 사례를 구현하기를 바란다. 하루 만에 모든 가능한 문제를 해결해야 한다고 걱정하지 말자. 시작은 작지만 실질적인 성과를 거두고 자신감을 얻어 활용을 늘리자. 성공은 성공을 낳는다!

찾아보기

일래스틱 스택을 이용한 머신러닝 2/e

머신러닝 피처로 데이터에서 귀중한 인사이트를 얻자

발 행 | 2022년 9월 30일

지은이 | 리치 콜리어 · 카밀라 몬토넨 · 바할딘 아자미
옮긴이 | 최 중 연

펴낸이 | 권 성 준
편집장 | 황 영 주
편 집 | 조 유 나
임 지 원
김 진 아
디자인 | 윤 서 빈

에이콘출판주식회사
서울특별시 양천구 국회대로 287 (목동)
전화 02-2653-7600, 팩스 02-2653-0433
www.acornpub.co.kr / editor@acornpub.co.kr

ISBN 979-11-6175-684-4
http://www.acornpub.co.kr/book/ml-elasticstack2

책값은 뒤표지에 있습니다.